DOCUMENTS

pour servir à l'étude du

NORD-OUEST AFRICAIN

Tome IV.

LES OASIS DE L'EXTRÊME-SUD ALGÉRIEN.

DOCUMENTS

POUR SERVIR A L'ÉTUDE DU

NORD OUEST AFRICAIN

RÉUNIS ET RÉDIGÉS PAR ORDRE DE

M. Jules CAMBON

Gouverneur général de l'Algérie,

PAR

H.-M.-P. DE LA MARTINIÈRE,	N. LACROIX,
Directeur du Cabinet	Capitaine d'infanterie hors cadre,
au service des Affaires Indigènes	Chef de bureau arabe
du Gouvernement général de l'Algérie.	détaché au service des Affaires Indigènes
	du Gouvernement général de l'Algérie.

GOUVERNEMENT GÉNÉRAL DE L'ALGÉRIE
SERVICE DES AFFAIRES INDIGÈNES

M DCCC XCVII

OBSERVATIONS.

Dans le cours de cet ouvrage, on a adopté comme règle de transcription française des noms arabes, celle qui a paru le plus se rapprocher de l'usage et de la prononciation phonétique. Afin de simplifier on a évité de transcrire en français les pluriels sous leur forme arabe, ainsi, au lieu d'écrire au pluriel Cheurfa, Kiad, Mokadmine, on a préféré Chérifs, Kaïds ou caïds, Mokaddems. Pour ce qui concerne l'équivalence de ع on s'est arrêté au r' généralement usité. Quoiqu'il en soit, on a dû laisser subsister l'orthographe adoptée gh, rh, g, dans les termes consacrés par l'usage.

On a réuni en un atlas séparé les cartes des itinéraires et des régions dont il est traité dans le présent volume.

H. M. et N. L.

QUATRIÈME PARTIE

LES OASIS DE L'EXTRÊME-SUD ALGÉRIEN

II

Les routes d'accès d'Algérie aux Oasis. — Description détaillée du Gourara, du Touat et du Tidikelt.

DOCUMENTS

POUR SERVIR A L'ÉTUDE DU

NORD OUEST AFRICAIN

CHAPITRE PREMIER

Les routes d'accès d'Algérie au Touat par le nord de cette région. — Les routes de l'Erg.

Nombreuses sont les routes qui unissent le pays compris entre Figuig et Laghouat avec les régions situées au Sud, là où se succèdent les groupes d'oasis connues sous le nom de Gourara, Touat et Tidikelt. Mais l'obstacle, que forme la longue bande de dunes de l'Erg, empêche toutes ces voies d'être également accessibles; aussi, n'est-ce que suivant des lignes bien déterminées, placées généralement sur le prolongement du cours des oueds descendant du revers méridional des Hauts-Plateaux, que les voyageurs opèrent d'ordinaire la traversée de ces régions.

De toutes ces voies de communication la plus occidentale est celle de l'oued Zousfana (oued Saoura); puis viennent successivement, en allant vers l'Est, la route de l'oued Namous, celle de l'oued R'arbi (oued Khebiz), celle de l'oued Seggueur et celle de l'oued Zergoun [1].

Par une conséquence logique des choses, chacun de ces chemins est la voie naturelle que suivent, dans leur voyage annuel aux oasis, les tribus des Hauts-Plateaux qui habitent à son extrémité septentrionale.

C'est ainsi qu'au Maroc les Beni Guil prennent la route de l'oued Saoura, qu'empruntent également les Doui Menia et les Oulad Djerir, tribus dont la nationalité n'a pas été déterminée par le traité du 18 mars 1845.

En Algérie, les Amour d'Aïn Sefra, les Hamian et leurs voisins du N. et du N.-E., les Oulad En Nehar

---

[1] Zergoun est le nom donné au minium; ce mot signifie encore boucle, anneau.

Nous ne citons que pour mémoire la route tracée par ce cours d'eau qui se perd à l'entrée de l'Erg, avant d'atteindre l'oued Seggueur. Cette voie de communication n'est du reste généralement suivie que par les nomades de l'annexe d'Aflou qui se rendent au Mzab. Dans les premières années de l'occupation de Géryville, alors que notre influence commençait à s'étendre dans les régions plus au sud, ce fut par cette route que nos premières colonnes se dirigèrent vers Ouargla. C'est ainsi qu'en 1854, le colonel Durrieu, parti d'El Maïa, suivit un instant le cours de l'oued Zergoun, pour aller visiter le Mzab et organiser notre nouvelle conquête d'Ouargla que le Khalifa Si Hamza venait de soumettre. C'est la même voie que suivaient généralement plus tard les Commandants supérieurs du cercle de Géryville lorsqu'ils se rendaient en tournée dans ces contrées, alors placées sous leur autorité.

et les Rezaïna, suivent plus généralement la voie tracée par le cours de l'oued Namous, tandis que les Trafi et les Oulad Ziad prennent de préférence la vallée de l'oued R'arbi et que les Oulad Sidi Cheikh atteignent les régions gourariennes, soit en faisant un détour par l'oued Seggueur, soit plutôt par une voie intermédiaire et plus directe.

De là, la division des routes que nous étudierons successivement en commençant par celle située le plus à l'ouest.

Mais auparavant il convient de donner une description rapide des régions que ces routes traversent.

Au sud de la chaîne atlantique (montagnes de Figuig, montagnes des Ksour, Djebel-Amour), s'étend une vaste région désertique qui sépare les territoires de campement et de transhumance de nos tribus oranaises des palmeraies et des Ksour de l'archipel touatien. Cette région se subdivise en grandes zones naturelles, disposées elles aussi, suivant la loi générale des reliefs du Nord-Africain, c'est-à-dire très sensiblement du N.-E. au S.-O.

Les routes, suivies par nos caravanes qui périodiquement se rendent sur les marchés de l'Extrême-Sud, coupent successivement ces grandes zones. Inégales en profondeur, elles sont d'un parcours plus ou moins difficile, suivant la nature des terrains qui les constituent, suivant aussi les ressources en eaux et en pâturages qu'on y rencontre.

Les itinéraires des principales routes d'accès au Touat, décrits dans ce chapitre, donnent pour chaque étape le *détail* très précis des accidents du sol, des productions rencontrées, des ressources en eau. Mais il faut considérer que ce détail est relevé aux environs immédiats du *Medjebed* suivi ; par suite, vus de cette manière, les pays traversés perdent leurs caractères généraux, et cela à un tel point, qu'il peut en naître parfois une confusion. C'est ainsi qu'en se basant seulement sur les détails répétés des itinéraires fournis par les renseignements des indigènes, l'on assignait tout récemment encore à l'Erg des limites septentrionales, qui se confondaient avec les extrémités méridionales des vallées précises des grands oueds sahariens (Raknet el Halib, etc.), alors qu'en réalité la région de l'Erg vrai ne commence qu'à plus de cent kilomètres au sud de ces points [1].

Les *Medjebeds* que suivent les caravanes dans le Sahara oranais, de l'Atlas aux oasis du Gourara, traversent du Nord au Sud les régions suivantes :

Les Hammadas,

La zone d'épandage des grands Oueds [2],

L'Erg (Dunes),

Le Meguiden (terrain de reg).

---

[1] *Rapport de Lamothe et Palaska*, 1895. — *Rapport inédit à M. le Gouverneur Général de l'Algérie*, présenté par M. G. B. M. Flamand, juin 1896. — Du même, *De l'Oranie au Gourara* in *Algérie nouvelle*, 1896-97.

[2] Voir *Algérie nouvelle*, novembre-décembre 1896, et l'Appendice du présent volume.

M. Flamand del. *Terrain rouge des Gour (tertiaire).*

COUPE SCHÉMATIQUE DE LA VALLÉE DE L'OUED R'ARBI
DIRIGÉE **NE-SW** ET PRISE UN PEU AU NORD DE HASSI EL KHANFOUSSI

Les Hammadas sont de vastes espaces, couronnements de plateaux, presque horizontaux ou très légèrement ondulés. Le sol est dur, caillouteux, très pénible à la marche ; ils sont composés d'éléments le plus souvent roulés, parfois anguleux, provenant par érosion des masses rocheuses du Nord, et, cimentés, après coup, sur place par des dépôts travertineux calcaires, qui atteignent parfois plusieurs mètres d'épaisseur. Ces travertins, calcaires ou calcaréosiliceux, ordinairement légers, sonores, prennent quelquefois une densité et une ténacité très grande ; ils forment alors une carapace que les actions éoliennes sculptent et polissent. C'est la surface rocheuse, guillochée et polie de cette carapace qui constitue la nature de sol que les indigènes nomment *Hammada* [1].

Les plateaux de Hammada naissent au pied même de la dernière barrière crétacée qui limite au Nord le Sahara, du Maroc à la Chebkha du Mzab ; ils s'étendent compacts jusqu'à la *zone d'épandage* c'est-à-dire sur une largeur variant entre 150 à 170 kil., de Brézina à Hassi Bou Zid (oued Seggueur) et de El Abiod Sidi Cheikh à Raknet el Halib (oued R'arbi), du Kheneg Namous à Bab Guefoul (oued Namous).

Au delà, bien loin dans le Sud, on peut les suivre jusqu'au Meguiden ou vers Ounaden. Morfog Semch (Koubba de Moulai Guendouz) la carapace blanche,

---

[1] On a vu (Tome III, Appendice) que les Hammadas peuvent être lithologiquement et géologiquement très différentes.

crayeuse, apparaît encore, couronnant les dépôts rouges des gour; mais ici les plateaux de Hammada, sous l'action destructive d'érosions violentes, ont été divisés par des ravinements profonds et aujourd'hui morcelés, isolés, ils ne présentent plus que très réduits leurs caractères propres; c'est ainsi qu'ils se montrent dans toute *la zone d'épandage*. Puis, plus au Sud encore, postérieurement aux phénomènes d'ablation, les apports siliceux, dus à l'action mécanique, résultante des vents, sont venus recouvrir ces plateaux, et combler les passes et les couloirs d'érosion, donnant naissance à l'amoncellement des dunes ou Grand Erg. Dans cette dernière région les plateaux de Hammada s'indiquent seulement çà et là par quelques alignements rocheux de la carapace perçant le lourd manteau de sable.

Les hammadas forment dans leur ensemble un long plateau très faiblement incliné vers le Sud; il ne se développe à leur surface qu'une très maigre végétation arbustive [1]. Néanmoins quelque temps après les périodes de pluie, dans les déclivités argileuses, se concentre l'humidité, et suivant la quantité d'eau tombée, suivant la nature plus ou moins perméable du sol, en ces points s'établissent temporairement des *redirs* qu'entourent des plages où croissent des herbages menus qu'utilisent les troupeaux. En dehors de ces

---

[1] Les cercles d'Aïn Sefra et de Géryville in *Le Pays du mouton*, par A. Turlin, F. Accardo et G. B. M. Flamand, publication du Gouvernement général de l'Algérie, 1894.

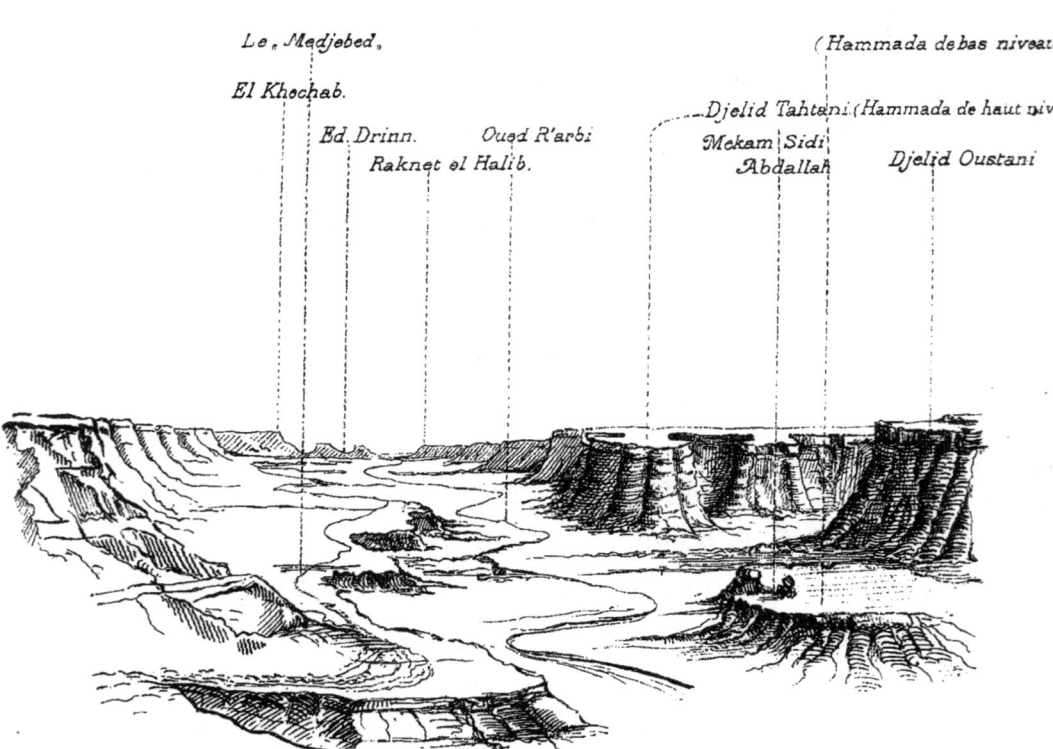

VALLÉE DE L'OUED R'ARBI AUX DJELDIOUAT
(Sahara Oranais).

légères dépressions toujours très réduites, le sol caillouteux est d'une aridité absolue ; les points d'eau constants y sont des plus rares, la hammada est la région désertique par excellence [1].

Aussi les caravanes évitent-elles avec soin ces plateaux inhospitaliers et dangereux à parcourir. Elles ne les traversent ordinairement à l'aller que tout à fait à leur lisière nord, entre El Abiod Sidi Cheikh et Benoud par exemple et entre Brézina et Si El Hadj Eddin et un peu au delà, toujours sur de faibles parcours, pour éviter les *coudes* des Oueds ; cependant au retour, lorsque nos caravanes, chargées des produits de leurs transactions, abordent les régions du Sud, où sont parfois à craindre les rezzous des tribus marocaines indépendantes, elles n'hésitent point à affronter la traversée des hammadas, avec ses longs jours sans eau, et ses difficultés de marche, laissant la route ordinairement suivie, ses puits, ses pâturages pour les chameaux, son Medjebed tout tracé, pour éviter les attaques des pillards.

Les Oueds Sahariens. — Les plateaux hammadiens sont coupés du Nord au Sud par de profondes et larges gouttières. Ce sont les oueds que nous avons cités précédemment au début de ce chapitre et qui, après avoir drainé les eaux du massif atlantique, vont les porter, à l'époque des crues, jusqu'à la *zone d'épandage*, à deux cents kilomètres au sud de nos Ksour, après

---

[1] Voir l'Appendice à la fin du précédent volume.

avoir franchi par des passages étroits la grande muraille calcaire qui barre au nord le Sahara : Kheneg el Arouïa, El R'ar, Kheneg Namous, Kheneg Zoubia. Ces oueds s'élargissent aussitôt et ont périodiquement des crues automnales ou printanières qui contribuent à développer une très abondante végétation arbustive et herbacée sur tout le long parcours de leur lit majeur. Les vallées de ces grands oueds, souvent larges de plusieurs kilomètres, sont creusées brusquement dans des dépôts rouges de nature gréseuse. Limitées par des falaises abruptes, elles contournent, de distance en distance, de gigantesques *témoins*, les *gour*, découpés par l'érosion à même la masse du substratum des hammadas. Ces falaises et ces gour atteignent parfois près de quatrevingts mètres de hauteur : Gara Bent el Khass, Melk Sliman, Djeldiouat, et impriment à la région un caractère tout particulier.

Les grands oueds, couverts de pâturages riches et variés, possèdent de nombreux redirs, des puits fréquents relativement abondants et peu profonds dont l'eau, en général, est d'excellente qualité ; on comprend donc toute l'importance du rôle que jouent ces vallées dans l'économie de la vie de nos tribus pastorales. C'est là que l'hiver descendent la plupart des troupeaux du Sud et des Hauts-Plateaux.

A l'époque des crues, et seulement alors, l'eau vive coule dans les lits de ces oueds ; mais en dehors de ces périodes exceptionnelles, l'oued n'est plus qu'un fleuve de sable, aucun filet liquide n'apparaît à la surface.

Des *redirs* assez nombreux et une végétation toujours vigoureuse indiquent seulement la proximité de l'eau.

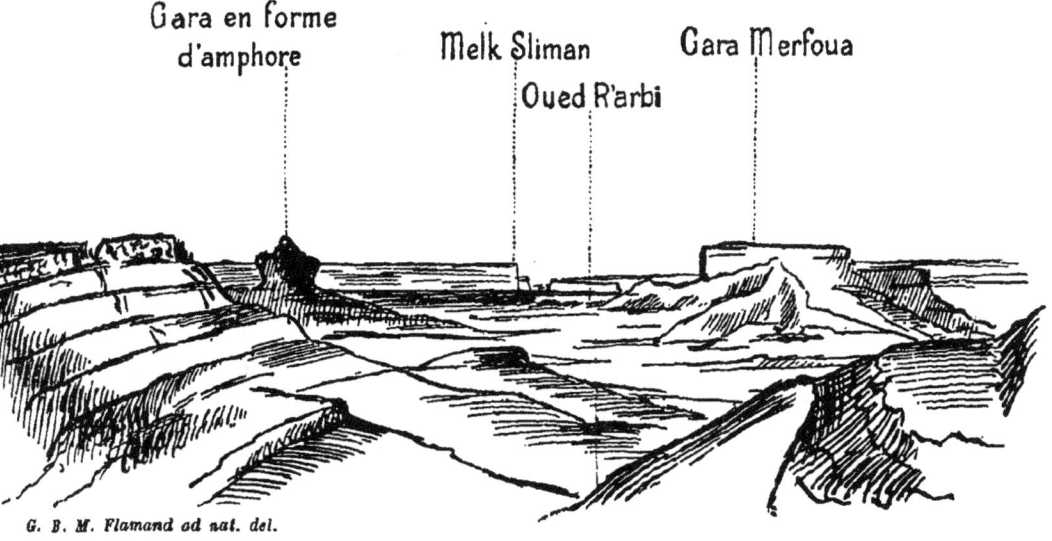

DIFFÉRENTES FORMES DE GOUR (AU NORD DU KSAR DE BENOUD)
VALLÉE DE L'OUED R'ARBI
(SAHARA ORANAIS).

En effet la nappe liquide est souterraine; on l'atteint, sous l'amoncellement des sables et des couches d'allu-

GARA EN FORME D'AMPHORE (AU NORD DU KSAR DE BENOUD)
VALLÉE DE L'OUED R'ARBI (Vue prise de l'ouest)
(SAHARA ORANAIS)

vions, à des profondeurs variables et croissantes dans la direction de l'aval (Sud).

Ces grandes et riches vallées, grâce aux ressources de toutes sortes qu'on y rencontre, aux facilités relatives de la marche, sont donc les voies les plus naturelles et les plus sûres qu'on puisse suivre pour descendre vers le Sud; aussi voit-on tous les itinéraires de nos caravanes annuelles les emprunter sur un parcours d'environ deux cents kilomètres, c'est-à-dire jusqu'à leurs pertes.

Zone d'épandage des grands oueds. — Au retour de sa mission dans l'extrême Sud oranais (mars-mai 1896), M. G. B. M. Flamand fit connaître l'existence [1] et l'importance, au point de vue de l'hydrographie de cette partie du Sahara, d'une région très caractérisée qu'il nomma *Zone d'épandage des grands oueds*. Intermédiaire entre la région des hammadas et celle du Grand Erg, elle était jusqu'à ce jour tour à tour confondue avec elles; sa connaissance faisait reculer de cent kilomètres les premières dunes du Grand Erg.

Les cartes les plus récentes du Sahara oranais portaient au Nord la limite de l'Erg jusque vers Zebirat-Raknet el Halib-Bab Guefoul, mettant ainsi en contact direct les grandes dunes et les points qu'atteignent encore de nos jours les plus hautes crues de ces oueds. Cette représentation est absolument contraire à la vérité. Entre la dernière falaise des plateaux hammadiens, tournés vers le sud, et l'Erg vrai, s'étend tout un

---

[1] *Rapport officiel inédit à M. le Gouverneur Général de l'Algérie,* juin 1896.

vaste espace très accidenté, dans lequel s'ouvrent de larges couloirs à sol durci légèrement et recouvert partiellement de sable où la marche est très facile.

Voilà, pour ce qui intéresse la route des caravanes, la description de cette région empruntée à l'auteur lui-même [1] :

« D'une façon générale, depuis R'ourd en Noubia et
» Daïa Hamera (vallée de l'oued Seggueur), et en
» remontant au Nord, vers Hassi Bou Zid et Zebirat,
» s'étend de l'est à l'ouest, jusqu'au delà de Garet
» Guefoul et de la Kheloua Sidi Brahim, la région très
» caractéristique et très spéciale d'*épandage des grands*
» *oueds*. Disposée en écharpe et faisant suite d'une
» façon constante aux plateaux de hammadas et aux
» cours d'eau bien définis qui les entaillent, cette zone
» occupe un vaste parallélogramme, dont l'axe dirigé
» N.E.-S.O. a quatre cents kilomètres de développe-
» ment; sa largeur est maximum entre Daïa Oum ed
» Dhar et Hassi Zirara, elle atteint bien près de
» quatre-vingt-cinq kilomètres. Cette immense surface
» est le réceptacle d'une partie des eaux de grandes
» crues des oueds Seggueur, R'arbi, Namous; à l'Est,
» au delà du lit de l'oued Seggueur, des études de
» détail permettront sans doute, dans l'avenir, d'y
» rattacher les espaces qui s'étendent au Sud des Daïas
» de l'oued Zergoun; à l'Ouest, elle doit se poursuivre

---

[1] G. B. M. Flamand, *De l'Oranie au Gourara* in Algérie nouvelle, Alger, 30 août 1896, N° 13, page 194 et suivantes.

» jusqu'aux falaises de l'oued Saoura entre Igli et
» Beni-Abbès.

» Les *Gour*, que nous avons vus précédemment se
» détacher des falaises à Melk Sliman, à Merfoua, se
» multiplient ici à l'infini ; des érosions ont peu à peu
» vermiculé, pour ainsi dire, les plateaux de Hammada
» qui se prolongeaient autrefois jusqu'au Méguiden
» avant l'envahissement des dunes. C'est une succession
» ininterrompue de cirques, de couloirs, de dépressions
» de toutes sortes qui ont été creusées sous l'action des
» crues puissantes qui se sont produites depuis les temps
» reculés des périodes quaternaires et qui se manifestent
» encore, mais très rarement, de nos jours. Au milieu
» de ces *évidements*, surgissent des gour aux formes
» géométriques, aux pentes abruptes, montrant dans
» leurs coupes, les assises gréseuses rouges des terrains
» sahariens, toujours couronnées par la carapace cal-
» caire travertineuse ou par les poundingues à gros
» éléments sur lesquels s'établit le sol rocailleux des
» plateaux. »

Dans les couloirs et dans les dépressions, le sol se
montre sous deux aspects « distincts, terrain rouge
» de reg dur et bas fonds de sebkhas avec dépôts
» de couches crayeuses pulvérulentes d'assises de
» tourbes, de gypse et de sel gemme. » Les puits
assez rares dans cette région sont souvent profonds,
bien maçonnés, pourvus pour la plupart de piliers et
de poutres pour le jeu de poulies ; ils donnent presque
tous abondamment une eau excellente. Non loin des

puits et sur les plateaux, partout où se forment des petits massifs de dunes, les caravaniers trouvent des pâturages largement suffisants pour les besoins des bêtes de somme.

« Les caravanes ne suivent pas toujours les *Medjebeds*
» des bas fonds, où fatalement les ramènent les points
» d'eau, les pâturages, les abris; elles s'élèvent aussi
» au sommet des gour et gagnent les plateaux élevés,
» ce qui abrège ordinairement leur marche et leur
» permet d'éviter les lieux peu sûrs et aussi de dissi-
» muler leur présence.

» Dès que l'on a atteint ces sommets, en gravissant
» par des ravinements les pentes inclinées des falaises,
» l'horizon s'élargit tout à coup et l'on retrouve pres-
» que, avec l'espace infini, l'aspect désertique des
» hammadas du Nord, leur sol pierreux aux cailloux
» glissants et guillochés ; seulement ici les plages
» rocheuses sont de plus en plus restreintes en surface
» à mesure que l'on s'avance vers le sud. Le sable,
» d'abord accumulé en petits amas de quelques déci-
» mètres de hauteur, s'élève en *R'eridat*[1] qui, d'abord
» isolées, se groupent ensuite en chapelets glanduleux.
» Ces chapelets se resserrent, ici ils deviennent plus
» denses, ils se rejoignent, doublent leur masse et,
» peu à peu, s'accumulent en *Arigat*[2] compacts, élevés
» et puissants ; ces dunes masquent alors le plateau

---

[1] Diminutif de *r'ourd*, haute dune.

[2] Diminutif de *areg* (au sing. *erg*).

» solide sur lequel elles reposent. Tels sont les Or'roud
» de la bordure de l'Erg : El Laghouati entre Gour
» Raoua et Zirara, Selselat el Melah, Guern Ali[1].

Cette *zone d'épandage* des grands Oueds est donc dans son ensemble facilement praticable sur tout son parcours, particulièrement pour les caravanes qui comptent le temps pour rien et qui, afin d'éviter un faible obstacle, n'hésitent pas à faire un long détour; en deux points : Dune de Laghouati et Dune de Guern Ali, sur la route des Oulad Sidi Cheikh, l'accumulation de sable *meuble* rend pendant quelques courts instants la marche difficile ; mais ces passages sont bientôt franchis. En dehors de l'espace compris entre Zebirat et El Mehareg (Salselat El Melah), la *zone d'épandage* est peu connue dans les détails, bien que tous les itinéraires de nos tribus du Sud-Oranais la traversent.

L'Erg (*les grandes dunes*). — La partie méridionale de la zone d'épandage constitue l'oudjh ou la bordure de l'Erg. « Son faible développement et surtout
» l'existence de Gour nombreux et de plateaux pro-
» fondément découpés n'ont pas permis à cette région
» de revêtir les caractères qu'elle affecte dans le Sud-
» Est de l'Algérie ou de les présenter à un même
» degré »[2]. L'Erg vrai se développe vers le Sud jusqu'à

---

[1] G. B. M. Flamand, *De l'Oranie au Gourara*, in Algérie nouvelle n° 13, 1896, p. 199.

[2] G. B M. Flamand, *De l'Oranie au Gourara*, in Algérie nouvelle, n° 14, septembre 1896, p. 205.

la longue dépression du Meguiden, envahit les oasis du Tin Erkouk, et se prolonge au-delà vers le Sud-Ouest jusqu'à la vallée de l'oued Saoura, c'est-à-dire, jusqu'au tracé le plus occidental de nos itinéraires. Au Nord, sa limite, très oblique sur le méridien, passe sensiblement par une ligne ondulée à quelques kilomètres au sud d'Hassi Bou Zid (oued Seggueur) se dirigeant vers Oum-es-Sif (2e Mekam Sidi El Hadj Bou Hafs)[1] au Sud de l'oued R'arbi. Cette ligne prolongée se relève un peu vers le Nord (région du bas Oued Namous) jusqu'à Kheloua Sidi Brahim, considérée comme l'entrée de l'Erg ; à l'ouest de ce point occidental, c'est-à-dire vers l'oued Saoura, l'Erg est trop peu connu pour être actuellement fixé avec précision.

L'étendue de l'Erg de l'Est à l'Ouest, en le limitant au Ksar d'Igli, est de bien près de six cents kilomètres ; sa largeur entre le 2e Mekam Sidi el Hadj Bou Hafs et Ras er Reg de quatre-vingt-dix kilomètres environ[2], en suivant la marche oblique à laquelle on est tenu.

Cette immense surface sableuse se subdivise en zones de reliefs et de dépressions très inégalement réparties, auxquelles viennent s'ajouter les plateaux et les plaines

---

[1] *Rapport officiel* de MM. de Lamothe et Palaska.
Rapport officiel de M. G. B. M. Flamand.

[2] De Lamothe et Palaska, *loco citato*.
G. B. M. Flamand, *loco citato*.

désignés par les indigènes sous le nom de tr'atir' (sing. tar'tar')[1].

Les chaînes compactes des grandes dunes, élevées de soixante à quatre-vingts mètres au-dessus du sol dur du fond des Daïas, dépassent bien rarement cette altitude. Dirigées Est-Nord-Est, Ouest-Sud-Ouest, elles comprennent des chaînes secondaires qui se fondent en ramifications multiples ; puis, alternant avec les grandes chaînes des Areg, se montrent de larges dépressions sableuses, *Feidj* ou *Oued*, dans les parties basses desquelles se développe une végétation intense d'arbustes : retem, drin, genêts et graminées.

« Contrairement aux idées le plus généralement
» reçues, la région du sable n'est point celle du vrai
» désert essentiellement aride ; c'est, au contraire, le
» plus souvent la providence des caravanes. Là, en
» effet, et seulement là, en dehors des points où
» l'homme est parvenu à aménager les eaux profondes,
» se trouve quelque végétation, et souvent, cette végé-
» tation y devient relativement luxuriante. Elle com-
» prend un ensemble d'espèces de plantes succulentes
» à la manière de celle des zones maritimes qui four-
» nissent la pâture recherchée des chameaux : Rœtama,
» Calligonum, Zilla, Atriplex, etc..... prennent sur
» les sables la proportion de grandes broussailles.
» Arthraterum pungens, le *Drin* des Sahariens, pré-

---

[1] G. B. M. Flamand, *De l'Oranie au Gourara*, in Algérie nouvelle, n° 5, janvier 1897, p. 66 et suivantes.

» cieuse graminée dont le grain, *loul*, sert de céréale
» naturelle, s'y développe presque en tapis à la manière
» de l'alfa des Hauts-Plateaux[1] ».

« Si les grandes dunes offrent aux caravanes des
» traversées pénibles, laborieuses et lentes », elles
rachètent cet inconvénient par l'abondance de leurs
pâturages[2].

M. A. Pomel, le savant auteur que nous venons de
citer, insiste d'ailleurs sur ce rôle important des grandes
dunes au point de vue de la richesse *relative* et appropriée de leurs ressources.

Les puits de l'Erg, malheureusement peu nombreux,
très espacés, de profondeur variable (30^m Hassi El Azz,
14^m Hassi Aïcha, et quelques mètres seulement à la
bordure méridionale : Ounaden, Hassi er Reg, etc.),
d'autant moindre qu'on s'avance plus avant vers le
Sud, donnent tous une eau véritablement excellente,
fait qui contraste avec ce que l'on sait des eaux des
puits de tout notre Extrême Sud-Est (Missions F. Foureau). Construits par les Gourariens, puisatiers très
habiles, ces puits sont ou boisés, ou maçonnés, tous
de très faible ouverture.

Le *Medjebed*, tracé par les pas nombreux des chameaux des caravanes, serpente au milieu de ces accumulations de sable, où, presque toujours, il s'indique

---

[1] A. Pomel, *Le Sahara, Observations de géologie et de géographie physique et biologique, avec des aperçus sur le Soudan*, Alger, 1872, p. 18.

[2] A Pomel, *loco citato*, p. 19.

assez nettement, soit par un sol sableux plus tassé où s'accumulent les excréments des bêtes de somme, et, dont les vents n'effacent jamais totalement les traces, soit par les débris de toute nature laissés lors du passage des caravanes. Les accidents du terrain, quoique peu accentués, se distinguent néanmoins et s'individualisent; et, avec un peu d'attention, on arrive après quelque temps à fixer l'allure successive des détails du pays traversé, et par conséquent à la possibilité de les reconnaître. On voit donc qu'en définitive le *Grand Erg* est loin d'être inaccessible dans les conditions très ordinaires d'un voyage dans les régions sahariennes.

Le Meguiden et les terrains de reg.[1] — Immédiatement à la limite méridionale de l'Erg commence une région toute différente de celles que l'on a déjà parcourues et dont le type se retrouve très haut vers le Nord dans les vallées des montagnes des Ksour. Dès que l'on a quitté les dernières rides des tr'atir' de l'Erg, le sable cesse brusquement. Aux arènes siliceuses succède un terrain de grès rouge qui, faiblement ondulé, perce çà et là en bancs épais, mais ce qui domine dans cette région est un *sol* dur, *le reg*, formé d'arènes siliceuses de remplissages reconsolidés sur place et qu'occupent les légères dépressions dont

---

[1] Deporter, de Colomb, Colonieu, *loc. cit.* et *rapports* de MM. Pouget, Falconetti, Capitaine Almand, de Lamothe et Palaska, G. B. M. Flamand.

l'ensemble doucement incliné au Sud-Ouest constitue la vallée de Meguiden. Le sol de reg, montre toujours, mélangés au sable fin et meuble, des cailloutis, des graviers de quartz, souvent en très grande proportion, ce qui lui donne l'aspect d'un fond de rivière uniformément plat.

Sur ces terrains de reg s'accumulent en certains points de petites dunes; le Meguiden montre plus particulièrement deux régions où elles se développent : une zone septentrionale peu éloignée de l'Erg même, et une zone méridionale assez irrégulière et discontinue.

Les terrains de reg très faciles à la marche des caravanes occupent d'immenses espaces dans toute cette partie du Sahara; des limites de l'Erg, ils s'étendent (avec solution de continuité) jusqu'au pied du Baten (Tadmaït), qu'ils contournent au Sud-Ouest; ce sont les *terrains de reg*, que traversent les *Medjebeds* qui conduisent de l'Erg à l'Aouguerout et aux autres districts du Gourara : Tin Erkouk, Timimoun, etc.

Ces terrains de reg se montrent déjà, mais alors emprisonnés par des ceintures de petites dunes, sur l'Oudjh Sud de l'Erg depuis le Tin Erkouk (Tabelkoza, Tahantas) jusque vers El Goléa.

Les puits de cette dernière région, qui confinent aux Ksour mêmes du Touat, sont nombreux, toujours très peu *profonds;* ils donnent une eau très bonne et abondante. Ils se répartissent plus particulièrement pour le Meguiden en deux zones : septentrionale et méridionale, l'une à la bordure de l'Erg, la seconde à quelque distance du pied des hautes falaises du plateau crétacé du Tadmaït.

Absolument dénudés et arides, ces terrains de reg ne laissent croître aucune plante. Les ressources en pâturages nécessaires aux troupeaux et aux caravanes se trouvent seules dans les groupes de petites dunes (Nebak ou Areg) dont on a parlé plus haut.

Aux époques qui suivent les pluies (très rares), les bas-fonds argileux (Mahder) se recouvrent rapidement d'une végétation menue d'herbages très appréciés des troupeaux.

On est donc souvent tenu de quitter temporairement le *Medjebed* pour laisser paître les bêtes de somme, soit en cours de route, soit pour le choix des campements; dans le pays que sillonnent les itinéraires de nos caravanes, ces déplacements ne sont jamais considérables.

Au delà du Meguiden, au Sud, s'étendent les arides plateaux hammadiens du Tadmaït, vers l'Ouest et le Sud-Ouest se développent les Ksour, les palmeraies et les jardins du Gourara et du Touat, but de l'exode annuel de nos tribus.

1° ROUTE DE L'OUED ZOUSFANA-SAOURA.

Nous avons déjà donné une description détaillée de cette importante voie de communication qu'une crainte peut-être exagérée de complications diplomatiques nous a empêchés jusqu'ici d'aborder; nous rappellerons simplement que c'est la seule logique et naturelle que l'on puisse suivre pour atteindre, avec le moins de difficultés possible, le Gourara en venant du Sud oranais [1].

2° ROUTE DE L'OUED NAMOUS.

Cet itinéraire suit, depuis Moghrar jusqu'à Garet el Guefoul, le lit même de l'oued, évitant ainsi sur ce long parcours la région des hammadas. Au delà, c'est la zone d'épandage des grands oueds jusqu'auprès de Kheloua Sidi Brahim, point où l'on entre dans les Areg qui s'étendent jusqu'au Ksar des Oulad Aïssa et se prolongent au delà dans la direction générale de cet itinéraire. Il est suivi par tous les Hamian, les Amour du cercle d'Aïn Sefra, les Oulad En Nehar de l'annexe d'El Aricha, les Rezaïna et les autres tribus de l'annexe de Saïda qui se joignent souvent à eux pour accomplir ce voyage.

L'itinéraire généralement adopté est le suivant (Planche I) [2] :

---

[1] Nous avons donné (tome II, page 702) l'appréciation émise par le Général de Colomb en 1860 sur la valeur de cette voie de communication qui traverse une région relativement habitée, où l'eau ne manque pas et dont l'ouverture, en nous mettant en relations avec des populations nouvelles, créerait forcément de nouveaux débouchés à notre commerce.

[2] Cet itinéraire est en réalité excessivement variable et nous ne pouvons forcément indiquer ici que la voie la plus fréquentée. Mais il

Les caravanes se concentrent à Moghrar Tahtani et gagnent [1] :

1°	El Outed	30 kil.
2°	El Azoudj Foukania	49 kil.
3°	Zaouch	37 kil.
4°	Garet el Guefoul	43 kil.
5°	Zemlet Mansour	37 kil.
6°	Khelouat Sidi Brahim	26 kil.
7°	Ras el Ma	46 kil.
8°	Bel Haziel	39 kil.
9°	Hassi el Amri	30 kil.
10°	Oulad Aïssa	43 kil.
	Soit	380 kil.

est bien certain que la force et la composition de la caravane, l'époque de l'année où elle voyage, la sécurité dans la région parcourue, l'abondance de l'eau dans les redirs, la fatigue des animaux, etc., tout est motif à modification pour la route suivie par des voyageurs, car ceux-ci peuvent avoir intérêt, pour un motif de sécurité ou autre, à ne pas prendre exactement le parcours habituel ou simplement à gagner du temps en doublant les étapes. C'est ainsi qu'en 1886, la caravane annuelle des Hamian a mis huit jours pour accomplir le trajet entre Moghrar et les Oulad Aïssa (Teganet), tandis qu'elle a parcouru la même distance, en 1889, en 13 et 14 jours pendant les deux voyages accomplis par ces mêmes nomades cette année-là.

[1] Dans cet itinéraire, comme dans tous ceux que nous donnons ci-après, les distances ne sont généralement qu'approximatives. Cependant, la position de quelques points, sur le parcours de la plupart d'entre eux, ayant été déterminée astronomiquement (en latitude, Mission de l'Ingénieur Jacob, 1892-93 ; — en latitude et en longitude, Mission G.-B.-M. Flamand, mars-mai 1896), un grand nombre de distances ont pu déjà être rectifiées avec une certaine approximation.

En quittant Moghrar[1], la route passe au milieu d'un terrain pierreux sur une étendue d'environ trois kilomètres ; elle s'engage ensuite dans des monticules (nebak) de sable mouvant, encombrant le lit de l'oued Namous. Au 7ᵉ kil. on atteint Garet er R'achoua où, lorsqu'il a plu, on a chance de rencontrer de l'eau dans une daïa située à l'est de la gara[2].

Laissant ensuite à droite la rivière et son lit sablonneux, la route suit un terrain solide et plat, parsemé de petites pierres jusqu'aux abords du Teniet El Athen[3] (13ᵉ kil.) où elle se continue sur des roches plates de grès. Au delà l'aspect du sol ne change pas : les sables durcis alternent avec les roches plates et la route gagne ainsi le Teniet Tamar[4] (17ᵉ kil.), après avoir laissé à

---

[1] Nous avons utilisé pour l'établissement de cet itinéraire les rapports établis par les bureaux arabes d'Aïn Sefra, de Méchéria et de Saïda, à la suite du voyage annuel au Gourara des tribus de ces cercles ou annexes. Nous avons également eu recours au journal de route du lieutenant Fariau, adjoint au bureau arabe de Géryville, qui a accompagné (1892-93) la mission Jacob, pendant sa traversée du Sud oranais; nous avons enfin consulté avec profit l'itinéraire de Moghrar à Hassi el Mansour, établi par le capitaine Rigal, chef du bureau arabe d'Aïn Sefra, à la suite de sa reconnaissance des points d'eau de la vallée de l'oued Namous.

[2] Végétation : (toutes les fois qu'il sera possible, nous indiquerons sous cette rubrique les plantes qui croissent le plus communément dans chaque localité citée et qui peuvent soit servir à la nourriture des chameaux ou des chevaux, soit être employées comme combustible) ; à Garet er R'achoua, on trouve de l'alenda (ephedra alata), du drin (aristida pungens) et du baguel (anabasis articulata).

[3] Végétation : reguig (helianthemum), remt (haloxylon articulatum) guetaf (atriplex halimus), retem (retama rœtam, genêt), baguel.

[4] Végétation : remt, reguig, regga (helianthemum metilense).

l'ouest le Ksar ruiné de Sidi Brahim Gorich et longé la petite oasis de Zilekh, à l'entrée du col appelé Kheneg Namous [1].

Descendant alors des plateaux, la route traverse une plaine absolument unie, et parsemée de cailloux ronds de petites dimensions. Elle atteint ainsi la petite vallée de Feraat Mezzin [2] (27ᵉ kil.) qui, venant du N.-O., va bientôt s'unir à l'oued Namous. Trois kilomètres séparent Feraat Mezzin d'El Outed ; le terrain toujours le même ne change qu'à environ un kilomètre de ce dernier point. Alors la route entre dans les sables (nebak) qui marquent le lit de la rivière.

On trouve à El Outed (30ᵉ kil.) cinq puits très abondants et même inépuisables au dire des indigènes. L'eau s'y rencontre à $2^m 50$ du sol et il y en a en toute saison.

---

[1] Le passage du Kheneg Namous est quelquefois impossible, lorsque la rivière a coulé, à cause des fonds mouvants qui la rendent infranchissable. Dans ce cas on peut utiliser un sentier qui, remontant le Feraat Beguar, passe à l'extrémité du Djebel Taouzamt, traverse l'oued Khaoukhat et entre dans la Chebket Beïdha pour se diriger sur El Outed. En un seul point, le passage de la chebka est difficile mais il serait aisé de l'aménager.

D'après les renseignements fournis par les indigènes, renseignements contrôlés par les observations faites sur place par M. l'Ingénieur Jacob, on est toujours sûr, en creusant dans le lit de l'oued Namous, de trouver de l'eau ; la profondeur seule est variable, sans jamais être à El Outed et à Hassi El Mamoura supérieure à 10 ou 12 mètres.

[2] Végétation : baguel, drin.

Dès la sortie du Teniet Tamar, El Outed [1] est signalé par deux pitons isolés (El Outidat) qui sont situés à l'ouest des puits [2] et à proximité de ceux-ci.

En quittant El Outed, pour éviter les sables, la route laisse le cours de la rivière un peu à sa droite; elle traverse alors un sol caillouteux, mais non difficile, qui la conduit aux abords de six puits très abondants en toute saison (39ᵉ kil. 500); ce sont ceux de Oglat Djedida [3]. Puis, laissant toujours l'oued Namous à l'ouest, elle gagne successivement, à travers un terrain solide et légèrement caillouteux,

---

[1] Végétation : drin, guetaf, retem, baguel, nessi (aristida plumosa), roseaux, tamarix.

[2] Il y a là dix puits situés sur la rive droite et fournissant une eau bonne et abondante.

[3] Ces puits, situés à une certaine distance de la rive gauche de l'oued Namous, forment deux groupes de trois puits chacun, distant l'un de l'autre d'une centaine de mètres. Dans chacun de ces groupes un seul puits donne de l'eau, les autres sont comblés. L'eau, potable quoique un peu magnésienne, est à $3^m,50$ de la surface du sol. Ces puits sont creusés dans le thalweg qui amène dans l'oued Namous les eaux de Garet Sidi Cheikh et non Garet el Hamian comme le porte la carte au 200.000ᵉ. Lors des fortes pluies, ils sont comblés par les alluvions ; en outre dans les très grandes crues de l'oued Namous, un bras de cette rivière vient se déverser dans le thalweg d'Oglat Djedida.

Végétation : drin, baguel, remerône (?), tamarix.

A 5 kil. d'Oglat Djedida, sur la rive droite de l'oued Namous, se trouvent les redirs de Bou Sir qui retiennent une grande quantité d'eau pendant un mois après les pluies. On y rencontre des térébinthes, des jujubiers, du guetaf, du drin et du nessi.

Feraat Makh (45ᵉ kil. 300) [1], Feraat Djerab (56ᵉ kil. 900) [2] et Bouib Rahil [3] (62ᵉ kil. 700) [4].

A partir de ce dernier point, la route se rapproche du lit de la rivière, elle devient par suite légèrement sablonneuse sans toutefois que l'accès en soit difficile. On atteint ainsi les pitons sablonneux de Guethran [5] (72ᵉ kil.), auprès desquels sont de nombreux et vastes redirs, ainsi qu'à Zafran [6], situé à 4 ou 5 kil. de ce dernier point. Continuant toujours à l'est de la rivière, à travers un terrain constamment sablonneux, mais praticable, le chemin atteint successivement les pitons isolés d'El Azoudj Foukania (79ᵉ kil.), puis ceux d'El

---

[1] Végétation : drin, reguig, alenda, makh (arbuste ressemblant beaucoup au genêt).

[2] Feraat Makh et Feraat Djerab sont deux petites vallées qui descendent des pentes de l'Hammada Chergui.
Les expressions de Chergui et de R'arbi (de l'est et de l'ouest) doivent la plupart du temps être prises dans un sens tout local, suivant le lieu où l'on se trouve ou celui qui est décrit. C'est le cas ici où la description donnée de l'oued Namous et de l'itinéraire suivi dans cette vallée est empruntée aux renseignements fournis par les nomades fréquentant cette région ou aux indications rapportées par des officiers ou des voyageurs, qui puisaient eux-mêmes leurs informations auprès des indigènes les accompagnant. L'Hammada Chergui n'est donc chergui que par rapport à la vallée de Namous. Voir à ce propos, tome II., p. 790, note.

[3] Végétation : alenda, baguel, reguig, drin, guetaf, nessi, remt, arta (calligonum comosum), dhomran (traganum nudatum).

[4] Redirs dans l'oued après les pluies ; végétation : baguel, remt, retem, etc., tamarix.

[5] Même végétation que précédemment.

[6] La position de Zafran est marquée par un éperon rocheux sur la rive droite de l'oued Namous.

Azoudj Tahtania [1] (86ᵉ kil. 600). Auprès de chacun de ces points existent quelques redirs.

Dès El Azoudj Foukania, on aperçoit vers le Sud un triple piton, à l'est duquel se trouve Hassi El Mamoura (90ᵉ kil. 400) [2]. Il y a là quatre puits indigènes comblés par les éboulements, mais faciles à raviver.

A partir d'Hassi El Mamoura la nature du sol change ; de légèrement sablonneux qu'il était précédemment, il devient plus solide. La route, laissant toujours le lit proprement dit de la rivière à l'ouest, continue cependant dans la vallée de l'oued Namous et se maintient ainsi jusqu'à Mahser Ould el Arbi (98ᵉ kil.) où se trouvent de vastes redirs, situés sur un escarpement à l'est du chemin suivi.

Traversant ensuite un terrain où apparaissent alternativement l'argile et les sables, le chemin atteint un étranglement de l'oued où les berges plus rapprochées ont plus d'élévation. Entre elles, et au milieu de la vallée, se dresse la Gara Bel Kebich [3] (109ᵉ kil. 500) auprès de laquelle on trouve des redirs insignifiants. A 3 kil. au Sud, dans une situation identique, nouvelle éminence, c'est Djorf Raha [3], avec quelques redirs de très minime débit.

Dès lors, le sable va se montrer de plus en plus, au fur et à mesure que la route s'avance vers le Sud.

[1] Même végétation que précédemment.

[2] Végétation : nessi, guetaf, dhomran, baguel, retem, jujubier, tamarix, roseaux.

[3] Végétation : reguig et regga.

A Zaouch [1] (116ᵉ kil. 400) sont de vastes redirs auprès desquels les caravanes campent d'ordinaire. De là, la route suivie passe à El Ethelat [2] (125ᵉ kil.), avant d'atteindre les redirs de Melzem Amar [3] (132ᵉ kil. 700), puis gagne successivement Djorf el Atfal [4] (144ᵉ kil. 200) et Garet el Guefoul (159ᵉ kil. 400). Dans ce trajet, elle est devenue de plus en plus sablonneuse, tant qu'elle s'est maintenue à l'ouest du lit proprement dit de la rivière ; mais, après avoir dépassé la gara, appelée Betna el Abed, qui marque la terminaison méridionale de l'Hammada Chergui et avant d'atteindre Garet el Guefoul [5], elle passe sur la rive opposée. Coupant alors l'oued Namous et gravissant l'escarpement de l'Hammada R'arbi, elle se prolonge, au sud légèrement ouest, à travers un plateau rocheux et uni, dominé sur sa droite par un

---

[1] Végétation : bou khelala (Zollichofferia spinosa et arborescens), drin, nessi, tamarix.

[2] Végétation : bou khelala, nessi, remt, retem, reguig.

[3] Végétation : guetaf, baguel, nessi.

[4] Végétation : drin, baguel, retem, nessi, reguig. *Atfal* est le pluriel de *tefol*, enfant.

« A Djorf el Atfal, le cours de l'oued Namous est assez fortement
» encaissé entre de petites collines rocheuses qui dominent son lit.
» Les berges, formées de conglomérat alternant avec des couches de
» sable, ne sont pas cependant très raides. Elles s'élèvent, des deux
» côtés, au-dessus d'épais buissons de cèdres et d'arbustes épineux
» qui poussent en abondance dans tous les oueds sahariens. »

Le Châtelier, *Medaganat*. Revue africaine, 1886, page 86.

[5] Végétation : remt, regga, drin, ressi, reguig, retem, el had (cornulaca monocantha, soude).

exhaussement également rocheux, qui a une direction N.-E.-S.-O.

Après Garet et Guefoul, le sol toujours rocheux est parsemé de langues de sable de peu d'épaisseur et la route, d'où l'on aperçoit à l'est la cavité formée par la vallée de Namous et les sables qui en marquent les abords, conserve le même aspect jusqu'à Guerin Zahia [1] (169ᵉ kil. 400) et Gara Zeïga [2] (184ᵉ kil. 400) dont les approches sont marquées par une dune de certaine importance.

A partir de ce dernier point, le terrain se parsème en outre de pierres roulantes en même temps que les langues de sable augmentent d'épaisseur. La route arrive ainsi successivement à Zemlet Mansour [3] (196ᵉ kil. 400), El Guebeïrat [4] (202ᵉ kil. 400), Stehat [5] (213ᵉ kil. 400) et Khelouat Sidi Brahim [6] (222ᵉ kil. 400). Ce dernier endroit, signalé par une grosse pierre noire, marque l'entrée de la route dans l'Erg. Désormais le chemin restera dans l'Erg, jusqu'aux Oulad Aïssa [7].

---

[1] Végétation : drin, reguig, nessi, retem, alenda, baguel ; pas d'eau.

[2] Végétation : reguig, remt, drin, nessi ; pas d'eau.

[3] Végétation : reguig, remt, drin, nessi ; pas d'eau.

[4] Végétation : remt, nessi ; pas d'eau.
Les Guebeïrat sont des tombeaux situés à l'ouest de la route et provenant d'une caravane sur laquelle une épidémie cholérique a sévi autrefois.

[5] Végétation : nessi, reguig, el had ; pas d'eau.

[6] Végétation : drin, alenda, nessi ; pas d'eau.

[7] Dans l'Erg on trouve presque partout du drin.

A 2 kil. au sud de Sidi Brahim, s'étend une vaste dépression de 11 kil. de longueur, à fond solide, où croissent le bou khelala, le remt et le nessi, c'est la Daïa Bou Khelala. En quittant son extrémité sud, la route suit une ligne de petites daïas, séparées les unes des autres par des dunes. De très grosses pierres blanches, affleurant le sol, signalent enfin le point de Ras el Ma (268ᵉ kil.), à partir duquel les daïas vont devenir plus rares. La route suivie atteint ensuite Zegag [1] (283ᵉ kil.), puis Bel Haziel [2] (307ᵉ kil.). Un peu plus loin, à partir d'Agueb el Ouachi (327ᵉ kil), les difficultés de la marche à travers les sables augmentent. On gagne dans ces conditions Hassi el Amri [3] (337ᵉ kil.) où se trouve un puits intarissable. Il est recouvert par des peaux cousues que maintiennent des pierres ; l'eau se trouve à 1ᵐ 80 du niveau du sol.

Continuant à travers les sables, le chemin atteint Dra el Azel [4] (349ᵉ kil.). Désormais, la marche à travers l'Erg jusqu'aux Oulad Aïssa va devenir excessivement pénible par suite de l'élévation des dunes. C'est dans ces conditions que la route gagne Hassi Haëda [5] (358ᵉ kil.) où se trouve un puits dont le niveau de l'eau

---

[1] Végétation : drin, el had, nessi, alenda, azel (calligonum comosum) ; cette dernière plante atteint souvent dans le Sahara presque la taille d'un arbre ; pas d'eau.

[2] Végétation : drin, nessi, alenda, el had, azel ; pas d'eau.

[3] Végétation : el had, alenda, nessi, drin.

[4] Végétation : drin, alenda, azel.

[5] Végétation : azel, drin, el had, alenda.

est à 1^m,60 de profondeur. Il est peu abondant, si on ne prend la peine de le curer, et ne pourrait suffire à abreuver plus de cent chevaux. D'Hassi Haëda à Tsmaïde (366e kil.) les dunes prennent de plus en plus d'importance. Tsmaïde [1] est signalé par deux grands palmiers isolés; il existe, en cet endroit, une vaste nappe d'eau, à 0^m,80 au-dessous du sol; il suffit de creuser un peu le sable pour voir l'eau apparaître. De Tsmaïde aux Oulad Aissa [2] (380e kil.), les dunes très élevées sont fort pénibles à franchir. Parvenue enfin aux Oulad Aïssa, la route traverse l'oasis (palmiers) pendant 300 mètres environ et se dirige droit vers le sud sur l'oasis de Tasfaout (Charouin).

Tel est l'itinéraire généralement suivi par les caravanes des diverses tribus algériennes qui empruntent d'ordinaire la vallée de l'oued Namous pour se rendre au Gourara. Mais des causes multiples peuvent faire varier cet itinéraire : il peut arriver par exemple que les caravanes prennent une route parallèle à la voie habituelle, tout en ne s'en écartant pas cependant d'une manière bien sensible, c'est le cas qui se présente le plus souvent; ou bien le chemin ordinaire manquant de sécurité, les voyageurs se voient dans la

---

[1] On donne dans cette région le nom générique de *Tsmaïde* aux puits, peu profonds, creusés dans des lits d'oueds ou dans des cuvettes à fond argileux remplies de sable où les eaux pluviales forment des nappes souvent temporaires. Plus au sud, on les nomme plus communément : *Tilemmas*, au pluriel : Tilemamis.

[2] Ksar du district d'El Haïba.

Végétation : reguig, el had, drin, el agaïa (?).

nécessité de s'en éloigner complètement, en empruntant une voie toute différente. C'est ainsi que les tribus algériennes citées plus haut, au lieu de se concentrer à Moghrar Tahtani, vont quelquefois se réunir en un point de la tête de l'oued R'arbi, généralement Bou Semr'oun et gagnent de là à travers l'hammada le district d'El Haïha [1].

Dans ce cas, l'itinéraire suivi le plus fréquemment, à partir de Bou Semr'oun, est celui que nous indiquons ci-après :

Nos d'ordre	ÉTAPES – NOMS DES GITES	DISTANCES approximatives	OBSERVATIONS
1	Kheneg el R'ar.........	29 kil.	Redirs nombreux et abondants dans l'oued R'arbi.
2	Feraat-Mezzin..........	16	Il existe en ce point 3 puits et des redirs.
3	Oummat El Hachim.....	22	Nombreux redirs entre ce point et le précédent. A Oummet El Hachim, les caravanes font une provision de 7 jours d'eau.
4	El Had	28	Pas d'eau ; terrain rocailleux et difficile.
5	Ed Demekhat	39	d° d°
6	Habel Ali ben Aïssa.....	35	Pas d'eau ; l'hammada finit à Habel Ali ben Aïssa.
7	Ras el Assel	36	Pas d'eau ; terrain facile, les dunes commencent à Ras el Assel.
8	Sidi Maamar..........	45	Pas d'eau ; dans l'Erg.
9	Feraat Djedid	35	Pas d'eau ; le puits d'Hassi Djedid à 25 kil. au sud de Sidi Maamar a été comblé en 1894 par les Chaanba dissidents. Ce puits, qui a 40 m. de profondeur, se trouverait à trois jours de marche à l'ouest de Hassi Ouchen.
10	Daïat Merour'a....... .	35	Pas d'eau ; dunes.
11	El Horsa.............	25	Pas d'eau ; à 15 kil. au sud de Daïat Merour'a se trouve Hassi Ben Tin, puits très abondants ; grandes dunes.
12	El Haïha	35	Ksar du Gourara à 15 kil. des Oulad Aïssa.
	Total.........	380 kil.	

[1] C'est la route que suivaient généralement les Hamian avant notre occupation d'Aïn Sefra. Les Rezaïna et les autres tribus du cercle de

3° Route de l'oued R'arbi.

Cet itinéraire traverse les hammadas d'El Abiod Sidi Cheikh vers Bouib er Raïb Chergui, un peu au Sud de Melk Sliman et de Mengoub ; en ces points il traverse l'oued R'arbi et remonte presque immédiatement sur les falaises des plateaux hammadiens de la rive droite. Continuant au Sud sur ces plateaux, il descend à travers les Mehareg, pour s'établir ensuite dans la zone d'épandage qu'il quitte comme l'itinéraire précédent à Mekamat Sidi Cheikh (*Foum el Areg*), point où il pénètre dans les grandes dunes. Le Medjebed les parcourt dans une direction presque Nord-Sud jusqu'au reg de Tabelkoza à quelques kilomètres au Nord de ce ksar.

Cette route, appelée d'ordinaire assez improprement route de l'oued R'arbi, bien qu'elle n'atteigne cet oued que sur une minime partie de son parcours, est suivie par les tribus du cercle de Géryville : Trafi et Oulad Ziad.

Saïda suivaient alors de préférence la route de l'oued R'arbi qui aboutit à Sidi Mansour (Tin Erkouk). Les caravanes du cercle d'Aïn Sefra l'empruntent encore quelquefois, lorsque pour une cause ou une autre elles craignent de suivre l'oued Namous. C'est ainsi qu'en 1887, les Cheurfa d'Aïn Sefra, après avoir concentré leur caravane à Mengoub sur l'oued R'arbi, ont gagné directement Sidi Mansour en une marche rapide de 7 jours et l'année suivante (1888) la caravane annuelle des Hamian, après s'être concentrée à Moghrar Tahtani, gagna le Gourara par la route habituelle des Trafi que nous allons décrire bientôt.

Après s'être concentrées à El Abiod Sidi Cheikh, les caravanes suivent généralement l'itinéraire ci-après (planche II) [1] :

1° Botma ber Remad	43 kil.
2° Melk Sliman	36 400
3° Mengoub	13 600
4° Oued Lesan R'arbi	31
5° Oued Toumiat	24
6° Robt el Maza	37
7° Teniet Sidi Sliman	82
8° Aoummani	46
9° Hassi ben Henniche	21
10° El Meritah	10
11° Sidi Mansour	10
Total	354 kil.

A Garet en Naam, entre Robt el Maza et Teniet Sidi Sliman, les Oulad Ziad se séparent des Trafi pour prendre la route ci-dessous :

Etapes antérieures	208 kil.
7° Selisel el Ouara	13
8° Garet et Hamra	31
9° Feidjat Oum el Baguel	27
10° Hassi Ouchen	33
11° Hassi Ghambou	30
12° Tabelkoza	21
Total	363 kil.

[1] Nous avons utilisé pour l'établissement de cet itinéraire :
1° Pour les trois premières étapes, les rapports annuels sur les caravanes du cercle de Géryville depuis 1884 ;
2° Pour le reste du parcours (sauf l'exception que nous indiquerons ci-après), le journal de route du lieutenant Fariau, déjà cité.

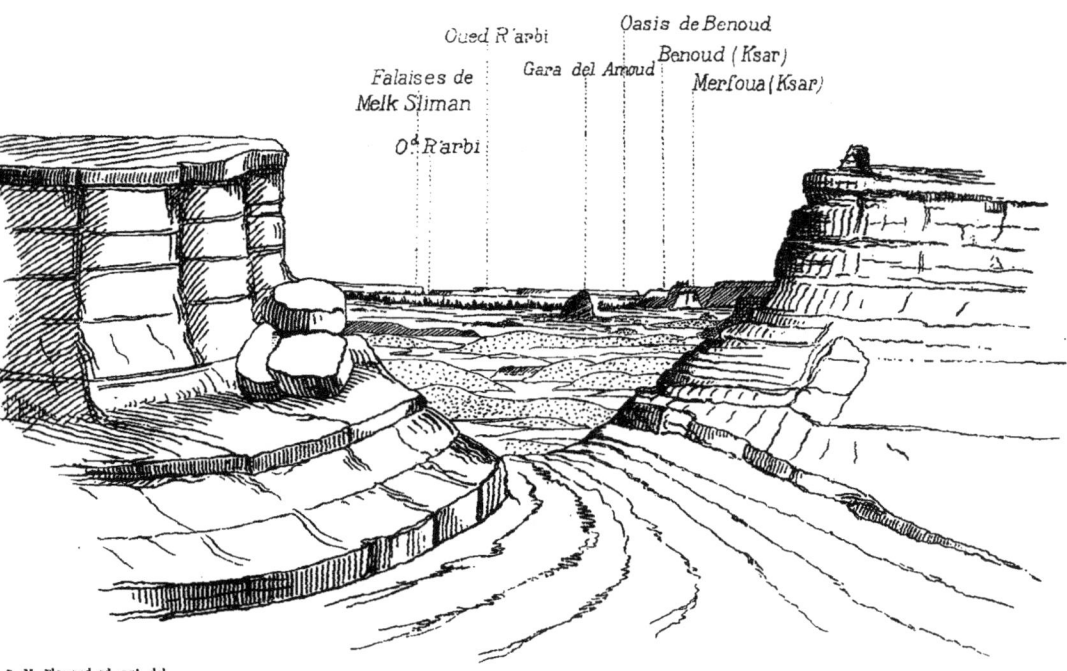

BOUIB-ER-RAIB-CHERGUI ET LA VALLÉE DE L'OUED R'ARBI (Vue prise au Nord de Benoud)
(Sahara oranais).

En quittant El Abiod Sidi Cheikh, la route longe l'extrémité nord-est du Djebel Tismert et gagne, à travers un plateau de hammada, au sol ferme et pierreux, l'oued ber Remad, au lieu dit Botma ber Remad (43e kil.); continuant ensuite son trajet dans les mêmes conditions, elle atteint l'oued R'arbi à Melk Sliman [1] (79e kil. 400). S'engageant alors dans la vallée de cet oued, elle en suit le cours jusqu'à Mengoub [2] (93e kil.) qui est le véritable point de départ et de concentration des caravanes allant au Gourara par cette voie.

Dès lors, les voyageurs, qui se dirigent vers le sud, vont abandonner l'oued R'arbi. Une fois les dunes de Mengoub dépassées, c'est d'abord[3] la Gara

---

[1] Parvenues sur l'oued R'arbi, les caravanes se dispersent le long de la rivière pour faire pâturer les chameaux et faire les provisions d'eau avant d'affronter la traversée de l'Erg où, pendant plusieurs jours, on ne trouvera aucune ressource en eau. Souvent même, si la caravane n'est pas pressée, elle fait séjour pour se préparer de toutes façons à affronter les épreuves de la marche ultérieure.

Tout le long de l'oued R'arbi, entre Benoud et Kef el Fokra, on trouve la nappe d'eau à une faible profondeur.

[2] Mengoub est situé au pied des dunes qui couvrent la rive droite de l'oued R'arbi sur environ 8 kil. de long. En quelque point que l'on se place, la vue y est limitée par les sables du côté du sud.

On trouve dans le Sahara beaucoup de groupes de puits nommés Mengoub (par exemple dans le chott R'arbi, à l'est d'Aïn Chaïr, etc.): ils sont tous ouverts dans le tuf: mengoub signifie : creusé à pic.

[3] A partir de Mengoub, la description de l'itinéraire que nous donnons est extraite d'un travail dû au lieutenant Fariau, aujourd'hui capitaine, chef de bureau arabe, attaché au service des affaires indi-

Metsired[1] (98ᵉ kil. 250) qu'ils atteignent. Elle tire son nom de sa forme rappelant très exactement un plat en bois monté sur un pied.

Au delà de cette gara qui est surmontée d'un redjem[2], la route suivie d'ordinaire monte sur une hammada très unie, mais pierreuse par endroits. Du sommet de ce plateau, en se retournant, on aperçoit alors, bornant l'horizon, la chaîne de montagnes des Ksour et on se trouve dans l'axe de la grande trouée de Nekhaïla[3], d'où vient l'oued Bou Semr'oun, une des têtes de l'oued R'arbi. Mais dès que l'hammada est franchie, la vue se restreint, on cesse d'apercevoir les montagnes que l'on distinguait encore quelques minutes avant.

De Metsired, le medjebed se dirige franchement vers le sud ; on peut alors apercevoir, du côté de l'est, les dunes de Sif[4] ed Delim, ainsi nommées d'une autruche mâle (delim) qui y fut tuée jadis. A cette distance les retems qui les surmontent ressemblent à des chameaux au pâturage.

gènes du Gouvernement général de l'Algérie, qui, en 1892-93, a accompagné l'ingénieur Jacob dans la mission de reconnaissance du régime des eaux du Sud qui avait été confiée à celui-ci.

[1] Metsired, petit plat, diminutif de metsred, sorte d'écuelle en bois, avec pied, dans laquelle on sert le couscouss.

[2] Redjem : borne, signal.

[3] La carte au 800.000ᵉ du service géographique orthographie Noukhila.

[4] Sif, plur. siouf, sabre ; au figuré : dune allongée en forme de lame de sabre.

AU TOUAT PAR LE NORD.

La route pénètre ensuite dans la région des Habilat qui a pris son nom des bandes de sable qui la sillonnent et qui figurent de loin des cordes séparées par des intervalles de hammada. La marche y est facile.

Au delà on rencontre successivement le ravin de Seheb[1] Miet[2] (105ᵉ kil. 300), et l'oued Lesan[3] Chergui (108ᵉ kil.); enfin, abandonnant après un parcours de plus de 14 kilomètres la région des Habilat, on arrive à l'oued Lesan R'arbi[4] (124ᵉ kil.). Un peu plus loin vers le Sud, la route traverse la région des Mechterkat[5] formée de petites dépressions séparées par des intervalles de hammada. Elle atteint, bientôt après, un oued innommé (134ᵉ kil.) de 300 mètres environ de largeur qui va se perdre dans les dunes de Ben Naourou, après être passé au point de Djorf el Ogab[6]. Puis après avoir traversé l'oued Demekhat (141ᵉ kil.), elle parvient à l'oued Toumiat[7] (148ᵉ kil.)[8], non loin des éminences jumelles[9] dont cette vallée tire son nom.

---

[1] Seheb : plaine.

[2] Miet : mort (adj.).

[3] Lesan : langue.

[4] Alt. 760^m ; lat. N. 31° 50′ 30″ (Ing. Jacob).

[5] Mechterkat, sing, mechterek, associé, au figuré : terrains de même configuration et voisins les uns des autres.

[6] Ogab : aigle.

[7] L'oued Demekhat comme l'oued Toumiat se perd dans les dunes de Ben Naourou.

[8] Alt. 760^m ; lat. N. 31° 37′ 10″ (Ing. Jacob).

[9] Toumiat : jumeaux, jumelles.

Après la traversée des Toumiat, la route monte sur la hammada d'El Geta[1] d'où l'on aperçoit bientôt (156ᵉ kil.), au loin vers l'est, une coupure laissant voir une berge, c'est El Kherachel. En même temps se dessinent à l'horizon, vers le sud-est, trois petits pitons; ce sont les dunes de Ben Naourou où vont se perdre les oueds rencontrés précédemment. C'est 8 kilomètres plus loin que l'on gagne, à Ras el Mehareg (164ᵉ kil.), l'entrée de la région dite des Mehareg[2] : là on ne rencontre que des arbrisseaux, principalement du remt, poussant par touffes isolées sur un sol nu, ce qui donne à cette contrée l'aspect d'un endroit dévasté par un incendie[3].

C'est à un kil. de Ras el Mehareg que se trouve la Kheloua de Sidi Cheikh, où ce saint personnage aurait, dit-on, passé sept années de son existence. Viennent ensuite le Redjem el Mehareg (166ᵉ kil.), puis la Kheloua de Sidi Aïssa, fils de Sidi Cheikh (169ᵉ kil.), que longe successivement la route avant de déboucher dans un vaste cirque, limité dans sa partie ouest par les Gour El Menasseb[4] (172 kil.). Au

---

[1] Geta : brigands.

[2] Mehareg : lieu incendié.

[3] Cette région se compose d'une série de bas-fonds communiquant entre eux par des passages assez étroits. Les plateaux qui limitent ces bas-fonds sont couronnés de dunes.

[4] Menasseb : on nomme ainsi les trois pierres disposées en triangle dans le foyer et qui forment trépied pour la marmite ; au figuré groupe de trois gour disposés en triangle.

delà, la route atteint Koridat[1] el Had (176e kil.) et, après être passée au lieu dit Djedar [2] er Remah [3] (178e kil.), placé entre deux gour[4] distants de 150 mètres et surmontés chacun d'un djedar, elle longe le pied du gour El Beg[5] (183e kil.), pour arriver, à deux kilomètres de là, au lieu dit Robt [6] el Maza [7] (185e kil.), situé au pied d'une dune [8].

C'est cinq kilomètres plus loin (190e kil.) que l'on sort de la région des Mehareg. La route franchit alors un petit défilé de 40 mètres de longueur sur 4 de largeur, appelé Zegag[9], parce qu'il rappelle vaguement une rue d'un Ksar. Ce défilé franchi, on débouche sur les Steïhat [10], c'est-à-dire sur une région formée d'affleurements rocheux à surface lisse rappelant les

---

[1] Diminutif de r'ourd, ghourd, plur. ar'rad, aghrad, que les nomades de cette partie du Sahara prononcent kourd, akrad.

[2] Djedar, littéralement mur, muraille, et dans le cas présent, espèce de tombe, quelquefois simplement, pyramide de pierres servant de signal.

[3] Romh, plur. remah, lance.

[4] La légende rapporte que deux Chaanba ennemis, qui chassaient individuellement, se rencontrèrent là certain jour. Chacun monta sur une gara, s'embusqua et visa son adversaire. Mais l'un d'eux, plus malin, avait placé sa chéchia au bout d'un bâton. Elle seule fut atteinte par le naïf adversaire qui fut tué.

[5] Beg : punaise.

[6] Robt : lien, attache.

[7] Maza, chèvre.

[8] Alt. 670 mètres (Ingénieur Jacob).

[9] Zegag, rue.

[10] Steïhat, diminutif de stah, terrasse.

terrasses des maisons arabes : d'où son nom. Mais bientôt quittant Steïhat (197ᵉ kil.), le voyageur longe d'abord la daïa de Reddad [1] Aïcha [2], immense dépression aux berges à pic de 20 mètres de hauteur et pénètre ensuite (200ᵉ kil.) dans la région des Metalef [3], qui tire son nom de son uniformité, car un individu égaré ne saurait s'y retrouver.

Dès lors le sol, qui était généralement découvert, commence à disparaître dans une couche de sable ; à l'est de la route se dressent de petites dunes, dites El Archan [4] (202ᵉ kil.), où pousse du retem, et l'on atteint ainsi Garet en Naam (208ᵉ kil), gara isolée, où la caravane annuelle des tribus du cercle de Géryville se scinde d'habitude. Les Trafi, passant à droite de la gara, se dirigent sur le Ksar de Sidi Mansour par Hassi ben Henniche, tandis que les Oulad Ziad, prenant à l'est de la même gara, vont déboucher à Tabelkoza après avoir fait étape à Hassi Ouchen.

---

[1] Reddad, colère.

[2] Aïcha, nom propre de femme.

[3] Mot à mot, lieu de perdition, de ruine.

[4] Dans cette région, archan — arich (pluriel, araïch) — désigne aussi bien la végétation, qui croît sur une dune assez élevée et qui sert de point de repère dans l'Erg, que la dune elle-même où pousse cette végétation.

A. — *Route des Trafi*[1].

En quittant Garet en Naam, la route franchit le col d'El Merkh entre les dunes, et traverse ensuite la plaine très pierreuse de Sahan Mouina où se trouvait jadis un puits qui a été abandonné et s'est comblé, depuis qu'un homme s'y est noyé en puisant de l'eau. Au delà elle atteint Teniet Sidi Sliman bou Smaha, col entre des dunes où se trouve un mekam (267ᵉ kil. 500.)

En sortant de Teniet Sidi Sliman, on aperçoit une grande dune distante d'environ 7 kil., au pied de laquelle se trouve une toute petite daïa, appelée Douit er R'ozlan où l'on rencontre souvent de l'eau. A 2 kilomètres de là on entre dans l'Erg.

Jusqu'alors, la route se trouvait frayée au point que l'on pouvait la reconnaître, même la nuit. Désormais, la caravane doit mettre à sa tête un guide connaissant parfaitement le pays. Il n'y a plus en effet de piste tracée ; l'aspect des dunes change d'une année à l'autre.

Le chemin habituellement suivi passe à Kebt el

---

[1] Les Trafi et les Oulad Ziad se rejoignent ensuite au Gourara à Timimoun. — Pendant quelques années, après l'insurrection de 1881, les Trafi ont suivi la même route que les Oulad Ziad ; depuis 1890, ils ont définitivement repris la route de Sidi Mansour que le commandant Colonieu indiquait, dès 1861, comme leur voie de parcours habituel.

Cette dernière partie de l'itinéraire des Trafi a été établie d'après les rapports annuels des caravanes.

Ouachi avant d'atteindre une daïa de médiocre grandeur, appelée Daïa el Kahla. Franchissant ensuite une dune élevée, il gagne successivement Daïa el Alenda, Daïa el Alam et, après avoir contourné la haute dune d'El Hammara, arrive à d'autres dunes moins élevées, appelées Aoummani (313e kil.), où commence un oued qui, se dirigeant vers le sud-est, va passer à Hassi Ouchen [1]. Au delà, la route passe à Hofer el Legràa, sorte de daïa ou de bas-fond, où les animaux trouvent à pâturer au milieu d'une végétation assez abondante de drin, de markh, d'azel, d'alenda et d'had. Puis viennent les dunes très élevées de Zguir, après lesquelles on atteint successivement le puits mort, appelé Hassi Tinouanou, où jadis l'eau se rencontrait, dit-on, très profondément, et bientôt après Daïa Roumadia [2], daïa dont le fond est dépourvu de toute parcelle de sable.

C'est à une heure de là que l'on trouve Hassi ben Henniche (334e kil. 500), où les caravanes renouvellent d'habitude leurs provisions d'eau, après avoir abreuvé leurs chameaux. Une nouvelle marche de trois heures conduit à la daïa d'El Meritah (344e kil. 500), puis l'on gagne la petite daïa, appelée Daïa el Gacem, où se dresse un redjem, et franchissant enfin la montagne de sable de Ben Allah, on atteint le Ksar de

---

[1] Les Khenafsa auraient creusé un puits dans cet oued, à moitié chemin entre Aoummani et Hassi Ouchen. Ce puits serait connu sous le nom d'Hassi bel Euroug.

[2] Roumadia, couleur de cendre.

Sidi Mansour (Tin Erkouk), situé sur la limite de l'Erg (354ᵉ kil.)[1].

B. — *Route des Oulad Ziad*[2].

C'est à Garet en Naam (207ᵉ kil. 800), nous l'avons dit, que les Oulad Ziad se séparent des Trafi, lors de leur voyage annuel au Gourara. Laissant à droite cette gara, ils se dirigent sur Tabelkoza par Hassi Ouchen.

Pendant les onze premiers kilomètres de la marche dans cette direction, on aperçoit sur la droite une chaîne de hautes dunes, appelées par les indigènes Selasel[3] Toual[4] (du kil. 207 au kil. 218). Entre temps, à cinq kilomètres de Garet en Naam, on a longé une autre gara isolée, appelée Garet el Habar[5] (212ᵉ kil).

Bientôt la route atteint une chaîne de petites dunes dont la traversée est pénible ; ces dunes sont connues des indigènes sous le nom de Selisel el Ouara[6] (221ᵉ kil.).

[1] Les distances données ici sont fournies par des renseignements indigènes. Elles sont par suite sujettes à caution ; car les éléments d'appréciation sont difficiles à mettre en œuvre, surtout dans une région aussi mouvementée où la marche, par suite de l'accumulation de plus en plus grande des sables, devient de plus en plus pénible et fatigante. Il est en conséquence très probable que les distances que nous donnons devront plus tard être modifiées, quand on connaîtra mieux le pays.

[2] La description, que nous allons donner de la première partie de cette route, est extraite du travail déjà cité du lieutenant Fariau qui l'a parcourue jusqu'à Hassi Ouchen.

[3] Selsela, plur. selasel, chaîne.

[4] Touil, plur. toual, long.

[5] Habar, outardes (terme collectif).

[6] Ouaar, difficile.

En les quittant (226ᵉ kil.), on pénètre d'abord dans le Teniet el Markh qui a pris son nom de l'arbrisseau qui s'y rencontre; puis, trois kilomètres plus loin (229ᵉ kil.), dans le défilé de Foum [1] el Kelba [2], formé par de petites dunes. Sur la droite de ce défilé s'aperçoivent les dunes de Guerin [3] Abbou [4].

Plus au sud (236ᵉ kil.), la route se prolonge sur un terrain analogue à celui rencontré aux Steïhat, des affleurements rocheux séparés par des parties sableuses avec dunes à droite et à gauche. On trouve d'abord dans cette direction une petite gara isolée de 7 mètres de hauteur, surmontée d'un redjem. C'est Garet el Mallema [5] (241ᵉ kil.), qui a pris son nom d'un forgeron mort en cet endroit; puis viennent successivement :

Au 243ᵉ kil. et à 1 kil. à gauche de la direction suivie, les dunes d'El Metilfa;

---

[1] Foum, bouche.

[2] Kelba, chienne.

[3] Guerin, compagnon inséparable, petite corne, de guern, corne, et par extension, pic.

[4] On signale dans le voisinage une daïa où parfois, dans les années pluvieuses, se rencontre de l'eau; elle est connue sous le nom de Daïa Oum Djedran. C'est une immense dépression dont le sol est couvert de très abondantes efflorescences magnésiennes. A l'est de cette daïa on aperçoit les dunes de Guern et Touareg (Pic des Touareg, d'un parti de Touareg qui y succomba) et de Guern el Hofra (pic de la fosse, d'une daïa qui se trouve à son pied).

[5] Mallema, artisan. Dans cette partie de l'Algérie, ce mot est pris dans le sens de forgeron.

Au 244ᵉ kil., un terrain parsemé de pierres noires et appelé de ce fait Mehasa¹ el Akhal²;

Au 245ᵉ kil. et vers la droite, une gara dénudée, appelée Gara Sebbar;

Au 248ᵉ kil., un nouveau terrain parsemé de pierres, mais blanches cette fois; d'où son nom de Mehasa el Abiod³;

Au 252ᵉ kil., et un kil. à l'ouest de la direction suivie, la gara appelée Garet el Hamra⁴;

Au 255ᵉ kil., une hammada de pierres noires, dite de ce fait Hammada el Kahla et que la route traverse;

Au 257ᵉ kil., nouvelle gara connue sous le nom de Garet Sidi Cheikh Chellali el Meddah⁵;

---

¹ Mehasa, endroit pierreux.

² El Akhal, noir.

³ El Abiod, blanc.

⁴ El Hamra, rouge.

⁵ Meddah : chanteur, improvisateur. Ce Sidi Cheikh Chellali était un chanteur-poète-improvisateur des Oulad Sidi Cheikh R'araba, fraction des Oulad bou Douaïa. Très célèbre dans la région devenue depuis le cercle de Géryville, il avait pour habitude, au retour du Gourara, de s'arrêter au sommet de cette gara et d'y réciter des vers. Très mordant dans ses improvisations, il s'était fait beaucoup d'ennemis. Il fut tué à Askoura, au nord-est du Chott Chergui, par un indigène des Oulad Amara, fraction des Oulad Ziad R'araba. Le meurtrier, effrayé de son crime et tout contrit, s'en vint trouver Si Bou Bekeur, père de Si Hamza, notre premier khalifa des Oulad Sidi Cheikh : « j'ai tué le Chellali, lui dit-il; moi, arabe, j'ai tué » mon maître! » A quoi, Si Bou Bekeur aurait répondu : « Toi tu » as tué la bouche malfaisante et moi, s'il plaît à Dieu, je te sauverai » du feu de l'enfer. »

Au 260ᵉ kil., Souk [1] el Meharza [2], petit plateau de 1 kil. de longueur, limité à ses extrémités par des tas de cailloux et que traverse la route suivie ;

Au 261ᵉ kil. et à 500 mètres sur la droite de la direction suivie, petite gara affectant la forme d'un gourbi en pisé, on la nomme Garet el Azoudj ;

Au 262ᵉ kil., Sahan [3] Mouina [4], plateau où s'engage la route et qui s'étend jusqu'à l'entrée de l'Erg. A mesure que l'on avance, les dunes de droite et de gauche se resserrent, la vue est en même temps limitée au sud par les sables.

Au 274ᵉ kil., Mekamat [5] Sidi Cheikh, reposoirs en l'honneur de Sidi Cheikh. C'est en même temps l'entrée de l'Erg : Foum el Areg.

Dès lors le sous-sol disparaît complètement : on ne peut plus avancer qu'en franchissant des dunes. La direction à suivre est marquée par une ligne de « *feidjas* » [6], défilés où les dunes sont moins élevées.

---

[1] Souk : marché.

[2] La légende veut qu'une caravane des Oulad Ziad, se rendant au Gourara, se rencontra en ce point avec une caravane des Meharza se rendant à Géryville ; au lieu de poursuivre leur voyage, les membres des deux caravanes échangèrent leurs marchandises et retournèrent dans leur pays.

[3] Sahan : plateau, assiette. On désigne ainsi une cuvette à bords raides dans les dunes, une dépression brusque, peu étendue et profonde.

[4] Mouina était la fille d'un sultan (?) qui, dit la légende, se maria sur une petite gara de ce plateau.

[5] Mekamat, plur. de Mekam, reposoir.

[6] Feidja : plur. fouaïdj, col, passage, défilé.

Néanmoins, lorsque la pente des sables est trop raide, on est obligé d'établir des rampes d'accès.

A 4 kil. de l'entrée de l'Erg, la route suivie contourne encore une dépression appelée Daïa Djortala[1] (277ᵉ kil.), avant d'atteindre Feidjat Oum el Baguel[2] (279ᵉ kil.), vaste défilé de 5 kil. de longueur.

Au delà, la ligne des feidjas se continue et on rencontre successivement :

kil. 283. — Feidjat el Beïdha.
kil. 285. — Feidjat es Sif.
kil. 291. — Feidjat el Far[3].
kil. 294. — Feidjat ben Moussa.
kil. 296. — Feidjat el Ouara.
kil. 299. — Feidjat et Touila.
kil. 305. — Feidjat en Nab[4].
kil. 308. — Feidjat el Garet.
kil. 312. — Hassi Ouchen[5].

Le puits de Ouchen[6] a 18ᵐ 50 de profondeur ; il est maçonné et muni de montants en bois : sa largeur à l'ouverture est de 1 mètre carré, il va en s'élargissant dans le bas. Ce puits est creusé dans la partie nord d'une dépression de 600 mètres de longueur, orientée du S.-O. au N.-E., dépression couverte d'efflorescences blanchâtres de sulfate de chaux. A

---

[1] Djortala, nom d'une plante.
[2] Alt. 575ᵐ ; lat. N. 30° 30′ 7″ (Ingénieur Jacob).
[3] Far, rat.
[4] Nab, vieille chamelle.
[5] Ouchen, nom propre.
[6] Lat. N. 30° 15′ (Ingénieur Jacob).

l'ouest et à 80 mètres du puits, se voient deux tombes blanchies à la chaux. Ce sont celles de deux indigènes, des Zoua, morts en 1891 en tombant dans le puits [1]. L'eau y est bonne et abondante.

Le forage et la construction de ce puits sont dus à un Meharzi, nommé Mohammed ben Ouchen, du Ksar de Sidi Mansour.

D'Hassi Ouchen à Tabelkoza la distance est facilement franchie en un jour par les fantassins des Meharza. Nos caravanes mettent deux jours à la parcourir.

En quittant la dépression d'Ouchen [2], on atteint

---

[1] D'après MM. de Lamothe et Palaska, un de ces saints personnages se serait appelé de son vivant Si Saoud el Meharzi.

[2] La partie de l'itinéraire, que nous donnons ici d'Hassi Ouchen à Tabelkoza, est empruntée au rapport établi par le lieutenant de Lamothe, adjoint au bureau de Géryville, et l'interprète militaire Palaska à la suite du voyage qu'ils ont accompli, en juin 1895, à Tabelkoza, sous les ordres du commandant Godron, commandant supérieur de Géryville, assisté du chef de poste d'El Abiod Sidi Cheikh, le lieutenant du Jonchay.

Le capitaine Fariau, qui n'a pas dépassé, au sud, Hassi Ouchen, rapporte, d'après des renseignements indigènes, que la route de ce point à Tabelkoza est jalonnée par les feidjas suivants :

Feidjat el Hamra,	Feidjat el Beg,
Feidjat Oum Serhan,	Feidjat el Azel,
Feidjat el Kohail,	Feidjat et Talha,
Feidjat el Djemel,	Feidjat er Retem,
Feidjat el Merkh,	Feidjat er Roumadia,
Feidjat el Had,	Feidjat el Hamar,
Feidjat el Kelida,	Hassi Ghambou,
Feidjat el Ateuch,	Feidjat el Loul,
Feidjat el Ariana,	3 autres feidjas,
Feidjat et Tar'tar',	Tabelkoza.
Feidjat er Rima,	

bientôt l'Erg, appelé Robb en Nébbs (314ᵉ kil.). Au delà de cette dune, on rencontre l'oued Chelif qui va du S.-E. au N.-O. Cette disposition fait que les petites dunes détachées des berges coupent obliquement la direction à suivre et qu'il faut les franchir une à une. Enfin après avoir gravi une dune plus forte que les autres (316ᵉ kil.), on trouve un sable plus consistant où la marche devient facile. On traverse ainsi successivement cinq dépressions très ensablées que séparent des arêtes de plus ou moins d'importance. Toutes ces dépressions présentent un même aspect : toutes ont leurs flancs tapissés de plantes sahariennes.

Lorsque l'on a traversé la dernière de ces dépressions, on a encore à franchir une dune au delà de laquelle, après un parcours de 2 kil. 500, on atteint l'oued Chenif, (326ᵉ kil.), marqué en ce point par une daïa assez profonde, qu'entourent de beaux pâturages.

En quittant l'oued Chenif, la route traverse successivement deux dépressions et trois dunes, avant d'atteindre l'oued el Mech (333ᵉ kil.) : on nomme ainsi trois dépressions, séparées entre elles par de fortes dunes.

Enfin franchissant une dune plus importante encore quoique d'accès facile, on entre dans la grande cuvette où se trouve Hassi Ghambou [1]. Deux gour, surmontés tous deux d'un djedar, en marquent

---

[1] Que l'on devrait écrire R'ambou, mais en raison de la prononciation locale (Kambou) nous préférons l'orthographe adoptée.

l'entrée ; viennent ensuite une « *hofra* »[1] assez large, que coupe de l'est à l'ouest une petite dune, puis, plus loin une nouvelle dune de séparation, et enfin une dernière dépression peu marquée cette fois (700 mètres de largeur) et limitée au sud par une arête. C'est à 1 kil. 500 de là que se trouve Hassi Ghambou (342e kil.).

Les diverses dépressions que l'on vient de franchir ne sont en réalité que des coupures dans la grande cuvette d'Hassi Ghambou. L'orientation est-ouest des chaînes de dunes qui séparent ces dépressions est bien marquée.

Cependant ces chaînes détachent elles-mêmes des ramifications perpendiculaires, orientées nord-sud, grâce auxquelles on peut presque constamment cheminer dans les sillons qu'elles ont constitués. — La route n'est pas d'ailleurs très difficile et sauf au passage des siouf le sable est peu épais et suffisamment consistant.

Le puits de Ghambou est situé au fond d'une petite daïa sablonneuse, semée de débris rocheux en décomposition. Il est très étroit et a la forme d'un parallélipipède quadrangulaire de 0^m30 de côté. Il est maçonné et muni d'un appareil de puisage en bois. Sa profondeur est de 8^m50. Il fournit en abondance une eau d'excellente qualité, fraîche et agréable au goût [2].

[1] Hofra, fosse, dépression.
[2] Ce puits a été creusé par un ancien habitant du Ksar In Hammou, nommé Mohammed bel Hadj Abderrahman.

Une gara surmontée d'un djedar domine Hassi Ghambou. A un kil. au Sud, une dune limite la grande cuvette où se trouve ce puits. Après l'avoir franchie, on atteint une nouvelle dépression, riche en végétation, et au delà de laquelle on rencontre encore trois arêtes, avant d'atteindre l'Hofra d'El Ouassa (347e kil. 800), puis un kil. plus loin, après avoir franchi deux dunes, la dépression de Bent el Abid où le sous-sol apparaît par larges plaques et où de nombreux gour dominent les sables.

Plus au sud, la route franchit successivement sept chaînes de dunes parallèles, avant d'atteindre une dépression où l'on chemine quelque temps. C'est l'Hofra de Tihat (354e kil.) dont le fond est marqué par un palmier isolé. Les sables y laissent en plusieurs endroits affleurer le sous-sol. La présence du palmier dénonce la proximité de l'eau de la surface du sol.

A partir de Tihat, la végétation cesse, les sables deviennent nus, et les plantes sahariennes disparaissent.

Au sud, l'Hofra de Tihat est formée par une dune que franchit la route et au delà de laquelle se trouve une nouvelle et profonde dépression. De nombreuses petites dunes sillonnent cette dernière de leurs nombreuses ramifications, mais comme elles sont parallèles à la direction suivie, elles permettent de cheminer dans les sillons qu'elles forment entre elles.

Enfin apparait la dune qui marque la sortie de l'Erg (357e kil.). Dès qu'elle est franchie, on atteint la plaine de reg où se trouve Tabelkoza (363ᵉ kil.). Cette plaine étendue, de forme carrée, est complètement nue. Elle est orientée du N.-E. au S.-O. et bordée sur toutes ses faces par des dunes. Le terrain y est solide, sans sable et semé de graviers fins.

4⁰ Routes de l'oued Seggueur.

L'itinéraire, partant de Brézina, suit très sensiblement le cours ondulé de l'oued Seggueur entre Brézina et Arichet el Moktaa, à l'exception des plateaux de Hammadas développés immédiatement au sud de Brézina sur la rive gauche de l'oued, entre ce Ksar et Si El Hadj Eddin, puis, de ce dernier point à Gour el Kherga (sur la rive droite). Au delà d'Arichet el Moktaa à Hassi bou Zid, le medjebed traverse la hammada par la dépression de Sahb el Khil. Du puits de Bou Zid au 2ᵉ Mekam Sidi El hadj bou Hafs (au nord de Msafra), l'itinéraire traverse obliquement la zone d'épandage et l'oudjh de l'Erg. Du 2ᵉ Mekam Sidi El Hadj bou Hafs jusqu'à Hassi er Reg, l'itinéraire traverse l'Erg proprement dit et aborde entre Ras el Erg et Tabelkoza les terrains de reg du Meguiden.

Il faut comprendre sous la rubrique de routes de l'oued Seggueur les deux principaux chemins suivis par les Oulad Sidi Cheikh, les Lar'ouat du Ksel et les gens des Arbaouat pour se rendre au Gourara. Ces voies de communication ne se confondent que dans la seconde partie de leur parcours (planche III). Dans la première, l'une emprunte le cours de l'oued Seggueur jusqu'à Hassi bou Zid et se dirige ensuite sur Hassi el Morr, tandis que l'autre, abandonnant presque aussitôt la même rivière, se dirige vers le sud, à partir de Si El Hadj Eddin et va rejoindre le premier itinéraire vers Hassi el Morr. C'est celle-là qu'utilisent généralement nos caravanes dans leur voyage annuel quoique l'eau y soit plus rare, mais elle est la plus courte.

Nous examinerons d'abord la première de ces voies de communication. Elle a été suivie récemment par nos officiers et nous devons à cette reconnaissance des données certaines. Nous verrons ensuite la route directe sur laquelle nous ne possédons que les renseignements fournis par les indigènes.

A. *Routes par Hassi bou Zid.*

De Brézina [1], que nous prenons comme point de départ, à Si El Hadj Eddin [2] (23ᵉ kil.), le chemin est tracé par une bonne piste carrossable qui se dirige du N.-N.-E. au S.-S.-O. A la sortie du Ksar de Brézina, la route, qui traverse en ce point une première fois l'oued Seggueur, est envahie par les sables. Au delà de l'oued, elle débouche dans une vaste plaine, parsemée de gour innombrables.

[1] Ksar du cercle de Géryville.

[2] La description, que nous donnons ici de la route de Brézina à Tabelkoza, est la reproduction presque textuelle du rapport établi par le lieutenant de Lamothe et l'interprète militaire Palaska, à la suite de leur voyage au Gourara sous les ordres du commandant

Au 10ᵉ kil., on arrive à hauteur des gour de Bent el Khass, que suivent immédiatement ceux de Sidi Mohammed ben Abdallah. Cinq kilomètres plus loin, on atteint de nouveau le lit de l'oued Seggueur que la route suit pendant cinq autres kilomètres. Là encore la route est légèrement encombrée par les sables. Enfin, 1.500 mètres plus loin, la piste tracée s'arrête au bord de la cuvette de Si El Hadj Eddin. On y descend par un talus assez raide et après 2 kil. de marche on arrive aux puits de Si El Hadj Eddin (23ᵉ kil.). Ils sont au nombre de deux : l'un d'entre eux a été récemment maçonné, muni d'une margelle et d'un abreuvoir. L'eau est à 4 mètres du sol, elle est abondante, mais a un assez

---

Godron, commandant supérieur du cercle de Géryville, assisté du lieutenant du Jonchay, chef du poste d'El Abiod Sidi Cheikh.

L'itinéraire suivi par ces officiers fut le suivant :

1° Si El Hadj Eddin	23ᵏⁱˡ·	
2° Sbaïhi	44	500
3° Sahb el Khil	48	
4° Hassi bou Zid	41	500
5° Hassi Izi	20	
6° Hassi Teldja	31	
7° Hassi Cheikh	27	
8° Hassi Zirara R'arbia	15	
9° Selselat el Melah	50	
10° Msafra	32	
11° Hassi el Azz	30	
12° El Meharzi	20	
13° Hassi er Reg	28	
14° Tabelkoza	4	400
Total	414ᵏⁱˡ·	400

fort goût sulfureux qui s'atténue du reste après des puisages répétés.

Ces puits sont situés à l'extrémité est d'une grande cuvette couverte de tamarix et de genêts de toute beauté. A peu de distance au sud, deux Koubbas se dressent au milieu des ruines de l'ancien Ksar de Si El Hadj Eddin, abandonné depuis 1864.

En quittant les berges sablonneuses (25ᵉ kil. 500) de la cuvette de Si El Hadj Eddin, on débouche sur un vaste plateau où l'on aperçoit à l'est les **gour d'El Adjaïz**, de **Garet el Anz**, etc. tandis qu'à l'ouest, l'horizon est borné par une ligne de hauteurs qui semble continue. La marche s'exécute sur un bon terrain, semé de petits cailloux et parsemé de ces plantes ligneuses qui poussent dans le Sahara.

Au 41ᵉ kil. on atteint un affluent de l'oued Seggueur et 1.600 mètres plus loin, on trouve les deux puits d'Oum el Mi, profonds de 37^m50 [1], qui fournissent une eau saumâtre et désagréable au goût, que boivent cependant les animaux.

Après Oum el Mi, la route atteint Gour el Kherga (52ᵉ kil.) et suit de nouveau le lit de l'oued Seggueur qu'elle ne quitte plus jusqu'à Arichet el Moktaa. Deux kil. et demi plus loin, on trouve Mechera el Hassa (54ᵉ kil. 500), redir qui contient de l'eau à la suite des pluies. On passe ensuite près du puits

---

[1] Un de ces deux puits a été récemment aménagé comme celui de Si El Hadj Eddin.

de Si El Hadj bou El Anouar[1] qui a été creusé sur une éminence de la rive gauche de l'oued Seggueur[2] (65ᵉ kil. 100) et l'on arrive à Sbaïhi[3] (67ᵉ kil. 500).

Au delà de ce point, la route, suivant toujours le lit de l'oued Seggueur, laisse à droite une gara rocheuse, appelée Kheloua Sidi Cheikh.

A cinq kil. de Sbaïhi, des « djedar », placés sur l'une et l'autre rive (72ᵉ kil. 600), indiquent la direction à suivre pour atteindre un redir placé non loin de là sur la rive gauche. Des buissons de tamarix entourent ce redir.

Une dizaine de kil. plus loin, les bords de l'oued Seggueur, qui jusque là étaient assez éloignés l'un de l'autre, se resserrent à l'endroit appelé Deiga. De là on aperçoit, barrant l'oued Seggueur, la Gara Djedar qui domine le puits récemment construit à Aïad (86ᵉ kil. 600), à travers un sol rocheux très dur. A hauteur d'Aïad, l'oued Seggueur fait un léger coude vers l'est, puis passe au pied de Dakhelet el Haoud. Là, se trouve sur la rive gauche une gara

---

[1] Alt. 660 mètres. — Les altitudes données dans cet itinéraire ont été relevées sur un baromètre altimétrique de poche.

[2] Une remarque générale doit être faite à propos des noms portés par les localités dans l'oued Seggueur et en général en pays arabe, c'est qu'ils ne s'appliquent pas uniquement à des points particuliers ou, sauf de rares exceptions, à des accidents du sol, mais qu'ils servent à désigner des régions tout entières d'une certaine étendue (8, 10 et même 20 kil.).

[3] Alt. 660 mètres.

qui forme un véritable belvédère et d'où la vue s'étend fort loin dans toutes les directions.

La route atteint ensuite Melzem el Ahmar, gara conique qui s'élève à l'entrée d'une crique rocheuse de la rive droite (101ᵉ kil. 500), puis elle suit encore l'oued Seggueur pendant 10 kil., jusqu'à Arichet el Moktaa (110ᵉ kil.). Là, abandonnant l'oued, qui continue vers le S.-E., elle se dirige au S.-O., sur la dépression de Sahb el Khil (115ᵉ kil. 500).

Cette dépression, qui conduit de l'oued Seggueur à Bou Zid, est large et peu profonde. Elle se dirige du N.-N.-E au S.-S.-O. Ses bords, d'un relief de peu d'importance, ne présentent aucun accident digne d'être noté.

La première partie de cette dépression est connue sous le nom d'Arichet el Haoued qui est celui d'une gara que l'on y rencontre dès le début. D'une autre gara, située sur la berge sud, on aperçoit au loin quelques pointes de la région d'Ouahadda, ainsi que la ligne de hauteurs qui porte le nom de Louidret et la Gara Menissirat.

Après un parcours de 19 kil. (134ᵉ kil. 500), la dépression de Sahb el Khil prend le nom particulier de Djofra. De nombreux gour sont alors disséminés sur la rive droite. La route traverse ensuite une grande quantité de cuvettes sans importance, puis un petit plateau, avant de franchir d'innombrables ravinements qui la contraignent à de nombreux crochets. Enfin après avoir traversé une dernière cuvette, dominée par une gara surmontée d'un signal, on arrive sur le bord de l'Hofra de Bou Zid [1].

C'est une vaste dépression [2] dont le fond est

[1] Alt. 455 mètres.

[2] Voici d'après la légende d'où viendrait le nom de Bou Zid. Jadis habitait dans le chott R'arbi une fraction guerrière d'Arabes hilaliens venus avec Iakoub Zirari. Les chefs de cette tribu étaient alors Si Diab ben R'anem, Zid, Bou Zid et Sidi Ahmed Helali.

Celui-ci avait une fille d'une beauté merveilleuse, Zadjia qui avait épousé le chérif de Fez, Ben Hachem. Diab aimait aussi la belle Zadjia qu'il considérait comme sa fiancée ; aussi ce fut avec une profonde douleur qu'il se vit préférer un rival plus riche et plus puissant.

Ayant tué, à la suite d'une altercation, Chaalane ben Lokmane, le cheikh des Beni Snassen, chez lesquels lui et les siens venaient chaque année faire leurs provisions de grains, Diab s'enfuit, par crainte de représailles, dans le Sud avec toute sa tribu. Mais auparavant, toujours éperdument épris de Zadjia, il courut à Fez et enleva son amie. Ben Hachem, lancé à sa poursuite avec une puissante armée, la vit bientôt disséminée sur les routes du désert par la soif. Accompagné seulement de quelques cavaliers, le chérif atteignit Diab dans l'oued Mazzer au point appelé aujourd'hui Kheloua Sidi Cheikh et s'y fit massacrer avec tous ses compagnons.

Leur victoire interdisait aux Arabes hilaliens toute pensée de retour vers le Nord. Ils restèrent dans le pays et creusèrent des puits en un point qu'ils appelèrent Hassi Bou Zid du nom d'un de leurs chefs.

Au nord de Bou Zid se trouve Garet Zid qui doit aussi son nom à l'un des chefs des hilaliens.

La légende rapporte à ce sujet que Redahoum Zaïd, fiancée du chef Sidi Ahmed, ayant été enlevée par le cheikh des Beni Smiel, Ioussef, Zid et Diab se mirent à sa poursuite et ramenèrent la fugitive. Mais à leur retour leurs femmes se prirent de querelle : chacune prétendait que son mari était le plus valeureux. Excités par elles, les deux chefs en vinrent à un combat singulier où Zid trouva la mort.

Désespéré d'avoir tué son frère d'armes, Diab creusa sa tombe et voulut s'y ensevelir avec lui. Mais ses compagnons l'en empêchèrent,

recouvert d'une couche blanche de sulfate de chaux. De tous côtés, la vue est arrêtée par les berges sablonneuses, dont les tons d'un jaune mat viennent trancher violemment avec la blancheur éclatante du fond.

Les puits au nombre de sept, dont trois en activité, sont creusés dans la partie orientale de la dépression,

---

car un guerrier de cette valeur ne peut périr ainsi, il doit vivre pour l'honneur et la gloire de sa tribu.

C'est en souvenir du vaillant guerrier qui y a son tombeau, que la gara porte encore aujourd'hui le nom de Garet Zid.

La légende, que nous transcrivons ici, a été recueillie par MM. de Lamothe et Palaska. Ce n'est qu'un épisode du cycle des Hilal, cette chanson de geste arabe antérieure au XVe siècle, dont les héros sont Bou Zid et Diab ben R'anem.

Le souvenir s'en est conservé dans tous les lieux qu'ont pu traverser des fractions de la grande tribu hilalienne dans leurs migrations successives. On le retrouve partout :

Au sud de Khartoum (Brun-Rollet, *Le Nil blanc et le Soudan*, 1855, p. 75).

Dans la Haute-Nubie et au Kordofan (d'Escayrac de Lauture, *Le Désert et le Soudan*, 1853, p. 259 et suiv. — Lane, *Manners and Customs of the modern Egyptians*, 1846, t. II, p. 122).

Dans le sud tunisien (P. Blanchet, *Le djebel Demmer*, in Annales de Géographie, 1897, p. 251).

En Kabylie (*Kitab el Adouani*, traduction Féraud, 1868, p. 77 et 81).

Ibn Khaldoun a parlé, sans leur accorder aucune autorité (trad. de Slane, t. I, p. 41), de ces récits épiques qui se rapportent à l'invasion des Hilal en Afrique au XIe siècle.

Voir également à propos de ce cycle dont nous aurons l'occasion de citer d'autres épisodes: R. Basset, *Un épisode d'une chanson de geste arabe*, in Bull. de correspondance africaine, 1885, p. 136 et suiv. — et Masqueray, *Chronique d'Abou Zakaria*, p. 105, note 1.

ils ont une profondeur de 37 ^{m} 50 et fournissent en abondance une eau excellente [1].

En quittant Bou Zid on gravit d'abord les pentes sablonneuses de la dépression ; la marche va être dès lors lente et difficile ; elle ne dépassera pas trois kil. à l'heure.

La route suivie franchit successivement de nom-

---

[1] Le capitaine Redier, qui a visité la dépression de Bou Zid en 1892, en donne la description suivante qui vient corroborer et compléter celle que nous avons reproduite ici.

Cette dépression est à fonds de sebkha. Le sol y est couvert de nombreux cristaux de gypse et d'efflorescences salines. Les puits sont (1892) au nombre de 8, peu éloignés les uns des autres, 100 mètres environ. Il serait possible d'en creuser encore une grande quantité. Ils s'ensablent facilement et leur curage est indispensable chaque fois que la quantité d'eau à puiser doit être de quelque importance. Leur profondeur est sensiblement la même (28 à 38 mètres) jusqu'à l'eau. La nappe, qui les alimente, passe pour inépuisable. L'eau est bonne, quoique d'un goût un peu fade.

Voici les noms des divers puits existant à cette époque :

1° Hassi bou Naama. — Entouré d'une enceinte de pierres qui le protège plus efficacement que les autres contre l'envahissement des sables, ce puits est le seul qui n'ait pas besoin d'être curé.

2° Hassi Oulad Zaïd.
3° Hassi Zaouia.
4° Hassi Oulad Si Tahar.
5° Hassi Oulad Aïcha.
6° Hassi Sid Lala.
7° Hassi Oulad Sid El Hadj Iahia.

Ces six derniers puits sont à poulie, en usage, mais ont besoin d'être curés lorsqu'on est resté longtemps sans y puiser.

8° Hassi Sid Hamza, inutilisé depuis 1888. Ce puits passe pour être le premier qui ait été construit en cet endroit. Il serait facile de le remettre en service. Bois et pâturages un peu éloignés.

breuses chaînes de dunes parallèles que séparent de profondes dépressions au fond généralement solide.

A 4 kil. de Bou Zid on arrive à l'oued Meharzi (161ᵉ kil.) où se dresse à 1.200 mètres sur la droite de la direction suivie la Gara el Meharzia, dont le tronc de cône noir, visible de fort loin, peut servir de point de direction au voyageur venant d'Izi.

Après avoir traversé une nouvelle dépression on atteint l'oued Archan el Morr (163ᵉ kil.) dans lequel, à 1.500 mètres au N.-O., se trouvent les puits d'El Morr, creusés en 1880 sur l'initiative de Si Kaddour ben Hamza. Ils sont au nombre de dix : deux seulement ne sont pas comblés par les sables [1].

L'eau qui se trouve à 3ᵐ 50 du sol est fraîche, mais très salée et imbuvable pour tous autres que les chameaux.

Après Archan el Morr, la route gravit une dune et arrive à l'oued Chouatine (169ᵉ kil.) où s'élève la gara du même nom. Sur la gauche, on distingue un instant la gara de Bourchiba, puis traversant une

---

[1] El Morr : amer.
D'après le lieutenant Fariau, ces puits seraient dénommés Hassian el Morr Chergui, pour les distinguer de deux autres groupes de puits situés l'un et l'autre sur les directions suivies pour se rendre au Gourara et dont l'un (le plus à l'ouest) est connu sous le nom d'Hassi el Morr R'arbi et l'autre situé au sud-sud-est du précédent Hassi el Morr el Oustani. — D'après le même officier la position des puits d'El Morr Chergui serait signalée par une petite gara surmontée d'un redjem.

nouvelle dépression que ferme à l'est l'Arich de Bent Saïd, on atteint les puits d'Izi [1] (177ᵉ kil.).

Ces puits au nombre de deux sont creusés au centre d'une daïa dont la berge sud-ouest est formée de hautes dunes que jalonnent l'Arich Izi et l'Arich Bou Kerafa. Ils sont maçonnés [2] et munis de montants

---

[1] Alt. 445ᵐ; le lieutenant Fariau, d'après l'Ingénieur Jacob, donne 550ᵐ (voir p. 94).

[2] Ces puits auraient été creusés jadis, dit la légende, par une fraction des Beni Amer : les Zebirat ; El Hadj ben Zaïrit était alors le chef des Beni Amer. C'était un homme impie et violent qui s'était emparé des biens de Sliman ben bou Smaha, ancêtre de Sidi Cheikh. Aux réclamations du marabout qui le menaçait de la colère céleste, Ben Zaïrit répondit avec ironie, en faisant un jeu de mots intraduisible en français : « J'ai dépouillé Sidi Nasseur et Dieu m'a rendu » victorieux (Nasseur en arabe veut dire le victorieux) ! J'ai dépouillé » Ben Ameur et Dieu m'a comblé de bienfaits (Amer signifie l'homme » comblé de bienfaits)! Je te dépouille et Dieu me pardonnera (Bou » Smaha : l'homme doux, rempli de mansuétude) ! » Le marabout se » mit en prière : « O mon Dieu, dit-il, puisse ton courroux anéantir » El Hadj et sa famille ! Fais que cette terre les engloutisse ; si » l'impie demeure jusqu'à la prière du dohr, je ne serai plus des gens » purs ! »

Aussitôt les djenoun sortirent de terre et dévorèrent El Hadj ben Zaïrit et les siens.

Cette scène se passait à la Daïa El Habessa, à l'ouest de Bou Zid. Aujourd'hui encore les arabes sont persuadés que ce point maudit par Si Sliman ben bou Smaha est toujours habité par des génies affamés de sang humain. En réalité cette daïa très profonde, couverte de coquillages, est garnie de sables mouvants, humides, dans lesquels il est impossible d'avancer sans s'enliser.

Au nord de la Daïa El Habessa se trouvent les puits de Zebirat, d'une profondeur de 25 mètres environ. Ils fournissent de l'eau de bonne qualité.

en maçonnerie. L'eau qui se trouve à 42^m 50 de profondeur est abondante et bonne [1].

Au sortir de la daïa d'Izi, la route s'engage dans la haute et épaisse chaîne de dunes qui en forme la rive sud-ouest. Cette chaîne, très difficile, a environ 40 mètres de relief. Il faut 40 minutes pour la franchir. On tombe ensuite dans une dépression, puis on passe successivement aux pieds de Erg ben Chaïb, Erg Selim, Sif Touil. Tous ces arichs sont d'ailleurs semblables et il faut l'œil exercé d'un Chaanbi pour les distinguer : ce sont cependant les seuls points de repère au milieu de cette région tourmentée qu'on ne saurait mieux comparer qu'à une mer démontée qu'une main toute puissante aurait subitement solidifiée.

La route se poursuit avec la plus grande monotonie, passant d'une dépression dans une autre, franchissant des arêtes toujours parallèles. A 10 kil. d'Izi, elle laisse sur la droite la dépression de Ben Saïd (187e kil.), qui, dit-on, conserve l'eau pendant quelque

---

[1] D'après le lieutenant Fariau, lors du passage de la mission Jacob en janvier 1893, un seul des deux puits d'Izi était en activité.

Le même officier donne sur l'origine du nom de Izi la légende suivante :

Lorsque la construction du puits fut terminé quelqu'un s'écria : « Ma izzina che », il ne nous suffira pas ! — A quoi un autre répondit : « Azzi ; ala khater Bou Zid », il suffira parce qu'il y a Bou Zid, faisant allusion au puits de Bou Zid qui n'est pas trop éloigné.

temps après les grandes pluies et où les chameaux trouvent alors parfois à se désaltérer.

Deux kilomètres plus loin la route descend dans une vaste dépression où s'élève une gara en pierre, appelée Gara Djeder (190e kil.), puis dépassant la Gara Merzaza (194e kil.) et le Guern El Melah, elle atteint le bord de la dépression de Teldja. Quelques instants après on arrive au puits de ce nom (203e kil.).

Ce puits est situé dans une daïa qui, d'après les dires des indigènes, ne serait qu'une des branches du delta formé par l'oued R'arbi. Il est maçonné et muni de deux montants également en maçonnerie. Sa profondeur est de 60 mètres et l'eau qu'il fournit est bonne et abondante [1].

En quittant Hassi Teldja, la route s'engage aussitôt dans la dune qui borde au sud-ouest la dépression où se trouve ce puits. Le chemin suivi est beaucoup moins difficile que celui parcouru antérieurement : la direction des chaînes de dunes est généralement parallèle à celle qui est suivie et presque tout le temps

---

[1] Teldja : neige.

Ce puits a été creusé au XVe siècle de notre ère par Si M'hammed Debbar', fondateur de la Zaouiet Debbar' près de Tabelkoza ; on voit encore à quelque distance du puits les ruines des maisons du marabout. — Ce puits doit probablement son nom à la couleur blanchâtre du sol de la daïa et des dunes environnantes.

A l'est, à 100 mètres du puits, est situé, d'après le lieutenant Fariau qui a visité cet endroit en 1893, un mekam dédié à Si El Hadj bou Hafs ; les indigènes prétendent que ce mekam est placé à une distance du puits égale à sa profondeur, de l'orifice au fond. Ce puits serait le meilleur de la région.

on chemine dans les sillons que laissent entre elles les ondulations sablonneuses.

On marche d'abord sur Bou Aroug, situé à 4 kil. d'Hassi Teldja (208ᵉ kil.), puis sur une ligne de hauteurs qui bordent l'oued Metana (216ᵉ kil.). Cet oued forme une sorte de couloir, dépourvu de sable entre deux dunes.

Laissant ensuite sur la droite les deux Gour Metanine [1], la route se dirige à travers un terrain sablonneux, accidenté par des coupures sans importance, mais nombreuses, sur une tête de gara noire qui se dresse au-dessus d'une profonde dépression.

Elle franchit ensuite une dune de faible élévation, descend dans une nouvelle dépression encombrée par les sables et arrive aux Gour Hameïra (231ᵉ kil.) qu'elle laisse sur la gauche [2].

Après les Gour Hameïra, où la route franchit une sorte de col, elle atteint Daïa El Hameïra (233ᵉ kil. 700) daïa qui conserve, dit-on, pendant quelque temps les eaux de pluie; puis elle se dirige sur la Gara Tin, dont la pointe émerge au-dessus de la ligne de hauteurs qui barre l'horizon vers le sud.

La marche est à ce moment d'autant plus facile que la route traverse alors un bon terrain de reg, qui

---

[1] Ces gour et l'oued, dont il vient d'être question, devraient leur nom à une plante que l'on ne trouve qu'en ce point dans le Sahara, aux dires des indigènes qui fréquentent cette région.

[2] Pendant ce trajet, on aperçoit au sud, Gorinet el Beïd, et au nord-ouest la Gara Ben Dehina.

subsiste jusqu'à proximité des bords de la daïa de Hassi Cheikh, où les sables reparaissent.

Cette daïa, dont le grand axe est orienté nord-sud, est couverte d'un dépôt salin blanc. On trouve d'ailleurs, au sud-ouest et à peu de distance du puits, un gisement de sel.

Les puits [1] (235ᵉ kil.) sont au nombre de deux, ils sont maçonnés, un seul est en activité. Celui-ci a une profondeur de 38 mètres. Il fournit une eau agréable, bien que légèrement salée, mais son débit est limité.

Les montants en maçonnerie sont remplacés ici par un grossier appareil fait de branches de retem formant entre elles un angle aigu.

Une traverse à laquelle est fixée une poulie les réunit aux deux tiers de leur hauteur [2].

En s'éloignant d'Hassi Cheikh, la route suit encore pendant dix minutes le fond de la daïa, avant de gravir la berge orientale est, à hauteur de la Gara Tin (237ᵉ kil.).

En ce point les sables cessent presque entièrement; on suit une dépression coupée par des daïas et par deux chaînes de dunes.

---

[1] Alt. 450 mètres.

[2] Le puits d'Hassi Cheikh tire son nom du grand Sìdi Cheikh. Ce saint personnage, dit la légende, voyageant dans la région, trouva un marabout, nommé Sidi Abdelkerim, occupé à forer un puits : « Tu fais là, lui dit-il, une œuvre agréable à Dieu ! la » caravane altérée pourra étancher sa soif et appellera la bénédiction » de Dieu sur l'homme de bien qui a creusé ce puits. »

A ces paroles, l'eau jaillit subitement et Sidi Cheikh demande à

La route franchit la première à un col qui s'ouvre entre les deux gour des Oulad Moulat (240ᵉ kil. 700)[1].

Une large dépression sépare ces gour de l'Arich Sidi Abdelkerim [2] (242ᵉ kil. 700). Au sortir de la daïa

---

boire, mais l'autre lui refuse. Aussitôt le saint personnage invoque la malédiction divine et le puits tarit sans que jamais l'eau n'ait reparu depuis.

Continuant sa route, le marabout rencontre non loin de là un Meharzi creusant aussi un puits. Il lui fait la même demande.

« Seigneur, lui répond l'ouvrier, ces puits et l'eau qu'ils donnent » sont à toi. »

Après avoir bu, Sidi Cheikh bénit l'œuvre et dit :

« Cette eau est salée et bonne. »

« Celui qui la boira sera remis de ses fatigues. »

La légende ajoute que si des rixes éclatent auprès du puits, l'eau disparaît aussitôt.

Un autre jour, Sidi Cheikh était plongé dans les méditations et la prière. Il n'avait auprès de lui qu'une seule esclave noire. Tout à coup débouchent, dans la daïa, des pillards montés à mehara, au grand effroi de la servante qui accourt en criant auprès de son maître.

« Misérable esclave ! s'écrie celui-ci, tu oses interrompre ma » prière ! », et il saisit une poignée de sable qu'il lance dans la direction du rezzou en disant :

« Pour toi et pour les autres ! »

Aussitôt la servante, les pillards et leurs montures sont changés en pierres.

C'est ainsi que les dévots arabes expliquent les innombrables débris qui couvrent le sol de la daïa, et dont les formes, avec un peu d'imagination et de bonne volonté, rappellent assez bien celles des chameaux montés en guerre.

[1] Ce lieu a été rendu célèbre par les Oulad Sidi bou el Anouar, fraction des Oulad Sidi Cheikh, qui y mit en pièces un rezzou des Oulad Moulat.

[2] C'est sur le versant sud de la chaîne de dunes que s'est passée,

sablonneuse de Sidi Abdelkerim, la route débouche sur une sorte de plateau qu'enserre à l'est et à l'ouest une ligne de hauteurs. C'est un véritable oued qui porte d'ailleurs le nom d'oued Zirara ; le terrain y est très bon et complètement dépourvu de sables. La route suit cet oued jusqu'au puits de Zirara R'arbia [1] (250° kil.). Celui-ci fournit en abondance une eau d'excellente qualité, mais il a une profondeur de 60 mètres qui rend le puisage fort lent [2].

Il est maçonné et muni de deux montants en maçonnerie.

Deux mekams dominent la cuvette de Zirara, l'un à l'ouest, l'autre au sud ; ce dernier a été élevé en l'honneur de Sidi Cheikh.

Au delà de Zirara, la route parcourt le fond de la hofra et s'engage ensuite dans l'oued qui la prolonge.

---

dit-on, la scène que nous avons rapportée plus haut entre Sidi Cheikh et Sidi Abdelkerim.

Un mekam et un cercle en pierres, indiquant la bouche du puits, marquent l'emplacement de cette scène mémorable.

[1] Alt. 450^m.

Hassi Zirara R'arbia a été, dit la légende, creusé par Mebarka bent El Khass qui lui donna le nom de sa fille préférée Zirara.

La poétique figure de Mebarka bent El Khass domine cette partie du Sahara. C'est sur la Gara Bent El Khass, située entre Brézina et Si el Hadj Eddin, que se trouvent les ruines du ksar où, prétend-on, cette femme célèbre a vécu. — Voir à ce sujet : colonel Trumelet, *Les Français dans le désert*, p. 258 et suivantes.

[2] D'abondants pâturages entourent Zirara. Les différents points d'Hassi Izi, Hassi Teldja, Hassi Cheikh et Zirara sont connus d'ailleurs par leurs excellents pâturages renommés dans cette partie du Sahara.

Elle suit ce dernier pendant 5 kil. 500 et arrive à la Chebka d'El Morr (256ᵉ kil.). L'aspect de la contrée est assez difficile à démêler : ce ne sont que vastes dépressions courant du nord-ouest au sud-est et limitées par des chaînes sablonneuses, parallèles entre elles.

Bientôt (259ᵉ kil.), laissant à gauche la Domr'a Rih, la route change brusquement de direction vers l'ouest et traversant une étroite bande de sables, va tomber dans la daïa où sont creusés les quatre puits d'El Morr [1] (261ᵉ kil. 400). Un seul est encore visible, quoiqu'en partie envahi par les sables. Les trois autres, situés au sud du premier, sont complètement comblés, mais il serait facile de les déblayer, car l'eau est à 3 mètres au maximum de la surface du sol. Toutefois l'eau fournie par ces puits est imbuvable pour les hommes et les chevaux, à cause de son amertume.

Ces puits, creusés dans un sol dur et consistant, ne sont pas par cela même maçonnés.

Après être sortie de la daïa et avoir traversé une nouvelle dépression, la route débouche dans une vaste plaine, qui s'étend au loin à droite, pour retomber bientôt dans un autre bas-fond et s'engager ensuite dans un massif de dunes que l'on franchit en quinze minutes, c'est ce qu'on nomme la dune Laghouatine.

Au delà, se trouve un oued au lit sablonneux et cependant très praticable à la marche, suivi bientôt

---

[1] Alt. 445 mètres.
C'est ce groupe de puits que le lieutenant Fariau dénomme Hassi El Morr el Oustani. Voir p. 61 à la note.

d'une nouvelle dune, du sommet de laquelle on aperçoit au loin vers le sud-ouest le piton appelé Guern bent bou Amama [1]. Cette dune forme la rive nord-ouest d'une dépression sablonneuse que ferme vers le nord la dune Laghouatine.

La route traverse ensuite un plateau, creusé à droite par le lit d'un oued, et aborde aussitôt après une nouvelle et épaisse dune que l'on franchit en trente minutes. Son versant sud-ouest aboutit dans une dépression où le sable se montre encore pendant dix minutes.

Le puits de Gour Raoua [2] (278ᵉ kil.) est creusé au pied des gour du même nom. Il est maçonné en pierres sèches sans montants. Sa profondeur est de cinq mètres. Il fournit une eau fortement salée et peu abondante.

Au delà d'Hassi Gour Raoua, la route suit une espèce de lit d'oued couvert d'une légère couche de sable dans lequel la marche est très facile, surtout pour les chameaux. De temps à autre, quelques petites dunes de peu d'importance viennent barrer le passage. A un col qui s'ouvre entre la Guern Ali et la Guern Dia (288ᵉ kil. 100), le sable se trouve en quantité plus grande, sans être cependant assez abondant pour retarder la marche. A 4 kil. 500 plus loin, après le passage d'une petite dune, les hauteurs, entre les-

---

[1] Voir p. 91.

[2] Altitude : 445 mètres. — Raoua : terrain désaltéré. Voir p. 91, note 1.

quelles chemine la route, s'écartent l'une de l'autre ; le sable disparaît complètement et, après un léger ressaut, le chemin débouche dans une grande dépression appelée El Mehareg. Une autre lui succède immédiatement dont le grand axe, orienté N.-O.-S.-E., s'appuie d'un côté aux gour Miatin, de l'autre à la guern désignée sous le nom de Domr'a. Un ressaut sépare cette dépression de la Hafra de Selselat el Melah (300ᵉ kil.).

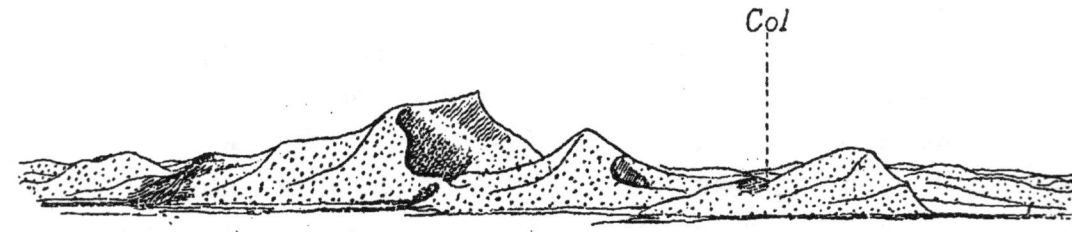

G. B. M. Flamand, ad. nat. del.

DUNE DE GUERN ALI (Vue prise à l'ouest)
ZONE D'ÉPANDAGE (Sahara Oranais).

Celle-ci, orientée N.-S., est fermée au sud-ouest par une barre de sable qui porte le même nom.

Dans le fond se trouve un mekam dédié à Si El Hadj bou Hafs. La route la traverse obliquement et s'engage ensuite dans une dune, qu'elle franchit de même obliquement, en 40 minutes.

Aussitôt après, se trouve un plateau où le sable disparaît et sur la droite duquel se creuse la dépression appelée Nebka el Hamara. La route descend dans cette dernière et en suit la berge est. Le fond est recouvert d'une couche blanche d'apparence solide, apparence trompeuse ; car, si les chameaux viennent à s'y engager ils y enfoncent profondément : la mince couche calcaire cache des sables mouvants.

Cette dépression permet de contourner le massif sablonneux qui suit immédiatement Selselat el Melah et qui se prolonge pendant près d'une heure dans la direction sud.

La route arrive alors à hauteur du Foum Diba (281ᵉ kil. 600) qu'elle laisse à gauche. Il faut ici quarante minutes pour franchir la dune que prolonge l'arich vers l'ouest. Le sable disparaît ensuite et de nombreux Djedar jalonnent la route.

Le Keber el Mekhadmi[1], que l'on trouve bientôt, est le point où les caravanes font étape (313ᵉ kil. 700).

C'est un banc de sable de faible importance après lequel on tombe dans un bas-fond, limité par les contreforts de la Domr'a Mekam Sidi El Hadj bou Hafs. La route laisse celle-ci à gauche. A sa base, se creuse une dépression au fond de laquelle est le Mekam[2] de Sidi El Hadj bou Hafs (319ᵉ kil. 300). A partir de ce point la route s'ensable ; le Mekam est même complètement envahi. Le sable augmente de plus en plus, et on ne le quitte plus jusqu'au reg de Tabelkoza.

---

[1] Le lieutenant de Lamothe écrit Keber El Khatemir ; nous avons rectifié cette appellation d'après une indication du lieutenant du Jonchay, chef du poste d'El Abiod Sidi Cheikh.

[2] Il y a deux Mekams de ce nom ; celui-ci est généralement désigné sous le n° 1.

En s'éloignant du Mekam, la route franchit une épaisse dune en un col nommé Feidjat el Had (320ᵉ kil. 400), pour déboucher ensuite dans une dépression sillonnée de petites dunes qui détachent les siouf les plus importants de la ceinture (321ᵉ kil. 500). Trois kil. plus loin, se creuse, en forme de tronc de cône renversé, la dépression de Selselat Faradji (324ᵉ kil. 800).

Cette partie du trajet est certainement la plus embrouillée et la plus difficile : les dunes succèdent aux dunes, elles se croisent dans un inextricable enchevêtrement. La régularité, d'abord observée dans leurs directions, semble ici faire complètement défaut. Cependant, si l'on regarde avec un peu d'attention, on s'aperçoit que les chaînes principales ont bien toujours une orientation constante, oscillant autour d'une ligne N.-S.

Elles détachent perpendiculairement à elles-mêmes des contreforts qui les relient en se ramifiant à leur tour dans le fond des cuvettes. Aux cols et sur les plateaux, le réseau est plus complexe, et les siouf s'entremêlent sans ordre apparent, phénomène dû, sans doute, à l'action des vents qui viennent tourbillonner en ces points.

Au milieu de ce fouillis, la route fait de nombreux lacets, cherchant à cheminer dans les sillons, ce qui rend les directions fort difficiles à relever. Elle est jalonnée par les traces laissées par les carcasses des chameaux que les caravanes ont semées le long du chemin.

De Selselat Feradji, la route se dirige sur la dépression de Souk (327ᵉ kil. 400), qu'un épais massif de dunes sépare de celle de Msafra [1] (332ᵉ kil. 600).

Celle-ci est complètement recouverte de sable et profondément creusée. La route, après l'avoir traversée, se prolonge en suivant toujours le flanc ouest de la longue succession de dépressions qui se continue depuis Hassi Cheikh. A chaque instant, des dunes viennent couper la direction suivie : à leurs pieds se creusent des daïas, peu étendues, mais presque toujours très profondes. Cependant d'une façon générale, on peut dire que la partie de la route, comprise entre Msafra à Hassi El Azz, est beaucoup moins difficile et moins pénible que celle entre Selselat el Melah et Msafra.

Au delà de ce point, la route se continue dans ce terrain relativement facile et vient aboutir à Oum es Sif [2]. C'est d'ordinaire un gîte d'étape des caravanes. Oum es Sif est marqué par une légère dépression au pied d'une dune à laquelle s'applique en réalité cette dénomination.

Quinze cents mètres plus loin, la route laisse à gauche une autre dépression en forme d'entonnoir, au fond recouvert d'une couche blanche. A ce moment une chaîne de dunes se dresse devant le voyageur, tandis que partout ailleurs sa vue s'étend au loin sur

---

[1] Altitude : 440 mètres.
[2] Un peu avant Oum es Sif, au 2ᵉ Mekam Sidi El Hadj bou Hafs, commence la traversée réelle de l'Erg.

l'Erg. De tous côtés, cè ne sont que des dunes dont les lignes de faîte ondulées fument sous l'action du vent. Devant lui, en même temps, sur la rive gauche de la dépression qui s'ouvre à ses pieds, s'élève la Guern Ghardaïa.

Un instant, la route se dirige sur elle, mais bientôt la laissant à gauche, elle va passer au Teniet bou Hadjla (350ᵉ kil. 300), pour marcher ensuite sur la Guern Sidi Abdelkerim.

Il lui faut encore franchir la chaîne dont celle-ci est le point culminant. Le Teniet Sidi Abdelkerim ouvre à travers le massif un chemin relativement facile, sur le flanc gauche de l'arich (353ᵉ kil. 600). Celle-ci vient tomber dans la dépression de Sidi Abdelkerim dont il suit pendant quelque temps le flanc ouest.

Dans le fond de cette dépression, les sables diminuent d'épaisseur; par places même le sous-sol apparaît. Les sables disparaissent même complétement à Rekaïm (357ᵉ kil.). Ce sont deux daïas d'inégale étendue qui se suivent sans discontinuité et dont le fond est recouvert d'une couche blanche de sulfate de chaux. A leur sortie les sables reprennent.

Ce ne sont plus des chaînes que la route doit franchir mais des ramifications dont les vagues se succèdent rapidement et rendent la marche difficile.

Une gara surmontée d'un djedar indique la direction d'Hassi el Azz [1] où la route vient aboutir (352ᵉ kil.).

---

[1] Altitude : 390 mètres.

Ce puits n'est pas creusé dans la partie la plus déprimée de la daïa où il se trouve, mais sur un petit ressaut [1]. Il est maçonné en pierres sèches et muni de montants en bois. Sa profondeur est de 18 mètres [2]. L'eau y est bonne, mais peu abondante; quelques travaux d'aménagements en augmenteraient probablement le débit.

Au sortir de la dépression d'El Azz [3], la route prend la direction sud-est pour franchir l'énorme dune qui

---

[1] Ce puits est dû à un Meharzi nommé Ba el Azz, du Ksar In Hammou, qui, étant à la chasse, entendit, d'après la légende, une voix lui disant : « Ba el Azz, creuse ici un puits et tu trouveras de l'eau ».

Il crut d'abord être l'objet d'une illusion, mais de nouveau la voix répéta les mêmes paroles : certain alors d'une intervention surnaturelle, il retourna dans sa famille et revint creuser un puits à l'endroit indiqué.

[2] L'opération du puisage de l'eau à Hassi el Azz, comme dans la plupart des puits un peu profonds du Sahara, est fort longue avec les moyens rudimentaires dont disposent les indigènes. Une corde, à chaque extrémité de laquelle est attaché un delou (seau en peau), passe sur la poulie. Deux hommes tirent sur la partie ascendante en s'accompagnant d'une complainte composée surtout de cris inarticulés. La façon défectueuse dont sont construits les puits arabes s'oppose à l'établissement d'un mode de tirage plus rapide comme celui, par exemple, employé dans les Ksour, qui consiste à faire puiser l'eau par un chameau. La maçonnerie ne pourrait jamais supporter le poids d'un delou de 40 à 50 litres.

[3] Trois routes conduisent d'Hassi el Azz au Gourara. La première par l'oued El Meharzi est la plus facile ; elle offre en outre l'avantage d'être partout couverte d'excellents pâturages pour les chameaux. C'est celle dont nous donnons la description ici ; elle est la plus fréquentée et généralement suivie par nos caravanes.

Les deux autres, plus à l'ouest, sont encombrées par des massifs de dunes plus nombreux et plus difficiles.

sépare cette daïa de l'oued Gueblia. La direction de celui-ci est est-ouest, comme d'ailleurs celles de toutes les autres Hofras qui restent à traverser jusqu'à Tabelkoza. L'oued Gueblia (363ᵉ kil.) est pour ainsi dire divisé en deux parties par une petite dune qui court parallèlement à son axe. Il est séparé de l'oued El Khadem [1] par une chaîne de dunes plus haute et plus difficile encore que celle précédemment traversée.

Après avoir atteint le fond de cet oued (367ᵉ kil. 500), la route se dirige, à travers son lit tourmenté, sur la crête qui forme sa bordure au sud [2].

S'élevant ensuite sur les pentes de la dune, la route suit un instant la ligne de faîte du massif, puis va tomber dans l'oued El Hadj Mohammed. Le fond de cette nouvelle Hofra (371ᵉ kil. 200) est profondément raviné, encombré de petites dunes qui se détachent des crêtes de la ceinture, et coupé par de nombreux bas-fonds, dans lesquels le sous-sol affleure. L'un d'eux, plus considérable que les autres, est marqué par une gara tronconique et recouvert d'une couche calcaire blanche. Au 371ᵉ kil. 600, la route passe près du Mekam d'El Hadj Mohammed, le parrain de l'oued.

Une dune épaisse forme ensuite un obstacle difficile

---

[1] Khadem : négresse esclave.

[2] Dans ce trajet, la route passe près d'une petite gara servant de tombeau à une négresse qui, pendant un voyage au Gourara, trouva la mort en cet endroit. D'où le nom de « vallée de la négresse » donné à cet oued.

à franchir pour atteindre l'oued El Meharzi (379ᵉ kil. 300).

Comme celui de ses voisins, le lit de l'oued El Meharzi est encombré par les dunes, entre lesquelles s'étendent d'innombrables petites daïas recouvertes de leur blanche couche de sulfate de chaux. Par place un djedar ou de petits tas de cailloux indiquent la direction. Aucun point d'ailleurs n'est particulièrement remarquable. Ce ne sont que des crêtes tranchantes de siouf, des arichs aux formes éternellement semblables. Le lit de l'oued et ses flancs sont couverts d'une riche végétation de plantes sahariennes qui au printemps viennent unir leurs tons de vert tendre au jaune cru des sables.

La route continue monotone jusqu'au Hassi El Meharzi (382ᵉ kil.), aujourd'hui complètement envahi par les sables et dont l'emplacement est seulement marqué par un tas de petites pierres.

Cependant à quelques mètres à peine plus loin, on trouve une petite daïa, complètement déblayée, qui jadis était, au dire des indigènes, recouverte par les sables tandis que le puits était en bon terrain. Mais les sables ont changé de place couvrant ce qu'ils épargnaient autrefois [1].

---

[1] Il avait paru avantageux de revivifier ce point d'eau, situé à mi-route entre Hassi el Azz et Tabelkoza. Il fut l'objet de travaux d'aménagement pendant l'été de 1896. Mais dès que nos travailleurs se furent retirés, les gens de Gourara s'empressèrent de combler de nouveau le puits.

Cinq cents mètres plus loin, la route traverse un cimetière où sont ensevelies les dépouilles des Oulad Ziad, composant une caravane massacrée par un rezzou de Touareg.

En abandonnant l'oued El Meharzi, la route aborde la dune qui le sépare de l'oued bent Maamar (386ᵉ kil. 600).

Celui-ci, comme le précédent, est profondément raviné et encombré par les dunes. Cependant, dans les parties les plus déprimées, le sous-sol émerge. La direction à prendre est indiquée par un djedar. La route suit d'abord la rive nord; puis, traversant obliquement la dépression, elle atteint les dunes de la berge sud. Après les avoir franchies, on se trouve sur une sorte de plateau tourmenté qui forme comme le prolongement de l'oued bent Maamar (388ᵉ kil. 600).

L'oued Rekamou (390ᵉ kil.) qui vient ensuite est semé de daïas assez importantes, dont les taches blanches étincellent entre les lignes mates des dunes. L'une d'elles, la plus grande, offre aux pieds un terrain solide, on pourrait y creuser un puits avec chance de succès.

Puis une chaîne de hautes dunes vient barrer la route ; on la franchit par un col. De son point culminant, on aperçoit les oasis [1]. C'est Ras Chouf (397ᵉ kil.).

---

[1] « Nous ne voyons d'abord qu'une mer jaune, écrivent MM. de
» Lamothe et Palaska, partout c'est le bled El Khouf où se pressent
» les vagues de sable. Enfin, à l'aide de nos lunettes, nous finissons
» par apercevoir dans le lointain une tache sombre, c'est le Reg de

En descendant les pentes méridionales de ces dunes, on aborde l'oued Alenda (398ᵉ kil. 500) et peu après, l'oued El Azel (399ᵉ kil.).

Puis, après avoir traversé une nouvelle dépression, la route débouche dans l'oued Retem (404ᵉ kil.).

Dans cette partie du chemin, les dunes succèdent aux dunes avec une monotonie fatigante. De quelques sommets, on aperçoit encore la ligne de palmiers de Tabelkoza qui se rapproche de plus en plus.

Au fur et à mesure que l'on avance d'ailleurs, les dunes diminuent d'importance et de hauteur ; elles se pressent nombreuses, se suivent rapidement, mais on se rend compte que l'on n'est plus dans l'Erg et que le sable ne sera plus le seul maître.

Une dernière dune, celle-là haute et large, marque la fin de l'Erg (407ᵉ kil.). Ses pentes sablonneuses, couvertes de retems, viennent mourir dans le reg (407ᵉ kil. 100).

Le reg qui précède Tabelkoza est une vaste plaine nue, orientée du N.-E. au S.-O. et bordée sur toutes ses faces par des dunes. Le terrain y est solide, sans sable et semé de graviers fins (terrain de reg).

En débouchant dans le reg, la route se dirige d'abord sur une petite gara, puis sur Hassi Er Reg (410ᵉ kil.).

» Tabelkoza à l'extrémité duquel nous distinguons les palmiers.
» Bientôt nos yeux s'habituent à cette lumière brumeuse, et nous
» apercevons alors, à l'œil nu, les premières oasis du Gourara. Un
» vent violent soulève autour de nous des tourbillons de sable et nous
» fait apprécier notre but beaucoup plus loin qu'il n'est réellement ».

Ce puits, profond de 5ᵐ 50, est maçonné et dépourvu de montants. Il fournit une eau abondante et d'excellente qualité.

A 3.800 mètres de là, se trouve un nouveau puits (413ᵉ kil. 800) également maçonné et sans montants. C'est Hassi El Abid, dont la profondenr n'est que de 2 mètres et qui fournit également de très bonne eau.

600 mètres plus loin, la route franchit la petite dune (414ᵉ kil. 400) qui enserre l'oasis de Tabelkoza, et se dirige sur la Koubba de Sidi El Mokhfi qui en marque l'angle N.-O.

B. *Route directe de Si El Hadj Eddin à Hassi el Morr.*

Cet itinéraire traverse les plateaux hammadiens depuis Si El Hadj Eddin jusqu'à quelques kilomètres de l'oued ber Remad, pour entrer, au nord de la Gara Oum ed Dhar, dans la zone d'épandage des grands oueds qu'il traverse jusqu'au puits d'El Morr et qui se prolonge encore au delà, jusqu'au sud de Hassi Gour Raoua. Lorsque les pluies ont été abondantes, que les redirs sont pleins, la caravane annuelle des Oulad Sidi Cheikh et des autres nomades, qui suivent la même voie pour se rendre au Gourara, évite une partie du détour par Hassi bou Zid en suivant l'itinéraire [1] ci-après :

1° Bab el Hadjadj....................	20ᵏⁱˡ·
2° Oued Mazzer........................	40

[1] L'itinéraire que nous donnons ici, de l'origine à Hassi el Morr, a été extrait des rapports annuels des caravanes et complété ou rectifié

3° Retmaïa (oued Torba)	40	
4° Mechera Metilfa (oued R'arbi)	28	
5° Abedjia	32	
6° Hassi el Morr	24	
7° Guern Ali	42	
8° Keber el Mekhadmi	24	500
9° Oum es Sif	25	
10° Hassi el Azz	33	
11° Hassi el Meharzi	20	
12° Ras Chouf	13	
13° Tabelkoza	19	400
Total	360 kil. 900	

A quelques kilomètres de Si El Hadj Eddin, le chemin suivi d'habitude par ces nomades vient passer entre Garet el Mouallem et Dekhilet er Rer'ioua, pour atteindre ensuite Garet Sidi ben Eddin, à l'endroit nommé Oum en Nebk mta Zebboudj. De là, la route gagne une daïa [1] assez considérable, connue sous le nom de Bab el Hadjadj [2] et complètement dépourvue d'eau ; elle gravit ensuite la hammada et après

---

par les renseignements que nous a obligeamment communiqués le lieutenant du Jonchay, chef du poste d'El Abiod Sidi Cheikh, qui a parcouru et connaît admirablement toutes ces régions.

[1] Végétation : reguig, rega, remt, nessi, adjerem (anabasis articulata).

[2] Le nom d'El Hadjadj, que l'on retrouve souvent dans le Sahara, marque généralement un lieu habituel de réunion ou de séjour des pèlerins se rendant à la Mecque, lorsque jadis ils gagnaient les lieux saints par la route de terre. C'est ainsi qu'autrefois les Oulad Sidi Cheikh, qui voulaient accomplir le pèlerinage, se réunissaient en cet endroit, avant d'aller rejoindre au Gourara la grande caravane saharienne qui s'organisait dans le même but dans cette contrée.

quelques kilomètres de parcours sur ce plateau, vient descendre dans une dépression, de 1 kil. de largeur environ, appelée Ras el Kebch [1]. Remontant ensuite sur le plateau, le chemin ne tarde pas à traverser une région (20 kil. environ de Bab el Hadjadj) caractérisée par l'existence de 5 petites daïas. Au delà la route vient tomber dans l'oued Mazzer. Franchissant d'abord l'oued Mazzer el Kebir d'une largeur de 3 à 4 kil., qui est complètement privé d'eau, elle aborde ensuite l'oued Mazzer es Ser'ir [2] large d'environ 200 mètres, et, après l'avoir franchi à son tour, remonte sur la hammada. Après un nouveau parcours de 15 kil. sur le plateau, pendant lequel elle rencontre successivement 4 petites et une grande daïas, la route parvient à l'oued ben Djereïfat, large de 3 à 4 kil. Elle y rencontre deux petits oueds, distants l'un de l'autre de 2 kil. environ et une vingtaine de daïas [3], puis elle gagne l'oued

---

[1] C'est la source de l'oued Kebch dans lequel se jette l'oued Mazzer.

[2] D'après le lieutenant du Jonchay, qui a suivi l'oued Mazzer de sa source à son embouchure, il n'y a qu'une rivière de ce nom. L'oued Mazzer Ser'ir, mentionné ici d'après les renseignements fournis par les indigènes pour l'établissement des rapports des caravanes annuelles, doit être un bras sans importance. Suivant le même officier, la largeur de l'oued Mazzer, très variable, n'atteint jamais plus de 2 kil. et se resserre quelquefois jusqu'à 50 mètres. Il en est de même de l'oued ben Djereïfat dont il sera bientôt parlé. Tous ces oueds sont des routes naturelles allant des environs d'El Abiod Sidi Cheikh à la zone d'épandage de l'oued R'arbi.

[3] Le nombre de ces daïas varie à l'infini selon la route suivie qui n'est jamais deux fois exactement la même avec le meilleur guide.

Torba[1] qu'elle franchit à son tour, ainsi que deux autres petits oueds qui le suivent et que séparent une distance d'environ 4 kil.[2]. Débouchant alors dans l'oued Torba R'arbia, la route en suit un instant le lit jusqu'à l'endroit où ce cours d'eau prend le nom de Retmaïa[3], endroit où l'on trouve quelquefois de l'eau dans des redirs. Franchissant en ce point cette même rivière, la route remonte sur la hammada ; pendant 5 kil., elle parcourt alors ce plateau, traversant successivement sept daïas avant d'aborder l'oued ber Remad[4] et gagner l'oued R'arbi à proximité des dunes d'Archan et Thir en un endroit où l'on trouve de l'eau[5].

---

[1] Torba, argile, terre à foulon.

[2] Ce sont les Ouidan et Trob, Torba Cherguia, Oustania, R'arbia. — Lieutenant du Jonchay.

[3] D'après le lieutenant du Jonchay, on arrive à Retmaïa, qui est un point de l'oued Torba, peuplé de retems, en suivant le cours de l'oued Torba Cherguia. Cela semblerait démontrer que les Ouidan et Trob ont leur confluent en amont de Retmaïa. L'oued Torba Cherguia serait, suivant le même informateur, le seul important, les autres n'auraient qu'un cours d'une faible longueur.

[4] L'oued ber Remad se jette dans le daïa d'Oum el Mi qui se déverse dans l'oued R'arbi après avoir formé dans une crevasse calcaire le grand redir de Metilfa dont il sera bientôt fait mention.

[5] Des dunes appelées Archan et Thir, l'oued R'arbi va se perdre dans la daïa Oummat R'ebira, la daïat el Kebira du lieutenant de Lamothe (voir p. 100). De là on suit très bien, malgré l'encombrement des sables, l'ancien lit de l'oued R'arbi qui aboutit à Hassi Cheikh, à Hassi Zirara, tandis qu'une autre branche se termine, comme nous l'avons vu précédemment (p. 64), à Hassi Teldja, mais tout cela vient en somme finir aux alentours d'Hassi Zirara R'arbia et des puits salés environnants. — Lieutenant du Jonchay.

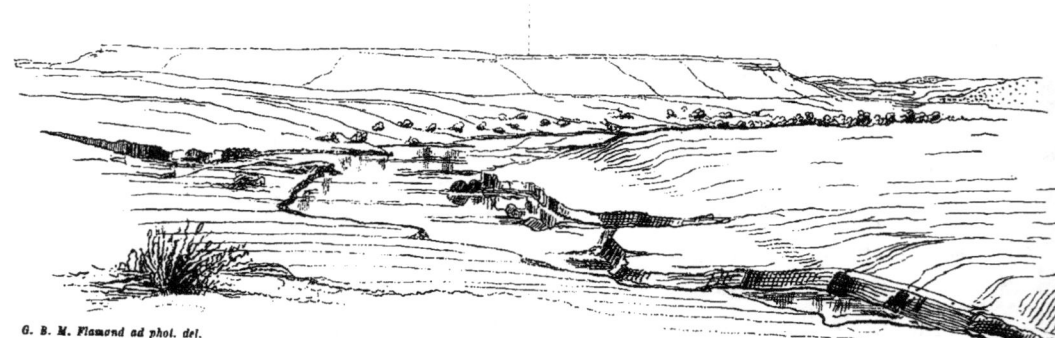

REDIR DE METILFA (OUED H'ARBI) à l'Est de Raknet el Halib
(Sahara Oranais).

Huit fois la route traverse le cours sinueux de l'oued R'arbi, avant de se prolonger au sud-ouest de Gara Tin, dans la direction d'un oued de 2 kil. de largeur qu'encombrent les rochers. C'est à Mechera [1] el Metilfa, un peu au nord-ouest de Oum ed Dehar, qu'elle franchit cet oued, se dirigeant d'abord sur Chebiket Meriem, gara dont elle longe l'extrémité est, puis sur la pointe de l'Erg Chat [2] ou El Haouli [3] pour venir tomber ensuite dans la dépression d'El Abedjia où l'eau fait totalement défaut [4]. Traversant alors cette hofra large de 5 kil., elle atteint les dépressions appelées Mehareg, pour gagner enfin l'hofra d'El Morr où se trouve le puits de ce nom [5] et d'où l'on se dirige sur Hassi Gour Raoua. Au delà, le chemin suivi par les caravanes se confond avec celui décrit dans l'itinéraire précédent, il n'y a donc pas lieu d'y revenir.

---

[1] Mechera signifie proprement gué. Dans cette partie du Sahara, il est employé dans le même sens que redir.

[2] Chat : brebis.

[3] Haouli : agneau.

[4] Il n'y a d'eau nulle part sur la route que nous décrivons, pas plus à El Abedjia qu'ailleurs, quand les redirs sont à sec. Lorsqu'il a plu, il se forme à El Abedjia un grand redir. Une dune, qui domine cette dépression, porte le même nom qu'elle.

[5] C'est Hassi El Morr R'arbi du lieutenant Fariau (voir ci-après p. 90 et 97), appelé aussi El Morr Lachehab à cause sans doute de la proximité de la dune de Ben Lecheb.

En dehors des itinéraires que nous venons de faire connaître, nous en possédons quelques autres où l'on peut trouver des indications précieuses sur les voies secondaires c'est-à-dire sur celles qui unissent entre elles les routes principales que nous venons d'étudier.

Ce sont :

1° L'itinéraire d'Hassi Ouchen à Hassi bou Zid, qui a été suivi en 1892-93 par la mission Jacob ;

2° L'itinéraire d'Hassi Ouchen à Hassi Cheikh, suivi en juin 1895 par le commandant Godron à son retour de Takelkoza ;

3° L'itinéraire d'Hassi Cheikh à Mengoub (oued R'arbi), faisant suite au précédent et suivi par le commandant Godron pour se rendre à Moghrar et à Aïn Sefra.

1° *Itinéraire d'Hassi Ouchen à Hassi bou Zid* [1].

Le medjebed d'Hassi Ouchen à Hassi bou Zid traverse d'Hassi Ouchen à Mekamat Sidi Cheikh (Foum el Areg) les grandes dunes de l'Erg. De ce point en suivant d'abord une direction nord-sud jusque vers la Daïa Oum ed Djedran, puis, de cette dernière daïa s'inclinant obliquement sur les méridiens jusqu'à Hassi bou Zid, il se maintient en entier dans la zone d'épandage et l'oudjh de l'Erg.

Le voyageur, qui suit cette direction (planche IV), s'engage d'abord sur la route suivie par les Oulad Ziad

[1] Extrait du travail du lieutenant Fariau déjà cité. Les gîtes

pour se rendre au Gourara, et va passer successivement[1], comme ces nomades, mais en sens inverse de la description que nous avons donnée, à Feidjat Oum el Baguel (32e kil.), à Garet el Hamra (59e kil.), pour aboutir à 1 kil. à l'est de Daïa Oum Djedran (76e kil.) où l'on abandonne définitivement la route des Oulad Ziad.

Cinq kil. plus loin, le chemin suivi descend dans un vaste entonnoir, appelé Daïa Chehba [2] mta el Meberreh [3], des rochers qui l'entourent et qui rappellent vaguement des chameaux agenouillés [4].

d'étape de la mission Jacob, à laquelle il appartenait, furent les suivants :

1°	Feidjat Oum el Baguel	32kil.
2°	Garet el Hamra....................	27
3°	Daïa Oum Djedran.................	17
4°	Point situé à 17 kil. en deçà des dunes de Ben Naourou.	26
5°	Hofrat el Ga el Oustania............	38
6°	Dra el Azel.......................	24
7°	Gouirat el Gohouan................	28
8°	Hassi Teldja......................	18
9°	Toumiat el Homeur................	20
10°	Bou Zid.........................	22
	Total	252kil.

[1] Voir ci-dessus la description de cette partie de la route p. 44 et suiv.

[2] Acheheb, féminin chehba : blanc, blanchâtre.

[3] Mot à mot, agenouillée, et dans ce cas, chameau agenouillé.

[4] Cette daïa contenait de l'eau bonne à la consommation au moment du passage de la mission Jacob. En outre le sol de la daïa était couvert, par endroits, d'éclats de silex taillés révélant le passage de l'homme

Peu après (84ᵉ kil.), on rencontre une nouvelle petite daïa où se trouve un puits nommé Hassi ben Ferdjallah, du nom du Chaanbi qui l'a fait creuser.

L'orifice de ce puits est fermé par une pierre plate. Une pierre formant auge et des perches, gisant sur le sol, en signalent seules la présence. Sa profondeur est de 60 mètres environ [1].

Au delà, la route suit une région de petites dunes formant des défilés à sol de reg.

Au 93ᵉ kil., se dresse, sur la droite de la direction suivie, la chaîne des dunes de Soltan el Archan, qui tire son nom de la végétation qui y croît.

Après le 102ᵉ kil. [2], le chemin traverse une région caillouteuse, entrecoupée d'espaces sablonneux et descend ensuite (113ᵉ kil.) dans une vaste dépression, appelée Mehareg el Ahmar [3] el Oustani [4]. Six kilomètres, plus loin (119ᵉ kil.), il atteint les dunes de Ben Naou-

---

préhistorique dans ces régions ; un atelier de silex taillé était certainement établi en ce point. On y trouve également beaucoup d'écailles d'œufs d'autruche, mais ce fait n'est pas particulier à cette daïa, car on en rencontre un peu partout dans le Sahara.

[1] En décembre 1892, lors du passage de la mission Jacob, ce puits ne paraissait pas contenir d'eau, mais des gouttelettes, adhérentes à la surface interne de la pierre fermant l'orifice, dénotaient une certaine humidité. Il est probable qu'il suffirait de creuser très peu pour atteindre la nappe d'eau.

[2] L'altitude au 102ᵉ kil, c'est-à-dire au point où campa la mission Jacob, fut trouvée de 585ᵐ.

[3] Ahmar, rouge.

[4] Oustani, mitoyen.

rou [1] d'une largeur de 2 kil. et en effectue la traversée en laissant la plus élevée à 1 k. 500 à gauche de la direction suivie. Après les dunes de Ben Naourou, le chemin franchit une petite hammada de 1 kil. de largeur, au delà de laquelle on rencontre successivement :

Au 122ᵉ kil., une chaîne de petites dunes de 3 kil., de largeur;

Au 125ᵉ kil., une grande dépression dite Mehareg el Ahmar ech Chergui, de 5 kil. de longueur sur 1 kil de largeur;

Au 130ᵉ kil., la grande dépression de Hofra el Gâ er R'arbia que l'on aperçoit sur la gauche;

Au 140ᵉ kil., la dépression de Hofra el Gâ el Oustania [2] qui a 5 kil. de longueur et au delà de laquelle la route franchit quelques dunes;

Au 147ᵉ kil., la dépression de Hofra Semmota, large de 2 kil. suivie également par des dunes;

Au 150ᵉ kil., la dépression de Hofra el Ga ech Cherguia, entourée d'une chaîne de dunes qui court à son pied. Au delà, sur la gauche, s'aperçoit une grande ligne pierreuse dite Ed Dour [3] et dans l'angle extrême une petite gara à teinte rouge, dite : Kef el Ogab;

Au 152ᵉ kil., une chaîne de dunes élevées que le chemin franchit;

---

[1] Voir page 37, note 7. Ben Naourou était un indigène des Khenafsa, fraction des Nouara, qui mourut en cet endroit.

[2] Alt. 610ᵐ; lat. N. 31° 17', 16" (Ing. Jacob).

[3] Dour, tournant.

Au 154ᵉ kil., une grande daïa, appelé Daïa el Bordj ou Daïa el Amoud [1];

Au 160ᵉ kil., la grande dune blanchâtre d'El Acheheb, que l'on aperçoit sur la droite.

Au 164ᵉ kil., les petites dunes connues sous le nom de Drâ el Azel [2].

---

[1] Amoud, montant de tente. Cette double dénomination vient de deux rochers isolés qui affectent l'un la forme d'un bordj, l'autre d'un montant de tente.

[2] Lat. N., prise sur le versant est de ces dunes, 31° 24′; alt. 560 mètres.

La mission Jacob campa le 2 janvier 1893 au kil. 165 parce qu'il était à proximité du puits d'El Morr R'arbi qui, d'après le guide, était situé au pied d'une grande dune voisine.

La provision d'eau de la mission était épuisée et bien que l'eau d'El Morr fut sans doute de très mauvaise qualité, il fut jugé prudent d'en puiser quelques tonnelets devant servir au besoin aux chevaux.

La mission s'était approvisionnée d'eau à Mengoub (oued R'arbi), le 19 décembre, et n'avait pu, depuis, que remplir quelques tonnelets à Hassi Ouchen. Les indigènes qui l'accompagnaient avaient aussi puisé quelques guerbas (peaux de bouc) à Daïa Oum Djedran et Daïa Chehba mta el Meberreh.

De Dra el Azel à Hassi el Morr R'arbi l'itinéraire est le suivant :

On longe la chaîne des dunes de Dra el Azel, puis le versant est de la grande dune d'El Arroudj; on laisse sur la gauche, après 4 kil., une daïa à efflorescences salines que les Chaanba Mouadhi et les Oulad Sidi Cheikh exploitent pour leur consommation personnelle. Au delà, on franchit de petites dunes, et on tombe, au bout de 7 kil., dans une vaste dépression de 5 kil. de longueur entourée de dunes : c'est la Daïa El Morr R'arbi. Elle est couverte d'une couche blanche, on y trouve des coquillages en grand nombre.

Il n'existe plus, en cet endroit, qu'un puits en activité sur les 16 qui existaient autrefois; il est maçonné, muni de montants en bois; sa profondeur est de 9 mètres. Son eau est très amère et ne peut servir

En quittant ce dernier endroit la route traverse une région composée de daïas, à sol de mehareg séparée par des plateaux.

A l'horizon, sur la droite, s'aperçoivent les dunes du puits de Raoua [1] à l'ouest desquels se dressent le piton de Guern bent bou Amama [2].

Bientôt la route monte (174e kil.) sur une hammada, laissant à gauche une daïa à berge élevée : c'est le Dour el Oustani. Franchissant ensuite (177e kil.) la chaîne des dunes de El Abbedjia, elle traverse une nouvelle hammada et va descendre par un petit col (179e kil. 300) dans la Daïa Chat ou el Haouli, qui tire son nom de deux gour situés à hauteur du 181e kil. 500 et dont le plus élevé est appelé nadja (brebis) et le plus petit haouli (agneau).

Peu après (183e kil. 300) la route franchit quelques dunes, puis, laissant sur la droite (186e kil.) la gara ronde d'El Mdaouer et sur la gauche (189e kil.) les dunes de Oummat Goubirat [3] el Khezin [4],

---

qu'à abreuver les chameaux. Il y en a toute l'année en quantité moyenne.

Ce puits, creusé dans la partie septentrionale de la daïa, est situé sur une des routes suivies par les caravanes des Oulad Sidi Cheikh se rendant au Gourara (voir pages 61, 69).

[1] Il faut sans doute identifier ce puits avec celui de Gour Raoua dont il a été question précédemment, p. 70.

[2] Voir page 70.

[3] Goubira, petit tombeau.

[4] Khezin, enfouissement.

elle atteint les dunes de Gouirat el Gahouan[1] (192ᵉ kil.)[2].

A 4 kil. 500 de là, la route rencontre la Gara Oum Redjem, ainsi nommée du redjem qui la surmonte. Elle signale la Daïa es Souid[3]. Au delà, la marche continue à travers des dunes séparées par de petites dépressions, et aboutit enfin (204ᵉ kil.) à une daïa au fond de laquelle se trouve Hassi Teldja[4].

En s'éloignant de ce puits la route traverse la chaîne des dunes qui entoure la dépression de Hassi Teldja, puis elle longe (210ᵉ kil.) la Gara el Henchir[5] et laisse ensuite, à droite (211ᵉ kil. 500), la Hofra el Baïr[6]. Peu après la vue distingue vers le Sud les dunes d'El Fasi[7]. C'est à courte distance de ce point (214ᵉ kil. 500) que la route rencontre et franchit les dunes de Babanat. Au

---

[1] Gahouan, pyrethrum macrocarpum.

[2] Lat. N. 31° 31′ 15″ (Ing. Jacob).

[3] Souid, suœda vermiculata. Lors du passage de la mission Jacob, cette daïa contenait un peu d'eau. Toute la région d'alentour porte le nom générique de Mouat el Kenès, d'une tribu en voyage qui y périt de soif, les chameaux ayant pris peur et s'étant sauvés avec les provisions d'eau.

[4] Lat. N. 31° 32′ 51″ (ing. Jacob).
Au moment du passage de la mission Jacob (janvier 1893), l'eau de ce puits, qui passe pour la meilleure de la région (voir p. 64), avait une odeur fortement sulfurée, due, sans doute, aux matières organiques en décomposition et à un puisement non suffisamment répété.

[5] Henchir, domaine, ruine.

[6] Baïr, chameaux.

[7] D'un commerçant de Fez qui y mourut.

delà, laissant à gauche (217ᵉ kil. 300) la Gara el Hamra et à droite (219ᵉ kil. 500) la Daïa el Hamra R'arbia [1], elle longe (227ᵉ kil.) les dunes de Sif ed Delim avant d'atteindre (228ᵉ kil. 500) la dune Bou Kerafa [2], haute de 80 mètres dont elle suit le versant sud, pour aboutir enfin à la dépression (230ᵉ kil. 800) de Tourniat el Homeur [3] qui doit son nom aux deux gour de couleur rouge qui s'y trouvent.

Après un nouveau trajet de 5 kil. laissant sur la droite le puits de Izi [4], le chemin se dirige sur Hassi el Morr [5] (242ᵉ kil. 800); une petite gara, surmontée d'un redjem, signale l'emplacement de ce puits.

La route continue ensuite sur une légère couche de sable au milieu de dunes de moyenne grandeur, pour

---

[1] Cette daïa contenait un peu d'eau au moment du passage de la mission Jacob (janvier 1893).

[2] De Kerref, retrousser la lèvre supérieure (se dit du cheval). La dune de Bou Kerafa doit, sans doute, son nom à la raideur de ses pentes qui la font ressembler à la lèvre retroussée d'un cheval. Les dunes de Babanat et de Bou Kerafa sont très reconnaissables à leur crête tranchante terminée par un piton aigu dominant les dunes environnantes. Du sommet de la dune de Bou Kerafa, on aperçoit à ses pieds au nord les dunes de Debâ et à l'horizon vers le nord-ouest se devinent les gour de Arich et Tir ; au sud se dressent les dunes de Selselat el Melah et de Gorinat el Melah.

[3] Alt. 620 mètres.
Homeur, plur. de ahmar (masculin) et hamra (féminin) : rouge.

[4] Voir p. 62.

[5] Le lieutenant Fariau dénomme ce point dont il déjà été question p. 61 : Hassian el Morr Chergui.

atteindre enfin la daïa (252ᵉ kil.) où se trouvent les puits de Bou Zid[1].

2° *Itinéraire de Hassi Ouchen à Hassi Cheikh.*

Le medjebed d'Hassi Ouchen à Hassi Cheikh traverse dans sa première partie, au nord d'Hassi Ouchen, les grandes dunes de l'Erg jusqu'au nord d'Hassi ben Khelil; puis, de là, il pénètre dans la zone d'épandage qu'il traverse jusqu'à son point terminus.

En quittant Hassi Ouchen[2], la route (planche V) suit d'abord le fond de la cuvette où se trouve ce puits; elle est d'un accès assez facile bien que fréquemment coupée par de petites dunes. Le chemin suivi longe ensuite le flanc ouest de la dépression pour éviter les innombrables ravinements du fond, puis après avoir traversé un petit col, il atteint la dépression de Safra, dont il suit le grand

---

[1] Alt. 550 mètres (Ing. Jacob). Nous avons vu (p. 62) que d'après les observations faites par les officiers qui accompagnaient le commandant Godron, l'altitude serait seulement de 445 mètres.

[2] Extrait du rapport de MM. de Lamothe et Palaska déjà cité. Voici quels furent les points où ils campèrent pendant cette partie de leur voyage:

1° Safra	11ᵏⁱˡ
2°	47
3°	47
4° Hassi el Morr........................	36
5° Hassi Cheikh.........................	25
Total........................	166ᵏⁱˡ.

axe, laissant à gauche l'Arich et Tassidan. Peu après, ayant franchi une petite dune (11ᵉ kil.), il continue encore pendant dix minutes à travers le bas-fond de Safra, et vient aborder une dune d'un accès facile qui marque la limite de cette hofra. Au delà [1], s'étend la dépression d'Oum el Haoud (12ᵉ kil.), couverte de nombreux débris rocheux en décomposition. Une dune la sépare de Mahssa el Ateuch (19ᵉ kil.). La route suit un terrain uni et facile, coupé seulement de temps à autre par de petites dunes. Le sable, encore abondant, mais partout consistant, ne forme pas un obstacle à la marche.

Au 38ᵉ kil. le lit de la dépression suivie se creuse en une quantité de petits et profonds entonnoirs. Bientôt la route (41ᵉ kil.) parvient à l'emplacement de Hassi ben Khelil, aujourd'hui complètement invisible et où on n'a jamais pu trouver d'eau. Plus loin, le sable diminue de plus en plus. Un instant la vallée s'élargit et forme une forte cuvette où viennent s'arrêter une série de lignes de hauteurs parallèles dirigées du sud au nord.

La route s'engage ensuite dans un couloir resserré entre deux énormes dunes (57ᵉ kil.) et aborde bientôt un immense plateau de hammada recouvert d'une très légère couche de sable. Aucun accident du sol n'attire le regard, mais au loin, à l'est et à l'ouest, s'aperçoivent des chaînes de dunes qui tantôt s'écartent et

---

[1] Désormais, on quitte l'Erg pour marcher en terrain plat et facile.

tantôt se rapprochent, tout en restant toujours assez éloignées pour que l'œil n'en puisse distinguer aucun détail.

Au 89ᵉ kil. la route franchit une petite dune, bien vite traversée, puis elle continue à travers le plateau, qui se creuse maintenant de nombreuses daïas sans profondeur, comme sans importance [1] ; une gara, surmontée d'un djedar, indique la direction. Plus loin une petite éminence marque le 105ᵉ kil., et la marche se continue ensuite sur le même plateau jusqu'au moment où une grande daïa, bornée au nord par une petite dune, vient en former la limite. Dès ce moment le sable disparaît et fait place à une succession de dépressions sans profondeur dans lesquelles on trouve un bon terrain de reg.

Au 119ᵉ kil., la route s'ensable de nouveau et vient aborder une petite dune qu'il faut vingt minutes pour traverser. Au delà elle débouche dans une grande dépression profondément ravinée. De petites daïas la coupent. Leurs bords sont généralement encombrés de sable ; cependant la marche s'exécute sans difficultés.

La dune de Ben Lecheb (130ᵉ kil.) ferme cette dépression vers le nord ; la route contourne d'abord

---

[1] Parvenus à cette partie de leur itinéraire, MM. de Lamothe et Palaska notent qu'ils pouvaient alors reconnaître parmi les dunes qui couraient à l'est de la direction suivie quelques-unes de celles auprès desquelles ils étaient passés lors de leur voyage d'aller au Gourara.

cette dernière pendant dix minutes, puis elle la franchit en un col très déprimé, après lequel elle tombe dans une nouvelle cuvette. Une petite échancrure conduit de cette dernière dans la vaste hofra d'El Morr ; on y rencontre beaucoup de sable jusqu'au bord de la daïa où se trouvent les puits d'El Morr (141e kil. 500)[1].

D'El Morr à Hassi Cheikh existe un medjebed bien marqué. Il franchit d'abord la dune qui forme le bord de la Hofra, puis après une première dépression, il débouche sur un vaste plateau que recouvre un bon terrain de reg ; plus loin, il traverse une succession de bas-fonds aux berges sablonneuses, sortes d'oueds dirigés du nord au sud. Le terrain très accidenté est semé de gour et d'arichs nombreux. En avant la gara d'Hassi Cheikh et la Gara et Tin servent de points de direction. Une petite dune forme la rive ouest de la Hofra d'Hassi Cheikh, dans laquelle il faut marcher encore trente minutes avant d'arriver au puits (166e kil.) de ce nom.

3° *Itinéraire d'Hassi Cheikh à Mengoub (oued R'arbi).*

Cet itinéraire remonte au nord par la zone d'épandage jusqu'à Raknet el Halib, point où il emprunte le cours de l'oued R'arbi, dont il suit la vallée jusqu'à

---

[1] C'est Hassi El Morr R'arbi, dont il a été question précédemment p. 61, 85 et 90.

Mengoub. En quittant Hassi Cheikh [1] le chemin (Planche VI) suit d'abord, pendant quatre kilomètres et demi, le fond sablonneux de la hofra où se trouve le puits ainsi désigné. Il en sort par un col qui sépare cette hofra d'une profonde dépression voisine; les sables cessent un moment dans celle-ci pour reprendre bientôt jusqu'au sommet de la rive où ils font place à une bande de hammada large de 800 mètres. Le chemin longe ensuite l'oued Zegag où l'on aperçoit la Gara Tebel[2], et s'engage bientôt après sur une pente sablonneuse, qui aboutit au fond de cet oued (8e kil.). Puis il suit le cours de cette même rivière toute parsemée de daïas blanches, et vient aboutir à un col qui le fait déboucher dans l'oued Sguir 10e kil. 800).

Laissant, à ce moment, à gauche la Gara Sguir, la route s'engage dans la direction jalonnée au loin par les Gour Nakil. A ce moment l'aspect

---

[1] Extrait du rapport d'itinéraire de MM. de Lamothe et Palaska.
Leurs principaux gîtes d'étapes furent :

1° Chat ou el Haouli	21$^{kil.}$600
2° Raknet el Halib	48 400
3° Hassi Khanfousi.....................	50 000
De là ils atteignirent :	
4° Hassi Mezar'ba près de Mengoub	19 500
Total	139$^{kil.}$500

[2] Tebel, tambour.
Jadis, dit la légende, cette gara était habitée par un homme qui battait du tambour avec tant de force qu'on l'entendait jusqu'au puits d'Hassi Cheikh.

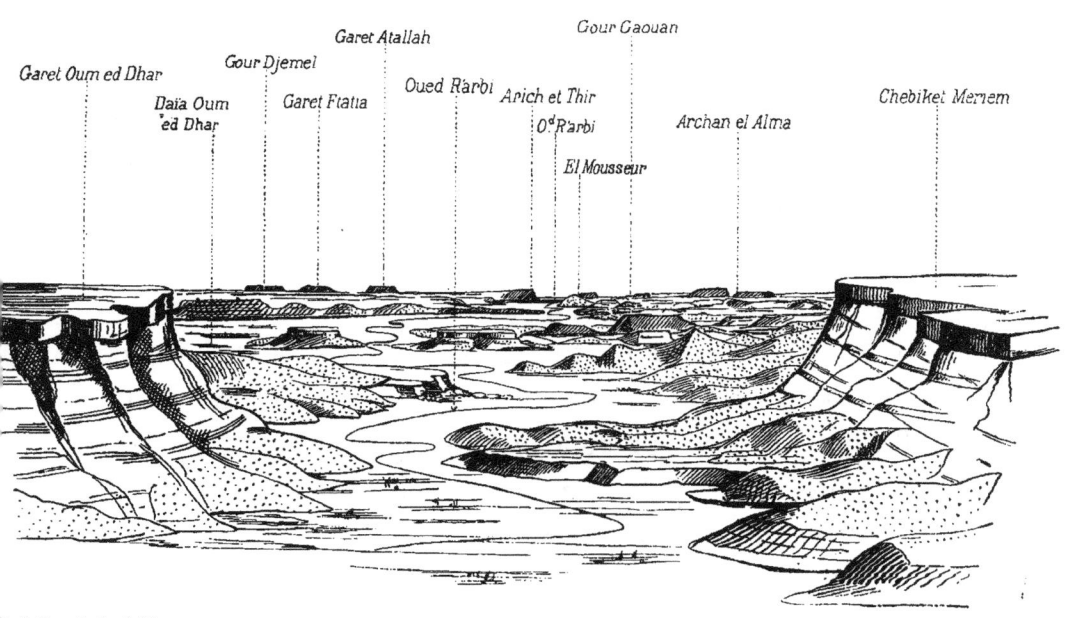

ZONE D'ÉPANDAGE DE L'OUED R'ARBI SUD (Vue prise de la Gara Oum ed Dhar)
(Sahara Oranais).

général de la contrée change rapidement : la végétation diminue et les rives très éloignées de l'oued sont la plupart du temps constituées par de longues falaises à pic.

A partir des Gour Nakil (15ᵉ kil. 500) la marche s'effectue sur la dune de Chat ou el Haouli. Le lit en cet endroit est couvert d'un sable noir, résultant de la décomposition des roches dont les débris jonchent le sol.

A partir du 17ᵉ kil., le terrain se ride en une infinité de petites veines de sable dont la plus haute n'a pas 1ᵐ50 d'élévation, mais qui sont cependant un obstacle sérieux à la rapidité de la marche. Laissant ensuite l'oued Sguir se diriger plus à l'ouest, le chemin s'avance à travers un terrain sablonneux jusqu'au pied des contreforts est de la dune de Chat ou el Haouli (21ᵉ kil. 600). Au delà le sable persiste jusqu'à une seconde dune après laquelle s'ouvre une grande plaine couverte de riches pâturages.

Mais le sable reparaît bientôt et l'on traverse encore une dune assez large à laquelle succède un bon terrain de reg. Au delà, le chemin gravit, par une pente raide, une petite élévation de 400 mètres de large, et vient tomber ensuite dans un terrain recouvert d'un sable noirâtre et semé de débris de gour et de rochers ; on dirait en voyant cette région que quelque cataclysme est venu y porter le ravage.

Le sable continue ensuite jusqu'à une nouvelle dune qui domine la vaste dépression, appelée Daïa el

Kebira[1] (40ᵉ kil. 800). Dès lors, le terrain redevient consistant; cependant on trouve encore un peu de sable : mais au 47ᵉ kil. 800, après avoir laissé à gauche une petite dune, le chemin s'engage dans une sorte de faille, située entre deux falaises presque à pic où l'eau a creusé un petit chenal bien visible.

Cette faille se termine vers le nord par une pente rapide, par laquelle le chemin vient déboucher dans un oued, prolongement de l'oued R'arbi. Le terrain y est consistant et semé de petits cailloux multicolores et très durs. Sur la rive gauche se dresse un éperon détaché, l'Arich et Tir; le chemin passe au pied. Bientôt une large brèche dans cette même rive indique le commencement de l'oued Archan el Halma (55ᵉ kil.) qui va se perdre du côté de Bou Zid, après être passé à la Daïa el Habessa [2].

Plus au nord et toujours sur la rive gauche s'élèvent les Gour Chebiket Meriem. Enfin le chemin arrive au bord de l'oued R'arbi lui-même dont on aperçoit le lit profondément creusé, à l'ouest de la direction suivie. Une pente sablonneuse très raide permet d'en atteindre le fond où se dresse la gara de Raknet el Halib (70ᵉ kil.)

Désormais, le chemin va suivre le lit de l'oued

---

[1] La daïa Oummat R'ebira du lieutenant du Jonchay, voir p. 84. Ce bas-fond est constitué, à proprement parler, par une série de dépression N.-S. très larges, très vastes et dont les trois principales s'étalent jusqu'au pied de la dune de Chat ou el Haouli.

[2] Voir page 62, note 2.

Ed Dour Tahtani — Gara Oum ed Dhar
Ed Dour Tahtani — Ed Dour Foukani
Chebiket Mériem — Daia Mecherâ el Hennâ — Plateaux hammadiens de la rive gauche de l'Oᵈ
Daia Mecherâ el Hennâ

G. B. M. Flamand ad nat del.

ZONE D'ÉPANDAGE DE L'OUED R'ARBI (Vue prise à l'Est de la Gara Oum-ed-Dhar)
(Sahara Oranais).

R'arbi sauf quand il s'agira d'éviter un des nombreux lacets que fait cette rivière en coulant entre des berges escarpées. Son thalweg est marqué par un fossé creusé par les eaux. Presque partout son lit est couvert d'une véritable forêt de tamarix en arbres.

Au 82ᵉ kil. 700, un rocher se dresse sur la rive droite; on l'appelle Khechab. A 5 kil. 800 plus loin (88ᵉ kil. 500) et toujours sur la rive droite, nouveau rocher, connu sous le nom de Djelid tahtani. Là le chemin abandonne un instant le lit de l'oued et gravissant la berge gauche il la suit pendant quelque temps, ce n'est qu'à Djelid oustani que le chemin se confond de nouveau avec le lit de la rivière.

Bientôt après, se dresse Djelid foukani (98ᵉ kil. 800); on nomme ainsi une gara de pouddingues, creusée de grottes. Ces rochers sont situés à l'extrémité sud-est d'une anse dans laquelle débouche le Chaabet Haouba.

Au delà, toujours sur la rive droite, surgit la longue dune de Bou Aroua. La route la gravit, après avoir abandonné le lit de l'oued; puis, après l'avoir franchi, elle se dirige sur Hassi Khanfousi [1] (120ᵉ kil.).

Ce puits profond de 11ᵐ 50 est creusé dans le lit même de l'oued R'arbi, au milieu d'une forêt de tamarix. Sur la rive gauche, un mekam dédié à Si Ahmed Tedjini domine son emplacement. Il n'est pas maçonné, mais muni seulement d'un revêtement en

---

[1] L'oued ber Remad, affluent de gauche de l'oued R'arbi, que suit pendant quelque temps le chemin d'El Abiod Sidi Cheikh à Hassi Khanfousi, a son confluent un peu en amont de Bou Aroua.

bois sur une profondeur d'un mètre. L'eau, comme d'ailleurs dans tous les puits de l'oued R'arbi, est de médiocre qualité, quoique buvable. Elle est suffisamment abondante.

En quittant Hassi Khanfousi le chemin suit d'abord pendant 3 kil. la rive droite de l'oued, pour s'engager de nouveau ensuite dans le lit de la rivière à proximité des puits de Zebaret ben Ramdan (125ᵉ kil. 200). L'un d'eux est à demi comblé et l'autre entièrement; ils fournissent une eau mauvaise à cause de sa grande amertume. Ces puits, dont la profondeur est de 10 mètres, ne sont pas maçonnés, mais ils sont revêtus de bois sur 0^m 75 et munis de montants en bois.

Un peu plus loin (128ᵉ kil.) se dresse sur la rive gauche le rocher, dit Kef el Fokra. Une distance de 11 kil. 500 sépare celui-ci (132ᵉ kil. 500) du puits de Mezar'ba, près de Mengoub. Ce dernier est creusé dans un redir où s'accumulent les eaux au moment des pluies. Cette position déprimée a fait de ce puits le réceptacle de toutes les impuretés. Aussi les eaux que l'on y puise prennent-elles un goût et surtout une odeur sulfureuse caractéristique, dus aux matières organiques en décomposition [1].

---

[1] C'est ce qui arrive du reste à presque tous les puits sahariens quand ils ne sont pas fréquentés. Leurs eaux tiennent en dissolution du chlorure de sodium, de la magnésie et du sulfate de chaux ; ce dernier sel, mis en présence de quelques matières organiques en décomposition, donne lieu à la production d'une quantité plus ou moins grande de sulfure, qui donne à l'eau cette odeur sulfureuse que l'on remarque dans tous les puits abandonnés depuis longtemps.

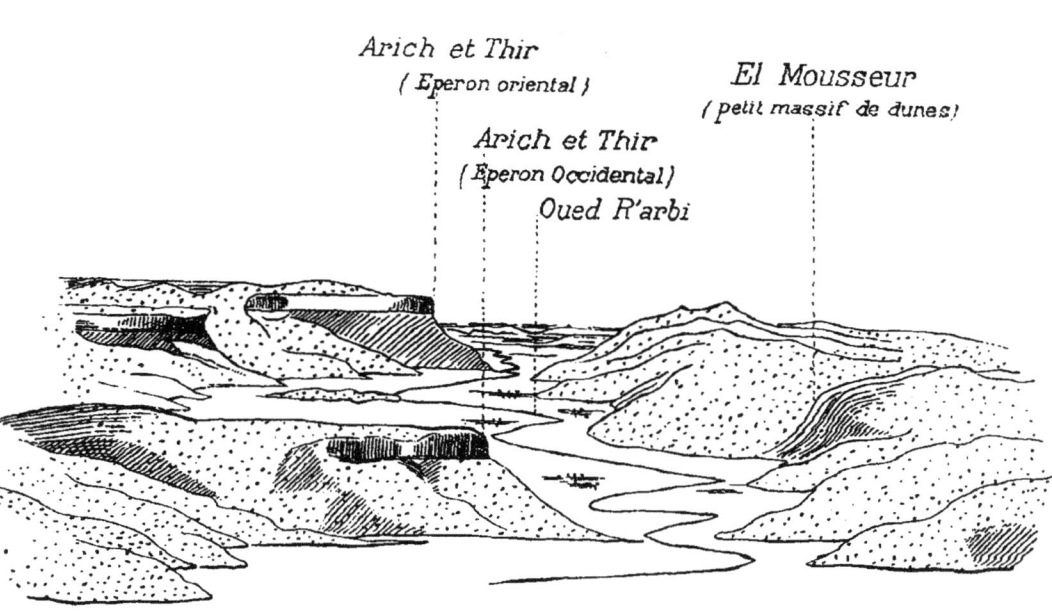

ZONE D'ÉPANDAGE DE L'OUED R'ARBI A ARICH ET THIR
(Sahara oranais).

Ce puits, profond de 2^m50, est en partie boisé; il n'a pas de montants pour faciliter le puisage.

A gauche s'étend la dune de Mengoub, au pied de laquelle se creusent les puits de Mengoub. D'ailleurs, depuis Hassi Khanfousi, le lit de l'oued est très sablonneux. Les tamarix y poussent en bouquets serrés entre lesquels il faut se frayer un passage. Sur certains points poussent des roseaux; c'est un indice de la grande proximité de l'eau.

Pour clore cet exposé des divers itinéraires qui unissent les hauts plateaux oranais aux oasis du Gourara, nous donnerons ici une description de la route qui va d'El Goléa à Hassi Bou Zid, et qui a été suivie en 1892 par le capitaine Redier, chef du bureau arabe de Géryville[1].

ROUTE D'EL GOLÉA A HASSI BOU ZID.

L'itinéraire généralement adopté est le suivant (Planche VII) :

Hassi Bedjiaf	32 kil. 500
Hassi Achia	27
Rebag el Aïdouni	28
Foum el Aleb	32.500
Angaret el Hameïda	36
Hassi bou Zid	20
	176 kil.

[1] Cet officier, qui était accompagné dans ce trajet par M. Broussais, conseiller général du département d'Alger, a bien voulu mettre à notre disposition ses notes de route. Nous les avons reproduites presque textuellement.

En quittant El Goléa, on se dirige au N.-O. sur le piton le plus occidental des Bakrat. Laissant à l'ouest les puits artésiens, récemment forés, de Bel Aïd et de Bel Bachir, on marche en terrain de reg à travers la vallée de l'oued Seggueur. A droite se dresse la falaise formant la vallée où viennent déboucher (Enteg es Ser'ir, Enteg el Kebir) les routes d'Ouargla et de Ghardaïa.

A gauche, à 5 kil. 600 environ, apparaissent les dunes de l'Erg.

Au 7ᵉ kil. 400, le chemin s'engage dans une nebka qui s'avance dans la vallée et qu'un détour vers l'ouest permettrait d'éviter. On la nomme Zetaïat el Harneb, à cause des touffes de zeïta [1] que l'on y rencontre (9ᵉ kil. 300). Vers le 11ᵉ kil., un bas-fond de reg assez étendu, appelé Roknat Ioussef, vient couper cette nebka que l'on quitte définitivement au 12ᵉ kil. pour reprendre la marche en terrain de reg. Deux kil. plus loin (14ᵉ kil.), on laisse à 4 kil. à l'ouest la dune de Demr'at Ioussef, au pied de laquelle se trouve le puits appelé Bir Ioussef, situé à 15 kil. 600 d'El Goléa.

Ce puits, d'une profondeur de cinq mètres, peut fournir, quand il est curé, une eau bonne et abondante : cent chameaux peuvent s'y abreuver. Mais bien que recouvert d'une pierre qui en dissimule l'ouverture et en rend difficile la découverte, il est souvent à demi comblé par les sables. Quoiqu'il en soit, il pourrait être utilisé dans le cas où l'on vou-

---

[1] Zeïta, limoniastrum Guyonianum.

drait couper en deux l'étape d'El Goléa à Hassi Bedjiaf. Au delà, le chemin suivi, après avoir rencontré successivement deux tombes anciennes placées au bord de la piste (16ᵉ kil. 600), puis un peu plus loin (20ᵉ kil.) la tombe d'un berger chaanbi tué jadis par les Touareg, atteint le pied des Bakrat[1] (20ᵉ kil. 500) et les contourne en les laissant à l'est et en s'engageant dans un passage qui les longe et vient déboucher vers le nord en suivant de très près le pied oriental du grand Erg. Dès lors, on va se diriger sur le piton appelé Toumiat el Farch qui est le plus occidental de ceux que l'on a devant soi. En même temps, l'horizon est borné, au loin à l'est, par le massif du Sbâa qui n'est autre que le prolongement de la falaise d'El Goléa.

Quatre kilomètres plus loin (24ᵉ kil. 200), on voit encore quelques vestiges des déblais effectués par un chaanbi, Ali ben Hamza, qui chercha à creuser un puits en cet endroit, mais arrêta ses travaux à une profondeur de 15 mètres à la suite de la chute d'un chameau dans le puits en construction. Au 29ᵉ kil. 700, le chemin qui jusqu'alors a été presque constamment en terrain de reg, c'est-à-dire plat et excellent, atteint une vaste dépression en forme de cirque allongé. On l'appelle Hofra Torba ; elle est bordée d'une ligne de petites dunes nommée Abla Keboul. C'est à l'extré-

---

[1] Ce sont six gour, dont les quatre premiers, dit la légende, représentent quatre chamelles vierges, tandis que les deux autres figurent leur gardien et un chameau mâle.

mité de ce bas-fond que se trouve le puits de Bedjiaf (32ᵉ kil. 500) d'une profondeur totale de 40 mètres avec 9 mètres d'eau. Ce puits, qui est inépuisable, fournit une eau excellente ; on l'aperçoit d'un kil. de distance. Il est creusé dans le « *tachenkit* [1] » et est muni de montants en bois pour installer une poulie. On ne trouve dans ses environs immédiats ni bois ni pâturages.

En quittant Hassi Bedjiaf, le chemin se dirige sur l'extrémité sud-ouest du Djebel Teboutat et vient passer à 1 kil. à l'ouest (34ᵉ kil. 600) des Toumiat el Farch. Puis, franchissant (38ᵉ kil.) la ligne idéale qui unit la pointe S.-O. du Djebel Teboutat el Kahal à la dune appelée Guern Oum el Baguel, il s'engage dans un défilé assez rétréci formé à l'est par les pentes escarpées du Teboutat et à l'ouest par l'oudjh [2] de l'Erg ; on y trouve (41ᵉ kil. 800) un mekam dédié à Sidi El Hadj bou Hafs.

Depuis Hassi Bedjiaf la marche s'est accomplie en terrain de reg, pierreux et légèrement accidenté ; la nature du sol va maintenant changer. C'est à partir de Daïa Retmaïa (42ᵉ kil. 800) que cette transition s'opère : au delà commencent les sables de l'Erg.

La daïa en question est située au pied du piton de Sbeïa qui forme l'extrémité nord du Djebel Teboutat el Abiod ; elle ne contient pas d'eau. Il s'en détache un

---

[1] Expression employée dans cette partie du Sahara pour indiquer la couche de terre glaise.

[2] Oudjh : lisière (de l'Erg) ; littéralement : visage, face, front.

sentier qui conduit d'Achia à El Ogaïla, puits situé à 8 kil. vers l'est sur la route d'El Goléa à Ghardaïa.

A peine entré dans l'Erg, le chemin pénètre dans le Feidj el Hadjadj (44ᵉ kil. 600), puis franchit la Hofra ben Hadroug (47ᵉ kil. 800) pour passer ensuite (48ᵉ kil. 800) à l'est de la Guern ben Hadroug et entrer peu après (50ᵉ kil. 300) dans le Feidj Arich ez Zin, situé au pied du massif de dunes du même nom. Bientôt après, il s'engage entre les deux fouaïdj El Matmouirin (53ᵉ kil.) et laissant à l'ouest (54ᵉ kil. 500) la Guern Sidi ben Eddin, qui a reçu son nom du mekam élevé en l'honneur de ce saint personnage quelques centaines de mètres plus loin, il atteint enfin Hassi Achia (59ᵉ kil. 500) qui est situé au point le plus bas d'une dépression à sol de torba.

Ce puits, d'une profondeur totale de 30 mètres avec 2ᵐ 30 d'eau, est creusé dans la torba et le tachenkit; il est muni de montants pour installer une poulie. Cent chameaux pourraient y boire et, au dire des indigènes, son débit pourrait être encore augmenté en le creusant davantage. On trouve aux environs du bois et des pâturages[1].

---

[1] D'Hassi Achia partent deux routes sur Brézina, l'une suivant exactement la vallée de l'oued Seggueur et passant par les points d'En Noubia, Daïa el Ahmra, situés dans cette vallée. Cette route, qui a été suivie en 1888 par M. L. Teisserenc de Bort, a l'inconvénient d'un parcours de quatre journées entières (entre Hassi Achia et Daïa el Ahmra) sans eau, tandis que l'autre, celle décrite dans cet itinéraire, permet de trouver le point d'eau d'Hassi bou Zid le quatrième jour. (Capitaine Redier).

Au delà d'Hassi Achia, le chemin s'engage d'abord dans le Feidj ed Dhob (64ᵉ kil. 200) pour venir passer ensuite à hauteur (68ᵉ kil. 800) de Djedar Ould el Beï, ainsi nommé d'un chaanbi qui mourut en cet endroit et y fut enterré. Puis laissant à l'est (71ᵉ kil. 100) le Feidj Keltoum, il vient passer entre la Guern Keltoum à droite et la Guern Guelb el Ahmar à gauche (73ᵉ kil.), pour déboucher peu après dans le Feidjat er Reg (77ᵉ kil. 600), grand bas-fond assez semblable à celui dans lequel est creusé Hassi Achia. Bientôt, laissant encore à droite la Guern el Bekra (79ᵉ kil. 500), au pied de laquelle (et à 1.200 mètres de la direction suivie) se trouve un Feidj du même nom, il atteint (81ᵉ kil. 800) et franchit le Feidj el Kelb. Trois kilomètres plus loin, à Siguen el Khatir (84ᵉ kil. 500), au milieu d'une région abondamment pourvue de pâturages, deux arbres se dressent à proximité de la route. Ils sont d'une espèce très voisine de celle appelée Sag [1] (plur. Siguen) par les indigènes. Au delà à Djedar Aïssa (86ᵉ kil. 800), se trouve la tombe d'un chaanbi, nommé Aïssa, mort à cet endroit; elle est surmontée d'une petite colonne. Peu après la dune forme une sorte de

---

[1] Le capitaine Redier n'a pu se procurer d'autres indications sur ces arbres, restés en dehors de sa route. Il n'est donc pas possible d'en déterminer exactement l'espèce. Rappelons seulement que dans son catalogue des plantes sahariennes, M. F. Foureau cite une ombellifère, le « Scandix Pecten-Veneris », dont le nom arabe est *Sak er R'orab*.

plateau très fourni en pâturages, c'est **Rebag el Aïdouni** (88ᵉ kil.), localité complètement privée d'eau et située à l'ouest de la Guern el Aïdouni.

Depuis Hassi Achia, la marche à travers l'Erg avait été rendue pénible en plusieurs endroits par la hauteur des dunes à franchir. A partir de Rebag el Aïdouni, la route est en général plus facile. Elle va côtoyer une dépression [1] continue qui n'est coupée que par des dunes de peu d'élévation sauf cependant au col situé entre les Groun el Mekamat dont le passage est très difficile, mais de peu de longueur (1 kil. environ).

En s'éloignant de Rebag el Aïdouni, le chemin suivi laisse successivement à l'ouest la Guern Neceïra [2] (89ᵉ kil. 500) et les Groun Zerdeb el Had (91ᵉ kil. 700) et à l'est la Guern Bent el Guendouz (92ᵉ kil. 700), avant d'atteindre au 96ᵉ kil. 400 un bas-fond remarquable par une gara peu élevée, située à l'une de ses extrémités et appelée Gara Zerga.

Un peu plus loin, se présente le col difficile dont nous avons parlé, situé entre les Groun el Mekamat [3] (98ᵉ kil. 700 au sommet du col). Viennent ensuite la

---

[1] C'est cette dépression qui seule va indiquer la direction, car les pitons (groun, sing, guern), qui étaient utilisés précédemment, sont dorénavant beaucoup moins saillants. (Capitaine Redier).

[2] A gauche et au pied de cette guern se trouve le Feidj du même nom, à fonds de reg. Il y existait autrefois un puits comblé actuellement et dont il n'existe plus trace. (Capitaine Redier).

[3] Ces groun tirent leur nom des mekamat de Si el Hadj bou Hafs situés dans une dépression placée à l'ouest du col. On ne peut les apercevoir du col en question. (Capitaine Redier).

Guern el Leïa[1], qui se dresse à l'est de la direction suivie (104ᵉ kil. 200), et la Guern Rebag el Baïr, qui surgit à l'ouest (112ᵉ kil). Puis, le chemin amène entre les deux Groun Foum el Aleb (120ᵉ kil.) sur un plateau assez élevé d'où la vue s'étend au loin dans la direction du nord[2]. L'eau y fait complètement défaut, mais on y trouve des pâturages et du bois comme à l'ordinaire.

Foum el Aleb peut être considéré comme la sortie du grand Erg proprement dit. A partir de ce point la masse de sable se forme encore en dunes, mais celles-ci sont beaucoup moins élevées et entrecoupées par des espaces de reg de plus en plus fréquents et étendus. Par suite la route devient de plus en plus facile ; le passage dans les petites dunes que l'on traverse s'effectue sans trop de peine. Dans les parties du sol non recouvertes par le sable, la piste apparaît fréquemment. C'est du reste, avec quelques djedar placés dans les endroits apparents, ce medjebed qui indique la direction.

En quittant Foum el Aleb, le chemin, après avoir laissé à gauche la Demr'at Delhine (121ᵉ kil. 600), ne tarde pas à atteindre et à traverser la dépression d'Ach en Neceur (127ᵉ kil. 600), puis, plus loin, le bas-fond de Haoud el Hadjar (133ᵉ kil.) qui tire son nom des pierres de couleur brune que l'on y trouve. Peu après,

---

[1] Le plus élevé des pitons de la région. (Capitaine Redier).

[2] Du sommet de l'un des groun, on aperçoit à l'est les pics saillants de Noubia, et de Korid el Kihal ; en face, celui d'Hassi Mestour; à l'ouest, celui de Bou Kerafa. (Capitaine Redier).

se dresse à droite du medjebed (135ᵉ kil. 300) une gara sablonneuse de couleur blanchâtre. Elle porte à son sommet un djedar connu sous le nom de Sid el Hadj M'hammed, à cause d'un mekam placé sous l'invocation de ce saint personnage qui se trouve non loin de là, mais hors de vue, sur la gauche de la direction suivie.

Au 140ᵉ kil., le chemin passe entre deux nouveaux mekamat dédiés à Sidi el Hadj bou Hafs ; puis laissant ensuite à l'ouest le djedar Hassi Mestour (144ᵉ kil. 600), il atteint le puits de ce nom, un kilomètre plus loin (145ᵉ kil. 500).

Hassi Mestour est un puits effondré, dont on trouve actuellement le fond à 18 mètres.

La région, dans laquelle il est situé, est particulièrement intéressante. Dans tous les environs se révèle la présence de l'homme depuis les temps les plus reculés. On y trouve en grande quantité des silex taillés, des parcelles d'œufs d'autruche pétrifiés et travaillés, des débris de poterie, des vestiges d'habitation. Une petite construction en pierres sèches subsistait encore en 1892 à une centaine de mètres du puits, à moitié ruinée ; elle devait être habitée à une époque récente, car les boiseries qui en formaient la toiture étaient encore à cette époque en parties intactes. Des tombes nombreuses se trouvent sur les hauteurs environnantes. Les légendes qui circulent dans le pays sont d'ailleurs d'accord avec ces suppositions.

Le puits est creusé dans le tachenkit au milieu

d'une daïa circulaire de 200 mètres de rayon. Son orifice a un diamètre de 3 mètres. On voit encore à côté les traces d'un abreuvoir comme en font les indigènes [1].

Après Hassi Mestour, la direction suivie laisse d'abord à 2 kil. à l'est une dune assez élevée, appelée Guern Bou Kerafa (149e kil. 300) puis un peu plus loin et à l'est également les Djedirat Abdallah (150e kil. 300) et gagne enfin la dune d'Angaret Hameïda (156e kil. 400) au pied de laquelle se trouve une vaste dépression riche en végétation, mais dépourvue d'eau [2].

D'Angaret Hameïda à Hassi bou Zid l'étendue de sable à parcourir est peut-être plus considérable relativement que dans le trajet de Foum el Aleb à Angaret Hameïda. Mais, cependant la marche y est encore plus facile à cause du peu d'épaisseur de la couche sablonneuse. Dans ce parcours, le medjebed

---

[1] Il semble certain que l'on pourrait remettre ce puits en état sans grosses difficultés. Au dire des indigènes, qui n'ont pas précisé l'époque à laquelle il s'est effondré, il donnait une eau excellente et très abondante. (Capitaine Redier).

[2] L'étape de Foum el Aleb à Angaret Hameïda est un peu longue en raison de la nature du terrain parcouru et serait trop pénible pour des fantassins. Néanmoins il est prudent de la parcourir en entier pour n'avoir le lendemain qu'une marche de peu de durée, de façon à pouvoir refaire à Hassi bou Zid sa provision d'eau. En sens inverse ou dans le cas où Hassi Mestour serait mis en état, il serait préférable de faire étape à ce puits. On pourrait également s'arrêter entre Hassi Mestour et Angaret Hameïda, si l'on voulait égaliser les deux étapes. (Capitaine Redier).

est visible pendant plus de la moitié du chemin dans les nombreux bas-fonds que l'on traverse.

A 2 kil. d'Angaret Hameïda (157⁰ kil. 800), on aperçoit au loin à l'est une gara de teinte noirâtre au pied de laquelle se trouve une dépression appelée Sebakh el Abed.

Laissant ensuite à 5 kil. à l'ouest (162ᵉ kil.) la dune (arich) de Sedjeret el Aïdouni, le chemin entre bientôt (163ᵉ kil.) dans un long bas-fond que suit le medjebed pendant plus d'un kilomètre et qui se nomme Sebakh el Baïr. Un peu plus loin (164ᵉ kil. 800), deux djedar sont placés à droite et à gauche de la direction suivie ; celui de droite, le plus rapproché du medjebed, est situé sur une gara dominant les bas-fonds, dit Sebakh Djedar, dans lesquels aurait jadis existé un puits aujourd'hui comblé et dont on ne voit plus traces.

Au 165ᵉ kil. un nouveau djedar est signalé sur la gauche du chemin, c'est le djedar Maama, élevé sur une dune (arich) à laquelle il donne son nom. Peu après, le medjebed atteint et franchit (168ᵉ kil. 500) la dune appelée Soltan el Archan qui tire son nom des retems remarquables qui y ont poussé. De là le chemin vient passer à l'ouest et au pied d'une gara ensablée et assez élevée (170ᵉ kil. 400) sur laquelle se trouvent deux djedar non dénommés, puis laissant très loin à l'est deux gour (172ᵉ kil. 300) dont l'une appelée Gara Zerga est peu élevée, tandis que l'autre Mehalgueter Rous, placée au nord de la première, est beaucoup plus importante, il atteint bientôt (173ᵉ kil. 300) la très vaste dépression à l'extrémité nord de laquelle se trouve Hassi bou Zid (176ᵉ kil.) et dont nous avons déjà parlé antérieurement [1].

TRAVERSÉE DE L'ERG OCCIDENTAL (GRANDES DUNES).

Il est nécessaire d'insister quelque peu sur les conditions de la traversée de la région des Areg, et d'établir au moins d'une façon générale les grandes lignes de cette partie des parcours des différents itinéraires qui ont été décrits.

En effet l'on vient de voir que d'après les nouveaux documents recueillis *sur place* au cours des plus récentes explorations, les cartes de toute cette zone du Sahara devaient être profondément modifiées : De Colomb et de la Ferronnay [2] dans la carte de leur itinéraire indiquent la bordure nord de l'Erg vers Raknet el Halib et Zebeïrat, les dunes sont même figurées comme s'étendant au Nord de la Daïa Oum ed Dhar. Plus tard le commandant Colonieu, lors de son voyage au Gourara et à l'Aouguerout, reconnut comme entrée véritable des Areg, le Teniet el Merkh [3] point situé très bas au Sud des Mehareg ; mais la carte annexée à son travail (publiée seulement en 1892-93-94) porte, pour

---

[1] Voir pp. 58 et 59.

[2] Capitaine de Colomb, *Exploration des Ksour et du Sahara de la Province d'Oran*, 1858, avec carte de l'itinéraire, levée et dessinée par le lieutenant de la Ferronnay.

[3] Commandant Colonieu, *Voyage au Gourara et à l'Aouguerout* in Bull. de la Société de Géographie de Paris, 1ᵉʳ trimestre 1892, p. 73.

l'espace compris entre le bas oued R'arbi et le bas oued Seggueur la même erreur de limite septentrionale de l'Erg[1]. Pour tous les auteurs, comme pour tous les géographes qui se sont occupés de cette région saharienne, le grand Erg commençait, ainsi qu'on l'a dit, à la *perte* des Oueds, ce qui lui donnait une largeur du Nord au Sud de plus de deux cents kilomètres. Si, à cette étendue considérable de dunes à franchir, on ajoute l'idée d'aridité absolue, et la conception d'immenses dunes de sable meuble atteignant de trois cents à quatre cents mètres[2] de hauteur, on comprend facilement combien cet *obstacle* de l'Erg pourrait être regardé par tous comme presque infranchissable pour tout autre que l'indigène.

Les cartes au $\frac{1}{800.000}$ du Service géographique de l'Armée portent la limite de l'Erg occidental au Nord à Zebirat-Raknet el Halib; là elle s'infléchit et, par une direction Nord-Sud, accompagnant au loin les plateaux d'Ed Dour, elle devient oblique à l'extrémité Sud oriental de celui-ci à Ounakel, puis par une direction Sud-Ouest, elle gagne Kheloua Sidi Brahim au Sud du Bab Guefoul (bas oued Namous), pour se prolonger au delà dans la même direction.

---

[1] Cette carte fut dressée en 1864 par Duveyrier qui utilisa pour son établissement, non seulement le levé inédit, dressé dès son retour par le Commandant Colonieu, mais encore ses propres travaux antérieurs, ceux du capitaine de Colomb, ainsi que les divers renseignements qu'il avait pu recueillir lui-même.

[2] C'est ce qui se présente dans l'Erg oriental (Missions Foureau).

M. l'Ingénieur Jacob le premier, dans son rapport de mission (Décembre 1892, Février 1893), fournit des indications très précieuses sur les limites de l'Erg, il indique l'extrémité Sud de Sahan Mouina comme « le commencement des Areg », sur l'itinéraire qu'il suit : c'est le Foum el Areg des indigènes.

« L'itinéraire que nous avons suivi au retour d'Hassi
» Ouchen, écrit M. Jacob, se tient à partir de Daïa
» Oum Djedran sur ce qu'on peut appeler les limites
» de l'Erg à condition de ne voir dans cette expression
» qu'une indication vague. Ce n'est plus l'Erg bien
» caractérisé comme à Hassi Ouchen, à Hassi Achia,
» c'est une région où le sable ne recouvre qu'impar-
» faitement la surface du sol, où on peut faire plusieurs
» kilomètres de dunes pour retrouver ensuite la ham-
» mada ou les dépressions à fond gypseux dépourvues
» de sable[1]. » C'est à vrai dire la *zone d'épandage* de M. G. B. M. Flamand, l'Oudjh de l'Erg.

Pour une autre route suivie, celle des Oulad Sidi Cheikh, M. de Lamothe (1895)[2], dans son rapport sur la reconnaissance des routes du Gourara, indique le changement de la nature du sol à la dépression de Mekam Sidi El Hadj bou Hafs. « La route s'ensable à
» partir de ce point, écrit-il ; le sable augmente de plus
» en plus, nous ne le quitterons plus jusqu'au reg de
» Tabelkoza. » La carte manuscrite jointe à ce rapport

---

[1] Ing' Jacob, *Rapport officiel inédit*.
[2] De Lamothe, *Rapport officiel*.

indique comme limite probable de l'Erg au Nord, une ligne passant par le point cité et le puits de Bou Zid. Les observations de M. de Lamothe réduisaient l'Erg du Nord au Sud à la distance entre le Mekam Sidi El Hadj bou Hafs et le Reg de Tabelkoza, c'est-à-dire cent kilomètres environ. La carte au $\frac{1}{2.000.000}$ publiée par le Service géographique de l'Armée (feuille de Laghouat) tient compte dans une certaine mesure de ces nouvelles données.

En mars, mai 1896, la mission de M. G. B. M. Flamand reprenait l'itinéraire des Oulad Sidi Cheikh, par l'oued R'arbi, en reliant Tabelkoza au Fort Mac-Mahon, au Meguiden et au Tadmaït, et en relevant, en latitude et longitude, la position des points principaux de cette route. M. G. B. M. Flamand indiquait alors la limite entre l'Erg et cette zone très particulière, confondue avec l'Erg, à laquelle il donne le nom de zone d'épandage et dont on a parlé plus haut; il étudiait d'autre part en détail l'orographie générale de l'Erg[1].

Voici ce que dit cet auteur sur la traversée de l'Erg :

« Dans la zone des grandes dunes de l'Erg depuis
» Oum es Sif (un peu au Sud du 2ᵉ Mekam Sidi El
» Hadj bou Hafs), le sol sableux, tassé par le passage
» constant des caravanes, n'a plus du tout la mobilité
» du sable des *Nebak*; résistant il ne retarde pas trop

---

[1] G. B. M. Flamand, *Rapport officiel inédit à M. le Gouverneur Général de l'Algérie*, juin 1896.

Le même, *De l'Oranie au Gourara,* in Algérie nouvelle, n° 14, septembre 1896, p. 204.

» la marche; au tassement par les hommes et par
» les chameaux des interminables convois viennent
» s'ajouter des actions favorables au durcissement de
» ces masses arénacées; les excréments des chameaux
» et des mehara longtemps accumulés sur des espaces
» restreints limités à la largeur des caravanes non
» seulement *indiquent le medjebed*, mais augmentent
» sa praticabilité; les urines, en agglutinant les sables
» forment des masses compactes que les indigènes
» désignent sous le nom d'El Athan, et toutes ces
» petites causes multipliées par le temps et agissant
» constamment dans le même sens finissent par modi-
» fier d'une façon sensible l'état des choses primitive-
» ment existantes.

» Le *medjebed* présente bien quelques variantes,
» mais elles s'écartent peu et reviennent rapidement
» se souder à l'artère principale.

» Dans les grandes dunes de l'Erg la route est en
» outre indiquée par la rareté des herbages, tondus
» par les chameaux des caravanes; c'est, sur une aire
» s'étendant à une petite distance du chemin suivi un
» aspect caractéristique suffisant pour faire retrouver
» les pistes, lorsque les sables ont effacé les traces les
» plus récentes des convois. »

Sur le chemin suivi par les Oulad Sidi Cheikh [1] « il
» faut compter environ quatre-vingt-cinq kilomètres
» d'Erg vrai, de grandes dunes pendant le parcours

---

[1] G. B. M. Flamand, *loco citato*. Février 1897, N° 6, p. 82.

» desquelles le medjebed est entièrement sableux.
» Sur cette route existent deux puits : le premier Hassi
» el Azz dans l'oued Abdelkerim à trente-sept kilomè-
» tres de l'entrée de l'Erg, le second Hassi el Meharzi [1]
» à vingt-six kilomètres du premier et à vingt-huit
» kilomètres de la sortie de l'Erg. Enfin à la limite des
» dunes existe un troisième point d'eau, Hassi er Reg
» situé presque aux portes des oasis à la sortie de l'Erg
» (Ras el Erg). Il faut de cette marche dans le sable
» déduire encore quelques kilomètres de sol dur, à
» fond de Daïa et de Sebkha, dispersés sur la totalité
» du chemin, que l'on rencontre dans les vallées de
» l'oued Abdelkerim, de l'oued Meharzi et de l'oued
» Rekama [2] ainsi que sur la fraction de route entre
» Ras er Reg et Tabelkoza.

» Voici approximativement et plutôt fortes les dis-
» tances qui séparent ces différents points :

» Du 2° Mekam Sidi el Hadj bou Hafs à Hassi el Azz. 37 kil.
» De Hassi el Azz à Hassi el Meharzi.............. 24 »
» De Hassi el Meharzi à Hassi er Reg............. 22 »
» De Hassi er Reg à Tabelkoza..................... 8 »
                                                    91 »

» Les huit derniers kilomètres sans sable.

» On voit qu'il y a loin de ce nombre de quatre-vingt-
» douze kilomètres (chiffre fort), qui exprime la totalité

---

[1] Ce puits depuis longtemps comblé par le sable a été mis en état pendant le courant de l'été 1896, puis de nouveau comblé. On pourrait facilement le faire revivre.

[2] C'est l'oued Rekamou du lieutenant de Lamothe.

» de la profondeur du Grand Erg suivant cet itinéraire,
» à l'idée que l'on se faisait jusqu'alors de l'impossibi-
» lité de sa pénétration.

» Les passages qui offrent le plus de difficultés sont
» le Teniet Hadjela entre Hofra El Ga et l'oued Abdel-
» kerim ; l'ascension du col immédiatement au Sud
» de Hassi el Azz (durée 20 minutes), altitude du col
» soixante mètres ; le col entre l'oued Gueblia et l'oued
» el Khadem, (altitude cinquante-cinq à soixante mè-
» tres) ; il faut ajouter les divers tr'atir' qui précèdent
» les oueds Rekama et Er Retem. »

Voici, pour préciser le temps de marche des étapes dans l'Erg, un extrait résumé du carnet de route de M. G. B. M. Flamand, pris au retour de la mission, retour qui fut coupé de moins longs arrêts et plus homogène dans la marche.

« 1ʳᵉ *journée de marche, samedi 9 mai.* — Limite Sud de
» l'Erg, Tin-Haïmed à Hassi Aïcha.
  » Lever : 4 h. 1/2 (pas de tente, coucher sur des gueraras).
  » Départ : 5 heures.
  » Arrêt à 5 h. 40 minutes : chaînes de dunes élevées com-
» mençant du Reg de Tahantas et allant jusqu'au Reg de Tabel-
» koza. Les Siouf ondulés montrent la direction générale de
» leur alignement normale à l'axe des dépressions et des
» chaînes.
  » Végétation des dunes : arta, retem, genêts du Sahara, et
» drin. Le convoi rejoint à 5 h. 50 minutes.
  » On atteint et traverse le reg de Tabelkoza à 6 h. 10 minutes,
» milieu du reg 6 h. 1/2.
  » Fin du reg à 6 h. 45 minutes ; arrêt, relevé à la boussole
» des positions des jardins et des ksour des oasis de Tahantas,

» Tabelkoza, vus du sommet de la dune qui domine le reg de
» Tabelkoza à l'Ouest du medjebed suivi.

» Départ du convoi 6 h. 50 minutes.

» Nombreux quartiers taillés, rappelant quelques-uns les
» tailles du Grand Pressigny (recueillis sur le reg de Tabel-
» koza).

» Arrêt à 7 h. 20 minutes.

» A partir du reg de Tabelkoza, on traverse les tr'atir':
» Tar'tar', 1° 2° et 3° d'Ascalou, dunes assez élevées sans
» orientation générale de Siouf; l'ensemble est cependant
» orienté comme lignes de dépressions parallèlement aux
» chaînes d'El Azz.

» Convoi rejoint à 8 heures, reprise de la marche.

» 1re dépression, 7 h. 20 minutes.

» 2e dépression, 7 h. 45 minutes.

» 3e dépression, 8 h. 15 minutes; dans la 3e dépression se
» montre dans l'axe une petite chaîne de dunes et l'on aborde la:

» 4e dépression, 8 h. 45 minutes (milieu).

» Ces deux dernières dépressions mal marquées.

» Des chardons et l'arta reparaissent.

» 9 h. 20 minutes, arrêt.

» Reprise de la marche, 9 h. 30.

» 10 h. 1/4 arrivée à Hassi Aïcha, sol blanc bien développé
» en ressaut depuis le fond de la dépression.

» Observations: baromètres, thermomètres.

» Observations astronomiques, latitude par a (petite Ourse).

» *2° journée de marche, 10 mai, dimanche.* — Séjour
» pendant la matinée à Hassi Aïcha.

» Lever: 6 heures du matin; observations pour la longitude
» (angle horaire du soleil, de 7 h. 10 à 7 h. 25 minutes).

» Le matin, révision des notes d'itinéraire.

» Abreuvement des chameaux et des chevaux.

» Départ d'Haïssi Aïcha, 3 h. 15 s. Ciel couvert de cumulus
» côté Ouest, quelques cirrus Est.

» 1er col, à 3 h. 40 séparant dépression d'Hassi Aïcha de
» Tathi' ouent (?), belle végétation d'azel et d'alenda, un tamarix
» au milieu de la vallée (3 h. 55), pas de végétation dans les
» chaînes de dunes que l'on franchit aux cols.

» Le convoi est rattrapé à 3 h. 55, dans la vallée.

» 2e col, chaîne de Guern ech Chouf à 4 h. 12, au delà de
» l'oued Rekama.

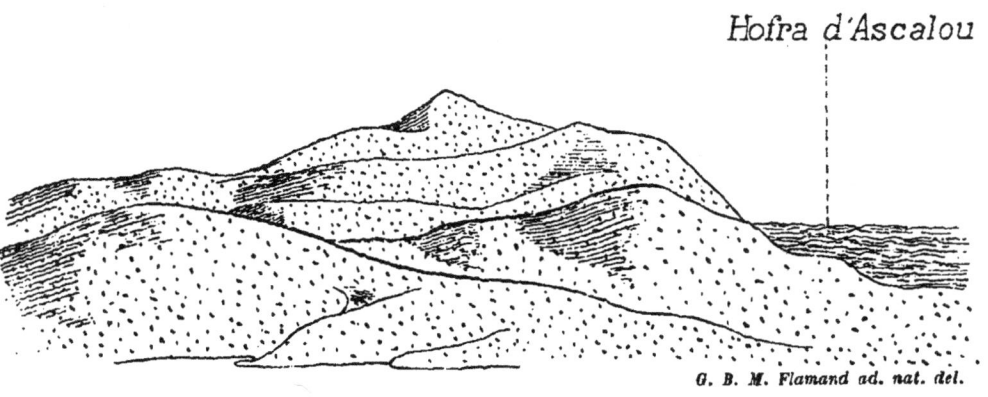

DUNE DE GUERN ECH CHOUF (Au Nord de Tabelkoza)

(Tin Erkouk).

» 4 h. 45, départ.

» 5 h. 20, col de grandes dunes entre l'oued Rekama et
» l'oued bent Maâmar ; sur ce chemin, on laisse à l'Ouest le
» tar' tar'.

» Faible végétation dans l'oued Bent Maâmar.

» Quelques petits gour de quaternaire récent apparaissent
» dans l'axe de l'oued ; on atteint le medjebed d'Hassi Aïcha à
» Guern ech Chouf pris à l'aller, 5 h. 20 minutes.

» Toujours direction N. O.

» A 5 h. 40, on retombe sur le medjebed de Tabelkoza dans
» l'oued bent Maâmar ; la végétation dans un périmètre assez
» étendu est presque entièrement détruite par le passage des
» caravanes.

» Direction N.-N.O., petit arrêt (5 h. 40), on repart à 6 heures.

» A Meharzi (6 h. 1/4) on trouve au sommet un plateau tar' tar'
» à légères ondulations de dunes (Domr'a mta Meharzi).
» 6 h. 1/2, on atteint l'oued Meharzi.
» Végétation assez accusée sur les faîtes.
» Arrêt 6 h. 45 (oued Meharzi).
» Observations de position à la boussole, dîner, coucher
» sans tente.

» *3ᵉ journée, lundi 11 mai.* — Départ du point d'arrêt du
» 10 mai, à 3 h. 20 du matin.
» Hassi El Meharzi à 4 h. 5.
» 5 h. 10, oued Mekam mta el Mohammed.
» Dans l'oued Mekam, 5 h. 35, sol de carapace calcaire et de
» gypse.
» 6 h. 10, petite gara, à couche fossilifère.
» 6 h. 35, col formé par deux plateaux tr'atir'.
» 7 h. 10, oued el Khadem.
» 8 h. 5, cols surbaissés.
» 8 h. 25, oued Gueblia, végétation vive.
» Col, presque au faîte rencontré une caravane.
» 8 h. 45, Hassi el Azz.
» Les journées du 11 (après-midi) et du 12 ont été employées
» au groupement du convoi, vivres et bagages, laissés sous la
» garde de nos hommes à Guern ech Chouf, et auxquels nous
» avions donné rendez-vous au puits de Hassi el Azz pour la
» seconde semaine de mai; nous partîmes le 13 mai, au matin,
» de Hassi el Azz pour regagner le Nord.

» *4ᵉ journée de marche. — El Azz à Oum es Sif.* —
» *Mercredi, 13 mai.* — Départ 4 h. 50; on suit l'oued,
» nombreux dépôts quaternaires, gisement fossilifère; 6 h. 10,
» départ du gisement, 7 h. 20, pointes de flèche en silex,
» coquilles d'œufs d'autruches percées pour colliers.
» 7 h. 35, on quitte l'oued pour monter dans le col qui mène
» au Teniet Hadjela.
» 7 h. 45, Teniet bou Hadjela.

» Grande vallée (7 h. 50), végétation et dépôts comme dans la vallée d'Hassi el Azz.

» Hofra el Ga, 8 h. à 8 h. 40.

» 9 h. 10, arrêt; départ, 9 h. 35.

» (Terrain quaternaire noir et blanc).

» 9 h. 50, Ghardaïa, dune élevée à l'Est.

» A 9 h. 50, le convoi rejoint; parti de Hassi el Azz, il a atteint ce point sans avoir subi d'arrêt.

» Arrêt, 11 h.; départ, 12 h. 10; sol blanc dans la dépression et Feidj d'Oum es Sif développé sur 4 kil. environ N.-N.-E.

» Sif d'Oum es Sif, 200 mètres de longueur, ressemble à un barrage presque perpendiculaire à la direction du Feidj.

» A 9 h. 1/2, entrée dans la dépression de Msafra; grande dépression au Nord, terrain blanc à l'Est, au pied de la chaîne de dunes N.-S., Msafra : sol blanc.

» Arrêt, 1 h. 45 minutes, recherche de fossiles.

» Départ, 2 h. 45 minutes.

» 3 h. 20, Reboth mta Safra.

» Sigan (3 h. 40), dunes de 50 mètres d'altitude environ. Dans cette traversée, depuis 1 h. 45, série de plateaux sableux où percent les terrains blancs fossilifères avec dépression à l'Est, très facile à la marche, sable non meuble; région de Siouf difficile à franchir.

» Après le dernier petit col, 3 h. 40.

» Campement (le convoi arrive à 4 h. 1/2).

» Très près du point appelé Souk, à l'Est du campement, terre blanche, quaternaire récent avec travertins fossiles, roseaux calcaires et calcareo-siliceux en place, à 500 mètres à l'Est.

» Les tentes sont dressées, observations barométriques, thermométriques, recherches géologiques.

» *5ᵉ journée de marche, jeudi, 14 mai.* — Départ, 4 h. 50 matin. — Dépression entre deux chaînes importantes de dunes coupées de places difficiles à franchir, qui obligent à beaucoup de détours un peu pénibles.

» Entre Sigan et Zerdeb Ferradj, développement des Siouf;
» les Siouf iront S.-E., dans cette région.

» A 5 h. 55, le medjebed redevient bon.

» Plateau à 6 heures.

» — à 6 h. 20.

» Zerdeb Ferradj (Mekam mta Ferradj), croûte blanche,
» dépression entre un grand groupe de dunes.

» 6 h. 30, arrêt, étude de l'emplacement d'un puits. Départ,
» 7 h. 55.

» 8 h. 35, petit arrêt, départ 8 h. 50. Feidjet el Had. La
» région entre Zerdeb Ferradj et Feidjet el Had, formée de
» plateaux de Siouf jusqu'à 8 h. 50, se nomme Feidjet el Adam
» (le passage des os), parce qu'il y est mort beaucoup de
» chameaux.

» 9 h. 10, fin de la région des Siouf (plateau ondulé).

» A 9 h. 1/4, Zerdeb el Had, une dépression à terre noire;
» la route laisse la dépression à l'Est à 200 mètres; col au
» N.-N.-O. de la dépression (9 h. 25); du col même, on aperçoit
» la dépression au N.-E. qui s'appelle Mekamat Sidi el Hadj
» bou Hafs; un kilomètre d'étendue du Nord au Sud et de
» l'Est à l'Ouest.

» A 9 h. 40, Mekam Sidi el Hadj de la Mekamat Sidi el Hadj
» bou Hafs, grosses pierres et branchages avec bouts de
» chiffons dans la partie méridionale de la Mekamat, à l'entrée.
» Nos Arabes se livrent à une fantasia en l'honneur de Sidi el
» Hadj bou Hafs. Ici finit réellement l'Erg; à partir de cette
» station, le medjebed s'établit sur un sol dur de carapace
» calcaire, de sable durci, de grès et poudingues, des terrains
» rouges sahariens et des travertins de hammadas.

» En résumé, en portant au retour la marche moyenne à
» 4 kilomètres à l'heure :

» *Journée du 9 mai.* — de Tin-Haïmed à Hassi Aïcha.

» Départ, 5 heures matin; arrivée, 10 h. 15 minutes matin.

» 4 h. 15 minutes de marche réelle; 16 kilomètres.

» *Journée du 10 mai.* — De Hassi Haïcha à la vallée de l'oued Meharzi (campement).

» Départ 3 h. 15 minutes soir, arrivée 6 h. 45 minutes ;
» 3 heures de marche réelle ; 12 kilomètres.

» *Journée du 11 mai.* — De l'oued Meharzi à Hassi el Azz.
» Départ 3 h. 20 minutes matin, arrivée 8 h. 45 minutes ;
» 4 h. 50 minutes de marche réelle ; 22 kilom. 500.

» La marche très rapide peut être évaluée à 5 kilomètres,
» route un peu différente de celle de l'aller.

» *Journée du 13 mai* : de Hassi el Azz à Sigan.
» Départ 4 h. 50 matin, arrivée 3 h. 40 soir ; 6 h. 50 de
» marche réelle ; 26 k. 500.

» *Journée du 14 mai* : Sigan à Mekam Sidi el Hadj bou
» Hafs.
» Départ 4 h. 50 matin, arrivée 9 h. 40 du matin ; 4 h. 50
» de marche réelle ; 11 kilomètres.

» De Tin-Haïmed à l'entrée septentrionale de l'Erg. Dis-
» tance sensiblement la même que par le medjebed de Ras
» er Reg.

» La largeur des grandes dunes de l'Erg est donc de
» 86 kilomètres en ce parcours.

» Les guides, les hommes d'escorte, les sokhars suivent
» presque constamment à pied, pieds nus pour la plupart ;
» *ils font ainsi la majeure partie de la route.*

» Donc en se basant sur les observations précédentes et,
» en ne considérant que les piétons, par une allure moyenne
» réduite à 3 kilomètres à l'heure et une durée de marche
» diurne de 6 heures, on pourra parcourir par jour 17 à 18
» kilomètres, c'est-à-dire, opérer la traversée du grand Erg
» en 5 jours, sur cet itinéraire. »

La mission G. B. M. Flamand fit à cheval la traversée de l'Erg.

« Les chevaux, écrit cet explorateur, s'accommodent
» vite à ce sol mouvant, ils ne paraissent pas, à le
» fouler, éprouver une grande fatigue. D'une façon
» générale ils ne sont pas affectés par les conditions
» nouvelles dans lesquelles ils se trouvent dans ces
» régions.

» Nos neuf chevaux revinrent à Géryville en excel-
» lente santé après avoir fait en deux mois de voyage
» 1.400 kilomètres, deux traversées complètes du
» Grand Erg et doubler les étapes au retour vers le
» Nord. »

On sait qu'une partie du Goum, qui accompagnait M. le commandant Godron et ses officiers, était composé de 10 cavaliers.

Sur l'itinéraire passant par Hassi Ouchen pour gagner Tabelkoza, la région de l'Erg à traverser est aussi très restreinte. Hassi Ouchen est à 38 kilomètres de Foum el Areg (entrée des Areg) et Tabelkoza n'est éloigné que d'une cinquantaine de kilomètres, 51 kil. d'après l'itinéraire de M. de Lamothe[1], et encore faut-il déduire 12 kilomètres, longueur des parcours des jardins de Tabelkoza à la limite méridionale de l'Erg ; ce qui donne 89 kilomètres. M. le capitaine Fariau, qui en 1892 accompagnait la mission Jacob, avait atteint Hassi Ouchen ; cet officier indiqua, dès cette époque, par renseignement dans une étude (inédite) sur

---

[1] Rapport de MM. de Lamothe et Palaska. Itinéraire de la reconnaissance des routes du Gourara 1895.

« l'hypothèse d'une route d'El Abiod Sidi Cheikh à
» Tabelkoza » la distance très approchée de 100 kil.
C'est aussi sensiblement le chiffre tiré des documents
de la mission Jacob en y comprenant le reg de Tabelkoza alors insoupçonné. On peut donc d'une façon
générale admettre pour l'Erg occidental une largeur
de 100 kilomètres en moyenne dans une direction un
peu oblique au méridien. Cette valeur croît sensiblement vers le Nord-Est de l'Erg, tout au moins dans
l'état actuel de nos connaissances. L'altitude variable
de ces dunes (50, 60, 70 mètres, mission Flamand) ne
paraît en aucun cas atteindre 100 mètres, elles seraient
encore d'altitude moindre (40 mètres, mission Jacob)
dans la partie occidentale. On a vu que les ressources
en pâturages ne faisaient nullement défaut dans cette
région des grandes dunes, et que bien au contraire, les
pâturages pour chameaux y étaient excellents et variés.
Quant au bois, il est très abondant partout[1].

Des études nouvelles viendront encore dans l'avenir
faire connaître d'autres *passages praticables*, et la
création ou l'aménagement d'autres points d'eau, sur
ces pistes régulièrement suivies, feront peu à peu
disparaître ou atténueront les difficultés inhérentes au
pays lui-même. Ces routes seront alors plus fréquentées
et par conséquent plus sûres.

---

[1] Colonieu, *Mémoire cité*, p. 76.

CHAPITRE DEUXIÈME.

Les routes d'accès d'Algérie au Touat
par l'est de cette région.
Le Meguiden, le Tadmaït, l'oued Massin
et le reg d'Adjemor.

Par sa situation dans l'angle sud-ouest de l'Algérie française actuelle, le Touat se trouve en relations avec cette contrée aussi bien par le nord, ainsi que nous venons de le voir dans le chapitre précédent, que par l'est. C'est l'étude des différentes voies d'accès dans cette nouvelle direction que nous allons poursuivre ici.

Leur groupement sera facile à établir, car nous avons, à l'heure actuelle, pour atteindre ce but, une connaissance suffisante du terrain à parcourir.

Un examen superficiel d'une carte de ces contrées permet de constater qu'à l'est du Touat, s'étend un vaste plateau connu dans sa plus grande étendue sous le nom de Tadmaït, plateau dans lequel l'oued Mia et ses nombreux affluents ont creusé leurs vallées.

C'est ce plateau, qu'il va falloir aborder et franchir, si l'on veut gagner le Touat par l'est, à moins qu'on ne se décide à le tourner en suivant sa lisière nord par la large vallée de Meguiden [1], ou même que, par un long détour, on ne le contourne par le sud.

De là, trois faisceaux de route à suivre :

1° Celle du nord ou de l'oued Meguiden.

2° Celle du centre ou du Tadmaït.

3° Celle du sud ou de l'oued Massin.

Depuis qu'un sentiment très exact de l'importance de la position d'El Goléa [2] nous a fait occuper cette localité

---

[1] Meguiden est très probablement employé par corruption pour Oumguiden, expression dont se sert le voyageur El Aïachi, dans sa relation de voyage, pour désigner cette même vallée. Les corruptions de ce genre sont du reste fréquentes dans les noms de lieux sahariens ; c'est ainsi que la localité de Oum Dribina sur l'oued Guir (Voir tome II, page 572) est fréquemment désignée sous le nom de Medrabin, etc.

D'après le commandant Deporter (*Extrême-Sud de l'Algérie*, p. 96), le mot Meguiden (Oumguiden) se rapproche beaucoup de celui de Amdjid, ou mieux, suivant la prononciation dure usitée dans ces contrées, Amguid, qui désigne un endroit où l'on trouve beaucoup d'eau (amedjid en berbère veut dire : lieu humide). D'autre part El Aïachi, parlant de cette vallée, a écrit : « Il y a beaucoup de *maten*,
» ou fosses remplies d'eau, dans cet oued ; on ne fait presque pas une
» journée de marche sans en trouver. L'eau est douce, abondante et
» les arabes de la contrée disent à ce sujet : Dans l'oued Oumguiden,
» on ne s'inquiète pas de l'eau ; tous les jours on en trouve. »

[2] Ibn Khaldoun (trad. de Slane, t. I, p. 241) parlant de cette localité dit que c'est « un petit château (coléïa), situé bien avant dans
» le désert et appelé la coléïa de Ouallen. Il sert, ajoute-t-il, de
» résidence à une peuplade Matgharienne, et comme c'est un des
» lieux les plus rapprochés du pays, habité par les porteurs du

pour y installer notre poste principal le plus avancé, au détriment d'Ouargla, qui est et demeurera une impasse sans issue, ainsi que l'a judicieusement écrit le commandant Deporter [1], en s'appuyant sur l'autorité du lieutenant-colonel de Colomb [2], c'est à El Goléa que la plupart des voies, conduisant au Touat, ont actuellement leur origine.

« L'oasis d'El Goléa, a écrit de son côté le lieutenant
» Cauvet dans un intéressant et savant rapport sur la
» nécessité de revivifier cette oasis et sur les moyens
» d'y parvenir, est située dans la vallée de l'oued
» Seggueur [3], au point précis où cette rivière, sortant

» litham, on y voit arriver des bandes de ces nomades dans les années
» où l'intensité de la chaleur les chasse de leurs déserts. Alors sur les
» plateaux, à l'entour de ce château, ils jouissent d'un air plus
» tempéré. »

Les arabes appellent aussi El Goléa, El Menia, c'est-à-dire l'endroit inexpugnable, la forteresse (voir tome II, p. 587). D'ailleurs El Goléa (Coleïa) est un diminutif de Guelaa (Kalaa) et signifie la petite forteresse, le petit château. Les Touareg la nomment Taourirt, c'est à dire petite élévation, colline, gara.

[1] Deporter, *Extrême-Sud de l'Algérie*, p. 34.

[2] « Ouargla est pour nous le fond d'une impasse ; elle ne conduit à
» rien, elle n'a d'autre importance que la sienne propre, elle
» n'emprunte rien des points qui sont en avant d'elle dans l'intérieur,
» parce qu'ils sont trop éloignés et qu'on y aboutit, d'un autre côté,
» plus rapidement et plus facilement». (Lieutenant-Colonel de Colomb, *Notice sur les oasis du Sahara et les routes qui y conduisent*, p. 49).

[3] L'oued Seggueur descend des hauts plateaux oranais et après un parcours d'environ 220 kilomètres dans une direction Sud-Sud-Est, il parvient à l'entrée de l'Erg à Daïa el Hamra. Au delà une série de daïas ou de dépressions jalonnent, à travers les dunes, son prolongement jusqu'à El Goléa. Là il « forme une grande vallée à

» de l'Erg qu'elle a traversé dans une direction Sud-
» Sud-Est, s'en vient buter contre le plateau crétacé
» sur lequel est assis le bassin supérieur de l'oued
» Mia et repart par un coude brusque dans une direc-
» tion perpendiculaire à celle qu'elle suivait primiti-
» vement, en prenant le nom d'oued Meguiden et en
» allant vers l'Ouest-Ouest-Sud, vers les Sebkhas de
» l'Aouguerout et de l'oued Saoura.

» Par suite de ce brusque infléchissement du cours
» de l'oued Seggueur, l'oasis d'El Goléa est placée
» dans un bas-fond riche en eaux et fertile.

» D'autre part, sa situation lui donne une impor-
» tance exceptionnelle, car il résulte de la disposition
» naturelle du terrain que la falaise, qui borde le
» thalweg de l'oued Seggueur, forme en même temps
» la limite du bassin de l'oued Mia. El Goléa est donc
» presque à cheval sur la vallée de l'oued Mia qui fait
» partie du grand bassin méditerranéen de l'Ir'arr'ar
» et sur celle de l'oued Seggueur qui fait partie du
» grand bassin intérieur de l'oued Saoura.

» On conçoit les avantages d'un tel emplacement.

» fond plat, de 6 à 10 kil. de large, orientée d'une manière générale
» du nord au sud, bordée à l'est par une haute falaise crétacée de
» 75 mètres de haut, que longe le lit de la rivière et à l'ouest par les
» premières dunes de l'Erg qui atteignent en ce point une hauteur
» de 50 mètres environ. Cette vallée est à peu près libre de sable sur
» une longueur de 20 kilomètres environ. En amont, elle disparaît
» presque sous l'Erg. En aval, elle est séparée, par plusieurs chaînes
» de dunes plus ou moins hautes, de la partie de l'oued Seggueur
» qu'on nomme oued Meguiden ». (Lieutenant Cauvet, *Rapport cité*).

» El Goléa commande tout naturellement deux
» vallées et permet à celui qui en est le maître de
» passer facilement de l'une dans l'autre. Lorsqu'il
» s'agira d'avancer dans le Sahara, la France y
» trouvera une base d'opérations d'une importance
» capitale pour étendre son action dans la direction
» d'In Salah ou de l'oued Saoura ».

On se rend compte de l'importance de cette position [1] : là est le point d'origine de tous les chemins qui, du sud de la province d'Alger, mènent au nord du Touat par l'oued Meguiden, ou au sud de la même région par l'oued Mia ; là encore doivent passer les voyageurs qui, venant du sud de la province de Constantine, de Touggourt comme d'El Oued, veulent se rendre au Gourara ; et si, pour gagner le Tidikelt, ils évitent El Goléa, ce n'est que pour rejoindre un peu plus au sud, vers Hassi In Ifel, la route ordinaire de l'oued Mia, qui mène à cette région.

Quant à la route qui contourne le Tadmaït par le Sud, route jalonnée par Aïn Taïba et Hassi Messeguem, elle se rattache également au sud des deux provinces de l'Est, qu'on prenne Ouargla ou Touggourt comme point de départ. Elle a été reconnue sur une partie de son parcours, jusqu'à Hassi

---

[1] « El Goléa, écrivait déjà en 1880 le capitaine Parisot (Bulletin
» de la Société de Géographie de Paris, février 1880, p. 142), est le
» nœud véritable des routes des oasis du Touat et du Gourara aux
» provinces d'Alger et de Constantine ». Cette localité dépendait
alors de la province de Constantine.

Messeguem, par nos officiers et nos explorateurs et ne l'a été jusqu'à présent au delà que par le voyageur allemand Gerhard Rohlfs, en 1864, et par M. F. Foureau, en 1892, qui a exploré la partie comprise entre Messeguem et l'oued Feïoda ; mais son excentricité, les difficultés de toute nature qu'elle présente et particulièrement le manque fréquent d'eau sur une partie du trajet, la rendent d'un accès peu aisé et surtout d'une utilité secondaire pour l'Algérie dans une marche en avant vers le Touat.

El Goléa n'a pas toujours été l'oasis déchue que nous voyons aujourd'hui. Autrefois ses jardins s'étendaient depuis Bir Ioussef à 14 kil. au nord du Ksar, au débouché de l'oued Seggueur, jusqu'à la Sebkha el Melah [1], à 10 kil. au-dessous. Là vivait une colonie de Zenata [2], aujourd'hui à peu

---

[1] Sur les rives de la Sebkha el Melah, il suffit de creuser le sol à 0^{m}50 pour trouver la nappe superficielle.

[2] « La population du Ksar d'El Goléa, écrivait, en 1890, le
» lieutenant Cauvet, comprend des indigènes de sang mêlé,
» Haratin ou Zenata, répartis entre 37 foyers. On compte, au total,
» 46 hommes de cette fraction en âge de travailler.
» Cette population ne forme pas un tout homogène : c'est un
» ramassis d'éléments d'origines diverses, venus à une époque peu
» reculée. Sur les 37 familles on en compte 8 qui sont originaires
» de l'Est et dont l'ancêtre serait venu de Sétif assez récemment.
» 17 autres descendent des Zenata ou Haratin du Touat et du
» Tidikelt ; 4 hommes sont des Haratin venus depuis quelques années
» du Touat. Enfin huit autres familles sont celles des nègres des
» Chaanba Mouadhi, libérés dans le pays et qui y ont fait souche.
» Quant à la race sédentaire autochthone qui aurait existé autrefois

près disparue; à l'est, dans le Meguiden, campaient en même temps des populations nombreuses [1]; c'étaient les Meharza, les Oulad Chouikh, les Oulad Ahmed, les Oulad Iaïch, les Oulad Abd el Moulai, les Oulad Mhammoud. Alors la vie était assurée aux immenses cultures de l'oasis par l'abondance des eaux qui servaient à les irriguer et qui étaient fournies, non seulement par des sources naturelles, par des puits ordinaires, par plusieurs de ces rigoles de drainage, connues au Sahara sous le nom de feggaguir, mais encore, comme l'a si bien démontré en 1890 le lieutenant Cauvet et comme l'ont depuis confirmé les sondages exécutés, par des puits jaillissants et ascendants aujourd'hui disparus. Le sous-sol en effet, d'après les traditions indigènes [2], devait présenter trois

---

» dans le pays, celle des Tasil bou Henni qui était, disent les » traditions, d'origine zénatienne, elle n'est plus représentée » aujourd'hui à El Goléa que par une fort vieille femme de sang » mêlé qui était mariée à un habitant du Ksar et par son fils. »

[1] Au Nord-Ouest vivaient en même temps, s'étendant jusqu'à l'oued Loua et l'oued Tekir, les Zebeïrat et les Oubeïrat, dont il a été fait mention au chapitre précédent à propos de la Daïa el Habessa.

Voir, à propos de ces diverses tribus, de Colomb, *Exploration des Ksour et du Sahara de la province d'Oran*, p. 8, et, le même, *Notice sur les oasis du Sahara*, p. 58 et suiv.

[2] C'est en 1887, pendant une tournée qui l'amena à El Goléa, que le commandant Deporter, commandant supérieur du cercle de Ghardaïa, recueillit ces traditions. Elles furent le point de départ des études qu'entreprit trois ans plus tard le lieutenant Cauvet,

nappes bien distinctes : la première, de $4^m 50$ à $7^m 50$, était une nappe d'infiltration ; la seconde, qui se trouvait à 15 ou 20 mètres, après avoir percé un banc de roc de $1^m 50$ d'épaisseur, était contenue dans les terres argileuses ; c'était le produit des infiltrations des terrains supérieurs ; enfin une troisième nappe, celle-là jaillissante, devait se trouver à 40 ou 45 mètres après avoir traversé un nouveau banc de roc d'environ 2 mètres d'épaisseur.

Les faits ont confirmé ces prévisions ; plusieurs sondages, exécutés sur ces données aux abords

---

pour rechercher les moyens de revivifier l'oasis d'El Goléa. Cet officier conclut dans un rapport des plus circonstanciés à l'existence certaine d'une nappe artésienne, en s'appuyant sur les considérations suivantes :

1° Plusieurs sources sortent des argiles du terrain crétacé ; entre autres, l'Aïn Terfa, qui ne donne qu'un mince filet d'eau, dépose une boue argileuse verte. L'eau a donc une pression suffisante pour se frayer un passage à travers les bancs argileux.

2° La nappe qui alimente les puits ordinaires d'El Goléa devrait son existence aux infiltrations verticales d'une nappe en pression à un niveau inférieur (*).

Ces observations, dont la justesse a été établie par le succès des forages, trouvèrent une nouvelle confirmation dans l'identité de composition des eaux de la nappe artésienne et de la nappe superficielle, ainsi que l'a montré l'ingénieur Jacob.

(*) « Dans une note insérée aux comptes rendus de l'Académie des Sciences
» en 1892, écrit M. l'Ingénieur Jacob (dans le rapport qu'il établit à la suite de
» la reconnaissance des points d'eau du Sud, effectuée par lui en 1892-93),
» M. G. Rolland expose les mêmes faits d'après les renseignements que lui a
» fournis M. le lieutenant Reibell, du 1er tirailleurs. Sans vouloir en rien
» diminuer le mérite des observations de cet officier, qui a pu en cela se rencontrer
» avec M. Cauvet, nous tenons à reporter à ce dernier la priorité d'observations qui
» font honneur à leur auteur ».

d'El Goléa, ont fait abondamment jaillir l'eau du sein de la terre. Le premier de ces forages fut tenté dans la dépression en forme de cuvette de Bel Aïd, à 1.200 mètres du nouveau bordj [1]. La nappe artésienne fut rencontrée à $45^m 70$ de profondeur; elle jaillit avec un débit de 857 litres à la minute et, n'ayant pas trouvé d'écoulement, elle remplit la dépression et forma un lac de 250 mètres de diamètre [2].

C'était là un heureux présage, qui permettait d'espérer qu'en se plaçant dans de meilleures conditions d'exécution, on pourrait pousser le forage plus profondément et atteindre la nappe artésienne principale qui vraisemblablement devait se trouver au-dessous de celle qu'on avait amenée au jour à Bel Aïd.

Les sondages ultérieurs confirmèrent encore ces

---

[1] Le nouveau bordj a été construit à 2.300 mètres à l'ouest de l'ancienne Kasba et de l'autre côté de l'oued Seggueur (planche VIII).

[2] Surprise par la formation de ce lac au milieu d'un terrain dépourvu de végétation, ignorant où le niveau de l'eau allait s'arrêter, l'autorité locale craignit un instant de voir l'eau déborder et causer de graves dégâts dans l'oasis située au sud. Ses préoccupations diminuèrent, quand, sous l'effort des eaux, la digue naturelle, qui séparait la dépression de Bel Aïd d'un autre bas-fond situé au nord, se rompit. La nouvelle cavité fut bientôt remplie et forma avec la première un lac unique en forme de huit dans lequel le niveau descendit à un mètre au-dessous du niveau primitif. Il n'a plus varié depuis. Toutefois, des digues ont été construites sur tout le pourtour du lac afin d'empêcher les débordements possibles, et le trop plein a été utilisé de telle sorte qu'il ne put se former de mares croupissantes : à cet effet, une séguia de 700 mètres, devant servir de déversoir, a été creusée.

prévisions. Nous en résumerons le résultat dans le tableau ci-après.

NOMS des PUITS.	Année de leur exécution.	Profondeur du sondage.	Profondeur de la nappe captée.	Débit par minute.	Température de l'eau.	QUALITÉ de L'EAU.
				litres.		
Bel Aïd.............	1891	55ᵐ15	5ᵐ70	857	24°	Douce et très claire.
Djenan bel Bachir[1]...	1891	67. 93	65. »	2943	24°	Douce et très claire.
Hassi el Gara [3].......	1891	81. 10	68. 70	2500	25°	Très bonne.
Reg Badriane [2].......	1893	70. 25	68. »	1000	26°	Très bonne.
Tin Bou Zid..........	1893	82. 60	»	1500	»	Très bonne.
Fouatis.............	1893	81. 70	»	1600	»	Très bonne.
Halima.....	1896	81. »	»	1007	»	Très bonne.

[1] A 3.500 mètres, au nord-nord-ouest du nouveau bordj.

Primitivement une séguia non maçonnée amenait l'eau de ce puits dans l'oasis où de nombreuses ramifications la distribuaient dans les jardins. Mais l'énorme quantité d'eau déversée par ce puits étant beaucoup trop considérable pour la superficie à irriguer et l'écoulement n'étant pas suffisamment assuré en aval, il en était résulté que, le sol une fois saturé, l'eau commençait à stagner dans les séguias et au dehors, si bien que le sol de tous les jardins irrigués était entièrement détrempé et couvert de flaques d'eau. Pour parer à cet inconvénient, une immense séguia fut construite pour rejeter dans le lit de l'oued Seggueur l'eau en excédent ; celle-ci va se perdre, à 15 kil. en aval de l'oasis, dans le terrain sablonneux et perméable qui constitue le fond de la vallée.

[2] Entre le nouveau bordj, le casernement de la troupe et le lac de Bel Aïd. Ce puits permet d'irriguer les jardins du bordj, ceux de la troupe et ceux de l'oasis ; il subvient en même temps aux besoins de la garnison.

[3] A 3.500 mètres au sud du nouveau bordj.

Les indigènes avaient été si heureux de voir forer ce puits, qui allait leur procurer l'eau nécessaire à leurs jardins et par suite en

En résumé, dans ces derniers sondages « on a
» rencontré deux nappes jaillissantes; au-dessous,
» on a pénétré dans des sables rouges argileux
» renfermant la nappe artésienne principale et repré-
» sentant soit le prolongement des grés albiens du
» Djebel Amour, soit des couches de transition
» entre le cénomanien et l'albien [1]. »

augmenter la valeur, qu'en attendant l'arrivée de leurs chameaux alors au loin dans le Sahara, ils exécutèrent eux-mêmes une bonne partie du transport du matériel lourd et encombrant de l'atelier de sondage, en le chargeant sur leurs épaules, et sur celles de leurs femmes, enfants, nègres et négresses. Dès que le forage fut terminé, la population laborieuse, qui devait en bénéficier, s'empressa d'utiliser la plus grande partie de cette eau à irriguer les groupes de palmiers environnants et de nouveaux jardins qui furent mis en culture. L'eau en excédent s'écoule naturellement dans le lit de l'oued Seggueur et est absorbée, à 4 kil. environ au sud de l'oasis, par les terrains perméables.

[1] G. Rolland, *Hydrologie du Sahara algérien*, p. 285.

« Les eaux de pluies et de neige, ajoute plus loin (p. 286)
» M. Rolland, qui tombent sur les montagnes du Djebel Amour
» et des Ksour, sont absorbées en partie par leurs grès perméables:
» des nappes souterraines se forment et s'écoulent suivant le
» pendage des couches vers le Sud-Sud-Est, acquièrent sous le
» manteau des marnes cénomaniennes une pression croissante, et
» contribuent à l'alimentation de la nappe profonde d'El Goléa,
» où elles jaillissent à 1.600 mètres en contre-bas de leurs lieux
» d'origine. D'autre part, les eaux météoriques du Sud Oranais
» sont collectées par les affluents de l'oued Seggueur et des oueds
» similaires de la partie occidentale du haut Sahara algérien ;
» l'écoulement permanent et les crues accidentelles de ces oueds
» donnent lieu à une série d'infiltrations dans les atterrissements,
» puis surtout dans les grandes dunes et ensuite dans les terrains
» crétacés sous-jacents. Enfin le trop plein du réservoir d'eau
» des dunes s'égoutte à leur base et alimente la nappe presque

Il existe donc bien, comme on le pensait, dans le sous-sol de la région d'El Goléa une vaste réserve d'eau qui, sagement utilisée, pourra rendre à cette oasis son antique prospérité et contribuer à la création en cet endroit d'un important centre de culture saharienne [1].

» superficielle que renferment les alluvions des plaines adjacentes.
» Celle-ci se trouve particulièrement abondante dans la plaine
» d'El Goléa, en raison de la falaise crétacée qui non seulement
» barre les eaux en aval, mais encore avec sa forme d'arc
» concave, tend à les emprisonner ».

[1] La question de la mise en valeur de la région d'El Goléa, d'ailleurs déjà venue à l'étude, trouvera promptement sa solution naturelle le jour où l'on aura résolu le problème d'attirer dans cette contrée les bras qui lui manquent. La population actuelle du Ksar est, comme nous l'avons dit, en nombre infime et les Chaanba Mouadhi, fort peu nombreux du reste, ont montré jusqu'à présent bien trop d'habitudes d'indépendance individuelle pour qu'on puisse jamais espérer sérieusement les attacher au sol. C'est donc ailleurs qu'il faut aller chercher la solution désirée.

En 1890, à la suite d'un voyage d'étude accompli dans le Sahara algérien, M. Dybowski, actuellement directeur de l'agriculture et du commerce en Tunisie, proposa d'installer à El Goléa (comptes rendus des séances de la commission centrale de la Soc. de Géog. de Paris, 6 juin 1890) des colonies de nègres affranchis. Aucune suite n'a été donnée à cette idée qui ne semble pas d'ailleurs devoir jamais amener de bons résultats ; car bien rares seront les nègres, fort peu nombreux d'ailleurs, qui accepteront volontiers de quitter la vie relativement facile qu'ils mènent dans nos villes du Tell ou auprès de leurs maîtres indigènes, pour une existence de labeur et de privations.

D'autres, pour résoudre la question, ont proposé d'installer à El Goléa des pénitenciers agricoles où les nègres du Soudan viendraient purger les condamnations encourues par eux, en même temps que ceux d'entre eux, qui seraient astreints à la relégation, seraient, à l'expiration de leur peine, mis en possession d'une parcelle suffisante

On peut donc affirmer, après cette digression, que la position d'El Goléa ne tire pas seulement

pour les faire vivre. Un pareil projet ne saurait être que la réédition à El Goléa des tentatives de colonisation pénale effectuées en Nouvelle-Calédonie, tentatives qui, pour des causes multiples, ont donné de si mauvais résultat.

On a proposé enfin de confier la mise en valeur de ces terres à une compagnie, à une société d'actionnaires disposant de capitaux suffisants pour mener à bien cette entreprise, à une association ou congrégation religieuse qui trouverait, parmi ses membres, les travailleurs nécessaires à cette exploitation. C'est là qu'eût été peut-être la véritable solution du problème si un changement sensible ne paraissait s'être produit, depuis quelques années, dans la salubrité du climat de l'oasis d'El Goléa, salubrité qui auparavant était proverbiale dans le Sahara.

On a pensé qu'il fallait chercher la cause de cette transformation apparente dans les forages entrepris depuis 1891, car l'épanchement d'une grande quantité d'eau à la surface du sol, eau dont on ne trouverait pas, sans doute, l'utilisation immédiate, l'établissement, qui en serait la conséquence, d'un grand nombre de séguias (canaux) non maçonnées pour l'irrigation des jardins, et aussi le peu de déclivité de certains points de l'oasis, où l'eau, venant affluer, constituerait une grande surface d'évaporation, ne pouvaient qu'amener un changement dans les conditions sanitaires de l'oasis. Au surplus étant donné la constitution géologique de la région, on devait se trouver ramené au principe posé tout récemment par M. le Docteur Catat : « L'infection paludéenne, a écrit ce savant
» voyageur, est en rapport direct avec les couches géologiques du
» sol de la région considérée. Lorsqu'une contrée est composée
» d'une couche supérieure arénacée, perméable par conséquent
» et moindre comme épaisseur de dix mètres environ, que cette
» couche sablonneuse est supportée par une couche inférieure
» imperméable, on peut être certain, si une telle région est située
» dans la zone des pays chauds, que la fièvre paludéenne existe là
» et qu'elle existe avec une intensité d'autant plus grande que les
» pluies (ici les eaux d'épandage) sont fréquentes et la végétation

son importance de sa situation géographique, mais encore de sa richesse au point de vue hydrologique.

» bien développée dans la région observée ». (AFAS. Congrès de Carthage, 1896, 2ᵉ vol., p. 612).

Dès 1891, 22 cas d'affection paludique étaient signalés parmi la population indigène sédentaire ou nomade de l'oasis. — En 1892, jusqu'en septembre, 68 autres cas étaient constatés, et le médecin militaire, chargé du service sanitaire, inquiet de cette recrudescence, demandait que, par mesure de préservation, les indigènes fussent invités à évacuer leurs gourbis des jardins, tout au moins pendant la saison dangereuse de l'été et de l'automne, pour aller s'installer dans la plaine à une distance de 500 à 1.000 mètres, comme le faisaient déjà un certain nombre d'entre eux. Des instructions dans ce sens étaient aussitôt données à l'autorité locale, en même temps qu'une immense séguia était construite pour assurer l'écoulement de l'excédent de l'eau et son absorption au loin en aval par les terrains perméables ; de plus les jardins, où séjournaient des flaques d'eau, étaient asséchés par des rigoles convenablement disposées.

Toutefois, on ne manqua pas de faire observer que la fièvre paludéenne avait sévi précisément cette année-là, avec une égale intensité, dans tout le Sahara, et même en des points dépourvus d'eau : elle avait fait de nombreuses victimes ailleurs qu'à El Goléa, notamment dans les campements de Si Kaddour ben Hamza ; un douar des Chaanba, installé à Ouallen (30 kil. environ d'El Goléa), avait été également très éprouvé. Enfin, détail caractéristique, les Chaanba Mouadhi étaient venus se réinstaller à El Goléa dès le mois d'août, c'est-à-dire beaucoup plus tôt que d'habitude, à cause, disaient-ils, de la misère et de la *maladie* qui sévissaient dans le Sahara. Il n'y avait donc pas témérité à penser que si quelques nouveaux cas d'impaludisme s'étaient produits à El Goléa, un certain nombre de malades au moins avaient apporté d'autres points du Sahara les germes de leur affection. Aussi avait-on cru pouvoir affirmer qu'au point de vue sanitaire l'année 1892 avait été mauvaise, non pas spécialement à El Goléa mais dans tout le Sahara, et que la population d'El Goléa avait payé, comme celle des oasis, son tribut à une année exceptionnelle.

Pour des motifs identiques, on ne s'effraya pas davantage des

Là est peut-être le secret véritable du développement futur de cette localité, développement qui justifiera

quelques cas palustres qui furent traités, cette année-là, à l'hôpital militaire d'El Goléa et qui ne s'élevèrent d'ailleurs qu'à 3 % de l'effectif total de la garnison, dans laquelle, détail à noter, l'élément français est toujours peu nombreux. Mais, dès 1893, cette proportion montait à 7, 2 % de l'effectif, pour s'abaisser, l'année suivante (1894), à 6 % et atteindre, en 1895, la proportion exagérée de 20, 8 %. Dans tous ces chiffres d'ailleurs n'entrent pas en ligne de compte les officiers soignés à domicile, ni les hommes de troupe peu gravement atteints et traités à la chambre, notamment dans les dernières années.

Dans ces conditions, on pensa pouvoir affirmer que l'élévation progressive des eaux qui, en 1894, avait occasionné l'inondation momentanée des caves de l'hôpital, et la formation du lac de Bel Aïd, ajoutèrent les médecins (*), avait été la cause de cette modification sensible dans l'état sanitaire d'El Goléa.

Cependant, il semble qu'on aurait porté là un jugement un peu trop hâtif, car les renseignements les plus récents, quoique n'étant pas encore accompagnés de chiffres définitifs, montrent que depuis quelque temps les cas de paludisme sont redescendus à un chiffre normal à El Goléa, bien que la garnison de cette place ait été augmentée, pour l'exécution des travaux de construction, d'un détachement de 250 hommes du 2ᵉ bataillon d'Afrique. C'est là un fait d'autant plus à noter que le médecin-chef de l'hôpital d'El Goléa écrivait en 1894, qu' « une population française serait décimée dans » cette oasis », et que les hommes du bataillon d'Afrique sont recrutés dans une catégorie d'individus les plus aptes à contracter des maladies endémiques.

Quoiqu'il en soit, nous devons tirer, de l'ensemble de ces faits, un enseignement pour la mise en valeur future non seulement de l'oasis

---

(*) Cependant ce lac, situé en terrain découvert, à 800 mètres du camp et de l'oasis, possède un niveau constant. D'ailleurs le docteur Catat a montré tout récemment (mémoire cité, p. 613) que les marais superficiels et apparents, surtout lorsque la nappe d'eau est profonde, ne sont pas les plus favorables à la genèse des effluves paludéens.

encore mieux le choix que nous en avons fait lorsque nous nous y sommes installés [1].

d'El Goléa, mais aussi de toutes les oasis sahariennes placées dans des conditions semblables, qui pourront rentrer peu à peu dans notre sphère d'action.

C'est surtout par une culture bien développée et par la construction de rigoles d'irrigation et d'épanchement convenablement aménagées que nous pourrons tirer tout le parti possible de ces oasis sans avoir à craindre outre mesure les atteintes du paludisme. En même temps, nos efforts devront tendre à ne donner aux surfaces de culture qu'un développement proportionnel au chiffre de la population appelée à les mettre en valeur, d'où la nécessité de ne pratiquer des recherches pour amener les eaux souterraines à la surface du sol qu'au fur et à mesure des besoins et en raison même de l'accroissement du nombre de bras à employer à leur utilisation.

Quant aux travailleurs appelés à coopérer à ce développement cultural, il faudra les prendre moins parmi les nègres, sans doute les plus réfractaires à la malaria, mais trop peu nombreux, que dans cette race spéciale au Sahara, à laquelle appartiennent les R'ouara de la province de Constantine et les Haratin du Touat. Il restera encore aux Français et en général aux Européens, qui sauront se plier aux exigences du climat, un rôle important à jouer, celui de diriger et de surveiller les exploitations qu'ils auront entreprises, de rechercher les meilleures méthodes de culture, de donner en un mot à ces contrées tout le développement économique qu'elles sont susceptibles de recevoir.

[1] Le lieutenant Cauvet exprime dans le rapport déjà cité une opinion différente :

« Par suite de l'extension ultérieure, écrit-il, que prendra l'action
» française dans l'Extrême-Sud, si le transsaharien réclamé par
» l'opinion publique s'exécute, les conditions dans lesquelles se trouve
» le Sahara algérien sont appelées à se modifier du tout au tout et il
» importe d'envisager, dès maintenant, les conséquences qui en
» résulteraient pour El Goléa.

» Sans doute le point d'El Goléa pourra, dans un avenir plus ou

Bien plus, les découvertes que nous y avons opérées ne sont peut-être que l'indice et le prélude d'autres découvertes ultérieures, plus importantes encore, que nous serons appelés plus tard à faire, quand la reconnaissance de la longue dépression du Meguiden sera complète.

C'est ce que nous allons nous efforcer de démontrer avant d'étudier les routes qui sillonnent cette dernière vallée, en faisant un examen rapide de sa configuration telle que nous le permet l'état actuel de nos connaissances.

» moins éloigné, prendre une importance considérable au point de
» vue stratégique, servir de base d'opération ou de point d'appui
» pour pénétrer dans l'Extrême-Sud, mais son rôle s'arrêtera là, car
» il est certain que, lorsqu'on sera installé plus loin, on sera amené
» à abandonner cette voie ; que la pénétration se fasse par la vallée
» de l'oued Ir'arr'ar ou par celle de l'oued Saoura, la route
» intermédiaire d'El Goléa, que les circonstances nous auront seules
» forcés à adopter pour aller plus loin, sera naturellement délaissée
» au profit d'une route naturelle facile et plus directe passant par
» celle des deux vallées qui aura été choisie.

» Il est certain que si le transsaharien se fait, il passera soit à
» droite soit à gauche, mais pas par El Goléa qui perdra dès
» lors tout le reste de l'importance politique qu'elle a eue autrefois.
» Il ne lui restera plus comme élément de prospérité que la salubrité
» relative de son climat (*), la fertilité de son sol et l'abondance
» de ses eaux. »

(*) En écrivant ces lignes, le lieutenant Cauvet ne prévoyait pas les conséquences que sembleraient avoir, pour les conditions de salubrité d'El Goléa, les sondages que, sur ses indications, on allait y entreprendre.

Routes de l'Oued Meguiden.

Aperçus sur le Meguiden.

La dépression connue sous le nom de Meguiden forme le prolongement de l'oued Seggueur. Celui-ci après avoir buté, comme nous l'avons montré, contre le coude formé par la falaise crétacée d'El Goléa, à 25 kil. de ce Ksar, tourne brusquement avec celle-ci vers l'Ouest-Ouest-Sud et disparaît, presque aussitôt, au milieu des dunes qui ne sont que la continuation de celles qui bordaient précédemment sa rive droite [1].

Ce n'est qu'à environ 30 kil. de ce coude, dans la même direction Ouest-Ouest-Sud, après avoir franchi l'Erg Tellis, que l'on entre dans l'oued Meguiden proprement dit. Mais auparavant, il a fallu traverser une série de dunes, séparées par

---

[1] La rive droite de l'oued Seggueur est constituée par un petit escarpement, absolument dépourvu de végétation et servant d'appui aux dunes. Celles-ci sont alors peu élevées et ne présentent d'ordinaire aucune difficulté sérieuse ; elles laissent entre elles de longs boyaux de terrain solide (reg), où la marche est assez facile.

L'eau se trouve en abondance et à peu de profondeur dans la plaine (Djoua) d'El Goléa et sur toute l'épaisseur des dunes : c'est la même nappe superficielle qui alimente par exemple le puits de Ben Kaddour, situé à 12 kil. au sud-ouest du Ksar et au pied du petit escarpement dont nous venons de parler ; là, il suffit presque de gratter le terrain sablonneux pour trouver l'eau à peu près partout.

D'ailleurs, le commandant Deporter n'a-t-il pas écrit (*ouvrage cité*, p. 94) : « Toute la vallée de l'oued Seggueur, de Ouallen au » nord d'El Goléa, est très riche en eau ; il suffit de creuser à » quelques mètres pour rencontrer la nappe ».

des terrains de reg, qui ne sont que des ramifications du grand Erg et dont les principales viennent passer au sud d'Ouallen, puis à Hassi Chemeder, pour aller aboutir à la falaise crétacée qui court au Sud.

Lorsque la dépression de Meguiden se dégage de ces sables, elle a environ 20 kil. de largeur. Elle s'élargit peu à peu au fur et à mesure que l'on avance vers l'ouest, bordée au nord par les dunes du grand Erg, au sud par la falaise crétacée du Tadmaït qui s'infléchit au Sud-Sud-Ouest.

Aucun thalweg bien défini ne sillonne cette longue dépression ; ce n'est, en réalité, qu'une série de cuvettes successives, placées dans le prolongement les unes des autres, derniers vestiges sans doute de l'oued primitif qui a pu couler dans cette région dans les temps passés. En thèse générale, les points les plus bas de la vallée sont situés aux abords de la falaise crétacée ; on le constate particulièrement au sud d'In Bilel et de Fort Mac-Mahon où le fond de la cuvette mieux dessiné longe à peu de distance le pied de la falaise ; on le retrouve au nord de la Gara Kerboub qu'il contourne, puis plus loin vers Hassi Targui et à Hassi bou Ali. Au delà l'oued Meguiden mieux défini contournerait dans la direction de l'Aouguerout sous le nom d'oued bou Ali [1].

---

[1] Plus loin, d'après des renseignements encore incertains, l'oued bou Ali, qui n'a pas cessé de longer la falaise crétacée du Tadmaït, s'infléchirait avec elle vers le sud. Prenant alors une direction sud-

Sur tout ce parcours la grande dépression de Meguiden est toujours limitée au sud par la falaise crétacée dont nous avons parlé, falaise qui sous le nom de Baten [1], sous lequel elle est généralement connue, forme le rebord septentrional du Tadmaït.

Au nord, la limite en est marquée d'une façon moins apparente par les reliefs du sol cachés sous les dunes du grand Erg qui s'étendent au loin.

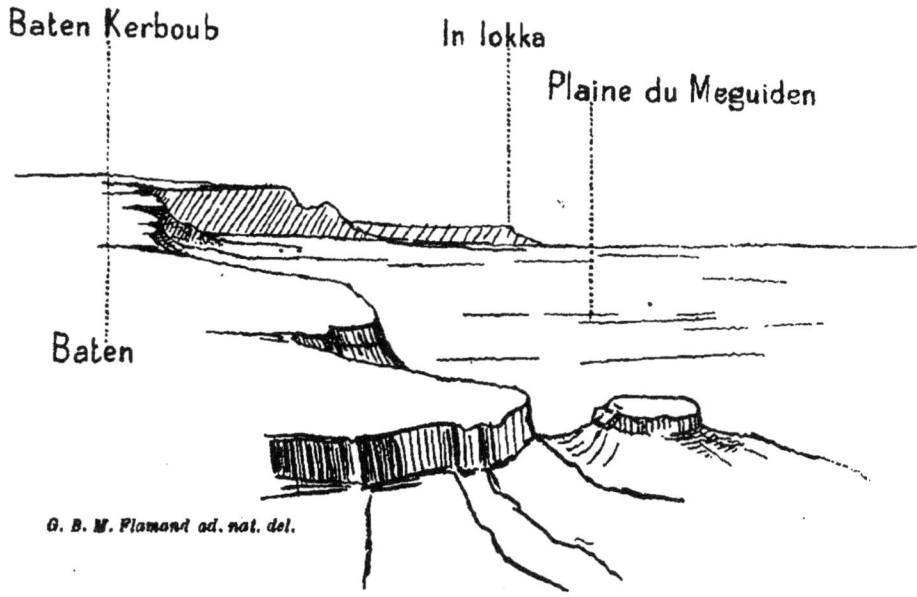

LE MEGUIDEN A L'OUEST DU BATEN KERBOUB.

ouest, il contournerait à l'est la ligne des Ksour de l'Aouguerout pour venir aboutir entre les Ksour d'Oufran et des Oulad Mhmmoud, au sud de ce district. Au delà tout porte à croire qu'il se prolonge dans la direction du Timmi où il irait se déverser dans la vallée proprement dite de l'oued Messaoud.

[1] Baten, expression arabe à sens multiples, qui signifie plus particulièrement ici flanc de montagne, falaise, escarpement rocheux se prolongeant.

Placée ainsi entre le Baten et l'oudjh de l'Erg qui s'avancent l'un et l'autre vers l'ouest dans des directions légèrement divergentes, la vallée de Meguiden s'élargit de plus en plus au fur et à mesure que l'on s'approche du Gourara. Elle a plus de 40 kil. à hauteur de Fort Mac-Mahon.

Le sous-sol du Meguiden est composé de grès tendres appartenant au terrain crétacé, à l'étage néocomien [1]. Ces grès, assez tendres en général dans la masse, montrent à la surface une carapace dure ferrugineuse, de teinte foncée.

Ils présentent à certains niveaux des intercalations d'argiles et de strates gypseuses très subordonnées. Naturellement le sable les envahit plus ou moins, des nebka s'y accumulent constituant les areg isolés, que nous rencontrerons à chaque pas dans les itinéraires que nous allons décrire et qui donnent passage, suivant leur position relative et suivant leur plus ou moins de perméabilité, aux filtrations des eaux venues soit des massifs montagneux du nord, soit simplement du vaste

---

[1] Ces grès, lithologiquement semblables à ceux des Hauts-Plateaux et des montagnes des Ksour, ont été déterminés, en 1896, par M. Flamand, lors de son exploration au Tin Erkouk (Bul. de la Soc. géol. de France, année 1896, p. 891).

Auparavant, M. Rolland, sur renseignements, les avait attribués à l'étage albien.

M. Flamand les a observés jusqu'aux abords de Tahantas : ils forment, pour lui, un anticlinal et constituent, avec quelques lambeaux quaternaires récents, la dépression de Meguiden.

réservoir, constitué par le massif des dunes de l'Erg[1].

En tout cas, il existe dans toute la région une nappe d'eau à régime à peu près constant qui alimente les nombreux puits que l'on y rencontre, mais sur laquelle, cependant, les saisons exercent une influence assez marquée, car dans tous les puits existants le niveau de l'eau s'abaisse avec la sécheresse ou bien est fonction de la sécheresse de la région.

Le tableau ci-après résume nos connaissances

---

[1] « D'après les renseignements qui nous ont été donnés, écrit
» l'ingénieur Jacob dans son rapport déjà cité, la falaise crétacée
» (le Baten) se poursuivrait avec les mêmes caractères géologiques
» jusqu'au voisinage de l'oued Saoura. S'il en est ainsi et tout
» porte à croire qu'il n'y a pas de changement d'allure, l'oued
» Meguiden serait dans des conditions éminemment favorables
» à la réussite des forages artésiens. On serait dans les mêmes
» conditions qu'à El Goléa.

» Les ressources en eau de cette région sont certainement
» insuffisantes puisqu'une partie très sensible de la population
» émigre en Algérie.

» L'augmentation des forces productives des oasis du Gourara
» n'empêcherait pas leurs populations de rester tributaires des
» indigènes oranais pour les céréales et les moutons ; l'importance
» des échanges ne pourrait qu'augmenter.

» D'un autre côté, la création de puits artésiens aurait un
» effet moral considérable et contribuerait dans une large mesure
» à assurer notre domination dans le pays.

» Il est certain qu'on ne pourrait pour le moment envoyer un
» équipage de sonde isolé dans une contrée aussi travaillée par
» les influences étrangères, mais nous croyons qu'il serait utile
» d'adjoindre cet équipage à la première colonne expéditionnaire
» qui opèrera au Gourara. Bien entendu les hypothèses, que nous
» avons faites sur la constitution géologique de l'oued Meguiden

actuelles sur les eaux du Meguiden ; on ne peut en conclure encore, comme on a essayé de le faire, que le niveau de l'eau soit de plus en plus rapproché de la surface du sol au fur et à mesure que l'on avance vers l'ouest [1].

DÉSIGNATION DES PUITS	PROFONDEUR TOTALE	HAUTEUR D'EAU CONTENUE	OBSERVATIONS ET RENSEIGNEMENTS DIVERS
1° Route du nord ou de l'Oudjh vers le Tin Erkouk			
Hassi Mechgarden....	1m25	0.55	2 puits souvent comblés par les sables, mais l'eau se trouve en cet endroit à une profondeur variant de 0,70 à 0,80.
Hassi Erg Sedra......	12.75	0.35	
Hassi Djedid.........	»	»	près du précédent, comblé.
Hassi Iekna..........	13. »	0.35	
Hassi el Heuzema....	6. »	0.25	M. Flamand ne lui a reconnu que 5.90 de profondeur.
Hassi Moulaï Guendouz....	6.50	0.50	M. Flamand ne lui a reconnu que 5.90 de profondeur.
Hassi Guedmaïa......	4. »	0.25	M. Flamand lui a reconnu 4.20 de profondeur.
Hassi Hachich (Ras er Reg)	6. »	0.60	

» jusqu'à la Sebkha, auraient besoin d'être vérifiées et il serait
» facile de faire cette reconnaissance en profitant de la protection
» de la colonne expéditionnaire ».

[1] C'est un officier, le lieutenant Pouget, chargé du service des renseignements à Fort Mac-Mahon, qui, après avoir reconnu, en 1894, la plupart des routes conduisant au Gourara, avait avancé que, par suite de l'élévation progressive des stratifications du sous-sol, plus on se rapprochait du Gourara, plus la nappe d'eau était près du sol et, par suite, facile à mettre à découvert. Il appuyait son dire sur un certain nombre d'observations de profondeurs relevées par lui-même ou mesurées d'après ses ordres. Mais ses observations n'avaient porté que sur un nombre limité de puits, et, d'autre part, ses indications

DÉSIGNATION DES PUITS	PROFONDEUR TOTALE	HAUTEUR D'EAU CONTENUE	OBSERVATIONS ET RENSEIGNEMENTS DIVERS
2° Route du centre ou de la vallée vers le Tin Erkouk			
Hassi ben Kaddour...	1. »	0.30	La nappe d'eau se trouve dans cette région à une profondeur variant de 0.70 à 0.80.
Hassi Nebka.........	1.15	0.35	même observation ; ce puits est souvent comblé par les sables.
Hassi Chemeder......	6.50	0.50	Souvent comblé par les sables.
Ouallen.............	4.50	0.50	
Hassi Debdebi.......	10. »	0.30	
Hassi el Ahmar	12. »	0.50	
Hassi Inhal.........	14. »	0.35	
Hassi bou Khanfous..	14.50	0.75	
Hassi In Bilel.......	14. »	0.34	
Fort Mac-Mahon.....	4.70	0.90	Puits banal.
(7 puits.)	4.70	0.90	
	6.30	0.35	
	3.70	0.60	
	3.60	0.90	
	4.50	0.95	
	3.60	0.40	
Hassi Zouaoui	3.65	0.75	
Hassi el Hamar	5.50	0.45	M. Flamand ne lui a reconnu que 3.50 de profondeur totale avec 0.60 d'eau.
Hassi Souiniat.......	8. »	0.50	M. Flamand ne lui a reconnu que 2.40 de profondeur totale avec 1^m d'eau.
Hassi Hachich (Ras er Reg)	6. »	0.60	Déjà cité plus haut.

étaient quelquefois en contradiction avec celles recueillies par d'autres officiers. Dans ces conditions, il a paru utile de réviser et de compléter les données fournies par cet officier. Ce travail a pu être mené à bien, grâce à l'obligeant concours de M. le capitaine Cotte, chef

DÉSIGNATION DES PUITS	PROFONDEUR TOTALE	HAUTEUR D'EAU CONTENUE	OBSERVATIONS ET RENSEIGNEMENTS DIVERS
3° Route A de Fort Mac-Mahon à El Kef (Gourara)			
Hassi Zouaï............	»	»	Comblé au dire des indigènes.
Hassi Retem..........	4.50	0.75	
Hassi Remadj.........	»	»	
4° Route B de Fort Mac-Mahon à El Kef (Gourara)			
Hassi Tissemt........	»	»	Comblé au dire des indigènes.
Hassi ben Raneb.....	6 »	0.50	
Hassi Fersiga........	4.05	0.25	Colonel Didier, novembre 1896.
Hassi Meharzi.......	2.40	0.25	d°
5° Route A de Fort Mac-Mahon à l'Aouguerout			
Hassi El Guessa......	»	»	comblé, colonel Didier, novembre 1896.
Hassi Naga..........	4.60	0.30	colonel Didier, novembre 1896.
Hassi Maatallah.....	»	»	comblé, colonel Didier, novembre 1896.
Hassi Fersiga........	4.05	0.25	déjà cité plus haut.
Hassi bou Demman...	2.45	0.65	colonel Didier, novembre 1896.

de l'annexe d'El Goléa. Nous avons réuni les observations recueillies, à la suite de l'enquête qu'il a bien voulu faire, dans le tableau ci-annexé. Dans ce relevé, les profondeurs, fournies pour les puits de la route d'El Goléa à Fort Mac-Mahon, étaient déjà connues ; les autres sont presque toutes nouvelles ; une partie a été recueillie par le colonel Didier, commandant supérieur de Ghardaïa, pendant les opérations effectuées, en novembre et décembre 1896, contre les Chaanba dissidents qui venaient d'opérer un coup de main contre nos

DÉSIGNATION DES PUITS	PROFONDEUR TOTALE	HAUTEUR D'EAU CONTENUE	OBSERVATIONS ET RENSEIGNEMENTS DIVERS
6° Route B de Fort Mac-Mahon à l'Aouguerout			
Hassi Mansour.......	6.50	0.40	puits situé au S.-O de Fort Mac-Mahon en dehors de la route suivie, cité ici pour mémoire.
Hassi Targui.........	7 »	0.40	
Hassi Chouiref.......	4.57	0.42	colonel Didier, novembre 1896.
Hassi bou Haddi......	»	»	puits situé dans la région au nord du précédent, comblé au dire des indigènes.
Hassi Djedid.........	9.10	0.60	près du précédent, colonel Didier, novembre 1896.
Hassi Lefaïa.........	4 »	0.30	
Hassi bou Ali........	4.45	0.55	colonel Didier, novembre 1896.
Hassi Feggaguir.....	3.60	0.50	d°
Hassi Isfaouen.......	3.80	1.20	d°
Hassi bou Demman...	2.45	0.65	déjà cité plus haut.
7° Ligne de puits à l'Est, au Sud-Est et au Sud-Ouest de la Gara El Aggaïa			
Hassi Inziren........	12.55	0.65	colonel Didier, novembre 1896.
Hassi Messeïed.......	8.65	0.35	d°
Hassi In Iokka......	8.10	0.40	d°
Hassi Djedid.........	»	»	à 8 kil. au S.-S.-O. d'Hassi Isfaouen au pied du baten de Bou Demman.

nomades. Toutes les autres mesures ont été prises, en février 1897, par trois mokhazeni intelligents, envoyés spécialement à cet effet par le capitaine Cotte. Il est à peu près certain, comme on peut s'en rendre compte par l'examen du tableau ci-annexé, que les eaux d'Hassi Nebka, d'Hassi Mechgarden et peut-être d'Hassi Chemeder et d'Ouallen appartiennent au régime hydrologique du bassin d'El Goléa. Rien n'indique encore qu'il en soit de même au delà. En tout cas il manque encore une donnée pour être tout à fait fixé sur l'exac-

En dehors des puits [1], placés sur les routes les plus fréquentées, que nous venons d'énumérer, il en existe beaucoup d'autres sur les directions secondaires, puits que chaque jour nous sommes amenés à découvrir. Le grand nombre même de ces divers puits vient confirmer les traditions conservées par les indigènes, traditions que nous avons déjà signalées et d'après lesquelles l'immense dépression de Meguiden a été connue, de tout temps, par l'abondance de ses eaux.

La plupart de ces puits existent depuis bien des années et leur forage exécuté par les habitants du pays, qui n'ont jamais disposé que de moyens rudimentaires, prouve qu'il sera facile, le cas échéant, d'en créer de nouveaux avec toutes chances de succès.

---

titude de la théorie, émise par le lieutenant Pouget à propos du Meguiden, c'est l'altitude relative des points où sont creusés les différents puits de cette région.

D'ailleurs les profondeurs de quelques-uns de ces puits, telles que nous les avons données, sont en contradiction, ainsi que nous l'avons indiqué dans la colonne d'observations, avec celles qui ont été mesurées par M. Flamand en 1896. La question reste donc encore indécise, tant qu'une reconnaissance spéciale, confiée à des personnes de toute garantie, n'aura pas été effectuée.

[1] Tous les puits du Meguiden fournissent une eau généralement bonne ; elle n'a d'ordinaire que le défaut d'être à une température un peu élevée : 22° environ. C'est ainsi que M. Flamand a trouvé que l'eau du puits banal de Fort Mac-Mahon avait une température de 23° 3. A Hassi Moulai Guendouz il a constaté 20° 5, la température extérieure étant de 16° 5, à Hassi el Ahmar, 21° 2 ; à Hassi Souiniat, 21° 5, température extérieure 33°.

Toutefois, il sera toujours nécessaire, ainsi qu'on le fait généralement d'ailleurs, de prendre certaines précautions contre l'ensablement probable des points d'eau et de prévoir même souvent la nécessité de procéder à leur curage avant de pouvoir les utiliser; car la vallée de Meguiden, couverte de nombreuses dunes, semble être un des centres de production du sable. Balayés en permanence par des vents violents, les affleurements de grès, à peu près partout, sont détruits peu à peu [1] et leurs éléments entraînés au loin [2].

On comprend que, dans ces conditions, les indigènes

---

[1] Lorsque dans ces affleurements de grès, il se trouve un noyau plus résistant, la masse se désagrège peu à peu sous l'action érosive du vent, tandis que le noyau subsiste et devient ainsi le centre d'une sorte de bille gréseuse qui finit par se détacher. On rencontre à chaque pas de ces billes, isolées ou groupées en paquets, dans le Meguiden. Les indigènes les appellent kerboub. Elles sont particulièrement nombreuses aux abords de la gara située au sud de Fort Mac-Mahon, gara à laquelle elles ont fait donner le nom de Gara Kerboub.

[2] Dans ces conditions, on comprend qu'une margelle, quand il en existe, est insuffisante pour préserver un puits de l'ensablement et qu'il faut souvent un temps assez long pour procéder à son nettoyage. Pour parer à cet inconvénient nous avons souvent, sur les routes fréquentées par nos troupes et nos convois, recouvert les principaux puits d'une coupole en maçonnerie dont l'ouverture est tournée du côté opposé aux vents généralement régnant dans la localité. Malgré cela, de graves mécomptes peuvent être encore à craindre et il a toujours paru prudent d'adjoindre un convoi d'eau à toute troupe en marche. Grâce à cette précaution, on est assuré d'avoir de l'eau dès l'arrivée à l'étape et on peut attendre patiemment la fin du curage du puits.

aient suivi de tout temps des directions très variables dans la traversée du Meguiden. Car ils n'avaient pas seulement à envisager la localité à atteindre et l'état de sécurité présente de la direction à parcourir, mais encore les difficultés du trajet et la situation dans laquelle allaient se trouver les points d'eau qu'ils devaient rencontrer.

Deux directions principales étaient cependant plus généralement suivies par les voyageurs indigènes pour se rendre d'El Goléa au Gourara ou à l'Aouguerout.

La première, qui est la route la plus directe pour atteindre Tabelkoza, côtoie ou emprunte même, sur une grande partie de son parcours, le grand Erg, dont les premières pentes s'éloignent à peine quelquefois de 6 ou 800 mètres et dont les hauts sommets se détachent au loin au-dessus de l'horizon [1].

---

[1] Cette route, appelée par les indigènes medjebed Iekna, du nom d'un des principaux puits situés sur son parcours, est décrite toute entière (itinéraire N° 19, p. 93 et suiv.) dans l'ouvrage du commandant Deporter : *Extrême-Sud de l'Algérie*. Les gîtes d'étapes indiqués par lui sont :

     1° Ouallen ou Raknet el Khadem.
     2° Erg Mebrouka (Foum Zegag).
     3° Hassi Iekna (*).
     4° Hassi el Heuzema.
     5° Hassi Moulai Guendouz.
     6° Hassi Guedmaïa.
     7° Tabelkoza.

(*) D'après les traditions sahariennes, ce puits aurait été foré par la fameuse Bent el Khass.

La deuxième route, d'un accès plus facile et mieux jalonnée d'eau dès le début de son parcours, conduit à Hassi el Homeur où nous avons construit le poste de Fort Mac-Mahon [1] ; là, elle se bifurque pour atteindre soit le Gourara du nord, soit l'Aouguerout.

C'est cette route que nous étudierons plus particulièrement ici, car depuis notre installation à Fort Mac-Mahon, elle est devenue, pour ainsi dire, la route officielle que suivent les troupes en marche et les convois qui gagnent ce dernier poste ou en reviennent.

Les puits qui s'y trouvent ont été aménagés et recouverts d'une coupole et toutes les dispositions de ce genre ont été prises pour en rendre l'accès aussi facile que possible.

---

[1] Ces deux routes parallèles sont souvent très rapprochées, au moins dans la première partie de leurs parcours. Aussi arrive-t-il fréquemment que les indigènes trouvent avantageux de quitter l'une pour emprunter l'autre. C'est ainsi que la caravane des Mouadhi, qui s'est rendue dans l'Aouguerout, à la fin de 1891, pour faire ses provisions de dattes, a suivi l'itinéraire suivant :

      1° Ouallen.
      2° Erg Mebrouka.
      3° Arigat el Meslem.
      4° Hassi el Homeur.
      5° Zemoul.
      6° Hassi Fersiga.
      7° Hassi el Meharzi.
      8° El Grar.
      9° Zaouïa Sidi Aoumar ben Salah (Aouguerout).

Itinéraire d'El Goléa à Fort Mac-Mahon [1].

En quittant El Goléa la route se dirige vers le Sud-Ouest à travers un terrain de reg facile à la marche. Au 2ᵉ kil., après avoir coupé l'oued Seggueur, elle s'engage dans une série de dunes formant l'oudjh de l'Erg ; ces dunes peu élevées, coupées fréquemment de sol dur, laissent un couloir entre elles et les Abed el Guefoul, mamelons constituant la berge droite du lit secondaire de l'oued Seggueur. Ce couloir assez étroit présente bientôt des ravinements, profonds seulement de quelques mètres, mettant à découvert des assises de gypse terreux, dont la surface, semée de monticules de sable, présente une végétation abondante de zeïta. Plus loin, et jusqu'à Hassi ben Kaddour, le medjebed parcourt un plateau gréseux où croissent de nombreuses broussailles de retem. C'est dans une cuvette

---

[1] D'après un rapport d'itinéraire, établi par le capitaine du génie Almand, chargé de la contruction de Fort Mac-Mahon, et des renseignements particuliers.

Cette route est ainsi jalonnée à partir d'El Goléa :

1°	Hassi ben Kaddour........	12 kil.
2°	Ouallen..................	18
3°	Hassi Debdebi............	20
4°	Hassi el Ahmar...........	15
5°	Hassi Inhal..............	24
6°	Hassi Bou Khanfous.......	24
8°	Hassi In Bilel...........	26
9°	Fort Mac-Mahon...........	15
	Total.............	154 kil.

de ce plateau, d'un diamètre de 50 mètres environ et peu profonde, que sont creusés, dans le sable, les deux puits de Ben Kaddour (12° kilomètre).

Ils sont auprès d'un palmier, dont le tronc unique porte cependant trois tiges ; ils ont 1 mètre de profondeur et $0^m 30$ d'eau [1]. Ces deux puits ont été pourvus d'une coupole qui empêche la contamination de leurs eaux par les matières organiques, comme cela se produisait autrefois. Un bassin commun d'une contenance de 12^{m3} a été construit en prévision du passage des détachements de troupes.

Dans le voisinage on trouve l'eau en creusant à $0^m 70$ du sol, mais le sable glissant ne permet pas d'approcher des excavations. On trouve du fourrage dans les dunes et du bois en abondance dans le voisinage [2].

En quittant Hassi ben Kaddour, la route traverse une ligne de dunes peu élevées, large de 300 mètres environ, avant d'arriver sur un plateau caillouteux semé de pousses de zeïta ; le terrain est très bon à la marche. A cinq kilomètres de Ben Kaddour (17° kil.), la piste coupe un ravin peu profond. De sa berge droite, au point où elle se raccorde avec le plateau, émergent de gros blocs calcaires. Ce ravin va se perdre à l'Est, dans la Sebkha el Melah, qui s'allonge jusqu'aux hautes dunes d'El Koceïba.

---

[1] Débit par 24 heures : 12^{m3}.
[2] Végétation : zeïta, retem, gadam (arenaria rubra).

Au 18ᵉ kil., la piste d'Hassi Nebka[1] se détache à gauche, pendant que la route suivie se prolonge dans la direction d'Ouallen sur un terrain de reg, très facile à la marche.

[1] Nous décrirons ici brièvement cette variante du présent itinéraire, variante qui allonge la route ordinaire de 4 kil. 500 seulement, mais est d'un accès plus difficile. Elle est connue des indigènes sous le nom de Medjebed el Baten.
Lorsqu'on quitte au 18ᵉ kil. la route d'Ouallen pour se diriger à gauche vers Hassi Nebka, on ne tarde pas à apercevoir les palmiers qui croissent aux abords de ce puits, on entre bientôt dans le sable puis dans des dunes peu élevées, mais extrêmement serrées. Cinq puits existent à Hassi Nebka (23ᵉ kil. d'El Goléa); ils sont creusés dans le sable, à côté d'un ancien jardin contenant une soixantaine de palmiers. L'eau y est extrêmement mauvaise ; on la rencontre à $0^m 70$ du sol. Partout aux environs, il y a des dunes qui fournissent en abondance bois et pâturages.
En s'éloignant d'Hassi Nebka, la route laissant à gauche la Guern Azerazi, s'engage dans une série de dunes où la marche est extrêmement pénible. Après avoir gravi le Ras el Erg, la piste gagne un col d'où elle pénètre dans un long couloir bordé de dunes qui la conduit à une Sebkha au pied du Baten, au débouché de l'oued El Abiod. De là elle se dirige vers une ligne de gour détachés du plateau, franchit le col très encaissé qui les sépare et arrive dans un nouveau bas-fond continuant le Djoua (*), espace libre de sable plus ou moins large entre l'Erg et la falaise du plateau. A droite, on aperçoit, à 6 kil. environ, les palmiers d'Ouallen. On suit le pied de la falaise crétacée dont le relief n'est plus guère que de dix à douze mètres. Puis, une ligne de sable barre de nouveau la route ; elle est assez peu large, mais haute de 6 mètres au moins, au point le plus élevé et difficile à franchir par les chameaux à cause de la rapidité de la pente. La route se continue sur un bon terrain entre la falaise et la dune.

(*) Djoua, littéralement fourreau, dénomination usitée chez les Sahariens pour désigner un long couloir limité par des reliefs de diverses natures, une dépression allongée.

Au 25ᵉ kil. cependant, il faut franchir un banc de sable, mais il ne présente aucune difficulté sérieuse. A ce moment, on distingue au fond d'une cuvette vers le sud-ouest la tête des palmiers d'Ouallen, sur lesquels on se dirige.

A Ouallen (30ᵉ kil.) il existe deux puits [1] d'une profondeur de 4^{m}50 ; ils fournissent une eau abondante et très bonne, et ont été recouverts d'une coupole. L'un d'eux est entouré d'une vingtaine de

---

Un talha sec, haut de 3 mètres environ, et un gros buisson de tamarix marquent le débouché de l'oued Chemeder dans le Djoua. La berge droite s'avance en pointe par le Moungar Chemeder, surmonté d'un djedar en pierres sèches. La falaise s'en va vers le sud, au loin vers Mouiat el Ben, la dune tourne avec elle de sorte qu'en suivant la même direction, la piste se dirige vers l'Erg. Le sol se couvre peu à peu de sable et lorsqu'on atteint Hassi Chemeder, situé dans une légère dépression, on est au pied de la dune. L'eau se trouve dans ce puits à 6^m 50 de profondeur, mais comme celui-ci est foré dans le sable, il est généralement comblé. Le bois est rare à Hassi Chemeder et il n'y a pas de pâturages (44ᵉ kil. 500).

Après avoir franchi la dune, la piste vient ensuite couper, suivant sa longueur, un vaste espace libre de sable, à fond d'argile et où le bois est assez abondant ; il précède une nouvelle ligne de dunes qui n'est qu'une avancée vers l'est de l'Erg Debdebi. Plus loin, deux mamelons rocheux marquent le commencement d'un terrain de nebka pénible à la marche jusqu'à l'Erg Tellis que l'on traverse par un col, difficile pour les chameaux. Le Baten se rapproche peu à peu, en arrière d'un grand espace libre et plan. La piste tombe ensuite dans la plaine de reg de Debdebi, où elle va rejoindre la route par Ouallen, au moment où celle-ci va franchir la dune de Guern ech Cheikh (61ᵉ kil. 500). Hassi el Ahmar se trouve 8 kil. plus loin (69ᵉ kil. 500).

[1] Débit par 24 heures : 20^{m3}.

palmiers ; le second est creusé à environ 60 mètres, au sud-ouest du précédent [1].

Au delà la route s'engage dans les sables sans cesser d'être praticable et d'un accès facile.

Au 38ᵉ kil., elle entre en terrain de reg, laissant à gauche l'Erg Chemeder. A ce moment, on aperçoit devant soi l'Erg Debdebi et l'Erg Meriem et, entre les deux, l'Erg Tellis ; quelques bancs de sable, appelés El Guetatir, parsèment enfin la plaine avant d'atteindre Hassi Debdebi (50ᵉ kil.) [2], puits d'une profondeur de 10 mètres, auprès duquel on trouve du bois en abondance.

La route se continue ensuite en bon terrain, jusqu'au moment où elle vient couper (57ᵉ kil.) la

---

[1] Les palmiers d'Ouallen, au nombre d'environ 300, forment des touffes isolées les unes des autres et à demi-enfouies dans de petites cuvettes séparées par des monticules sablonneux. Là existait encore au 17ᵉ siècle, rapporte El Aïachi, un Ksar qu'il appelle Oualna et dont, nous apprend-il, la fondation était due à un saint personnage du nom de Si Mohammed ben Moussa (*).

La tradition indigène, recueillie par le capitaine Cotte, fait de Si Mohammed ben Moussa un chérif qui quitta La Mecque pour se fixer à Saguiet el Hamra. De là, il se rendit chez les Beni bou Saïd de Lalla Mar'nia, puis il gagna les parages de Géryville et vint chez les Medabiah (voir tome II, p. 257) qui le revendiquent comme un des leurs. Il mourut à Ouallen, où il est enterré.

« Ouallen, nous dit le capitaine Coyne (*Une Ghazzia dans le grand
» Sahara*, p. 12), est la station d'été des Chaanba qui y laissent sans
» gardiens leurs immenses troupeaux paître dans l'Erg ».

[2] Débit par 24 heures : 12^{m3}.

(*) Si Mohammed ou Allal, d'après Daumas, *Le grand désert*, p. 49.

dune de Guern ech Cheikh dont le relief (15 mètres environ) rend ce passage difficile pour les convois. La plaine de reg reparaît ensuite, mais aux abords d'El Ahmar, le terrain change complètement: plus de reg, mais un sol de sable et d'argile rouge, d'où le nom d'El Ahmar donné au puits qui s'y trouve. Le grès sous-jacent affleure en de nombreux endroits.

Le puits d'El Ahmar (65ᵉ kil.), entièrement creusé dans le grès, est profond de 12 mètres. Il donne, en très grande abondance [1], une eau excellente.

Au couchant, la dune du Sat el Ahmar est à 4 kil. du puits. Le sol est absolument nu jusqu'au Baten et aux dunes où l'on trouve du bois en abondance.

En quittant Hassi el Ahmar, la piste se tient à 5 kil. du Baten jusqu'au Moungar de l'oued Talha et circule sur un sol d'abord plat qui se moutonne peu à peu; elle coupe la daïa El Ahmar, dépression sablonneuse de peu d'étendue où croissent quelques tamarix, puis quelques ravins venus du plateau, ravins marqués par des touffes de retem et de gadam. Entre les dépressions, le sol est caillouteux, couvert, par endroits, de billes de grès isolées ou groupées en paquets; puis des bancs de grès affleurent jusqu'au point où les alluvions argileuses et les cailloux roulés calcaires de l'oued Talha viennent recouvrir le tout. Le thalweg de cet oued, réduit à une ravine minuscule, est marqué par une file de gommiers desséchés.

[1] Débit par 24 heures : 20^{m3}.

La piste s'éloigne du Baten et reprend la hammada pierreuse et sans végétation, jusqu'au moment où elle traverse une daïa couverte de dhomran et au delà de laquelle se trouve Hassi Inhal (89e kil.).

Le puits d'Inhal a été creusé dans une légère dépression du plateau, dans un grès très dur. Il a 14 mètres de profondeur et donne une eau abondante[1] et bonne.

Au delà d'Inhal, le Baten s'éloigne de plus en plus de la direction suivie et le sol, de même nature que précédemment, porte peut-être moins de végétation encore. C'est ainsi que la piste atteint Hassi bou Khanfous, où l'on campe presque sur le roc vif (113e kil.).

Le puits, creusé dans le grès, a $14^m 50$ de profondeur. L'eau y est bonne et assez abondante[2].

En quittant Hassi bou Khanfous, on retrouve encore le même terrain que précédemment; cependant, à hauteur de la Gara Samani, le roc diminue, le gros sable couvre le sol, mais l'aridité est parfaite; pas la moindre végétation.

La Gara Samani est à environ 6 kil. à gauche de la direction suivie; elle est complètement détachée du Baten. Au Nord de celui-ci, se découpe une grande gara signalant le débouché de l'oued Diba.

Plus haut, on voit la coupure de l'oued Arta et celle de l'oued Hadadi; de l'autre côté de la Gara Samani, le Feïdj et au loin la Gara Kerboub.

---

[1] Débit par 24 heures : 12^{m3}.

[2] Débit par 24 heures : 10^{m3}.

En approchant d'In Bilel, dont la position est marquée par des djedar, la végétation reparaît dans la dépression sablonneuse, mais toujours clairsemée et peu abondante.

Le puits d'In Bilel (139ᵉ kil.), creusé dans le grès, a 14 mètres de profondeur. Il donne une eau assez abondante [1].

La piste se continue ensuite, toujours en même terrain, avec aussi peu de végétation. Des dunes se montrent à l'ouest, peu élevées et dont le pied est masqué par de hautes broussailles.

Hassi el Homeur (154ᵉ kil.) occupe le fonds d'une cuvette dont les bords à pente douce sont distants de 2 kil.; cette cuvette, connue sous le nom de Madher el Homeur, est barrée à l'ouest et au nord par une ligne de dunes. Le Baten est à 15 kilomètres; un seul puits dans le grès existait à cet endroit, quand nous nous y sommes installés; il avait 6 mètres 30 de profondeur et 0,35 d'une eau bonne et abondante [2].

Le bordj de Fort Mac-Mahon, que nous avons édifié en ce point, est situé par 29° 44′ 27″ de latitude nord et par 0° 40′ 18″ de longitude ouest [3].

---

[1] Débit en 24 heures : 15^{m3}.

[2] Six autres puits ont été creusés et aménagés depuis cette époque et assurent actuellement l'alimentation de la garnison.

[3] La position astronomique de Fort Mac-Mahon a été déterminée par M. Flamand au cours de son récent voyage au Tin Erkouk.

Il s'élève au nord de la large dépression du Meguiden proprement dit.

Ce fortin a été bâti dans une plaine de reg peu résistant, en raison de l'apport continuel des sables amenés par les vents dominants du N.-E. et du S.-E. Il est entouré d'un cirque de petites dunes, variant de 3 à 20 mètres de hauteur, enserrant le fort à 900 mètres dans, la partie où elles en sont le plus éloignées.

La région de Fort Mac-Mahon [1].

La région de Fort Mac-Mahon [2] peut se diviser en deux parties nettement distinctes, séparées par la ligne

---

[1] Extrait d'un rapport de M. le lieutenant Falconetti, officier des affaires indigènes, chargé du service des renseignements à Fort Mac-Mahon.

[2] La température de cette région oscille, pendant l'été et une partie de l'automne, entre + 44°,5 et + 50°,1 à l'ombre, et, pendant l'hiver et le printemps entre — 2° et + 20°. Le climat est très sain en raison de la sécheresse de l'air qui aide la majorité des individus à supporter sans souffrir les fortes chaleurs de l'été. Les pluies sont très rares : pendant la période du 1er avril 1895 au 20 mars 1896, il a été donné d'observer à deux reprises seulement une ondée d'une durée de 3/4 d'heures environ, ondée dont l'influence a été très faible sur l'état de la végétation.

La nature du sol de la région permet la culture de la majorité des plantes potagères. Les bêtes à cornes, bœufs, moutons, chèvres, s'acclimatent dans d'assez bonnes conditions, les pâturages étant suffisamment abondants en toute saison. Il y a lieu néanmoins de faire des réserves pour l'acclimatation pendant l'été, qui ne peut être entreprise sans perte à cette époque, surtout si les bêtes à cornes proviennent des Hauts-Plateaux. — Lieutenant Falconetti.

de démarcation que trace la piste de l'Aouguerout, jalonnée par les points d'eau de Bou Khanfous, Fort Mac-Mahon, Hassi Targui, Hassi Chouiref, Hassi bou Ali et le Ksar de Bou Guemma. Au nord de cette ligne, s'étend la région des dunes dispersées en chaînons parallèles, orientés de l'est à l'ouest, qui forment l'avant-chaîne du grand Erg. Elles se confondent peu à peu au nord avec les plateaux de l'Erg et s'étendent ainsi surbaissées d'El Goléa au Tin Erkouk.

La région, située au sud de la ligne de démarcation précitée, est la région des terrains d'érosion ou gour du Baten [1], vastes plateaux pierreux, complètement dénudés, d'un relief moyen de 70 à 100 mètres dont les pentes d'accès sont semées d'éboulis de roches

---

[1] Dans la région de Fort Mac-Mahon, les gour du Baten peuvent se diviser en trois groupes distincts :

1° Le groupe de la Gara ed Diba dont fait partie la Gara Kerboub ;

2° Le Baten Samani, immense gara, qui se rattache au Tadmaït vers le Sud-Est ;

3° Les gour d'In Bilel, situés au nord du Baten Samani, enserrant entre eux et une partie des pentes nord de ce dernier, la vaste cuvette qui s'étend au sud du point d'eau d'In Bilel.

Toute cette région, complètement dépourvue de végétation sur le sommet des gour, ne présente d'intérêt, en ce qui concerne ces derniers, qu'au point de vue géologique.

Notons encore le passage d'El Feïdj entre la Gara ed Diba et le Baten Samani. Il est suivi par la piste directe d'In Bilel à l'Aouguerout par Hassi Targui, piste qui permet d'éviter Fort Mac-Mahon. — Lieutenant Falconetti.

calcaires et argilo-gypseuses ; on constate qu'en suivant le pied du Baten, les dunes manquent ainsi que dans le voisinage immédiat. La direction suivie par les vents dominants de la région explique l'absence de dunes.

Entre ces deux régions la différence existante est encore plus sensible au point de vue de la végétation qui est très abondante dans les dunes[1] et très faible dans les plaines qui entourent les gour.

Plusieurs pistes partent de Fort Mac-Mahon, les principales sont :

A. La route du Tin Erkouk par Hassi el Heuzema et Hassi Guedmaïa.

B. La route du Tin Erkouk par Hassi Moulai

---

[1] Dans les dunes ou dans le voisinage de celles-ci, on rencontre une grande variété de plantes, herbacées et arborescentes, parmi lesquelles les suivantes, recherchées par les chameaux, poussent en abondance : le drin, le dhomran, le baguel, le nessi, le had, l'arta, l'alenda, la zeïta, le chedid (zilla macroptera), le merkh (genista Saharæ), le r'essal (halocnemon strobilaceum), le dahnoun (phelipœa arenaria), l'habalia (muricaria prostrata). Le bois de chauffage est constitué par le retem que l'on trouve en grandes quantités dans les dunes situées au nord de Fort Mac-Mahon, à 18 kilomètres environ de ce point. Dans l'Erg Bou Khechba, cet arbuste atteint, ainsi que l'indique le nom de la région où il croît, la dimension de véritables hautes futaies. Il y a lieu de citer également le talha (acacia tortilis, gommier), que l'on trouve au pied des gour du Baten, dans les oueds rocheux. Cet arbre, indépendamment de la gomme qu'il produit, est un véritable bois de construction. Certains troncs de gommiers atteignent ici jusqu'à 0^m55 de diamètre et 8 à 10 mètres de hauteur. — Lieutenant Falconetti.

Guendouz et Hassi el Hamar; elle n'est en somme qu'une variante de la précédente.

C. La route du Gourara (El Kef) par Hassi Remadj.

D. La route du Gourara (El Kef) par Hassi ben Raneb et Hassi Meharzi.

E. La route de l'Aouguerout avec ses nombreuses variantes.

F. La route d'In Salah.

G. La route de l'Aoulef.

Le premier de ces itinéraires est, comme on pourra s'en rendre compte, impraticable à une colonne d'infanterie, en raison de l'éloignement des points d'eau et des difficultés d'accès que présentent les dunes à traverser; seul un groupe léger, monté à mehari, peut le traverser aisément. Le second au contraire pourrait être suivi par une colonne légère d'infanterie et de cavalerie, car il ne présente aucun obstacle sérieux à la marche.

Le 3e et le 4e ne nous sont connus que par quelques renseignements indigènes.

Pour les itinéraires qui constituent le 5e groupe, itinéraires qu'une colonne comprenant infanterie et cavalerie suivrait facilement, nous donnerons quelques renseignements sur les plus connus, ne faisant qu'indiquer les autres.

Quant aux 6e et 7e itinéraires, ils ne nous sont connus que par des renseignements indigènes. Nous n'en parlerons que très succinctement.

A. — Route du Tin Erkouk par Hassi el Heuzema et Hassi Guedmaïa [1].

En quittant Fort Mac-Mahon, on se dirige au nord, sur l'Erg el Homeur. Après un parcours d'environ deux kilomètres dans un terrain de reg [2], on laisse à l'ouest un petit mamelon de grès, et on marche sur un sol recouvert d'une légère couche de sable qui augmente au fur et à mesure que l'on approche de l'Erg el Homeur [3]. La direction suivie franchit cette dune au point le plus accentué par une série de passages peu difficiles.

De l'Erg el Homeur, on aperçoit à l'horizon une nouvelle dune de forme identique, sur laquelle on se dirige. C'est l'Erg Menegueb el Fras [4], que l'on atteint après avoir marché pendant 8 kil. environ, sur un sol de reg.

De cette dune, dont la traversée est également

---

[1] D'après les rapports de reconnaissance des lieutenants Pouget et Falconetti.
Cette route est ainsi jalonnée à partir de Fort Mac-Mahon :

1° Hassi el Heuzema	22 kil.	500
2° Hassi Moulai Guendouz.....	24	500
3° Hassi Guedmaïa............	23	
4° Hassi Ras er Reg.........	23	
5° Tabelkoza	10	
Total	103 kil.	

[2] Végétation : dhomran, aga (zygophyllum cornutum).
[3] Végétation : drin, zeïta, gadam.
[4] Végétation : retem, drin.

facile, on aperçoit l'Erg el Heuzema [1]. Il s'infléchit comme les précédents dans la direction sud-est sous le nom d'Erg el Melah [2] et vient finir vers l'ouest et sur la plaine en pente très douce et en pitons de moins en moins élevés. On l'atteint en son point le plus bas après avoir marché, pendant 5 kil. environ, sur un terrain de reg, parsemé de loin en loin d'affleurements de grès.

A un kil. environ, au delà de l'Erg el Heuzema, on rencontre, au milieu d'un léger terrain de nebka, le puits connu sous le nom de Hassi el Heuzema [3] (22e kil. 500) et qui, situé [4] sur le chemin direct d'El Goléa au Gourara, sert d'étape intermédiaire entre Hassi Iekna et Hassi Moulai Guendouz. La profondeur

---

[1] Végétation : retem, drin.

[2] En dehors des trois dunes signalées entre Fort Mac-Mahon et Hassi el Heuzema, la piste suit un sol de reg composé de grès recouvert d'une légère épaisseur de sable, rendant la marche un peu pénible.
En outre on rencontre entre les différents siouf ou dans les terrains de nebka qui précèdent les dunes, ainsi qu'auprès du puits d'El Heuzema, de nombreux bancs de gypse. — Lieutenant Pouget.

[3] Végétation aux abords du puits : dhomran, gadam, had.

[4] A 300 mètres au nord-est du puits on remarque, au pied d'un mamelon couvert de sable, où croissent de nombreux retems, les tombes de trois indigènes de la tribu des Beni Thour. En novembre 1892, au retour d'un voyage au Gourara où ils s'étaient rendus pour commercer, ces indigènes s'arrêtèrent à ce puits pour y passer la nuit et y faire boire les 14 chameaux, chargés de dattes, composant leur caravane. Au milieu de la nuit, ils furent tout à coup attaqués, volés et tués par quatre Chaanba dissidents qui les avaient suivis à courte distance depuis le Gourara.

du puits d'El Heuzema est de 6 mètres dont les deux derniers sont forés dans le grès rouge. L'eau est très légèrement magnésienne.

Le puits en contient un mètre cube et son débit est de 4 litres à la minute.

A partir d'El Heuzema la route se dirige à l'ouest, légèrement N.-O., et longe, dans les petites dunes d'El Heuzema, les pentes orientales de l'Erg bou Khechba, contrefort du grand Erg. Après un parcours de 5 kil. environ dans la direction suivie, qui n'est marquée par aucune piste, celle-ci apparaît, indiquée par trois sentiers parallèles, frayés sur le sol, formé de reg, reg qui s'étend d'une façon générale entre le point situé à 5 kil. d'El Heuzema où nous sommes parvenus, le débouché de la dune d'El Heuzema et la koubba de Moulai Guendouz [1] qui se profile à quelque distance

---

[1] Le saint personnage qui fut enterré en cet endroit, Si Mohammed Moulai Guendouz, était, d'après le Commandant Deporter, originaire des Meharza.

Il fut, au dire du Colonel de Colomb (*Notice sur les oasis du Sahara*, p. 92 et suiv.), un des sept disciples de Si Ahmed ben Ioussef, connus dans la tradition indigène sous le nom de medebih (écorchés). A la mort de son maître, il serait venu habiter seul cette région et y aurait construit son hermitage à proximité d'Hassi Agouinin, puits appelé, depuis lors, Hassi Moulai Guendouz.

Des renseignements, récemment fournis au capitaine Cotte, chef de l'annexe d'El Goléa, par Si Kaddour ben Ali Khanfousi d'El Kef (Gourara), gardien actuel de la Koubba de Moulai Guendouz, complètent ces données. D'après lui, Moulai Guendouz fut bien un disciple de Si Ahmed ben Ioussef. Son maître le chassa de Merrakech avec six autres : Si Ahmed ben Hamouda, Si Mohammed Moulai Ouallen, Si M'hammed Moulai R'esef, Si M'hammed el Mokhfi,

sur la dune du même nom. Cette dernière forme vers l'ouest une partie de la ligne d'horizon, projetée sur les dunes d'Hassi Guedmaïa, qui constituent le dernier plan.

La route suivie laisse au nord l'Erg bou Khechba [1] et le Morfog es Semech, îlot isolé de dunes [2] présentant, sur une longueur de 55 kil., et une largeur moyenne de 5 kil., un relief de 25 mètres [3].

Si M'hammed el Aroussi et, une femme, Lalla Moora. Tous les sept se réfugièrent chez les Doui Menia, mais expulsés par ces derniers ils résolurent de se rendre à La Mecque et n'ayant pu réussir à gagner la ville sainte, ils rebroussèrent chemin. Epuisés par leurs longues pérégrinations, ils succombèrent tous au retour avant d'avoir pu regagner le Maroc et furent enterrés : Si Ahmed ben Hamouda, dans l'oued Si Ahmed, au nord-est de Zirara ; Si Mohammed Moulaï Ouallen, à Ouallen ; Si M'hammed Moulaï Guendouz à El Agouinin ; Si M'hammed Moulaï R'esef, au nord-est de la Gara El Aggaïa ; Si M'hammed el Mokhfi aux Beni Aïssi (Gourara) ; Si M'hammed el Aroussi, entre Charouin et Kerzaz ; et Lalla Moora, à Tasfaout (Touat). Cet informateur ignore, cependant, pour quel motif le nom de medebih a été attribué aux sept disciples chassés par Si Ahmed ben Ioussef ; il n'a pas connaissance de la légende rapportée à ce propos par le lieutenant-colonel de Colomb.

Cette légende des medebih, ajouterons-nous, est plus généralement attribuée à M'hammed ben Aïssa, le fondateur de l'ordre des Aïssaoua (voir : Rinn, *Marabouts et Khouan*, p. 307).

[1] Ainsi nommé de la grande quantité de retems qui y croissent. Khechba signifie pièce de bois ; au collectif : Khecheb, bois en général.

[2] Toute cette région de dunes est couverte d'une abondante végétation de retem et de drin.

[3] Au sud de la direction suivie, on rencontre dans la plaine de reg, qui s'étend sur 40 kil. environ pour se terminer ensuite au pied de la ligne des gour du Baten et de la Gara El Aggaïa, de petits

La koubba de Moulai Guendouz, située à 28 kil. 500 d'Hassi el Heuzema, sert de point de direction pendant les deux derniers tiers du trajet à parcourir entre ces deux points. Le puits de Moulai Guendouz[1] est situé à 4 kil. au sud-est de la koubba dans un petit cirque de dunes (47ᵉ kil). Il a une profondeur de 6ᵐ50 avec coffrage en bois de retem à sa partie supérieure :

G. B. M. Flamand ad nat. del.

KOUBBA DE MOULAI GUENDOUZ
Meguiden (limite de l'Erg)
(Sahara)

il peut s'ensabler facilement et son curage demande environ deux heures de travail. Son débit est faible,

massifs d'îlots de dunes variables de formes et d'aspect suivant l'intensité des vents prédominants pendant une saison. On peut citer, parmi ces derniers, le Morfog Touil, orienté du sud au nord, atteignant une hauteur moyenne de 15 mètres sur un parcours de 9 kilomètres. — Lieutenant Falconetti.

[1] Longitude ouest : 1° 01′ 19″ 5; latitude nord : 29° 49′ 52″ (G. B. M. Flamand).

1/2 litre d'eau à la minute. La qualité de l'eau est médiocre, magnésienne et légèrement salpêtrée, néanmoins potable pour les hommes et les animaux.

De la koubba de Moulai Guendouz à Hassi Guedmaïa, la direction suivie s'étend de l'est à l'ouest dans un terrain de dunes dont l'accès est difficile, surtout dans la section de l'Erg Moulai Guendouz (6 kil.), où les dunes présentent des pentes raides et où les points de repère font complètement défaut. La piste suit ensuite pendant quelques kilomètres un terrain de reg peu résistant, puis entre dans la région des petites dunes d'Hassi Guedmaïa, couvertes de végétation [1] (70ᵉ kil.).

Le puits de Guedmaïa se trouve dans une large dépression en forme de cuvette elliptique, dont le grand axe, orienté N.-S., atteint 4 kil., et le petit axe 2 kil. Il a une profondeur de 4 mètres et contient 0^m25 d'une très bonne eau; son débit est de 5 litres à la minute.

D'Hassi Guedmaïa à l'Erg Tahantas la direction à suivre s'infléchit légèrement vers le N.-O. dans un terrain couvert de dunes dont les sommets, peu élevés, ne sont plus recouverts de végétation; les bas-fonds seuls en sont garnis. Après avoir franchi une petite dune, située à l'ouest d'Hassi Guedmaïa, dune de deux kil. de largeur environ, on rencontre

[1] La végétation est dans ces dunes très variée : la plupart des plantes, croissant dans cette partie du Sahara, y sont représentées et en particulier, le drin, le retem, le baguel, l'alenda, le markh.

de nouveau la région des petites dunes garnies de végétation; elles sont connues, après le Feidj Tinesserat, sous les noms d'Oum el Kheninnat et d'El Alendaïat. Ces dernières s'étendent jusqu'au pied de l'Erg Tahantas dont les sommets, situés à 13 kil. environ du Ksar de Tabelkoza (103ᵉ kil.)[1] et des îlots de palmiers entourant les petits ksour rapprochés qui lui font suite, marquent la crête de la vaste dépression entourée de hautes dunes où sont situés ces Ksour, dépression qui se rattache peut-être à la grande Sebkha du Gourara.

B. — *Route du Tin Erkouk par Hassi Moulai Guendouz et Hassi el Hamar* [2].

La route suivie longe, dans un terrain de reg résistant, sur un parcours de 9 kil., l'Erg el Homeur [3].

---

[1] On peut couper cette très forte étape en allant camper à Hassi Ras er Reg (Hassi el Hachich), puits de 6 mètres de profondeur situé au sud-ouest des dernières pentes de l'Erg Tahantas, à 10 kil. environ de Tabelkoza.

[2] D'après un rapport de reconnaissance de M. le lieutenant Falconetti.

Cette route est ainsi jalonnée à partir de Fort Mac-Mahon :

1° Hassi Moulai Guendouz...	35 kil.
2° Hassi el Hamar............	28
3° Hassi Souiniat............	12
4° Tabelkoza.................	21
Total........	96 kil.

[3] Massif de petites dunes d'une largeur de 3 kilom. sur une longueur de 14 kil. environ, orientées en cet endroit de l'est à l'ouest. La végétation y est très abondante.

Au débouché de cet erg, on aperçoit, par un temps clair, la koubba de Moulai Guendouz qui sert de point de repère pour la traversée de la plaine de reg que l'on a devant soi. Cette plaine est sillonnée de dépressions peu accentuées où le terrain meuble rend la marche fatigante.

Au nord de la direction suivie, les dunes d'El Heuzema forment la ligne d'horizon et vont se joindre, à environ 3 kil. au nord de la koubba de Moulai Guendouz, avec le massif de dunes de ce nom. On se dirige sur le puits de Moulai Guendouz, situé, comme nous l'avons vu, à 4 kil. au sud-est de la koubba (35ᵉ kil).

Pour atteindre ensuite Hassi el Hamar, la direction à suivre s'infléchit légèrement vers le S.-O. pour contourner, dans un terrain de reg, les pentes sud de l'Erg Moulai Guendouz.

A 6 kil. d'Hassi Moulai Guendouz, après avoir contourné l'éperon le plus saillant vers le sud de l'Erg précité, plusieurs pistes, venant des points d'El Heuzema, de Fort Mac-Mahon, d'Hassi Targui, convergent en cet endroit; elles deviennent ensuite parallèles et marquent sur le sol la direction du puits d'El Hamar, situé à 20 kil. vers l'O.-S.-O. Le parcours s'effectue dans un terrain de petits monticules de sable de très faible élévation, surmontés de touffes de dhomran et de zeïta, jusqu'à une large dépression garnie de végétation, dont le point le plus bas est marqué par le puits d'El Hamar (63ᵉ kil.). Ce puits[1], foré dans le sable et le grès rouge, a une profondeur de 5ᵐ50 et renferme environ 0ᵐ45 de très bonne eau ; son débit est de 6 litres à la minute.

Au delà d'Hassi el Hamar, la piste traverse une série de petites dunes, d'une hauteur moyenne de 4 mètres, qui se succèdent à un intervalle très rapproché. Des groupes de palmiers [2] situés aux abords du puits d'Hassi Souiniat, visibles de petites crêtes qui séparent les différents mouvements de terrain, servent de point de direction. Le terrain à parcourir, formé de sable, est recouvert par place de hautes touffes de zeïta qui atteignent, à 6 kilomètres environ du puits de Souiniat, la hauteur de véritables futaies. Pendant tout le trajet, on rencontre d'abondants pâturages. Le puits de Souiniat (75ᵉ kil.) est muni d'un coffrage intérieur de branches de retem et de troncs de palmiers, il a une profondeur totale de 8 mètres. Son débit est de 4 litres à la minutes.

D'Hassi Souiniat à Tabelkoza le chemin à suivre s'infléchit légèrement vers le N.-O. ; on prend, comme point de direction, le point où l'Erg

---

[1] Longitude ouest : 1° 14′ 03″ ; latitude nord : 29° 44′ 25″ (Flamand).
On trouve du bois et des pâturages aux environs du puits, au pied des dunes situées au nord de ce point d'eau, dunes formées par de petits chaînons parallèles se dirigeant vers le nord-ouest et qui ne sont que la continuation de l'Erg Moulai Guendouz.

[2] Ils marquent l'emplacement des jardins de l'oasis dépendante d'un Ksar qui autrefois existait en cet endroit et que l'envahissement des sables a fait abandonner des Meharza qui y habitaient.

Tahantas, orienté N.-S., rencontre, sous un angle droit, le prolongement des chaînons de l'Erg Moulai Guendouz, orientés E.-O. L'Erg Tahantas borne complètement la ligne d'horizon à l'ouest, à 19 kil. environ d'Hassi Souiniat. Avant d'atteindre les premières pentes de cet erg, on parcourt un terrain de petites dunes mouvantes, d'accès assez difficile, parsemées çà et là de touffes de drin et de bouquets de retem.

A environ 10 kil. d'Hassi Souiniat, deux pistes nettement tracées, malgré la mobilité des sables, se bifurquent sous un angle peu ouvert, l'une se dirige au sud-ouest sur le Ksar de Tahantas, l'autre, au nord de la première, prend la direction de Tabelkoza.

La marche se continue sur un terrain de dunes de moins en moins recouvertes de végétation jusqu'à l'Erg Tahantas, massif de dunes mobiles en forme de faucille d'une longueur totale de 30 kil., sur une largeur de 6 kil. environ. La concavité, tournée vers les Ksour nord du Gourara, enserre la vaste plaine de reg située à l'est de l'Erg Tabelkoza. Le point de jonction de l'Erg Tahantas avec les prolongements de l'Erg Moulai Guendouz, qui a servi au début de point de direction, se trouve alors à environ 6 kil. au nord de la direction suivie.

Du sommet de l'Erg Tahantas, que l'on atteint après avoir traversé un terrain de dunes d'accès assez difficile, on aperçoit à l'ouest les palmiers de l'oasis de Tahantas, qui servent de direction.

Au delà de ce même Erg, s'étend une plaine de 10 kil. où la ligne d'horizon est bornée à l'ouest par l'Erg Tabelkoza, d'où émergent les cimes de quelques palmiers qui marquent, derrière la première crête visible de l'Erg, l'emplacement de l'oasis de Tabelkoza. Ce Ksar (96ᵉ kil.), ainsi que ceux d'Adr'ar et d'In Hammou, est situé dans une dépression allongée, orientée du N.-E. au S.-O. de l'Erg Tabelkoza. Les dunes, d'accès difficile qui enserrent ces Ksour, sont dépourvues de végétation.

C. — *Route du Gourara (El Kef) par Hassi Remadj.*

De Fort Mac-Mahon on se dirige [1] à l'ouest sur Hassi Zouaï (44 kil.), puits qui n'a pas été reconnu. De là on gagnerait, après un parcours d'une dizaine de kil., Hassi Retem, puits d'une profondeur de 4ᵐ50 [2] et, après un nouveau trajet de 50 kil., Hassi Remadj [3]. Ce dernier puits est situé auprès des ruines d'un ancien Ksar, près duquel croissent encore 90 palmiers. El Kef serait à 41 kil. d'Hassi Remadj ; la marche, dans cette dernière étape, s'effectuerait tout le temps en un terrain de reg d'accès relativement facile.

[1] D'après les renseignements recueillis par le lieutenant Pouget.
[2] Renseignement fourni par le capitaine Cotte.
[3] D'après le lieutenant Pouget on pourrait également atteindre Hassi Remadj par Hassi Souiniat qui en serait à 28 kil.

D. — Route du Gourara (El Kef) par Hassi ben Raneb et Hassi el Meharzi.

Cette route n'est connue que par des renseignements indigènes [1] très succincts. Elle passe par les puits suivants: Hassi Tissemt (comblé); Hassi ben Raneb, 6 mètres de profondeur [2]; Hassi Fersiga, 4^m05 de profondeur [3]; Hassi Meharzi, 2^m40 de profondeur.

E. — Routes de l'Aouguerout.

Les caravanes, qui viennent de l'Aouguerout à Fort Mac-Mahon ou s'y rendent, suivent différents itinéraires que nous allons indiquer ici.

---

[1] Recueillis par le lieutenant Pouget.

[2] D'après le capitaine Cotte.

[3] D'après le colonel Didier qui a reconnu ces deux puits en novembre 1896.

Le colonel a suivi une route différente entre Hassi Fersiga et Fort Mac-Mahon. Elle est ainsi jalonnée :

Hassi Naga	50 kil.
Hassi Fersiga	32 kil.
Hassi Meharzi (*)	30 kil.

Nous dirons quelques mots plus loin de cet itinéraire qui de Fersiga conduit aussi à l'Aouguerout.

(*) Hassi Meharzi est à 15 kil. au nord-nord-ouest de Hassi bou Demman.

A. Le premier [1], dont nous donnerons ci-après la description, passe par :

Hassi Targui	34 kil.
Hassi Chouiref	20 kil.
Le sud de l'Erg Zemoul et Hassi bou Ali.	32 kil.
Hassi bou Demman.	70 kil.

et aboutit aux Ksour de l'Aouguerout.

B. Le second n'est qu'une variante du précédent. Il offre cependant l'avantage d'assurer aux voyageurs une route relativement facile, des étapes généralement peu longues et, à tous les gîtes d'étape, des puits suffisamment aménagés [2]. Il passe par :

Hassi Targui.	34 kil.
Hassi Chouiref	20 kil.
Hassi Lefaïa.	20 kil.
Hassi bou Ali.	12 kil.
Ksar Feggaguir (ruines).	26 kil.
Hassi Isfaouen [3]	20 kil.
Hassi bou Demman	22 kil.

pour se terminer aux Ksour de l'Aouguerout.

---

[1] Il a été reconnu par le lieutenant Falconetti en 1895 et suivi en novembre 1896 par le colonel Didier dans ses opérations à la poursuite d'un rezzou de Chaanba dissidents.

[2] Cette route a été reconnue par le lieutenant Pouget.

[3] D'après le lieutenant Pouget, on pourrait supprimer l'étape d'Hassi Isfaouen et aller directement de Ksar Feggaguir à Hassi bou Demman, ce qui réduirait la distance à parcourir d'une douzaine de kilomètres.

C. Le troisième passe par Hassi Naga. . . 50 kil.
Le nord de l'Erg Zemoul et Hassi Fersiga. . 54 kil.
Hassi bou Demman . . . . 48 kil.
d'où l'on gagne les Ksour de l'Aouguerout [1].

D. Le quatrième, suivi quelquefois par les voyageurs isolés, part d'In Bilel et passe près d'Hassi Targui, en utilisant le défilé d'El Feïdj, entre le Baten Kerboub et le Baten el Feïdj ; puis il s'engage dans le très long intervalle qui sépare le Baten Bedjounet et la Gara el Aggaïa, pour aller aboutir à Hassi Isfaouen et gagner de là Hassi bou Demman et les Ksour de l'Aouguerout.

ITINÉRAIRE A [2].

En quittant Fort Mac-Mahon, la Gara Kerboub, située à l'ouest de la Gara ed Diba et qui se profile sur le ciel suivant un trapèze, sert d'abord de point de direction.

A 800 mètres au sud du Fort, on aborde un massif de petites dunes d'accès difficile qui s'étendent sur un parcours de 1.200 mètres ; et au delà, on traverse la plaine de la Gara ed Diba. On longe ensuite les pentes ouest de la Gara Kerboub, dans une série de dépressions, communiquant entre elles, dont le sol, composé d'argile, de sable et de rocailles, nourrit

---

[1] C'est la route, suivie par le colonel Didier en décembre 1896, dont nous avons parlé tout à l'heure.

[2] D'après le rapport de reconnaissance du lieutenant Falconetti.

une maigre végétation de nessi et de baguel qui pousse çà et là, dans le voisinage de quelques gommiers. La route se poursuit ensuite dans un bas-fond allongé où l'on rencontre une végétation de même nature que la précédente et une série de gommiers groupés par trois ou quatre arbres. Le puits d'Hassi Targui [1] (34º kil.) [2], indiqué par un redjem situé à 300 mètres à l'ouest, se trouve au sud et à environ 12 kil. de la Gara Kerboub [3]. Il est foré dans des couches de grès rouge; sa profondeur est de 7 mètres.

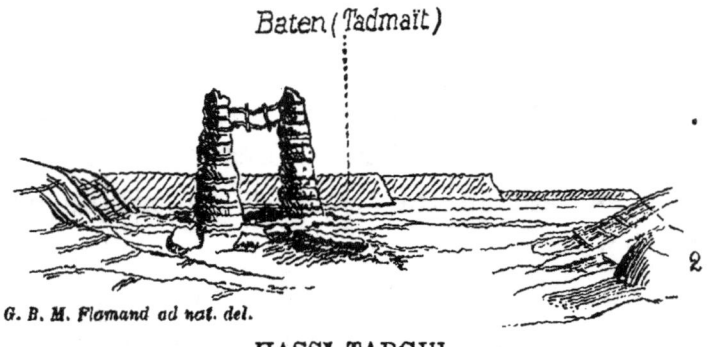

HASSI TARGUI.

En quittant Hassi Targui, on se dirige sur la pointe ouest de la Gara el Aggaïa, qui forme au sud-ouest une partie de la ligne d'horizon. La

---

[1] Ainsi dénommé, au dire des indigènes, parce qu'un Targui fut tué jadis à proximité.

[2] Le lieutenant Pouget a évalué cette distance à 28 kil. seulement.

[3] Aux environs immédiats du puits et à 5 kil. au sud, on trouve du bois et des pâturages en abondance. A 500 mètres au nord, dans le lit de l'oued Targui, croissent un certain nombre de gommiers.

piste traverse, sur un parcours de 5 kil., un terrain rocailleux auquel fait suite un sol sablonneux, garni d'épaisses touffes de dhomran et de zeïta. Le puits d'Hassi Chouiref (54ᵉ kil.) [1], situé à l'est de l'Erg Zemoul, massif de petites dunes très denses et allongées, comme son nom l'indique [2], a son orifice recouvert par deux larges dalles, qui rendraient difficile la découverte de son emplacement, s'il n'était marqué par deux redjems situés au nord et à 150 mètres du puits. Sa profondeur est de 4^m 57; son débit est de 5 litres à la minute. Il est foré dans un terrain de tuf et présente, dans son tiers supérieur, une maçonnerie en pierres et plâtre [3].

D'Hassi Chouiref à Hassi bou Ali, la direction à suivre s'infléchit légèrement vers le sud de manière à éviter le terrain rocailleux, semé çà et

[1] Le 7 novembre 1896, le colonel Didier trouva ce puits comblé et dut le faire curer; l'opération dura deux heures. La première eau obtenue était noire et avait une odeur nauséabonde. Après qu'on en eut tiré 500 litres, avec lesquels on abreuva les mehara de la petite colonne, l'eau devint claire et bonne. Le colonel fait observer à ce propos que les puits de cette région ont généralement 4 mètres de profondeur avec une chambre ne contenant environ qu'un mètre cube d'eau, mais cette eau se renouvelle très rapidement lorsque le puits a été complètement curé. En douze heures, on peut y faire boire cinq cents chevaux et deux mille hommes, en outre les chameaux du convoi boivent la nuit. Ces remarques s'appliquent à tous les puits de la contrée.

(Extrait du journal de marche du colonel Didier.)

[2] Zemla, plur. Zemoul, dune allongée.

[3] Dans l'Erg Zemoul et au pied de celui-ci, à 2 kil. du puits, on trouve de bons pâturages de drin et du bois de retem en abondance.

là de rochers rougeâtres qui émergent du sol, sur un parcours de 9 kil. environ, terrain que l'on rencontrerait si l'on prenait comme point de direction, en partant d'Hassi Chouiref, la pointe ouest de la Gara el Aggaïa.

On chemine ainsi dans une série de petites cuvettes allongées, garnies de dhomran, de drin, de quelques buissons de retem, et qui côtoient jusqu'à Hassi bou Ali le thalweg supposé de l'oued Meguiden.

Le point d'eau d'Hassi bou Ali (86e kil.) situé dans l'oued Meguiden, qui prend à cet endroit le nom d'oued bou Ali, se trouve entre l'Erg el Aggaïa, au pied des contreforts de l'extrémité est de cette dune, et la Gara el Aggaïa. L'eau y est bonne, bien que légèrement magnésienne ; la profondeur du puits est de 4^m 45 [1].

D'Hassi bou Ali, on gagne, par un parcours coupé de petites dunes qui retardent la marche, Hassi bou Demman (156e kil.), puits de 2^{m}45 de profondeur. De ce puits, une marche au sud, de 20 kil., amène à la Gara Tihamalin, avancée du Baten, d'où l'on aperçoit à 15 kil. à l'ouest une grosse construction en ruines, appelée par les indigènes Dib el Khali. Cette ancienne kasba est située sur un ados, assez élevé, derrière lequel se trouve, disent les indigènes, le Ksar de Bou Guemma et son oasis [2]. On voit en

---

[1] On trouve du bois et des pâturages dans l'Erg El Aggaïa.

[2] De Bou Guemma partent également, à l'ouest et au nord-ouest, différents itinéraires conduisant à Deldoun, Timimoun, etc.

effet émerger la tête d'un assez grand nombre de palmiers [1].

ITINÉRAIRE B [2].

Les deux premières étapes se confondent avec celles de l'itinéraire précédent. A partir d'Hassi Chouiref, la direction suivie n'est plus la même : on se dirige vers l'ouest et le sol, qui est généralement plat avec quelques bas-fonds peu encaissés, laisse apparaître çà et là quelques affleurements de grès, disposés en certains points en forme de gour.

Le grès forme le sous-sol : il est recouvert d'une légère couche de sable entretenant une certaine végétation [3] qui, à partir du 61e kil., devient plus espacé. Les affleurements de grès deviennent alors plus nombreux : on est sur un sol de reg.

Vers le 67e kil. on laisse, au nord et à environ 2 ou 3 kil., un petit mamelon pierreux. Plus loin (68e kil.) se trouve sur un petit monticule un djedar visible à assez grande distance.

Dans les dépressions qui suivent on ne marche plus que sur du gravier ou des dalles de grès et le sol devient de plus en plus nu. De nombreux mamelons

---

[1] Extrait du journal de marche des opérations effectuées en novembre 1896 par le colonel Didier. Une reconnaissance faite par le Makhzen a évalué la distance entre la Gara Tihamalin et Bou Guemma à 20 kil.

[2] D'après le rapport de reconnaissance du lieutenant Pouget.

[3] Dhomran, gadam, drin, had, hanna (hannet el Djemel).

se succèdent bornant quelques dépressions. C'est au milieu de la dernière qu'est situé Hassi Lefaïa [1]. Ce puits, dont l'orifice a 0,75 de diamètre, est creusé dans le grès : il a une profondeur de 4 mètres dont 0,30 d'eau claire [2] et bonne (74e kil.) [3].

Au sortir de la dépression dans laquelle se trouve Hassi Lefaïa, on quitte, en se dirigeant sur la pointe nord de la Gara El Aggaïa, la région des mamelons pour gagner la heïcha Moulai R'esef, recouverte de sable et où croît une abondante végétation [4].

[1] Ainsi nommé en raison des nombreuses vipères à corne (céraste) que l'on trouve en cet endroit.
Au cours de l'étape d'Hassi Chouiref à Hassi Lefaïa, on découvre l'Erg Moulai R'esef qui va se perdre vers l'est en décrivant un arc de cercle et précède la Gara el Aggaïa que l'on aperçoit, bornant l'horizon à l'ouest.

[2] Cette limpidité provient de ce que ce puits est assez fréquenté par les bergers des Zoua de l'Aouguerout, ce qui permet à l'eau de se renouveler fréquemment. A proximité, on voit les ruines d'une hutte en toubes construite par eux. Ce puits possède, à hauteur de la nappe d'eau et sur sa face nord, une galerie de 0^m40 de hauteur qui paraît l'alimenter.

[3] Les pâturages font absolument défaut aux abords du puits, mais se trouvent en abondance dans la heïcha Moulai R'esef qui commence 2 kil. à l'ouest. Comme combustible, on devra se contenter de racines de dhomran ou des plantes qui poussent dans la heïcha.

[4] Le zeïta, le drin s'y rencontrent en grande quantité et avec eux le dhomran, le hanna et le had. Au dire des indigènes, c'est dans cette heïcha et dans les dunes voisines que les caravanes se rendant dans l'Aouguerout et les indigènes du pays viennent le plus volontiers s'approvisionner de drin qu'ils vont vendre ensuite un bon prix. D'après la tradition indigène, cette heïcha et les dunes suivantes ont emprunté le nom qu'elles portent à un marabout, célèbre

Au 84ᵉ kil. environ, on s'engage dans une première dune peu élevée et facilement franchissable, d'où l'on aperçoit, au S.-O. et à 30 kil. environ, un relief important du sol, paraissant avoir 100 mètres de hauteur; il est en forme de tronc de cône et constitue une avancée du Baten ; c'est le Golib Bedjounet.

Le medjebed traverse ensuite une nebka fortement ondulée, avant d'arriver à la dune principale. On n'atteint le col, par où il faut la franchir, qu'après avoir monté et descendu plusieurs petites dunes intermédiaires. Au nord et au sud de ce défilé, dont la traversée obligera toujours les détachements ou convois à s'espacer et à s'allonger, deux pitons élevés en forment la ceinture : le plus élevé atteint 15 mètres.

Après ce passage difficile on marche sur un terrain de nebka jusqu'au puits de Bou Ali [1], situé à moins de 2 kil. (86ᵉ kil.).

dans la contrée, Moulai R'esef, originaire du Touat, Mokaddem des Taïbia, qui serait mort dans ces dunes, vers 1650 (*), en accomplissant son 33ᵉ pèlerinage à La Mecque.

Une koubba avait été élevée en son honneur en ce point, mais, depuis, elle aurait été ensevelie par les sables. — Lieutenant Pouget.

[1] Voir l'itinéraire précédent à propos de ce puits. L'étape d'Hassi Lefaïa à Hassi bou Ali sera toujours pénible en raison de la traversée des dunes et de la heïcha, formée sur la partie supérieure d'une couche de sable, apport de la dune et désagrégation des grès et calcaires de la Gara el Aggaïa. — Lieutenant Pouget.

(*) Ce personnage vivait au temps de Si El Hadj bou Hafs, le 3ᵉ fils de Sidi Cheikh, mort en 1660. — Les renseignements recueillis par le lieutenant Pouget sur ce saint musulman, diffèrent, comme on peut s'en rendre compte, de ceux que nous avons donnés précédemment et qui ont été fournis au capitaine Cotte par le gardien actuel de la Koubba de Moulai Guendouz.

C'est toujours la pointe nord de la Gara el Aggaïa qui sert de point de direction, quand on quitte Hassi Bou Ali. On traverse d'abord le madher qui avoisine ce puits. Là viennent se déverser tous les ravinements qui descendent de cette gara. Ils amènent dans ce bas-fond, que bordent une série de mamelons de grès, toutes les rares eaux pluviales qui tombent dans cette région. Aussi y trouve-t-on une certaine végétation de zeïta, drin, dhomran, artaa. En même temps de nombreux gommiers poussent dans le lit des ravins jusqu'au pied de la gara.

Le medjebed s'engage dans le ravin principal, mais le quitte presque immédiatement pour suivre un plateau de grès qui se termine en pente douce vers le ravin en question et s'étend au loin au nord.

Un peu avant de doubler la pointe nord de la gara, on rencontre une nouvelle série de ravinements qui se dirigent, cette fois, vers le nord et vont mourir dans des bas-fonds garnis de gommiers et d'une légère végétation [1]. Ces ravins constituent l'oued Si El Arbi et l'oued Dekiker.

Vers le 101ᵉ kil., on dépasse la pointe nord de la gara et la route prend une direction plus au sud; elle est pendant un instant parallèle au massif rocheux, puis s'en écarte pour aboutir, par un petit défilé situé au 109ᵉ kil. environ [2], à de

---

[1] Dhomran, chebrag, artaa, negued, buguel, aggaïa.

[2] Depuis Hassi Bou Ali jusqu'à ce défilé, la marche s'est effectuée en terrain de reg.

vastes bas-fonds garnis de gommiers et, dans le thalweg un peu indécis, d'une très faible végétation analogue à la précédente ; de nombreux petits ravins descendent de la Gara el Aggaïa [1].

Ces grands bas-fonds et les ravins qui y aboutissent sont limités par plusieurs mamelons de grès, avancées du plateau supérieur.

De là, on aperçoit à l'horizon le petit Ksar ruiné de Feggaguir, situé sur un plateau très peu élevé et qui va servir de point de repère.

On ne tarde pas, du reste, à atteindre la heïcha Feggaguir, à laquelle le Ksar a donné son nom. Là, viennent se perdre, après un cours très étendu, les ruisselets venant du Baten et connus sous le nom d'ouidan Bedjounet [2].

Désormais, le sol est couvert de sable et la

---

[1] La Gara el Aggaïa est un plateau isolé, très éloigné du Baten, d'une hauteur d'environ 120 mètres. Elle tire son nom de la plante appelée par les indigènes : el aggaïa, que l'on y trouvait jadis en grande quantité et qui, d'après M. Foureau, ne serait autre que le zeïta. A sa base, on rencontre, comme en plusieurs autres points du Meguiden, des boules de grès, dites kerboub ; on y voit également à chaque pas, comme aux abords de la Gara Kerboub et du Baten, des calcaires, paraissant provenir des éboulements des étages supérieurs du massif montagneux, qui est en partie ainsi constitué. — Lieutenant Pouget.

[2] C'est pourquoi l'expression heïcha, employée ici par les indigènes, paraît impropre ; le nom de madher eût été mieux choisi.

Heïcha indique un bas-fond à sous-sol humide, tandis que madher signifie terrain d'alluvion, généralement couvert de végétation.

marche devient plus pénible; par contre la végétation est très abondante [1].

Au 112ᵉ kil. on atteint Ksar Feggaguir [2], au pied duquel existe actuellement un puits en activité qui a plus d'un mètre d'ouverture, une profondeur de 3ᵐ 60 et contient 0ᵐ 50 d'une eau très bonne.

De Ksar Feggaguir on aperçoit, au sud-est, le Golib Bedjounet dont nous avons déjà parlé. Le Baten se dessine au loin, dans la direction du sud-est d'abord, puis sud : il se retourne ensuite vers le nord par une longue chaîne, le Baten bou Demman, qui se termine par le Moungar bou Demman,

---

[1] Zeïta, belbel, dhomran, r'assel.

[2] Ce Ksar très ancien était, d'après le rapport du lieutenant Pouget qui en a visité les ruines, de forme carrée ; chacune des faces mesurait 25 mètres de longueur. Construit en pierres de grès, il avait sa porte, face à l'est, et possédait deux bastions, l'un à l'angle nord-est, l'autre à l'angle sud-ouest.

A l'intérieur, on distingue encore parfaitement une cour centrale sur laquelle s'ouvraient des pièces adossées aux quatre faces du mur d'enceinte. Cette disposition semblerait indiquer que Ksar Feggaguir servait surtout jadis de lieu de refuge et d'emmagasinage à des nomades.

De nombreuses feggaguir existaient autrefois en cet endroit au dire des indigènes, mais on n'a pu montrer au lieutenant Pouget qu'une série de puits peu espacés sur une surface plane et absolument comblés par les sables. Les indigènes lui ont toutefois affirmé que ces puits avaient tous à peu près la même hauteur d'eau et qu'ils étaient réunis entre eux par une galerie souterraine chargée d'amener leur eau aux points à irriguer.

Ksar Feggaguir est très fréquenté par les bergers des Zoua de l'Aouguerout et les Khenafsa du Gourara.

lequel borne l'horizon de Ksar Feggaguir vers le sud-ouest.

En quittant les ruines de ce Ksar, la marche continue dans la direction du sud-ouest à travers un terrain de sable formé de petits mamelons successifs, recouvert au printemps d'une puissante végétation [1]. C'est la continuation de la heïcha Feggaguir dans laquelle viennent finir les ouidan Bedjounet d'une part, et de l'autre l'Erg Isfaouen, à 5 kil. environ vers le nord et dont les talus (oudjh) font face au sud et à l'ouest.

Pendant 9 kil. environ on marche péniblement dans ce terrain très meuble pour arriver dans un bas-fond plus aride où l'on retrouve le sol de grès absolument nu.

On gravit ensuite un mamelon qui borde la dépression au milieu de laquelle se trouve Hassi Isfaouen (132e kil). Ce puits, creusé dans le grès, a une profondeur totale de 3^m 80 dont 1^m 20 d'eau très bonne. Son orifice circulaire a un 1 mètre de diamètre [2].

De là, on se dirige à l'ouest sur le Moungar bou Demman à travers un terrain de reg d'une marche

---

[1] Zeïta, dhomran, belbel, r'assel.

[2] Ce puits est sur la route suivie plus fréquemment par les caravanes qui vont de Tabelkoza, Timimoun ou Bou Guemma à In Salah, en suivant les ouidan Bedjounet. C'est un point par suite relativement fréquenté et c'est une des raisons pour lesquelles l'eau, souvent renouvelée, y est bonne.

facile et après 22 kil. de parcours on atteint Hassi bou Demman (154ᵉ kil.), avant-dernière étape avant Bou Guemma, le Ksar le plus septentrional de l'Aouguerout.

ITINÉRAIRE C.

C'est la route suivie en 1891 par la caravane des Chaanba Mouadhi en se rendant dans l'Aouguerout pour y faire leurs achats de dattes. C'est également l'itinéraire suivi par le colonel Didier à son retour de l'expédition exécutée, en novembre-décembre 1896, à la poursuite des Chaanba dissidents qui venaient d'opérer un coup de main sur nos nomades.

De Fort Mac-Mahon on se dirige à l'ouest-sud-ouest et, après environ 33 kil. de parcours dans cette direction, on trouve le puits comblé de Hassi Guessa et, 18 kil. plus loin, on atteint Hassi Naga, puits de 4ᵐ60 de profondeur; 24 kilom. plus loin, au nord de l'Erg Zemoul [1], on trouve un nouveau puits comblé, Hassi Maatallah et, après un nouveau parcours de 32 kil., Hassi Fersiga, puits de 4ᵐ 05 de profondeur. Une étape de 48 kil. conduit de là à Hassi bou Demman situé au sud-ouest, d'où l'on gagne soit Bou Guemma, soit Zaouïa Sidi Aoumar ben Salah, en passant par le reg d'El Grar où l'on ne trouve ni eau ni pâturages.

[1] La caravane des Chaanba Mouadhi, en 1891, marchant rapidement, était allée camper au nord de l'Erg Zemoul et s'était rendue directement ensuite à Hassi Fersiga.

ITINÉRAIRE D.

Cet itinéraire n'est généralement utilisé, comme nous l'avons dit, que par les voyageurs isolés qui vont d'El Goléa à l'Aouguerout et qui, pour un motif ou un autre, ont intérêt à voyager rapidement en ne s'arrêtant qu'à quelques points d'eau.

Sur la longue distance qui sépare In Bilel de Hassi Isfaouen, en passant par le défilé d'El Feïdj, et en longeant ensuite le Baten, on rencontre, à l'est et au sud-est de la Gara el Aggaïa, les puits d'Inziren [1], de Messeïed [2] et d'In Iokka [3] reconnus par le colonel Didier en novembre 1896.

F. — *Route d'In Salah.*

Cette route [4] s'embranche à Hassi Targui sur la route de Fort Mac-Mahon à l'Aouguerout. D'Hassi Targui, on gagne à travers le Meguiden le puits d'In Iokka, situé à l'est légèrement sud-est de la Gara el Aggaïa (distance parcourue : 44 kil. environ). De là, gagnant le Baten au sud, on monte sur le plateau par un des ravins qui l'échancrent (sans doute un des ouidan Bedjounet) ; puis, après un parcours total

---

[1] Ou Amziren. Ce puits est situé au pied et au nord-ouest d'une gara qui porte le même nom.

[2] A 10 kil. à l'ouest d'Hassi Inziren.

[3] A 8 kil. à l'ouest d'Hassi Messeïed.

[4] Nous donnons cet itinéraire d'après les informations recueillies par M. G. B. M. Flamand auprès de Si M'hammed ben Hamza, Zaoui de l'Aouguerout, mentionné déjà au précédent chapitre. Une partie

d'environ 26 kil., on s'arrête sur le plateau au pied d'une gara semblable comme aspect à la Gara Kerboub, au lieu dit Sfeïra où il n'y a pas d'eau. Continuant ensuite à travers la hammada dure et jaune, on gagne, après un trajet d'environ 32 kil., l'oued Adreg, au puits de ce nom : « L'eau, d'après Soleillet, se trouve » ici très près du sol, et, pour la puiser, il suffit de » faire un simple trou à fleur de terre ; en toute » saison, on la rencontre à un mètre au plus de » profondeur [1] ».

Puis la route continue à travers la hammada couverte de pierres noires [2] jusqu'à ce que, débouchant dans

de cette route, à partir d'Hassi Adreg, a été suivie en 1874 par le voyageur Soleillet.

Distances approximatives entre les points principaux de l'itinéraire.

D'Hassi Targui à

Hassi In Iokka	44 kil.
Sfeïra	26
Hassi Adreg	32
Hassi Aflissez	42
Aïn Souf	88
Daïa Bethinat	40
Miliana	30
TOTAL	302 kil.

[1] P. Soleillet, *L'Afrique occidentale, Algérie, Mzab, Tidikelt*, p. 246.

[2] « Ces pierres sont de diverses grosseurs, mais toutes brillantes » et luisantes comme du jais poli et taillé ; elles ne sont nullement » adhérentes au sol et elles forment une couche si régulière qu'on les » dirait étendues avec un rateau : la terre qu'elles recouvrent ainsi » est une argile rougeâtre, toute fendillée. Il n'y a sur ces hammadas » aucune espèce de végétation ; l'on n'y rencontre également ni oiseau, » ni insecte, ni quoi que ce soit qui ait vie. »

P. Soleillet, *ouvrage cité*, p. 247.

l'oued Aflissez, elle atteigne les tilemamis de ce nom[1] (42 kil.). Elle remonte ensuite le cours de cet oued au lit encombré de rochers, aux berges ravinées, et après avoir franchi la crête appelée Djebel el Akhal, elle parvient à l'oued Djir qui vient du nord-est (88 kil.). Descendant alors le cours de cet oued, la route le suit jusqu'à son confluent avec l'oued Sidi Ahmed qui vient d'Aïn Souf. Elle s'engage alors dans le lit de ce nouvel oued qu'elle descend un instant (90 kil) ; mais elle le laisse bientôt à l'est pour monter sur la hammada qu'elle va parcourir jusqu'aux escarpements du Baten qui domine Meliana, un des Ksour d'In Salah (100 kil.).

G. — Route de l'Aoulef.

Cette route[2] n'est que le prolongement de celle de Fort Mac-Mahon à l'Aouguerout. On atteint ce district par un des itinéraires précédemment indiqués et on gagne ensuite le Ksar le plus méridional, Zaouia Sidi Abdallah qui va servir de point de départ[2].

En quittant ce Ksar, on se dirige au sud en se

---

[1] Une autre route mène de l'oued Aflissez à Aïn Souf à travers une hammada pierreuse. De là on peut se rendre soit à l'ouest vers l'Aoulef, soit à l'est vers In Salah.

[2] Les indications très vagues que nous pouvons donner sur cette route ont été fournies par le même informateur indigène que celles de l'itinéraire précédent. Ces données sont d'ailleurs en partie confirmées par M. Le Chatelier (*Les Medaganat*, p. 90).

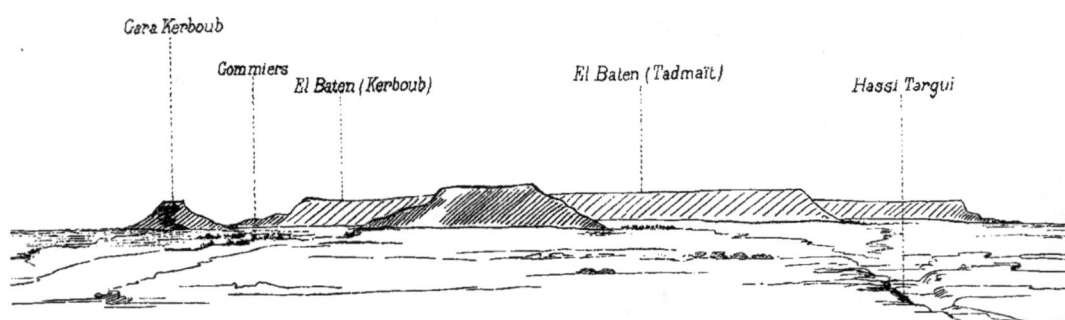

TADMAÏT VU DU SUD-OUEST DE HASSI TARGUI.

rapprochant du Baten et, après un trajet de 36 kil., on atteint l'oued Maoua, près de sa sortie du plateau, au puits de Oukert, puits peu profond au dire des indigènes. Une marche de 82 kil., à travers un plateau de reg et à proximité du Baten, conduit au petit district d'El Kseïbat, comprenant les deux petits Ksour d'In Belbel et de Kasbet Matriouen. A environ 24 kil. de là on gagne Hassi Tlilia, dans l'oued de ce nom, puits également peu profond [1]. Une distance de 50 kil. environ reste encore à franchir avant d'atteindre l'Aoulef, auquel on parvient en contournant le Baten.

2° ROUTES DU TADMAIT.

Le Tadmaït et l'oued Mia [2].

A l'est du Touat, bordé au nord par le Meguiden et au sud par l'oued Massin et la ligne d'oasis du Tidikelt, s'étend le vaste plateau crétacé à deux étages du Tadmaït, identique comme formation au

---

[1] D'Hassi Tlilia, on peut se rendre directement à Sahela (In Salah) en suivant à travers le plateau situé à l'est une direction est-sud-est. Cette longue distance de plus de 180 kil. serait coupée à moitié chemin environ, au dire de Si M'hammed ben Hamza, par un puits situé dans un lit d'oued sablonneux, puits auquel cet informateur indigène donne le nom de Tar'bara (?).

[2] Pour cette description du plateau du Tadmaït, nous avons particulièrement utilisé :

1° Les différents rapports de reconnaissance dressés par le

plateau également à double étage qui se trouve au nord-est d'El Goléa [1]. Des deux plateaux qui le composent, le premier, le plateau inférieur, constitué par le cénomanien, déverse ses eaux vers le nord-ouest, l'ouest et le sud-ouest, c'est-à-dire vers le Meguiden, le Touat et le Tidikelt.

Tout cet étage inférieur du Tadmaït n'a d'ailleurs

capitaine du génie Digne qui fut chargé en 1894 de la construction de Fort Miribel.

2° Les itinéraires et levés divers exécutés par le lieutenant Pein, chargé du service des renseignements à Fort Miribel.

3° Les renseignements, obligeamment fournis par cet officier, par le capitaine Fournier, chef du poste d'Ouargla, et par le capitaine Cotte, chef de l'annexe d'El Goléa.

4° Le rapport établi par M. l'Ingénieur des mines Jacob à la suite de sa mission dans le Sud des divisions d'Alger et d'Oran (1893) pour l'étude hydrologique de ces régions.

En outre les principaux ouvrages mis à contribution ont été les suivants :

1° *Documents relatifs à la mission Flatters*, publiés par le Ministère des Travaux Publics.

2° Le Châtelier, *Description de l'oasis d'In Salah* (Bulletin de correspondance africain, 1885).

3° G. Rolland, *Géologie du Sahara algérien*.

4° F. Foureau, *Une mission au Tadmayt en 1890*.

5° Le même, *Rapport sur ma mission au Sahara et chez les Touareg Azdjer, octobre 1893, mars 1894*.

[1] Le plateau, que nous mentionnons ici, a son étage inférieur, large de 50 kil., limité par la falaise d'El Goléa. On retrouve celle-ci plus au nord vers Metlili et le Mzab, tandis que le gradin de l'étage supérieur se dresse à 70 ou 80 mètres d'élévation près d'Hassi el Melah, se dirigeant vers Ouargla. La falaise crétacée du Meguiden n'est que le prolongement de celle d'El Goléa, de même que le gradin du plateau supérieur du Tadmaït n'est que le prolongement de la falaise d'Hassi el Melah.

pas encore été abordé suffisamment pour qu'on puisse en donner une description bien exacte. Cependant la reconnaissance qui a été faite du chemin unissant Fort Miribel à Fort Mac-Mahon, a permis de constater que la petite falaise intermédiaire, marquée à l'est par le seuil de Maroket [1], appartenant d'après l'ingénieur Jacob à l'étage turonien, se retrouvait ici un peu au nord de la Daïa bou Madhi. C'est de ce gradin secondaire, qui a conservé à peu près la même élévation (20 à 30 mètres), que serait détachée la Gara Krima, signalée en cet endroit.

Cette berge partagerait, dans toute cette région, l'étage inférieur du Tadmaït en deux parties d'allures parfaitement distinctes.

La première, qui s'étend au pied du gradin de l'étage supérieur du plateau, serait constituée par une suite de hammadas peu déclives, prolongement vers l'ouest du reg Frenta. Les oueds, qui s'y rencontrent, auraient un cours peu marqué et s'y étaleraient même parfois en des bas-fonds comme la Daïa bou Madhi [2].

---

[1] Berge d'une vingtaine de mètres, qui correspond, d'après l'ingénieur Jacob, à Mechgarden et à la ligne des gour Ouargla.

[2] Un officier, le lieutenant Pein, qui a parcouru cette région, de Bou Madhi à Meksa, a cru constater, sans pouvoir l'affirmer, que toutes les eaux de cette partie de l'étage inférieur s'écoulaient vers l'est, c'est-à-dire, par l'oued Berrik vers l'oued Mia. Il croit même pouvoir avancer, d'après les renseignements encore incertains qu'il a pu recueillir, que toutes les eaux depuis Hassi Adreg à l'ouest suivaient une même direction. Quelle que soit encore l'incertitude de ces informations, il a paru bon cependant de les noter.

La seconde partie de l'étage inférieur, celle qui domine le Meguiden, perdrait ici l'aspect qu'elle avait primitivement à l'est, où elle formait une hammada en pente douce vers Maroket. Elle serait au contraire profondément ravinée et déchiquetée par les multiples sillons qu'y ont tracés les oueds se rendant au Meguiden, où ils débouchent par de larges brèches, taillées dans la falaise crétacée.

Celle-ci, connue sous le nom générique de Baten, se présente, à l'observateur éloigné, sous l'aspect d'un escarpement vertical surmonté d'une immense table horizontale et presque rectiligne. Mais, dès qu'on s'en approche, on constate que cette muraille verticale est profondément déchiquetée sur ses bords par de nombreux gour, et profondément échancrée à l'intérieur du plateau par d'abrupts ravins donnant passage aux rares eaux qui y tombent, comme l'oued el Abiod, l'oued Talha, l'oued bou Diba, l'oued Bedjounet, l'oued Mouilok, oueds qui ne nous sont encore à peu près connus que de nom.

La falaise crétacée qui domine l'oasis d'El Goléa de 70 à 80 mètres, et qui s'est abaissée ensuite, comme nous l'avons vu, jusqu'à n'avoir plus qu'une dizaine de mètres, à 25 kil. de l'oasis, au moment où par un coude brusque elle se dirige vers l'ouest-ouest-sud, se relève dans le Meguiden. Au Moungar el Abiod, elle n'a encore qu'une douzaine de mètres, mais au Baten Samani [1], elle mesure de 70 à 100 mètres, pour atteindre plus de 120 mètres dans la région d'El Aggaia, au moment où elle va prendre une nouvelle direction vers le sud.

Avant d'atteindre le Moungar bou Demman, la falaise forme un vaste cirque, jalonné en avant, vers le nord, comme par une sentinelle avancée, par la Gara el Aggaïa. C'est là que viennent déboucher les deux plus grands oueds qui sillonnent l'étage inférieur du Tadmaït, l'oued el Adreg, formé de la réunion de plusieurs autres ravinements, et l'oued Aflissez [2].

Au delà, la falaise crétacée s'infléchit vers le sud dans la direction du Tidikelt : elle perd alors son aspect tabulaire pour affecter des formes plus accidentées ; ce n'est plus qu'une suite de gour se succédant depuis la Gara Tihamalin la plus au nord. La hauteur relative de cette falaise découpée semble

---

[1] Elle appartient toujours au cénomanien, comme l'a constaté M. G. B. M. Flamand en 1896, depuis le Baten Samani jusqu'au sud d'Hassi Targui.

[2] L'oued Aflissez, appelé également oued Badriane, prend naissance dans cette partie du Tadmaït, connue sous le nom de Djebel el Akhal et qui n'est que la crête dominante du plateau supérieur. D'abord simple ravin, il se creuse bientôt une gorge profonde, au fond encombré de débris rocheux, aux flancs déchiquetés, puis il trace son sillon à travers les hammadas de cette partie du plateau inférieur et vient déboucher dans le Meguiden par une coupure aux berges abruptes.

même diminuer ici par rapport au terrain environnant, car, à son pied, le sol se relève pour constituer une sorte d'avancée du plateau, avancée qui s'étend presque jusqu'à la ligne d'oasis du Touat et que sillonnent de nombreux ravinements, tels que l'oued Maoua, l'oued Dhomran, l'oued Tlilia, l'oued Djedid, qui prennent naissance sur le plateau inférieur pour aller se perdre dans les bas-fonds du Touat. Le plateau inférieur lui-même paraît prendre dans cette direction l'aspect d'une hammada plus uniforme, parsemée de pierres noires et moins ravinée.

Vers le Tidikelt, la falaise du plateau inférieur est moins haute et moins continue [1]; elle atteint son point culminant à Ang El Mehari. De larges brèches, jalonnées en avant par quelques témoins, l'entaillent et donnent passage à une série d'oueds qui descendent de la crête du plateau supérieur; celui-ci apparaît alors du sud comme une masse noirâtre: c'est le Djebel el Akhal [2] où prennent également naissance la plupart des grands oueds qui parcourent l'étage supérieur du Tadmaït [3]. Par contre toutes les rivières qui s'en échappent au sud, vers le Tidikelt, sont courtes;

---

[1] D'après G. Rohlfs, 60^m au-dessus de la Sebkha.

[2] Altitude 700 mètres, d'après M. Foureau, *Mission de 1893-1894*, p. 229.

[3] Tels sont l'oued Mia, l'oued Moussa ben Iaïch sur le plateau supérieur, l'oued Aflissez sur le plateau inférieur.

« elles ont des berges énormes [1] dès leur naissance et
» peu après, aussitôt qu'elles atteignent le reg, elles
» s'épanouissent en filets à peine distincts et se
» perdent presque aussitôt. Leur végétation n'est
» composée que de quelques graminées et ombelli-
» fères et de très nombreux gommiers [2].

» Cette forme de rivière explique parfaitement la
» constitution orographique du Tadmaït, dont les
» pentes nord sont très douces et très longues, alors
» que ses pentes sud sont abruptes et tombent brus-
» quement sur le reg, s'abaissant en deux ou trois
» ressauts énormes, de près de 400 mètres [3]. »

C'est par les profondes échancrures que tracent ces cours d'eau que passent les chemins qui mettent en relation le bassin de l'oued Mia et le Tidikelt: les principales d'entre elles sont, de l'ouest à l'est, la

---

[1] Ces berges ont quelquefois plus de 250 mètres de hauteur. « Ces
» grands mornes sont splendides, mais d'une absolue nudité. Leur
» couleur est uniformément marron rouge. Ils sont constitués par
» des grès mêlés d'assises de gypse cristallisé en lames et de
» puissantes couches de marnes vertes, rouges et jaunes. On y relève
» aussi des stratifications horizontales de calcaire gris contenant de
» grands fossiles en hélice qu'il est impossible de détacher. On
» trouve aussi de grandes ammonites ».
F. Foureau, *Rapport sur ma mission au Sahara chez les Touareg Azdjer, 1893-1894*, p. 38.

[2] « Il est curieux de constater que ces gommiers ne se trouvent
» jamais sur le versant nord, tandis que parfois à 500 mètres
» seulement de distance horizontale ils jonchent les oueds du versant
» Sud ». F. Foureau, *ouvrage cité*, p. 40.

[3] F. Foureau, *ouvrage cité*, p. 40.

gorge d'Aïn Souf, la coupure d'Aïn Guettara, et, à l'extrémité orientale du Djebel el Akhal, la Khanguet Adjelmam [1], qui donnent naissance à l'oued Souf, l'oued el Abiod et l'oued Adjelmam.

Au delà, vers le nord-est, les gradins qui limitent les deux étages du Tadmaït se rapprochent de plus en plus pour former bientôt le Djebel el Abiod, haute falaise profondément dentelée et découpée, s'avançant en promontoires irréguliers, dont le pied est relié au reg d'Adjemor, qui s'étend au sud, par une hammada en pente douce. Cette partie du rebord du Tadmaït justifie bien son nom de Djebel el Abiod ; elle est en effet composée de roches crétacées blanches mélangées de gypse, qui montrent au loin leurs éboulis blancs. C'est une succession de kefs presque à pic, à surface tabulaire ou à sommets coniques et tronconiques qui atteignent une altitude d'au moins 750 mètres. Le plus élevé de tous, le Koudiat M'rokba a, d'après M. Foureau, une altitude d'environ 965 ou 980 mètres, c'est-à-dire de 500 mètres environ au-dessus de la plaine située au sud.

De nombreux ravins s'en échappent : quelques-uns ont leurs têtes dans des gorges qui remontent de quelques kilomètres dans le massif même.

Tous viennent apporter le tribut de leurs eaux à cette succession de cuvettes isolées qui constituent

---

[1] En tamahak, le mot adjelmam (aguelmam) indique un réservoir naturel qui conserve l'eau indéfiniment, mais en plus ou moins grande quantité, suivant que les pluies ont été abondantes ou rares.

l'oued Massin. Tant qu'ils sont en montagnes, ils ont des berges bien indiquées, parfois même très élevées avec beaucoup de gommiers, d'ethels et de sedras ; en plaine au contraire les berges disparaissent, l'oued s'étale en une multitude de petits filets, sur une grande largeur, avec végétation ; les gommiers alors diminuent de taille et en nombre, et l'oued prend plutôt un aspect de plaine d'alluvion [1].

Au delà du Djebel el Abiod, la falaise du Tadmaït [2] s'abaisse peu à peu vers Hassi Messeguem ; là, elle ne présente plus qu'un escarpement de 40 à 50 mètres qui s'avance en promontoire au-dessus de la plaine de reg où se trouve ce puits.

Dès lors, le rebord du Tadmaït, changeant de direction, va courir au N.-O. vers Hassi In Sokki. Ce n'est plus alors qu'un plateau connu sous le nom particulier de Tisnaïa, « plateau fortement
» déchiqueté et découpé qui, de loin, forme une
» ligne rigide qui trompe l'œil. Ce massif ne peut
» mieux se comparer qu'à celui de Metlili. C'est la
» même allure de montagne, ce sont presque les

---

[1] F. Foureau, *Mission au Tadmaït*, 1890, p. 64.

[2] C'est à la ligne allongée de gour qui domine l'oued Massin et le reg de Messeguem, que les Touareg ont plus particulièrement donné le nom de Tadmaït, nom qu'a pris, par extension, le plateau, surtout dans la partie est et sud-est.

Tadmaït ou Tadmit signifie en tamahak, crête longue et d'une certaine largeur, gara allongée.

Voir : Lieutenant-colonel Flatters, *Journal de route, 2ᵉ mission*, p. 300 et 310.

» mêmes formations géologiques, et il renferme,
» comme la chebka du Mzab, un réseau de ravins
» à sol relativement fertile, où poussent toutes sortes
» de plantes. Les flancs et le sommet du plateau
» sont en silex noir à cassure grise, et en calcaire
» dur. Les fonds de rivières laissent à nu le
» calcaire dolomitique jaune en grandes dalles plates [1],
» et les kefs élevés sont pour la plupart formés de
» grès jaune excessivement dur et ayant la sonorité
» du cuivre »[2].

De l'extrémité occidentale de ce plateau se détache en outre vers le N.-E. la crête dentelée du Tikantarat qui s'étend parallèlement à l'oued In Sokki, affluent de droite de l'oued Mia.

La plupart des nombreux ravins qui sillonnent le Tisnaïa [3] se déversent au nord-est dans la vaste cuvette du Madher [4] où leurs lits s'épanouissent dans des bas-fonds remplis de végétation, ou forment, vers l'extrémité orientale plus connue sous le nom de Madher Souf, un « lacis de petits canaux circulant
» entre des buttes argilo-sableuses de quelques

---

[1] Sfa des arabes.

[2] F. Foureau, *ouvrage cité*, p. 57.

[3] Le colonel Flatters en indique 21. *Journal de route*, 2ᵉ *mission*, p. 304.

[4] Tigmi des Touareg.

Les pâturages abondants, que l'on y trouve, sont particulièrement recherchés par les nomades d'In Salah qui, pendant tout l'hiver, viennent s'y installer en grand nombre.

» mètres de hauteur, couvertes de retem, de drin,
» etc.[1]. »

Du Tisnaïa descendent encore, à l'ouest, l'oued Ar'rid qui va rejoindre l'oued In Sokki un peu avant le confluent de l'oued Moussa ben Iaïch et, à l'est, l'oued Aouleggui [2] qui, après s'être creusé un passage à travers le plateau entre des berges de 20 à 30 mètres de hauteur, vient déboucher dans le vaste bas-fond d'Hassi Messeguem [3].

L'étude que nous venons de faire nous a amenés insensiblement à nous occuper de l'étage supérieur du Tadmaït dont le rebord sud-est se confond, comme nous venons de le voir, avec celui du plateau inférieur.

Cet étage supérieur est accidenté, mais, ainsi que le fait remarquer l'ingénieur Rolland, il ne ressemble pas

[1] F. Foureau, *ouvrage cité*, p. 55.

[2] D'après M. F. Foureau (*ouvrage cité*, p. 58), l'oued Aouleggui, est à fond de sable et bordé de belles touffes d'éthel, ce qu'avait constaté également le colonel Flatters qui a suivi une partie de son cours, lors de la deuxième mission, et qui affirme que par son lit en pente faible, on peut accéder au sommet du plateau du Tadmaït, comme par le chemin suivi alors par la mission à travers le Tisnaïa.

[3] D'après l'ingénieur Roche (lettre à M. G. Rolland), qui faisait partie de la deuxième mission Flatters, Messeguem est une plaine ou sebkha de gypse, bordée par des escarpements crétacés ; c'est, pour ainsi dire, un golfe de la plaine de reg d'Adjemor qui fait suite à la plaine d'Ir'arr'ar et se dirige sur In Salah.

à un massif montagneux, comme le représentaient les anciennes cartes; il est accidenté à la manière des « chebka » crétacées et son système orographique est simple [1]. Il constitue le bassin du haut oued Mia, la rivière aux *cent* sources [2], bassin qui « est dessiné par
» une grande ondulation concave dont l'axe est
» dirigé vers N. 30° E. environ et incliné dans ce sens.
» Quant à la direction des couches, qui au sud d'El
» Goléa plongeaient au S.-E., elle tourne graduel-
» lement de plus de 90 degrés, de manière que, dans
» la partie orientale du Tadmaït, le plongement a lieu
» au nord-est-nord. »

Tout ce plateau supérieur appartient à l'étage turonien que surmontent les marnes de la craie supérieure avec bancs de silex noirs.

Son rebord, que nous avons déjà défini vers le sud, est constitué au nord-ouest par la ligne des dalâas, c'est-à-dire par un plateau à pente insensible et constante, s'étendant vers l'est et terminé vers le nord par une falaise à pic de 40 à 60 mètres d'élévation moyenne. Cette falaise n'est à proprement parler, comme nous l'avons montré, que le prolongement de

---

[1] G. Rolland, *Géologie du Sahara Algérien*, p. 65.

[2] Mia peut dire : cent.
Ainsi que le fait remarquer le lieutenant-colonel Flatters dans le journal de route de la 2ᵉ mission, (p. 281), l'oued Mia, surtout dans son cours inférieur, a de nombreux « *Siab* » (pluriel de *Saïba*, gouttière, rigole), c'est à dire de nombreuses branches ou thalwegs. Son nom signifie tout aussi bien dans l'esprit des indigènes, cent branches que cent sources.

celle de l'étage supérieur du plateau situé à l'est d'El Goléa. Elle tourne comme celle qui domine immédiatement cette oasis, et parallèlement à elle « vers le sud-
» ouest, de sorte qu'on les gravit également l'une
» après l'autre quand on quitte El Goléa pour le sud[1].
» Mais la saillie du gradin inférieur diminue progres-
» sivement de ce côté ; le gradin supérieur, au
» contraire, conserve toute son importance, et la ligne
» de relief à laquelle il donne lieu frappe bien davan-
» tage le voyageur [2] ».

L'oued Mia, qui constitue la gouttière centrale où viennent se déverser toutes les eaux de l'étage supérieur, prend naissance dans l'angle sud-ouest de cet étage, dans cette crête élevée qui domine au loin le Tidikelt et qui a reçu le nom particulier de Djebel el Akhal, crête d'où nous avons déjà vu s'échapper vers le nord-ouest, l'oued Aflissez. Sa direction générale est nettement nord-est, et il la conserve sur tout son parcours jusqu'au moment où il se perd au sud d'Ouargla. Très nombreux sur sa rive gauche, les affluents de l'oued Mia se rencontrent en moins grand nombre sur sa rive droite, mais l'un d'entre eux, l'oued In Sokki, grossi de l'oued Moussa ben

---

[1] On la retrouve, au nord-est du Tadmaït, dans la région d'El Hadj Moussa sur la route d'El Goléa à In Ifel. Là, la falaise qui appartiendrait, au dire du capitaine du génie Almand, à la craie supérieure, domine la dépression allongée de l'oued Djoua ; c'est sur elle que s'appuient les dunes d'El Hadj Moussa.

[2] G. Rolland, *ouvrage cité*, p. 65.

Iaïch, prend une importance extrême, presque égale à celle de l'artère principale. En thèse générale, on peut poser ce principe que ces différents oueds tracent, à travers le plateau, des sillons qui augmentent de profondeur au fur et à mesure qu'on va vers le sud [1].

Formé de la réunion de deux de ces oueds, l'oued Diss [2] le plus important, qui vient du sud-ouest, et l'oued Tilemsin [3] qui vient du sud, l'oued Mia, offre

---

[1] C'est ainsi que l'oued Sarret n'est encaissé que de 5 à 10 mètres, tandis que la hauteur des berges de l'oued Tilemsin est de 40 à 60 mètres ; c'est d'ailleurs celle de l'oued Mia à son confluent avec l'oued Tilemsin et on peut dire que cette hauteur diminue d'une façon constante depuis ce point jusqu'au confluent de l'oued Mia avec l'oued Chebbaba où elle est nulle. — Capitaine Digne.

« Tous les oueds du versant nord du Djebel el Akhal, a écrit de
» son côté M. Foureau, ont un cours relativement long ; ils ont
» d'abord un lit plat, sans berges et ce n'est qu'assez loin de leurs
» sources qu'ils commencent à s'encaisser. Leur végétation est
» composée de divers tamarix, de jujubiers, de retems et de quelques
» graminées et ombellifères ».— F. Foureau, *Mission de 1893-1894*, p. 39 et 40.

[2] « La véritable tête de l'oued Diss, nous apprend M. Foureau,
» est l'oued Ouassah el Beïda, d'autant mieux nommé que ses berges
» sont blanches et son thalweg relativement large. Cette rivière
» vient de l'ouest.

» La vallée de l'oued Diss, ajoute-t-il encore, a une largeur qui
» oscille entre 1.000 et 3.000 mètres. Elle est dominée par de
» grands mornes plutôt que par des berges (calcaire concrétionné
» cristallin), dont la hauteur varie entre 30 et 60 mètres. Le lit est
» couvert de beaux éthels et tarfas ; on y rencontre de nombreuses
» mécheras ». *Ouvrage cité*, p. 40 et 41.

[3] Suivant M. Foureau, qui en a parcouru en partie le cours, l'oued Tilemsin nourrit une assez belle végétation. Dans son lit, généralement semé de gros galets, les mécheras succèdent aux

à ce confluent l'aspect d'une vallée large de près de mille mètres, où croît une abondante végétation de tarfas, d'éthels et de retems, auxquels se mêlent le gouzzah et le kromb et parfois le drin et le diss. Des berges élevées l'encaissent alors; hautes de 40 à 60^m, elles surplombent directement son lit sur la rive gauche et s'en éloignent un peu sur la rive droite. D'ailleurs dans tout son cours supérieur l'oued Mia, qui décrit alors de nombreux méandres, est généralement encaissé entre de hautes berges. Celles-ci, quelquefois, s'abaissent ou s'éloignent sur la rive droite, mais elles conservent sur la rive gauche une hauteur moyenne de 30 à 40 mètres. C'est ce qui se produit au confluent de l'oued Miat, le premier affluent de gauche un peu important de l'oued Mia, où les berges de la rive droite sont moins élevées.

Quant au lit de l'oued formé d'argile ou de gravier, il est généralement d'un accès facile ; parfois cependant on y rencontre des bancs de gros galets roulés qui rendent alors la marche très pénible.

D'autre part, le lit ne garde pas longtemps sa largeur du début, il se rétrécit bientôt et au confluent

mécheras. D'abord thalweg à peu près plat, l'oued coule bientôt entre des berges basses qui s'accentuent peu à peu, mais pour rester moins élevées, plus déchiquetées, plus coupées d'affluents que celles des rivières plus au nord. *Ouvrage cité*, passim.

de l'oued Miat [1] il n'a plus que 300 mètres environ de large, tandis que le thalweg des petites crues est souvent très étroit.

Au delà, les berges de l'oued Mia sont fréquemment creusées par des ravins, d'importance plus ou moins grandes, mais qui, en découpant ses rives, leur donnent l'aspect d'une succession de gour.

A 18 kil. 500 environ du confluent de l'oued Miat, dans un coude de l'oued Mia, se trouve une grande méchera à fond rocheux, qui conserve quelque temps l'eau des crues. Elle a 10 mètres de largeur et près de 3 mètres de profondeur.

11 kil. plus loin, l'oued Mia reçoit à droite l'oued Aouleggui, sur le parcours duquel se trouve, à 26 kil. du confluent, un puits appelé lui-même Hassi Aouleggui.

A 9 kil. de là, de petites dunes de 4 à 5 mètres

---

[1] De la tête de l'oued Mia, c'est-à-dire du confluent de l'oued Diss et de l'oued Tilemsın, au confluent de l'oued Miat, sur un parcours d'environ 25 kil. 500, l'oued Mia reçoit à droite et à gauche de nombreux ravins, les plus importants sont sur la rive gauche l'oued Zerouroukh et l'oued Khallouchen. Dans tout ce trajet de l'oued il existe plusieurs Tilemamis dont les principaux sont : Tilemmas Tinkelmane à 8 kil. de la tête de l'oued Mia, Tilemmas Ferkla 7 kil. plus loin et Tilemmas Djelguem 6 kil. 500 plus loin encore.

D'une manière générale, on appelle *Tilemmas*, en tamahak, au pluriel tilemamis, une cuvette à fond argileux, remplie de sable où les eaux pluviales forment des nappes temporaires qu'on atteint en creusant des trous profonds à peine de $0^m 50$.

Inziman est également une expression berbère qui indique un bas-fond marécageux avec végétation, une mare.

de hauteur viennent encombrer le lit de l'oued Mia : elles gagnent la rive droite sur laquelle elles s'étendent. Après leur traversée, l'oued se resserre entre des berges en pentes assez raides, formées d'éboulis de grosses pierres. Sa largeur alors n'excède pas 80 mètres. Au débouché de ce défilé, qui a près de 4 kil., se trouve une immense méchera de 200 mètres sur 20 mètres, où l'eau s'accumule lors des crues ; elle entretient sur ses bords une végétation très vivace où l'on remarque, en particulier, de fort beaux éthels.

Presque aussitôt après, le lit de l'oued Mia s'élargit ; il a alors environ 200 mètres et reçoit à gauche l'oued Azomogzès [1] dont le lit de gravier, à pente régulière, n'a pas plus de 20 mètres à son confluent. Les berges qui encaissent cet affluent ont à peine 2 mètres d'élévation ; elles sont bordées de touffes d'éthel qu'on pourrait croire régulièrement alignées.

4 kil. plus loin, l'oued Mia reçoit à gauche l'oued Tiboukhar [2] dans lequel s'est jeté plus haut l'oued Tineldjam. A son débouché, l'oued Tiboukhar s'étale en une sorte de delta raviné en tous sens et

---

[1] Autre orthographe : Gouzmougzouz. Les documents varient extrêmement sur l'orthographe de ce nom. Nous avons adopté celle de la carte de G. Rohlfs, confirmée par les données recueillies sur place par le lieutenant Pein qui a levé un grand nombre d'itinéraires dans cette région du Tadmaït, et en a dressé une carte d'ensemble encore incomplète, mais des plus précieuses.

[2] Autres orthographes : Timboukhar, Tibourkar (lieutenant Pein).

formé de la réunion de cônes de déjection descendant des berges rocheuses qui l'enserrent et semblent se rejoindre à 1.500 mètres du confluent. Quant à l'oued Tiboukhar lui-même, encaissé d'environ 30 mètres, il a 20 mètres de largeur; son lit est parsemé de touffes d'éthel.

A partir de l'oued Tiboukhar, les berges de l'oued Mia sont plus escarpées sur la rive gauche, plus adoucies sur la rive droite. On se rend compte que le plateau qui les couronne doit s'abaisser vers l'est.

A 7 kil. environ de ce confluent, une trouée se produit sur la rive gauche, elle est large de 800 mètres et se prolonge vers le nord-ouest entre des hauteurs à formes mamelonnées de 30 à 40 mètres d'élévation. C'est par là que l'oued Tabaloult vient déboucher dans l'oued Mia.

3 kil. plus loin, nouvelle trouée mamelonnée et sablonneuse de 500 mètres de large environ; cette fois dans la rive droite.

Le lit de l'oued Mia s'élargit alors; il a près de 800 mètres. En même temps ses berges se sont adoucies; elles n'ont plus que 20 à 30 mètres de hauteur. Mais cette grande largeur ne dure guère, car 5 kil. plus loin, l'oued se resserre de nouveau et n'a plus que 200 mètres de large.

Il poursuit ainsi son cours sur un long trajet pendant lequel les seuls accidents à signaler sont: à un coude de l'oued, coude situé à 4 kil. environ du point précédent, des berges élevées couronnées de gour ronds caractéristiques, puis 3 kil. au delà, à un nouveau coude, une grande méchera de 80 mètres de longueur sur 40 mètres de largeur environ.

Enfin, à près de 26 kil. de cette méchera, les berges de l'oued Mia commencent à s'abaisser d'une façon continue ; 3 kil. plus loin, celles de la rive gauche n'ont plus que 15 à 20 mètres, et les grosses pierres qui formaient les hauteurs plus en amont sont remplacées maintenant par des cailloux ronds, usés par le sable qui y forme d'ailleurs quelques dunes. Après un trajet d'un kilomètre dans ces conditions, les hauteurs fuient vers la gauche et s'éloignent jusqu'à une distance de 11 kil. Dès lors, l'oued Mia sortant du plateau proprement dit, où jusqu'alors il avait serpenté encaissé, débouche dans la plaine, coupée çà et là par de faibles hauteurs et des dunes.

Presque immédiatement au lieu dit Nebbar'a, il se grossit, à droite, du Saïbet Boulokhrab [1] ; puis 5 kil. plus loin, il atteint la Méchera el Abiod, vaste

---

[1] Cette rigole (saïba) met en communication l'oued Mia avec l'oued Meseddeli, affluent de l'oued In Sokki. D'après des renseignements, obligeamment recueillis par le Capitaine Cotte auprès de Djebala d'In Salah qui ont l'habitude de parcourir ces régions avec leurs troupeaux pendant la belle saison, le Saïbet Boulokhrab ne serait qu'une dérivation de l'oued Mia vers l'oued In Sokki, dont il serait séparé par un seuil. En effet, lorsque l'oued Mia roule peu d'eau celle-ci suivrait la branche principale vers le nord-est. Mais, quand au contraire, la crue est forte, une partie des eaux s'échapperait par le Saïbet Boulokhrab et se perdrait dans l'oued Meseddeli.

bas-fond au pied d'une falaise calcaire, qui forme sur 200 mètres environ la berge gauche de l'oued.

C'est enfin à 14 kil. de là, après avoir traversé un terrain de plus en plus plat, où, par moment même, il se divise en plusieurs bras et où la végétation devient de plus en plus rabougrie, quoique étant toujours abondante, qu'il arrive au confluent de l'oued Chebbaba [1], affluent de gauche.

---

[1] L'oued Chebbaba est formé par la réunion, à l'est et à proximité de Fort Miribel, de l'oued Loucham qui vient du nord-est et de l'oued Sekhouna qui vient de l'est.

L'oued Loucham trace à travers le plateau pierreux un sillon d'une vingtaine de kilomètres. Au moment de se joindre à l'oued Sekhouna il est encaissé entre des berges d'une dizaine de mètres.

L'oued Sekhouna prend naissance sur le plateau supérieur à environ 40 kil. en ligne droite, au sud-ouest de Fort Miribel. Dans son lit, d'abord à peine indiqué, qui court primitivement vers le nord-nord-est, on rencontre à une dizaine de kil. de la tête deux palmiers isolés qui marquent l'emplacement d'un puits généralement à sec. Dix kil. plus loin, l'oued Sekhouna reçoit à gauche l'oued Abjaz (*) qui vient de l'ouest et, ainsi grossi, s'incline à son tour vers l'est. Quelques palmiers qui croissent alors sur la rive gauche, près du confluent de l'oued Abjaz, signalent l'emplacement d'un nouveau puits.

Dès lors et jusqu'à Fort Miribel, où il prendra le nom d'oued Chebbaba, c'est-à-dire sur un parcours d'environ 23 kil., l'oued Sekhouna, qui a, à ce moment, une largeur moyenne de 2 à 300 mètres, court entre les pentes assez raides d'un plateau complètement aride et nu qui domine son lit d'une dizaine de mètres. On y trouve quelques maigres pâturages et de nombreuses mécheras : çà et là

(*) L'oued Abjaz (Abzaz) vient du plateau (daléa) de Mezzer, plateau limité à l'ouest par des pentes abruptes de 80 mètres de hauteur environ. Son lit, d'abord à peine marqué par endroits, finit par s'encaisser entre des gour élevés, avant d'atteindre l'oued Sekhouna.

Là, croissent de nombreux éthels, entremêlés de diss et de dhomran qui encombrent son lit; on y trouve également plusieurs mécheras. La première, située à 100 mètres en amont du confluent de l'oued Chebbaba, est très profonde et lorsque la couche superficielle qu'elle emmagasine est épuisée, son fond, creusé en tilemmas, donne encore de l'eau. Au con-

---

quelques palmiers isolés ou par groupes, mais il n'y a pas de bois. L'oued Chebbaba, de Fort Miribel à son confluent avec l'oued Mia, a un cours d'une soixantaine de kilomètres, suivant une direction générale est. Large au début de 300 mètres, il se rétrécit à 4 kil. de son point de départ et n'a plus, dès lors, que 80 à 100 mètres. Ses deux rives sont dominées d'une dizaine de mètres par le plateau où il a tracé son lit sablonneux, plateau absolument nu, parsemé seulement de pierres et entrecoupé de quelques ravins qui viennent se déverser dans l'oued principal.

Sur un parcours de 27 kil. environ à partir de Fort Miribel, on rencontre encore dans son lit de nombreuses mécheras qui conservent l'eau un certain temps après les pluies. Jusqu'au 33º kil. on y trouve de bons pâturages, assez abondants même; enfin entre le 8º et le 28º kil., on rencontrait, au moment de la construction du fort, un assez grand nombre d'arbres (éthel, etc.) pouvant assurer pendant quelque temps le chauffage du poste; ils ont bien diminué depuis.

Vers le 26º kil., l'oued Chebbaba reçoit à gauche l'oued el Abiod, ravin qui trace à travers le plateau un sillon de plus de 20 kil. Aussitôt après, l'oued Chebbaba s'infléchit vers le sud-est, et lorsqu'au 32º kil. il reprend la direction est, il reçoit à droite l'oued Seddeur qui vient du sud-ouest, après un cours très sinueux et très mouvementé et dont le confluent est marqué par une série de mamelons. A ce moment l'oued Chebbaba s'élargit, de nouveau, à 3 ou 400 mètres et le plateau s'abaisse. Il n'y a plus, dès lors, dans l'oued, ni pâturages, ni bois, ni mécheras.

Au 37º kil., le lit de l'oued Chebbaba s'abaisse brusquement et forme une chute en cascade de 15 mètres de hauteur totale. Aussitôt après, l'oued n'a plus que 40 à 50 mètres de largeur: son

fluent même de l'oued Chebbaba, nouvelle méchera également importante qui conserve l'eau pendant deux mois au moins.

Au delà, l'oued Mia poursuit son cours, se dirigeant vers le nord-est, toujours rempli de la même végétation qu'entrecoupe tous les 3 ou 4 kil. une méchera plus ou moins abondante. Après un parcours dans ces conditions d'environ 15 kil., il reçoit à gauche l'oued Djedari qui arrive de l'est après un trajet d'environ 40 kil. à travers le plateau, trajet pendant lequel il offre une végétation très pauvre, excepté sur les derniers 500 mètres où il se couvre d'éthels.

Au delà, l'oued Mia décrit une courbe peu accentuée vers le nord jusqu'à In Ifel. Dans ce trajet d'environ 40 kil., la hammada qu'il parcourt devient moins pierreuse et moins noire ; son lit, alors assez resserré et peu encaissé surtout sur sa rive gauche, contient encore des éthels, tandis que les sables commencent

---

fond est tantôt sablonneux, tantôt parsemé de fractions de rocs détachées des berges abruptes, hautes d'une quinzaine de mètres, qui l'enserrent. Le plateau à droite et à gauche s'abaisse au fur et à mesure que l'on descend l'oued, mais sa hauteur au-dessus du fond resté à peu près constante. La gorge, qu'il parcourt alors depuis le 37e kil., est de nouveau coupée au 52e par une chute, cette fois de 3 à 4 mètres seulement, chute au delà de laquelle l'oued très étroit reçoit à droite un affluent assez important qui vient du sud-ouest. Il s'élargit ensuite et le plateau ne domine plus son fond sablonneux que de 4 à 5 mètres.

Enfin vers le 57e kil., un îlot surgit au milieu du lit. C'est à 3 kilomètres environ de là que l'oued Chebbaba atteint l'oued Mia, où la végétation reparaît enfin avec abondance.

à s'étaler par îlots dans toute la région. A 20 kil. environ, avant d'atteindre In Ifel, l'Erg Sarret domine la rive gauche, en même temps que s'étale sur la rive droite le massif des dunes de Meseddeli qui couvre toute la région jusqu'à l'oued In Sokki [1]. Le lit de l'oued Mia n'apparaît plus ensuite que comme une vallée assez confuse et souvent envahie par des dunes isolées ou par des chaînes sans cohésion. Il est alors surtout indiqué par la végétation qui y croît encore, jusqu'à ce que les berges de la rive gauche se dégarnissent de leurs sables qui s'éloignent un peu vers le nord, tandis que la rive droite en est toujours encombrée.

C'est au milieu de ces sables que l'oued Mia reçoit à droite son principal affluent, l'oued In Sokki, qui vient y déboucher par un estuaire vaste et confus qui disparaît sous les dunes qui y sont accumulées [2].

---

[1] L'Erg Sarret, qui atteint jusqu'à 60 et 70 mètres de hauteur, n'avait en 1879, au dire de M. Foureau, qu'une élévation moitié moindre (*Mission de 1893-1894*, p. 46). D'après le lieutenant Pein la même observation devrait être faite pour l'Erg Meseddeli.

[2] « Le confluent des deux oueds est très vaste, a écrit l'ingénieur
» Roche, lors de la deuxième mission Flatters ; il renferme quelques
» gour, constitués par un grès rougeâtre à éléments quartzeux assez
» fins, ou par un poudingue peu aggloméré à assez gros éléments
» (10 à 20 centimètres). Ce poudingue est composé de fragments
» roulés de calcaire et de silex provenant du terrain crétacé ; parmi
» les fragments de silex se trouvent quelques morceaux de quartz
» scoriacé, noir à l'extérieur, à cassure blanche et cristalline et
» dont l'aspect rappelle celui de la lave ». (*Journal de route,
2ᵉ mission*, p. 313).

Quatre kil. plus loin, se trouve In Ifel [1], où l'oued Mia est large de 2 kil. Ici les terrains de transport — alluvions argileuses, poudingues de cailloux roulés plus ou moins cimentés — sables et graviers et couches argilo-gypseuses — se montrent en alternance dans les coupes observées en creusant des puits. Appartenant très probablement au quaternaire ancien, ces formations débutent à la base par un poudingue à gros éléments, atteignant près de 9 mètres d'épaisseur [2]. Les couches argilo-gypseuses supérieures

---

[1] Latitude N. : 29°45′, longitude E. : 1°20′ (Flatters).

[2] D'après le rapport de l'ingénieur Jacob. C'est dans cette couche que se trouve la nappe d'eau qui alimente les puits ordinaires d'In Ifel, nappe dont le niveau varie avec les crues et finit même souvent par se tarir.

Depuis l'installation du poste, le puits indigène et un autre, qui avait été creusé dès l'abord, ont dû être abandonnés à cause des éboulements dangereux qui s'y sont produits pendant les tentatives de restauration.

Quatre nouveaux puits ordinaires ont été creusés depuis lors, deux dans le lit de l'oued, les deux autres sur le plateau de la rive droite devant la face nord du bordj, où se trouve la porte d'entrée. Leur profondeur moyenne est de 6^{m}50 et de 12 mètres.

Mais ces puits, pouvant tarir complètement (cela est arrivé du reste), on songea que la localité d'In Ifel, située à 305^m d'altitude, c'est-à-dire notablement en contrebas d'El Goléa (alt. 383^m) et dans l'axe synclinal de l'étage supérieur du Tadmaït, devait être éminemment favorable au forage d'un puits artésien. Un sondage fut entrepris dans la cour du bordj, le 22 décembre 1892 ; interrompu le 28 février 1893 à 56^m 65, il fut repris le 1er mars suivant et poussé jusqu'à 73^m 70. Parvenus à cette profondeur le 23 mai 1893, les travaux furent suspendus à cause des chaleurs, au moment où on venait d'atteindre une couche d'argile blanche à veines roses, semblables aux couches d'argile qui dans le bas oued Mia et dans l'oued Seggueur représenteraient, elles, les terrains quaternaires récents sur lesquels se sont déposés, depuis, les apports répétés des crues de notre époque et qu'envahissent actuellement les sables.

La vallée de l'oued Mia, aux environs d'In Ifel, est semée de dunes plus ou moins hautes couvertes de végétation. Certains mamelons escaladent les berges, mais se tiennent toujours dans son voisinage immédiat, de sorte que le lit de l'oued est jalonné par une ligne de verdure que l'on peut suivre en amont et en aval du haut des grandes dunes du plateau occidental, aussi loin que la vue peut porter. Le thalweg est seul libre de sable et partant de végétation. Celle-ci se compose en grande partie de bouquets de tamarix (éthels et fersiga), de grands massifs de retem; les petites dunes portent quelques touffes de drin, des pieds d'arta, d'alenda et de dhomran. Aussi la marche

servent de couverture aux nappes aquifères. Repris le 10 décembre de la même année, le sondage a dû être arrêté peu après à 80 mètres et même abandonné, par suite de rupture survenue dans le matériel de forage dont on ne put retirer les débris du trou de sonde.

Un nouveau forage fut entrepris le 1er janvier 1895; suspendu le 18 mai à une profondeur de 60^{m}85, à cause des chaleurs, il ne put être repris que le 7 décembre de la même année. Un nouvel accident de matériel le fit également abandonner, à 70^{m}12, le 27 juin 1896.

Dans chacun de ces forages, on a rencontré la nappe superficielle vers 11^{m}75 et une nappe ascendante vers 33^{m}50, nappe qui remonte dans le tube jusqu'à 19 mètres du sol. En attendant la découverte de la nappe jaillissante, l'alimentation en eau du poste d'In Ifel est dorénavant assurée par cette nappe ascendante.

Un troisième sondage a été entrepris en décembre 1896, il n'est pas encore terminé.

en ce terrain très coupé et assez couvert ne permettait d'apercevoir l'ancien puits indigène que lorsqu'on était pour ainsi dire dessus [1]. C'est pour ce motif que le poste élevé en 1893 a été construit sur la rive droite, à environ 25 mètres de la berge [2].

L'étude que nous venons de faire du haut oued Mia, s'arrête à In Ifel qui marque la limite est de la vallée supérieure. Au delà, l'oued poursuit

---

[1] A un kil. sur les pentes de hammada de la rive gauche se trouve la koubba de Sidi Abdelhakem, d'où le nom d'Hassi Abdelhakem donné aussi au puits. Cette koubba est une petite construction, de trois mètres sur cinq et de deux mètres de hauteur à l'intérieur, à propos de laquelle le colonel Flatters a écrit (décembre 1880) :

« Sidi Abdelhakem, des Zoua (Oulad Sidi Cheikh), y mourut, il y a
» environ 80 ans ; il avait l'habitude d'y camper et il avait même
» recommandé d'y transporter son corps s'il venait à mourir ailleurs.
» Il y fut enterré et le pays prit son nom. Les Zoua ont élevé sur son
» tombeau une koubba, qu'ils entretiennent soigneusement, faisant
» venir à cet effet, tous les deux ou trois ans des maçons du Gourara.
» On prétend qu'il y a des trésors dans la Koubba. Ce qui est certain,
» c'est que les voyageurs ont l'habitude d'y déposer des offrandes,
» du grain, des dattes, des ustensiles divers, des mouchoirs, etc.
» La porte est ouverte, on peut se servir des objets déposés, se
» nourrir des provisions, mais on prétend que personne n'a jamais
» rien remporté par crainte de Sidi Abdelhakem qui punirait de
» mort le profanateur ». *Journal de route, 2ᵉ mission*, p. 388.

[2] Placé au point de réunion des vallées de l'oued Mia et de l'oued In Sokki, le poste d'In Ifel emprunte une grande importance à sa situation géographique. Car, dans une région où les redirs ou les mécheras sont souvent à sec, où les puits manquent totalement à une grande distance vers le nord-est et vers le sud-ouest, c'est le point de passage obligé pour ceux qui veulent gagner In Salah par Aïn Guettara ou Adjelmam, ou pour les contrebandiers et les coupeurs de route qui ont intérêt à éviter El Goléa.

son cours vers le nord-est, formant alors comme une large gouttière à travers les grès de la formation d'atterrissement, se dirigeant sur Ouargla [1].

Mais cette étude de l'étage supérieur du Tadmaït resterait incomplète si nous ne décrivions également la vallée de son principal affluent, l'oued In Sokki qui trace dans le plateau un sillon plus considérable peut-être que l'oued Mia lui-même.

L'oued In Sokki [2] a sa tête adossée à celle de

---

[1] Notons encore qu'aux abords d'In Ifel, l'oued Mia reçoit à gauche l'oued Sarret qui, par son cours sensiblement parallèle à l'artère principale, appartient aussi à la vallée supérieure. Né sur le plateau même, à proximité, comme nous le verrons, du medjebed d'El Goléa à Fort Miribel, l'oued Sarret se dirige d'abord pendant 8 kil. environ vers le nord, puis, tournant à l'est, il se développe à travers une hammada légèrement caillouteuse, noire sur sa rive gauche et blanche sur sa rive droite. Traversant ensuite un reg ondulé, il va s'épanouir bientôt après dans la Daïa Sarret aux pâturages abondants. Au delà, les dunes ont encombré son cours, si bien que son débouché (*) dans la vallée principale qui devait jadis s'effectuer par plusieurs branches, est aujourd'hui, à cause de l'encombrement des sables, à peu près impossible à déterminer.
Altitude de la Daïa Sarret : 315 mètres (Foureau).

[2] La description du cours de l'oued In Sokki que nous allons donner est empruntée principalement au *Journal provisoire de route de la 2ᵉ mission Flatters*, publié par le Ministère des travaux

---

(*) Le lieutenant-colonel Flatters place son confluent en aval d'In Ifel, tandis que d'autres renseignements plus récents, mais qui auraient besoin d'être encore contrôlés, le font terminer en amont, un peu avant le confluent de l'oued In Sokki. Il paraît probable qu'avant l'accumulation relativement récente des sables de l'Erg Sarret, cet oued, grâce au peu d'inclinaison générale du sol de la région, s'épanouissait en un vaste madher, avant d'atteindre l'oued Mia. La Daïa Sarret ne serait plus qu'un vestige de cet ancien madher.

l'oued Malah qui, sous le nom d'oued Farès Oum el Lill, va rejoindre au sud l'oued Massin. D'abord ravin peu encaissé sur le plateau, il le traverse suivant une direction générale nord-est, presque parallèle au Djebel el Abiod. Pendant ce trajet, il reçoit, à gauche, l'oued Djedari et, à droite, l'oued Lefâa. Tournant ensuite au nord, puis presque immédiatement au nord-ouest, il atteint Hassi In Sokki. Là, il a une largeur de 1 à 2 kil., et ses berges très hautes et très abruptes, ainsi que les gour et les escarpements voisins, sont constituées par des marnes jaunes et blanches, un peu gypseuses, et par du calcaire marneux jaune avec bancs de silex noir. Le thalweg proprement dit est au pied de la berge gauche.

Le fond de l'oued, où sont plusieurs mécheras [1], est occupé par des sables d'alluvions, surmontés d'un banc de gros cailloux roulés formant le sol de la vallée. C'est au milieu de ces sables que se trouve la couche d'eau à laquelle on est parvenu

---

publics et au Journal de route des capitaines Crochard et Ropert, des affaires indigènes, chargés en 1893 de la détermination, dans le sud, de la limite entre les divisions d'Alger et de Constantine.

[1] Il est à remarquer, comme le fait observer le lieutenant-colonel Flatters, que, si l'on a chance de trouver de l'eau en toute saison dans les mécheras de l'oued In Sokki, comme d'ailleurs dans celles de l'oued Mia, ou des autres oueds de la région, c'est cependant le printemps qui est la saison la plus favorable, parce que les pluies y sont plus abondantes qu'en automne.

au moyen d'un puits de 5^m 50 [1]. De grands éthels croissent dans les environs.

Au delà, l'oued In Sokki continue son cours au N.-O. jusqu'au confluent de l'oued Dhomran, affluent de gauche peu étendu, mais dont le lit contient beaucoup de pâturages. Remontant ensuite vers le nord, il reçoit à droite l'oued Ar'rid qui arrive du sud-est après de nombreux détours à travers la hammada et dont la tête est à environ 70 kil. en ligne droite.

Depuis le confluent de l'oued Ar'rid jusqu'à Tiour'i, situé beaucoup plus bas, l'oued In Sokki a, d'une manière générale, une largeur moyenne de 3 à 500 mètres, et ses berges ont de 30 à 50 mètres de hauteur. Les escarpements de ses rives sont constitués par des couches généralement horizontales, mais quelquefois faiblement ondulées, de marnes ou de calcaire marneux blanc, avec rognons de silex et géodes de carbonate de chaux spathique, devenant vers le haut, dur, compact et

---

[1] L'ouverture de ce puits a 0^m 60 de diamètre. Il est coffré en pierres plates et son emplacement est indiqué par un petit abreuvoir fait de pierres placées debout. L'eau que l'on y trouve est de bonne qualité; elle est à 2 mètres du sol. Il est parfaitement connu qu'une période de sécheresse de 6 à 8 années ne fait pas tarir ce puits. Il est donc probable qu'on obtiendrait un débit plus considérable que celui obtenu par la mission Flatters, en l'approfondissant et en l'élargissant ou mieux en creusant un autre puits à côté.

Le puits d'In Sokki a été creusé par le Zaoui Si Abdelkader ben bou Hafs, qui est enterré sur la rive droite à proximité.

parfois cristallin. Ces marnes sont fréquemment dentelées et fouillées par le vent et le sable; leur extérieur est le plus souvent rougeâtre. Dans toute cette partie de l'oued In Sokki, on trouve, au milieu des alluvions de son cours, des mécheras retenant l'eau longtemps quand il a plu. En certains points, le poudingue et le sable d'alluvions ont été enlevés et le calcaire crétacé apparaît. Quant à la végétation elle est abondante; on y trouve des éthels de grande dimension, du sedra, du drin, du dhomran, du baguel, de l'artaa, de l'alenda, du retem, etc., et une grande quantité de plantes qui poussent après les pluies.

A 12 kil. de l'oued Ar'rid, à Méchera el Djemel, débouche dans la rive gauche l'oued Moussa ben Iaïch, affluent important qui trace, en quelque sorte, à travers l'étage supérieur du Tadmaït, la bissectrice de l'angle formé par l'oued Mia, au nord du plateau, et l'oued In Sokki au sud. L'oued Moussa ben Iaïch, dont la tête est près d'Aïn Guettara dans le Djebel el Akhal, a lui-même pour principal affluent de droite, l'oued Ethel dont le cours, à végétation abondante, prend également naissance dans le Djebel el Akhal non loin d'Adjelmam.

Du confluent de l'oued Moussa ben Iaïch au débouché du Chabet Mermoha (rive gauche), c'est-à-dire pendant un trajet de 10 kil., les berges de l'oued In Sokki s'éloignent un peu et s'abaissent sensiblement, l'oued devenant un vallonnement très accentué, mais médiocrement resserré dans la hammada. Le fond est de roche et de pierres roulées qui rendent la marche difficile. Çà et là, sur de longs espaces, fonds de méchera argileux et retenant l'eau longtemps, quand il a plu.

A 12 kil. du Chabet Mermoha, la berge de la rive gauche se relève et le lit de l'oued In Sokki se resserre. L'oued descend, en forme de gorge aux flancs mamelonnés de 50 à 60 mètres et plus d'élévation, entre les hauteurs rocheuses et nues, d'un rouge noirâtre, qui constituent, sur la rive droite, la Hammada El Ahmar. En retrait sur la rive gauche, s'étale la dune de Megraoun qui va plus haut jusqu'au Chabet Mermoha et qui plus au nord envahit quelquefois la berge.

Après un trajet de 5 kil. la gorge resserrée [1] de l'oued In Sokki [2] s'élargit et l'oued reçoit immédiatement à droite l'oued Raoua qui vient directement du sud, après un parcours d'environ 60 kil. et est formé de la réunion de plusieurs petits ravins. Huit cents mètres plus bas, se trouve, au pied de la falaise, le tilemmas Raoua, qui donne encore un peu d'eau 3 ou 4 mois après les crues [3].

[1] D'après le lieutenant-colonel Flatters, à l'entrée de cette gorge se trouverait le puits comblé du Targui Kourzelli.

[2] Ici l'oued In Sokki prend le nom d'oued Megraoun. Plus bas, il change encore fréquemment de nom suivant les différents accidents de terrain qu'il rencontre. C'est ainsi qu'il s'appelle successivement, oued Merek, oued Tiour'i, oued bou Rezma, oued Kef el Ouar.

[3] Nous donnons ce renseignement sur le tilemmas Raoua d'après le journal de route des capitaines Crochard et Ropert. Le lieutenant-

A 6 kil. du débouché de la gorge, les or'roud El Merek se dressent sur la rive droite, tendant à glisser dans l'oued, tandis que sur la rive gauche, en retrait sur la hammada, commencent les premiers chaînons de la haute dune de Megraoun.

A cet endroit le fond de l'oued est d'argile compacte, qui retient l'eau fort longtemps après les pluies. Il y a même des laisses d'eau qui indiquent jusqu'à 2^m 50 de profondeur à la crue. Puis le lit devient sablonneux et la marche plus pénible pour les chevaux. La végétation est moins puissante que dans la vallée supérieure. Les dunes passent de la rive droite sur la rive gauche laissant dans le thalweg de nombreuses traînées qui doivent absorber ou retenir une grande partie des eaux de crue.

A 16 kil. d'El Merek, se dressent sur la rive droite les or'roud de Tiour'i. Ici le fond de l'oued est parsemé de roches irrégulières et de cailloux roulés.

Au delà, le thalweg est toujours très nettement accentué, berges hautes en hammada, mais mame-

---

colonel Flatters, qui y a trouvé un peu d'eau, dit que c'est vraisemblablement une source qui donnerait beaucoup d'eau si elle était aménagée. Il ajoute qu'à partir de cet endroit, en remontant l'oued In Sokki, l'eau est assez fréquente et que, dans une période de 3 ans, l'oued lui-même coule en moyenne une fois à forte crue et une fois à crue moindre.

Près du tilemmas et sur le talus est, MM. Crochard et Ropert signalent deux « enchets », arbuste épineux qui croît sur les pentes méridionales du Djebel Ahaggar. On ne connaît pas d'autre sujet de cette essence dans la région d'In Sokki.

lonnées et non coupées à pic. Au moment d'atteindre Tiour'i, des petites dunes à droite et à gauche couvrent le plateau.

Après un trajet de 6 kil., l'oued arrive à Tiour'i [1]; là, les berges se resserrent et constituent un véritable canon encombré de roches, puis, vient un élargissement en forme de cirque à murailles à pic, après lequel nouveau canon dans des roches de montagne où les berges, hautes de 40 mètres, sont profondément déchiquetées et tombent en escarpements abrupts sur l'oued dont le lit est encombré de rochers et de cailloux roulés. On y trouve des mécheras très profondes et très coupées, souvent remplies d'eau. Auprès de la principale croît une touffe de palmiers.

Au débouché de la gorge de Tiour'i, qui a 7 kil., se produit un faible élargissement de l'oued, et les berges rocheuses s'abaissent alors à 20 ou 25 mètres : en bas est un calcaire blanc avec rognons de silex et géodes de carbonates de chaux spathique, devenant parfois, surtout vers le haut, dur et compact et présentant fréquemment alors des dendrites bleues.

---

[1] Ce point de Tiour'i était fréquenté par la bande de pillards qu'avaient formée les Chaanba dissidents sous le nom de Medaganat et qui de 1874 à 1884 a terrorisé tout le Sahara. Ils avaient établi un dépôt de vivres dans les grottes creusées dans la berge de la rive gauche.

La bande des Medaganat presque tout entière a été massacrée sur l'oued Draa, en 1884, par les Reguibat, contre lesquels ils avaient organisé un audacieux coup de main (Voir : Le Châtelier, *Les Medaganat*. Revue africaine, 1886).

La partie supérieure est occupée par une formation de 5 à 15 mètres de grès quaternaire rougeâtre à éléments quartzeux fin, surmonté d'une brèche de calcaire gréseux. Entre le calcaire blanc inférieur et le grès quaternaire, se trouvent parfois des marnes gypseuses rouges ou vertes plus ou moins feuilletées.

A l'est la hammada est quaternaire; au loin, vers l'ouest, elle devient blanche et probablement alors crétacée.

De ci de là, sur les deux rives, les sables s'accumulent par chaînes discontinues, le plus souvent à quelques centaines de mètres des bords.

A 5 kil. du débouché, la dune de Bou Rezma [1] marque, à la fois, le commencement du Kef el Ouar, et le passage des dunes de la rive gauche sur la rive droite bien qu'elles n'encombrent pas le lit.

Après Bou Rezma, l'oued décrit plusieurs détours à l'ouest, au nord-ouest, au nord, au nord-est, pendant lesquels il longe à droite le Kef el Ouar, berge rocheuse et abrupte élevée de 30 à 40 mètres [2], qui forme le bord de la Hammada el Atchan. En même temps la rive

---

[1] Cette dune est ainsi appelée du nom d'un jeune Chaanbi qui, vers 1865, se noya dans la méchera au pied de la berge. Autrefois, disent les indigènes, il y avait à cet endroit une méchera presque permanente; depuis la mort du Chaanbi le fond ne tient plus l'eau.

[2] Formée, d'après M. Foureau, de calcaire roux et blanc vacuolaire avec ammonites. *Mission de 1893-1894*, p. 47. Altitude de l'oued In Sokki au pied du Kef el Ouar, d'après le même: 335 mètres.

gauche est bordée par les dunes qui s'élèvent bientôt à 80 mètres au-dessus de la hammada.

A El Hachchana (13 kil. de Bou Rezma), à un léger coude vers le nord-ouest, la hammada de la rive droite apparaît sous la dune. Au pied de l'escarpement qu'elle forme, pousse une touffe de 5 ou 6 palmiers, ce qui dénote la présence de l'eau qui s'accumule d'ailleurs ici en plusieurs mécheras [1].

Le fond de l'oued sablonneux laisse du reste croître de nombreux éthels, entremêlés de drin, de halma, de had, etc.

A 25 kil. de Bou Rezma, cesse la berge de la Hammada El Atchan, appelée Kef el Ouar [2], qui n'a plus alors que 25 mètres de hauteur. Cinq kil. plus loin, l'oued In Sokki atteint la Gara Gahouan, crête allongée, formant cap qui marque le point de bifurcation de l'oued. Celui-ci se partage là, en effet, en deux branches principales, reliées par des branches secondaires. Celle de droite, la plus longue, va rejoindre l'oued Mia à In Ifel; on la nomme Saïba Gahouan. L'autre branche, beaucoup plus courte, va à l'ouest rejoindre l'oued Meseddeli avec lequel

---

[1] Lors du passage de la 2e mission, le lieutenant-colonel Flatters a, du reste, constaté que l'oued In Sokki avait coulé au delà d'El Hachchana au printemps précédent.

[2] Des troncs secs d'éthels, accrochés très haut dans les anfractuosités de la rive de roche, montrent que les crues de l'oued In Sokki sont parfois considérables.— F. Foureau, *Mission de 1893-1894*, p. 47.

elle se confond, à 12 kil. d'In Ifel, pour former la Saïba Ferdjallah dont le confluent dans l'oued Mia est barré par les dunes de Meksem el Guefoul à 4 kil. sud-ouest d'In Ifel [1].

[1] L'oued Meseddeli vient du sud-ouest; il a environ 40 kil. au plus avec une branche nord-ouest qui va rejoindre l'oued Mia au-dessus de Mechera el Abiod à Nebbar'a, et une branche nord-est qui se réunit comme nous venons de le voir à l'oued In Sokki pour former la Saïba Ferdjallah. C'est dans le journal de route de la 2ᵉ mission Flatters (p. 287 et 293), que nous avons puisé ces renseignements sur le cours inférieur de l'oued In Sokki et sur son affluent l'oued Meseddeli. Le levé annexé à l'itinéraire n'en fait pas mention, mais les indications contenues dans le journal de route ont paru suffisantes pour indiquer approximativement le tracé de ces oueds. Elles trouvent d'ailleurs leur confirmation dans les données recueillies par le capitaine Cotte, données que nous avons déjà mentionnées plus haut et d'après lesquelles la branche nord-ouest de l'oued Meseddeli, ne serait, à proprement parler, qu'une dérivation de l'oued Mia vers ce dernier cours d'eau, dérivation connue sous le nom de Saïbet Boulokhrab. En outre, suivant le même officier, l'oued Meseddeli, au moment de sa jonction avec l'oued In Sokki, serait large, plus large même que l'oued In Sokki au même point; son lit serait en même temps très boisé; on y trouverait du drin en abondance.

M. Foureau qui, dans sa mission de 1893-1894 (p. 46-47), a abordé l'oued In Sokki, à Haniet el Baguel, c'est-à-dire à une dizaine de kilomètres du confluent de cet oued dans l'oued Mia, donne sur cette partie du cours une description un peu différente, description qui semble prouver une fois de plus que dans toute cette région les sables ont augmenté très sensiblement depuis quelques années et particulièrement depuis le passage de la mission Flatters. D'après M. Foureau, Haniet el Baguel est une « espèce de madher (*) qui » n'est autre que la perte de l'oued Meseddeli qui lui-même n'est que » la partie inférieure de l'oued In Sokki. Ce madher, à sol argilo-

---

(*) D'après le lieutenant-colonel Flatters (Journal de route, 2ᵉ mission, p. 300), dans la région d'In Ifel le terme de madher s'emploie plus spécialement pour désigner un réseau de ravins.

Dans cet estuaire allongé qui mesure 32 kil. entre la Gara Gahouan et In Ifel, le lit de l'oued In Sokki, très élargi et cependant très bien marqué, enserre de véritables îles de hammada. Il y pousse une végétation abondante de drin, de had, d'éthels, etc. Des fonds d'argile forment mécheras quand il a plu : partout ailleurs les sables de la dune envahissent le lit.

L'estuaire, pendant les trente derniers kilomètres, porte plus particulièrement le nom de Metlag, c'est-à-dire, confluent, réunion, à cause des diverses branches entremêlées que forme l'oued dans cette région.

Puis toutes les branches disparaissent sous les dunes et l'oued In Sokki vient se réunir à l'oued Mia, au milieu de l'amoncellement des sables qui empêchent alors de déterminer exactement son lit [1].

» sableux, est envahi par les dunes et c'est sous leur masse que le
» cours de l'oued In Sokki vient rejoindre celui de l'oued Mia ».

En remontant le Haniet el Baguel et l'oued Meseddeli, M. Foureau a rencontré un système assez confus de boucles, de branches, de rivières, disparaissant sous les dunes, qui ont pour point d'origine unique la Daïa In Sokki large épanouissement que forme l'oued de ce nom. « Le sol en est argileux, à petites buttes couvertes d'une
» végétation véritablement très fourrée ».

Altitudes : Haniet el Baguel : 315 mètres ; Daïa In Sokki : 325 mètres (Foureau).

[1] Ainsi qu'on a pu s'en rendre compte, toute cette région des confluents de l'oued Mia, de l'oued In Sokki et de l'oued Sarret est encore fort mal définie. Aussi pour le second de ces oueds, avons-nous cru devoir mettre simplement en présence les renseignements recueillis par le colonel Flatters et ceux donnés par

Du rapide exposé que nous venons de faire de nos connaissances actuelles sur le Tadmaït, il résulte que ce plateau est constitué par des couches crétacées légèrement ondulées, au milieu desquelles les eaux ont creusé des sillons souvent importants, au fond desquels croît généralement une végétation abondante, contrastant étrangement avec l'aridité des hammadas environnantes.

C'est cette végétation, due évidemment à l'humidité du sous-sol d'alluvions qui avait fait croire à certains esprits que par des sondages appropriés on parviendrait à transformer la vallée de l'oued Mia, en y créant des oasis par l'irrigation, et qu'un jour viendrait où il serait possible d'aller d'Ouargla à In Salah à l'ombre des palmiers. Si jamais les tentatives faites dans ce sens à In Ifel venaient à aboutir à un heureux résultat, faudrait-il considérer cette réussite comme un premier pas dans la réalisation d'un tel rêve ? Cela serait au moins prématuré.

En tout cas, pour mener à bien semblable entreprise, il faudrait être maître incontesté du pays et avoir la certitude de pouvoir y assurer une sécurité absolue. Or, nous avons vu précédemment combien,

---

M. Foureau. Il est très probable que la déclivité du sol de toute cette partie du bassin de l'oued Mia est fort peu accentuée, ce qui a dû amener de fréquents déplacements du lit des oueds, bien avant même que les sables, qui les obstruent actuellement, aient pu prendre l'importance qu'ils semblent acquérir chaque jour davantage.

malgré nos trois postes d'In Ifel, de Fort Miribel et de Fort Mac-Mahon, notre action était peu étendue, puisqu'il y a quelques mois à peine, nous avons vu successivement, une partie des mehara des spahis sahariens enlevés aux abords de Fort Mac-Mahon, et un officier tué dans l'oued R'allousen, à quelques kil. au nord de l'oued Sarret, à 90 kil. au sud d'El Goléa.

Bien plus, il serait également indispensable d'être exactement fixé sur le régime hydrologique de la région et l'étude nécessaire, malgré tout le zèle déployé par nos officiers, est encore à faire.

Pour l'instant, il faut nous en tenir plus particulièrement à des données générales sur la topographie de la contrée et à une connaissance plus approfondie des directions à suivre pour en faire la traversée, directions imposées par la plus grande praticabilité du terrain à parcourir, et par les ressources en eaux et pâturages qu'on a chance d'y rencontrer en tout temps. L'étude que nous avons faite précédemment a permis de se rendre suffisamment compte de la conformation générale de la région. Il nous reste maintenant à parler des routes qui la traversent.

Ces routes peuvent être classées en trois groupes distincts :

A. Route de l'étage inférieur.

B. Route de la rive gauche de l'oued Mia.

C. Route de la rive droite de l'oued Mia.

A. — *Route de l'étage inférieur.*

Cette route est, d'après les renseignements que nous avons pu recueillir, celle qui, de tout temps, a été le plus habituellement fréquentée par les caravanes allant d'El Goléa au Tidikelt.

On y trouve de l'eau sur tout le parcours [1] et les pâturages y sont relativement suffisants [2].

Si nous l'avons négligée jusqu'à présent, pour ne songer qu'à celle du plateau supérieur qui

---

[1] Toutefois les renseignements que nous possédons à ce sujet auraient besoin d'être contrôlés, car la plupart des puits, signalés sur le parcours de cette route, sont situés dans des lits de cours d'eau. Ce sont donc plutôt des tilemamis dans lesquels la nappe d'eau se maintient plus ou moins longtemps.

[2] C'est incontestablement cette route, comme on l'a déjà d'ailleurs fait remarquer, que M. Soleillet a suivi, en 1874, au moins dans sa dernière partie. Au début, il nous l'apprend lui-même, il s'est dirigé à l'est du chemin habituellement suivi par les caravanes allant d'El Goléa à In Salah *(Rapport à la Chambre de commerce d'Alger,* p. 75-76), mais un peu avant d'atteindre Hassi Adreg, il revient à la « route fréquentée par les caravanes et que, par précau- » tion, il n'avait pas voulu suivre ». D'après lui, elle est « jalonnée » sur toute sa longueur par des puits situés dans chacun des » nombreux oueds qu'elle traverse, oueds que recouvrent d'épaisses » touffes de jonc ne permettant aucun doute sur l'existence de » l'eau dans cette zone » *(Rapport cité,* p. 76-77).

D'ailleurs les noms qu'il donne des principaux points visités par lui peuvent être identifiés avec ceux de localités aujourd'hui connues au moins par renseignements. Nous citerons par exemple :

1° Oued Frenta, c'est un des oueds qui sillonnent le reg Frenta.
2° Oued Brig, qui n'est autre que l'oued Berrik ou Berrègue.
3° Oued bou Madhi, c'est sans doute un oued qui se déverse

devait, par sa situation même, assurer immédiatement notre domination dans toute la haute région, nous n'avons plus de raison aujourd'hui pour continuer à agir ainsi et nous devons au contraire rechercher comment, le cas échéant, elle pourrait nous être utile.

D'ailleurs, si nous continuons à ne pas nous en préoccuper, il est à craindre qu'en cas d'expédition au Tidikelt, les coupeurs de route, les gens d'audace, toujours nombreux dans ces régions, ne veuillent profiter de notre négligence et essayer par là de nous prendre à revers, de gêner nos mouvements par une attaque inopinée et d'amener le désordre dans nos convois de ravitaillement.

A l'abri, par exemple, dans les ravins encaissés de l'oued Aflissez, ils pourraient se porter rapidement, soit au nord, dans le Meguiden, soit à l'est, sur le plateau supérieur et venir tenter la fortune autour de nos postes ou de nos convois. Nous avons donc un intérêt certain à bien connaître

dans la Daïa bou Madhi, daïa située sur le medjebed qui unit Fort Miribel et Fort Mac-Mahon.

4° Hassi Adreg, puits connu par d'autres renseignements, sur le plateau inférieur.

5° Oued Aflissez, cours d'eau connu, dont nous avons déjà parlé à plusieurs reprises et à proximité duquel le lieutenant Palat fut assassiné.

6° Oued Souf, également connu par d'autres renseignements.

Si P. Soleillet a si mal tracé sur la carte l'itinéraire qu'il avait suivi, c'est que les observations d'orientation qu'il avait faites en cours de route étaient, pour une cause inconnue, des plus défectueuses.

cette route, à ne pas la laisser échapper complètement à nos vues immédiates; et sa situation même, en contrebas du plateau supérieur dont elle longe le gradin, nous en fait une obligation [1].

Il paraît du reste, si les renseignements que nous avons pu recueillir sont exacts [2], qu'elle ne présente pas de grandes difficultés d'accès, sauf cependant dans la gorge de l'oued Aflissez, gorge qu'elle remonterait pendant un certain temps. C'est là en effet, qu'en novembre 1896, nos goums ont failli être arrêtés un instant par une poignée de Chaanba dissidents qui avaient su habilement s'embusquer dans les rochers d'où il fut difficile de les déloger.

Partout ailleurs, ce n'est que hammada relativement facile et sillonnée de lits d'oueds où croissent des éthels et en général les plantes habituelles de ces régions.

En quittant El Goléa, on suit d'abord la même route que pour se rendre à Fort Miribel (route que nous décrirons plus loin) par Koceïbat el Berania (30 kil.), Guern Oulad Iahia (23 kil.) et El Meksa (26 kil.). Au delà, le medjebed s'incline au sud-ouest et se dirige sur Hassi Ras er Reg (18 kil.) à proximité de l'oued Berrik.

On se dirige ensuite sur la Gara Berrik (20 kil.),

---

[1] En résumé, maîtres de la forteresse nous avons négligé jusqu'à présent le chemin de ronde.

[2] Complétés et contrôlés par l'itinéraire donné par M. Pouyanne. *Documents relatifs à la mission dirigée au sud de l'Algérie*, 1886, p. 105 et suivantes.

témoin isolé au milieu de la hammada, pour gagner plus loin Daïa bou Madhi [1] (20 kil.), dépression dont le fond est rempli d'une assez vigoureuse végétation, les éthels y sont nombreux mais n'atteignent pas une grande hauteur [2].

La route se continue à travers la hammada jusqu'à Hassi Mezzer [3] (36 kil.), sur l'oued Mezzer, cours d'eau qui vient du sud. Le puits de Mezzer est en dehors de la route, sur le cours de cet oued qu'il faut remonter un peu.

Au delà on trouve sur la hammada, Gara ben Aouissa (15 kil.), haute gara de 30 mètres. On y trouve, dit-on, de l'argile à poterie exploitée par les indigènes du Tidikelt, qui viendraient s'y approvisionner.

Les oueds qui sillonnent la hammada deviennent ensuite plus nombreux et plus marqués, puis la route s'engage dans une gorge qui longe la falaise supérieure et se rétrécit de plus en plus jusqu'à Hassi Adreg (50 kil.), où elle n'a plus que 50 mètres.

Ce puits, déjà cité, est situé sur la route de Fort Mac-Mahon à In Salah, route dont nous avons parlé

---

[1] La Daïa bou Madhi a été visitée par le capitaine Digne qui s'y est rendu de Fort Miribel.

[2] P. Soleillet signale des puits, ensablés lors de son passage, dans l'oued Messaouda, cours d'eau qu'il place entre l'oued Frenta et l'oued Berrik. Il parle également d'un autre puits situé dans la Daïa Maïza, entre Bou Madhi et Hassi Adreg.

[3] Là aboutissent des pistes, venant du nord-est, du nord-ouest par l'oued Mezzer, du sud-est, c'est-à-dire du plateau supérieur, et de l'est, c'est-à-dire de Fort Miribel par l'oued Abjaz.

plus haut. Au delà, les deux routes se confondent, il paraît donc inutile d'en donner une nouvelle description [1].

B. — *Route de la rive gauche de l'oued Mia.*

C'est sur cette route que se trouve le poste créé il y a quelques années au lieu dit Hassi Chebbaba, poste qui a reçu, depuis, le nom de Fort Miribel.

Quoique cette route ne présentât pas, alors, les mêmes ressources en eau que la précédente (les travaux exécutés depuis cette époque l'ont sensiblement améliorée), elle fut cependant choisie pour l'installation du nouveau poste, parce qu'elle traversait en diagonale l'étage supérieur du Tadmaït, et que par sa situation elle devait permettre une surveillance plus efficace de toute cette région élevée, déjà placée sous l'action plus éloignée et un peu excentrique du poste construit précédemment à In Ifel. Cette direction est d'ailleurs la plus courte de celles qui unissent El Goléa à In Salah, et, si elle était un peu moins suivie que la précédente par les caravanes c'est que, en outre de la question de sécurité moins grande, l'on n'était pas assuré de trouver à toutes les étapes les ressources en eau indispensables, et que celles en pâturages [2] étaient peut-être elles-mêmes moins abondantes.

---

[1] Voir plus haut, itinéraire *F. Route d'In Salah.*

[2] Les ressources en eaux ont été déjà sensiblement améliorées

En quittant El Goléa, la route se dirige [1] d'abord vers le sud, en suivant le lit de l'oued Seggueur, ayant l'Erg à droite et la falaise crétacée à gauche ; le sol est sablonneux. Après un parcours de 4 kil., elle parvient à hauteur d'Hassi el Gara [2], qu'elle laisse à gauche. Il y a là un groupe d'habitations à proximité de plantations de palmiers ; celles-ci ont pris un plus grand développement depuis le forage en ce point du puits artésien mentionné plus haut. A partir de cet endroit, le medjebed se rapproche de l'Erg, puis il

---

sur une partie de ce parcours. Les travaux projetés ou en cours ne pourront que rendre la situation meilleure encore.

Depuis notre installation à Fort Miribel les pâturages ont encore notablement diminué sur toute la zône suivie par les convois de ravitaillement ou autres, forts quelquefois de plusieurs centaines de chameaux.

[1] La description de cet itinéraire est empruntée à différents travaux dus au capitaine Digne et au lieutenant Pein. Le rapport de reconnaissance de M. Foureau a été aussi utilement consulté surtout pour la dernière partie de l'itinéraire.

Les distances des principaux gîtes d'étapes sont approximativement :

Koceïbat el Berania............	30 kil.
Guern Oulad Iahia............	23
El Meksa......................	26
Oued Sarret...................	24
Fort Miribel..................	30
Oued Tabaloult................	44
Oued Seddeur..................	22
Tilemmas Djelguem.............	28

[2] Ce puits a pris son nom de la gara au pied de laquelle il a été creusé, gara qui est séparée d'une centaine de mètres de la falaise crétacée.

tourne légèrement vers l'ouest pour atteindre Aïn el Asel [1], à 9 kil. 500 d'El Goléa.

Après avoir traversé ensuite, pendant près d'un kilomètre, l'extrémité des dunes, la route s'engage de nouveau en terrain sablonneux entre l'Erg et la falaise. Puis, le sol semble se durcir à la surface qui forme une espèce de croûte de peu de consistance ; celle-ci cède sous les pieds et l'on y enfonce bientôt profondément. C'est la Sebkha el Melah, la grande réserve de sel, où tous les indigènes des environs viennent s'approvisionner.

Après avoir passé ensuite non loin du puits d'El Koceïba ou Okchiba, le medjebed gravit la falaise, en pente douce, à cet endroit, et atteint au sommet un plateau pierreux et nu [2], qu'il traverse en se dirigeant au S.-S.-O. sur les deux puits assez abondants de Koceïba el Berania [3] (30ᵉ kil.).

[1] L'emplacement de cette source est indiqué par une petite dune de sable surmontée d'un tarfa. A proximité, 6 palmiers, dont la possession est revendiquée par les Khenafsa du Gourara.

[2] D'après le capitaine Almand, ce plateau descendrait en pente douce depuis l'escarpement d'El Goléa jusqu'à Maroket, point situé, comme nous le verrons, à environ 25 kil. au sud du dit escarpement.

[3] Appelés aussi par corruption El Okseïba. Les environs de ces puits étaient très fournis de pâturages et de bois. Les convois et détachements ont tout détruit et le manque de pluies de ces dernières années n'a pas permis à ces ressources de se reconstituer. Cette observation s'applique d'ailleurs en général à tout le Sahara et en particulier à cette ligne d'étapes.

Le débit des puits de Koceïba el Berania a été évalué à 10^{m3} par 24 heures. Ces deux puits ont été recouverts d'une coupole et on a construit à proximité un bassin de 12^{m3} de contenance.

Au delà, il s'infléchit au S.-S.-E., pour traverser un terrain de reg dur, rocailleux et aride, qui fait partie de cette vaste étendue du plateau que l'on nomme Reg Frenta[1] et qui est plus particulièrement appelé ici Gantra Sidi El Abed. Après un parcours de 9 kil. environ sur ce plateau, le medjebed se redresse légèrement vers le sud pour passer entre une ligne de petits mamelons et atteindre le puits de Maroket[2] (45ᵉ kil.), puits situé dans un bas-fond blanchâtre, au pied d'une berge d'une vingtaine de mètres de hauteur[3]. Là, la végétation apparaît en assez grande quantité[4].

Puis, la route s'engage dans une sorte de couloir formé par l'Erg à l'ouest et le revers du plateau à l'est, et, après un parcours d'environ 8 kil. dans ces conditions, elle gravit la berge au Guern Oulad Iahia (53ᵉ kil.) retrouvant au sommet le sol de reg dur et pierreux. Bientôt les dunes se rapprochent de plus en plus vers l'ouest, et le sol caillouteux se mélange de sable. Quelques petits ravins viennent couper le

[1] Le Reg Frenta s'étend à l'ouest jusqu'à l'oued Adreg.

[2] Ce puits donne environ 8^{m3} par 24 heures. Il a été recouvert d'une coupole et un bassin a été construit à côté.

[3] D'après M. l'ingénieur Jacob, cette berge correspondrait à la ligne des gour Ouargla et à Mechgarden.

[4] Nous répéterons pour cette végétation ce que nous avons dit pour celle de Koceïba el Berania ; elle a été détruite par les convois et détachements. Cette constatation fait ressortir combien les exigences de notre occupation peuvent devenir préjudiciables à nos intérêts mêmes.

chemin, avant d'atteindre la Daïa Sidi Hamza, daïa où l'on trouve le gypse pur en grande quantité, et où croissent des jujubiers.

A partir de là, le terrain parcouru est formé de gypse et de sable.

A 4 kil. de la Daïa Sidi Hamza, le medjebed escalade les pentes d'un petit plateau où il longe pendant une centaine de mètres l'extrémité des dunes précédemment signalées à gauche. Puis un kil. plus loin, il redescend dans une petite daïa où croissent quelques tamarix, et après avoir contourné un instant l'Erg El Meksa, il s'y engage résolument pour atteindre après une traversée de 800 mètres environ El Meksa (79ᵉ kil.). Là, se trouvent deux puits creusés dans le sable, d'une profondeur de 1^{m}50 et qui donnent 10^{m3} d'eau par 24 heures [1].

Le medjebed traverse ensuite l'Erg sans rencontrer de grandes difficultés, sauf en deux points que l'on trouve, le premier vers le 4ᵉ kil., le second vers le 6ᵉ kil., après El Meksa. En quittant l'Erg, la route atteint un bas-fond, appelé Houdh el Meksa, dont le sol de sable, mêlé de gypse, contient

---

[1] Un des puits a été recouvert d'une coupole ; un bassin a été construit à proximité.

L'eau est un peu salée, mais les chameaux la boivent avec plaisir. Un bassin permet d'abreuver un grand nombre de ces animaux.

On trouve comme bois, principalement aux environs, de l'alenda. Auprès des puits, il y a, comme pâturages, du drin et de l'alenda, mais les chameaux trouvent de meilleures plantes sur les confins de l'Erg (had, dhomran, baguel).

quelques silex noirs [1]. Il y a là de bons pâturages. A droite, on aperçoit Garet el Medjebed. Puis le sentier grimpe sur le plateau par une montée très difficile pour les chameaux [2]. Le sol de cette gantra, excessivement plat, est couvert de gros cailloux qui rendent la marche pénible. La direction à suivre (S.-S.-O.) est jalonnée, à moitié chemin de l'oued R'allousen, par un djedar cylindrique en pierre de 3 mètres de hauteur. La route, le laissant sur la droite, continue au S.-S.-O. et atteint l'oued R'allousen par des berges assez accentuées. Celles de la rive gauche sont surtout très difficiles. Au delà le medjebed reprend à travers la hammada uniforme et noire, toujours dans la même direction, jusqu'à l'oued Sarret [3].

Là, se trouve un puits, de $20^m 50$ de profondeur

---

[1] D'après M. Foureau qui l'a abordée également un peu plus au nord, le sol de l'Houdh el Meksa est composé alors de détritus de calcaires violet noyés de sable et mélangés de beaux silex. — *Mission de 1893-1894*, p. 44.

[2] M. Foureau a également longé cette berge de la hammada un peu plus au nord. D'après lui, elle est formée, en ce point, de mamelons de calcaire dolimitique gris et hauts d'une quinzaine de mètres.

[3] Dans cette traversée de la hammada, le sol partout découvert, se montre particulièrement dur aux pieds des chameaux, surtout aux abords des oueds R'allousen et Sarret. Depuis El Meksa jusqu'à l'oued Chebbaba ce ne sont en général que des plaines de roches affreusement dures, composées dans leur partie nord de divers calcaires gris ou bruns compacts, mais présentant des aspérités aiguës semblables à celles de la surface d'une rape. — Foureau. Conférence à la Soc. de géog. de Paris, 1894, p. 3.

jusqu'au niveau de l'eau, qui donne 6^{m3} environ, par 24 heures, d'une eau excellente [1] (103e kil.).

Au delà, la route continue sur le plateau en remontant, pendant 6 kil. environ, le long du lit de l'oued dont les berges diminuent graduellement de hauteur. Le sol, toujours plat et un peu dur pour les pieds des chameaux, est formé de petits cailloux, mélangés de sable. A environ 2 kil. de la tête de l'oued Sarret, la route passe à proximité d'une tombe isolée ; puis, après avoir traversé quelques petites daïas à fond argileux, elle rencontre le petit oued Rejiag [2] dont elle suit un instant le lit. Enfin le sol, toujours plat jusqu'alors, devient plus accidenté un peu avant d'atteindre l'oued Chebbaba. Puis la route descend dans le lit de cet oued, dont les berges ont ici une dizaine de mètres de hauteur ; elle le suit pendant environ 600 mètres pour rejoindre le bordj de Fort Miribel [3] (133e kil.), situé en aval, sur la rive gauche.

---

[1] Ce puits bien aménagé est muni d'un abreuvoir qui permet de faire boire beaucoup d'animaux à la fois.

On ne trouve de bois qu'à 1 kil. à l'est, du retem principalement : les chameaux ne trouvent qu'un peu de remt sur le plateau et quelques maigres pâturages à 1 kil. en aval dans l'oued.

[2] Affluent de l'oued Chebbaba.

[3] Altitude : 430^m (Foureau).

Ce fort a été construit en 1894 sous la direction du capitaine du génie Digne. Il a été édifié sur la berge gauche de l'oued, haute ici de 10 mètres. Cette berge n'est que le prolongement du plateau pierreux de calcaire dur à silex auquel appartient toute la région environnante. Le lit de l'oued, formé en grande partie de timechent (terre argileuse)

Au delà, le medjebed [1] gravit la rive opposée, en face du poste, en s'engageant dans un ravin pierreux, d'un accès difficile et long de 4 kil. Il en débouche sur un plateau semblable à ceux précédemment

et de sable, constitue ici une vaste cuvette d'une lieue de longueur sur 2 ou 300 mètres de largeur.

L'oued coule toutes les fois que la pluie tombe sans discontinuer pendant 24 heures.

Sept puits (ou plutôt tilemamis) ont été creusés dans le lit de l'oued, à des distances variant entre 60 et 150 mètres du bordj. L'eau qu'ils fournissent est magnésienne et séléniteuse ; le puits le plus rapproché donne en outre une eau légèrement ferrugineuse. Chaque puits débitant environ 2^{m3} par jour, le débit total serait approximativement de 15^{m3} ; la nappe se trouve à une profondeur de $2^m 50$ à 3 mètres.

La végétation qui existait dans l'oued a presque complètement disparu : aussi faut-il aller loin maintenant pour trouver le bois et les pâturages nécessaires. Cela oblige à entretenir constamment au bordj une provision de bois. Quant aux chameaux composant les convois des troupes de passage, il faut les nourrir avec de l'orge. Une dizaine de palmiers dont quelques-uns productifs existaient dans l'oued au moment de la construction du bordj ; grâce aux plantations d'arbres de cette essence faites depuis cette époque, leur nombre s'est sensiblement accru.

[1] Depuis Fort Miribel jusqu'au point où le chemin atteint l'oued Mia, la marche s'effectue à travers le plateau par des sentiers assez bien tracés, qui se réunissent quelquefois pour ne former qu'une seule et large piste, bordée de tas de petites pierres, tas formés par toutes celles que les caravanes ont rejeté hors de la route, pour en rendre l'accès moins pénible aux chameaux. Mais, souvent, l'on est forcé de marcher à la file indienne si l'on ne veut pas cheminer parmi les pierres qui ne feraient qu'augmenter la fatigue aussi bien pour les chameaux que pour les piétons.

Ces observations s'appliquent du reste à toutes les routes un peu fréquentées qui traversent les plateaux sahariens.

« Après Chebbaba (Fort Miribel) les rivières se multiplient, leurs
» berges ont plus de hauteur, et la hammada de roches rugueuses tend

parcourus, qui s'étend à perte de vue. Après un trajet de 4 kil. sur ce plateau, la route rencontre une dépression de 1.500 à 2.000 mètres de longueur, contenant quelques touffes d'une végétation herbacée, c'est la Daïa El Hadj Brahim. Viennent successivement ensuite les deux Daïas El Hadj M'rabet, au sol argileux, où croissent de nombreux jujubiers [1] (seddeur). Puis la hammada devient rugueuse et difficile, jusqu'à 25 kil. de Fort Miribel, où le medjebed atteint l'oued Seddeur dans lequel l'on ne trouve que quelques représentants de l'arbuste qui lui a donné son nom. Le lit de cet oued, à peine encaissé, contient beaucoup de pierres. Huit kil. plus loin, le medjebed traverse l'oudeï Brahimat qui contient également quelques rares jujubiers ; puis les mouvements de terrain s'accentuent à gauche de la direction suivie : les hauteurs de Tabaloult apparaissent à l'horizon et plus près un gros djedar qui marque la direction. Au moment de l'atteindre, la route s'infléchit très légèrement à droite et va s'engager dans un ravin pierreux, long de 4 kil. et d'un accès difficile, qui débouche dans l'oued Tabaloult, où un puits de

» à se transformer en un massif montagneux très accidenté, qui » continue à s'élever jusqu'à la crête du Djebel el Akhal, où il » atteint 700^m d'altitude. » Foureau. Conférence à la Soc. de géog. de Paris, 27 avril 1894, p. 4.

[1] Le forage d'un puits a été commencé dans cette daïa ; il a été momentanément interrompu, à cause de l'insécurité qu'offre cette région depuis l'assassinat, en novembre 1896, du lieutenant Collot dans l'oued R'allousen.

29 mètres de profondeur a été creusé récemment [1] (177ᵉ kil.). De nombreux éthels croissent dans le lit de cet oued où l'on trouve encore du retem, du gouzzah, etc., et d'assez bons pâturages.

En quittant l'oued Tabaloult, le medjebed s'engage dans un ravin qui présente, à droite, des berges rocheuses assez escarpées, d'une vingtaine de mètres de hauteur; à gauche, les berges, plus basses, n'ont qu'une dizaine de mètres et leur pente est plus douce. Comme beaucoup d'autres ravins de cette région, celui-ci a reçu des indigènes le nom d'oued Seddeur, à cause des jujubiers qui y croissent; on y trouve aussi quelques éthels. Le medjebed remonte cet oued au lit caillouteux, pendant environ 3 kil., puis, laissant, à 500 mètres à gauche, une gara haute d'environ 40 mètres, il débouche sur le plateau pierreux qui constitue tout l'étage supérieur du Tadmaït depuis El Meksa.

Bientôt l'aspect du plateau, toujours plat et monotone, se modifie, l'horizon s'accidente : les Gour

---

[1] Altitude : 460 mètres (Foureau).
Pendant la construction de Fort Miribel, un poste avancé de quelques cavaliers avait été installé dans l'oued Tabaloult. Ceux-ci, pour se procurer l'eau nécessaire à leur subsistance, avaient creusé dans le lit de l'oued, rempli en cet endroit d'une végétation herbacée relativement abondante, un tilemmas qui leur donnait chaque jour environ 1^{m3} d'une eau assez bonne. Mais cette nappe n'étant pas permanente, on dut se préoccuper d'améliorer cette situation. Des recherches d'eau furent entreprises. Elles ont été couronnées de succès et la nappe permanente fut atteinte à 29 mètres.

Tiboukhar apparaissent au sud [1]. Le medjebed ne tarde pas à descendre le versant de la rive gauche de l'oued Tiboukhar [2]; de nombreux ravins, remplis de pierres, coupent la direction suivie et rendent ce passage difficile. Enfin le medjebed atteint le lit de l'oued [3] (189ᵉ kil.) large de 150 à 200 mètres, en suivant les flancs d'une sorte de cône de déjection formé en grande partie de timechent. Le lit de cet oued, où croissent des éthels, des tarfas et des retems, est encaissé entre deux hautes berges et semé d'énormes galets.

Les falaises de la rive gauche ont 30 mètres d'élévation, celles de la rive droite ont près du double. A un kil. en aval du point d'arrivée, on aperçoit sur la rive droite une gara ronde caractéristique et plusieurs autres sur la rive gauche.

Le medjebed remonte l'oued Tiboukhar, pendant environ 200 mètres, puis, passe sur la rive droite et, au moment d'atteindre un palmier isolé dont l'existence semble déceler la présence d'une nappe souterraine d'eau, s'engage dans un ravin pierreux qui remonte vers le sud et dont le confluent est marqué par la tombe du marabout Sidi Djilali. En face sur la rive gauche de l'oued Tiboukhar, se trouve également la tombe d'un autre marabout.

[1] Altitude du faîte entre l'oued Tabaloult et l'oued Tiboukhar : 330 mètres (Foureau).

[2] Autres orthographes : Timboukhar, Tibourkar.

[3] Altitude : 430 mètres (Foureau).

En arrivant sur le plateau qui est ici mouvementé et rocheux, ce qui en rend l'accès difficile, une foule de gour se dessinent à l'horizon.

Après un trajet très court sur ce plateau, le medjebed descend dans l'oued Tineldjam par un ravin difficile et très encaissé dont il suit le flanc gauche, rocheux et escarpé de 50 mètres de hauteur [1]. L'oued Tineldjam (194ᵉ kil.) lui-même est encaissé entre des berges de 40 à 60 mètres de hauteur. Son lit, d'une largeur moyenne de 200 mètres, est parsemé de gros galets et de détritus rocheux : il renferme des éthels, des tarfas, et des retems. Le fond de l'oued est occupé par une grande méchera qui retient l'eau assez longtemps. De nombreux ravins viennent se déverser dans l'oued Tineldjam et donnent à cette région l'aspect de la Chebka du Mzab.

Le medjebed remonte le lit de l'oued Tineldjam, au milieu des roches, éboulées des rives, pendant environ 800 mètres, puis il s'engage dans un affluent de droite, l'oued Fersigue, qu'il suit jusqu'à son confluent avec un nouvel oued Seddeur (199ᵉ kil.) où l'existence de tarfas et surtout de joncs semblent annoncer la présence d'une nappe souterraine.

Il emprunte à son tour le lit de cet oued qui est

---

[1] D'après M. Foureau, « la descente dans l'oued Tineldjam est » abrupte et ne s'effectue qu'à la file indienne ; ce sont deux » escaliers de roche dure de chacun 20 à 25 mètres d'élévation et » séparés par un palier de 300 mètres ». *Mission de 1893-1894*, p. 21.

d'un accès assez difficille et lorsqu'il en atteint la tête, il se trouve sur un plateau facilement praticable, hammada à éléments fins et moyens, sillonnée par quelques ravins peu marqués. L'un d'eux, et le principal, l'oued Azomogzès (210ᵉ kil.), dont les berges sont peu accentuées, a une largeur d'environ 50 mètres. On y trouve la même végétation d'éthels, de tarfas, de retems et de jujubiers. Au delà de cet oued, le medjebed continue sur la même hammada facile et, après un trajet d'environ 6 kil., il atteint l'oued Chebrag, par où s'opère la descente dans l'oued Miat. Cette descente est difficile à cause de l'inclination de la pente et des éboulis de roches.

Les berges de plus en plus hautes atteignent 30 et 40 mètres d'élévation dans l'oued Miat, que la route suit ensuite jusqu'à son confluent avec l'oued Mia [1] (223ᵉ kil.). Celui-ci, large ici de 300 mètres est également encaissé entre de hautes berges. La végétation y est beaucoup plus abondante que dans tous les oueds rencontrés précédemment.

Après un parcours d'environ 4 kil. dans le lit de l'oued Mia, d'un accès relativement facile, le medjebed atteint Tilemmas Djelguem [2], simple trou dans le sable, de 2 mètres de profondeur, donnant de l'eau en abondance, puis, 6 kil. 500 plus loin, Tilemmas Ferkla où deux puits ont été aménagés ;

---

[1] Altitude : 460 mètres (Foureau).
[2] Altitude : 480 mètres (Foureau).

mais un seul donne de l'eau, car l'autre a été comblé. L'eau se trouve à 1 mètre 50 de profondeur [2].

[2] Ces puits, comme l'a constaté M. Foureau, sont au fond d'une méchera. Après les crues, ils disparaissent sous la couche d'eau que conserve quelque temps cette méchera.

En 1894, le colonel Didier a visité également cette région. Il proposa d'installer à Tilemmas Ferkla un nouveau bordj, de préférence à Aïn Guettara primitivement désigné. A la suite de sa reconnaissance, il donna de la localité de Tilemmas Ferkla la description suivante qui complète les détails déjà connus :

» Les tilemamis de Ferkla, car il y en a deux à 250 mètres l'un
» de l'autre, sont situés dans une dépression de l'oued Mia. Le lit
» proprement dit de l'oued (le lit mineur) se trouve sur la rive gauche
» de la vallée, dont le sol est constitué par un banc de gros gravier,
» qui surplombe de deux mètres le lit de l'oued. La vallée est
» elle-même dominée de 18 mètres par les bords du plateau, très
» escarpés sur les deux rives et plus particulièrement sur la rive
» gauche dont un contrefort commande le Tilemmas.

» L'eau qui s'y rencontre à $1^m 45$ du sol provient des pluies qui
» tombent dans la région et des crues de l'oued. Après avoir traversé
» un banc de sable, elle est retenue par une couche d'argile formant
» une cuvette, dont il n'a pas été possible d'apprécier la profondeur,
» mais il est à présumer qu'elle est très abondante, car un seul trou,
» creusé et coffré à la hâte, a donné dans une heure 650 litres d'eau
» débit qui aurait évidemment augmenté si on avait approfondi
» l'excavation ; deux autres trous creusés à quelques mètres du
» premier ont donné le même résultat.

» Le débit de la nappe dépend, il est vrai, des pluies et des crues,
» et elle finirait par tarir s'il ne tombait plus d'eau dans la région.
» D'après les gens qui connaissent le pays, une pluie de 24 heures
» remplit les tilemamis pour dix ans.

» Les matériaux de construction, dont on a le plus besoin, eau,
» bois, sable, argile, moëllons, se trouvent dans la vallée et tout à
» côté des tilemamis....

» Il y a, dans cette région, beaucoup de bois sur tout le parcours
» de l'oued Mia et on y trouve aussi des pâturages dont la richesse
» s'accroît en raison directe de la fréquence des pluies. »

Au delà, la route se poursuit soit par le lit même de l'oued Mia qui forme ici plusieurs coudes dans l'un desquels se trouve le Tilemmas Tinkelmane [1] qui donne peu d'eau, soit par un raccourci dont l'entrée est marquée par deux touffes de palmiers, qui se dressent en face l'une de l'autre sur chaque rive de l'oued Mia. C'est à côté de la touffe de droite que commence le raccourci appelé Guetta [2] el Merabta. Au point culminant [3] de cette traverse, se trouvent plusieurs tombes. De là on redescend dans l'oued Mia par le Guetta Chaanbi [4] qui traverse des gorges abruptes et assez pittoresques et va rejoindre l'oued Mia par un ravin dont le fond est formé de timechent.

Au 246º kil. on atteint la tête de l'oued Mia, c'est-à-dire le confluent de l'oued Diss et de l'oued Tilemsin.

Le medjebed [5] remonte ce dernier cours d'eau : il passe d'une rive à l'autre, coupant les nombreux méandres de la rivière par de fréquents raccourcis. Le lit de l'oued Tilemsin, semé de gros galets,

[1] Altitude : 525 mètres (Foureau).
[2] Guetta veut dire raccourci.
[3] Altitude du point culminant : 590 mètres (Foureau).
[4] A signaler, entre le Guetta Chaanbi et Tilemmas Tinkelmane, trois gour coniques juxtaposés qui s'aperçoivent à une grande distance.
[5] Nous résumons la dernière partie de cet itinéraire d'après la reconnaissance faite en 1893 par M. Foureau.

nourrit cependant une assez belle végétation. Ses berges sont coupées par de nombreux ravins et s'abaissent de plus en plus, au fur et à mesure que l'on approche de la ligne de faîte. Partout, il y a de l'eau, les mécheras succèdent aux mécheras [1]; on y trouve successivement plusieurs tilemamis : Tilemmas el Adham, à 6 kil. du confluent avec l'oued Diss; Tilemmas bou Lasba, 8 kil. 500 plus loin. Enfin, à 6 kil. 500 de ce tilemmas, le medjebed atteint le confluent de l'oued Seddeur, affluent de droite de l'oued Tilemsin, et abandonne celui-ci, pour remonter la vallée de son affluent. Les berges de l'oued Seddeur sont encore plus basses et les nombreux méandres qu'il décrit obligent à suivre encore de fréquents raccourcis, généralement assez mauvais, à travers un sol de hammada dure. Après un trajet de 8 kil. dans ces conditions, le medjebed atteint le plateau, où l'oued Seddeur ne forme plus qu'une forte rigole. Un nouveau parcours de 5 kil. 500 amène à la ligne de faîte entre l'oued Seddeur, c'est-à-dire la vallée de l'oued Mia, et celle de l'oued Moussa ben Iaïch [2]. Un ravin de 2 kil. facilite la descente dans le lit de ce dernier oued.

Celui-ci, affluent important de l'oued In Sokki, contient ici du retem, des jujubiers et quelques autres petites plantes, mais les éthels et les tarfas

[1] M. Foureau a parcouru cette route à la suite d'une crue qui avait rempli tous les moindres trous.

[2] Altitude : 610 mètres (Foureau).

sont absents [1]. Les berges de la rive gauche ont, tout au plus, une douzaine de mètres et celles de la rive droite ne sont que de simples ondulations. On y trouve plusieurs mécheras.

Après avoir remonté le lit de l'oued Moussa ben Iaïch pendant un certain temps, on gravit la hammada fortement ondulée de la rive gauche pour retomber dans l'oued, après 4 kil. de parcours total. En face se dresse la petite gara, appelée Gara el Kahla, au pied de laquelle se trouve, dans le thalweg resserré ici, le Tilemmas Chebbaba mta Moussa ben Iaïch, qui conserve l'eau cinq ou six mois après les crues. Il suffit alors de creuser à 0,80 ou 1 mètre pour trouver la nappe sous-jacente. Le medjebed continue ensuite à travers la hammada, tantôt sur une rive tantôt sur l'autre et atteint, après un trajet de 9 kil. 500, la ligne de faîte du Djebel el Akhal [2], dont la pente sud rapide et courte, comparativement à celle du nord qui est longue et douce [3], est profon-

---

[1] « Cette disposition de la végétation arborescente n'est pas un » fait accidentel, mais bien un fait normal qui se reproduit d'une » façon constante dans les mêmes cas : cela prouve tout simplement » que l'on approche du sommet et des sources. En même temps que » les arbustes, disparaissent aussi les berges, et les rivières ne sont » plus que des vallées presque plates au milieu de la hammada élevée » qui constitue la crête du Tadmaït. (Djebel el Akhal). » F. Foureau, *Mission de 1893-1894*, p. 30.

[2] Altitude : 630^m (Foureau).

[3] « De ce sommet se déroule aux yeux vers le sud un immense » et splendide horizon sur lequel se découpent des gour élevés,

dément ravinée et creusée d'énormes sillons qui labourent ses flancs. Le medjebed s'engage au milieu des roches bouleversées et des blocs énormes dans le ravin tortueux et difficile de l'oued Guettara, il décrit des circuits très longs sur le bord de ravins hérissés d'éboulis, par des sentiers en corniche. La descente, route ordinaire des caravanes, est vraiment effroyable : elle se développe sur plus de 2.000 mètres pour en faire tout au plus 1.000 en distance horizontale et pour en descendre 70. C'est ainsi qu'on atteint Aïn Guettara [1], petite source cachée dans les replis mêmes du ravin de ce nom, dont les berges, de plus en plus hautes, atteignent là plus de 70 mètres.

» taillés régulièrement comme si la main des hommes leur avait
» donné des formes géométriques. D'innombrables mamelons noyés
» dans le mirage, se superposent en véritable cascade ; ce sont les
» témoins des différents étages du Baten ou pente sud du Tadmaït».
F. Foureau, *Mission de 1893-1894*, p. 31.

[1] Altitude : 520 mètres (Foureau).
Aïn Guettara, nom donné en général aux fontaines dans lesquelles l'eau tombe goutte à goutte. C'est précisément le cas ici où le filet d'eau qui alimente cette aiguade tombe goutte à goutte, au dire de M. Foureau, du haut de roches calcaires surplombantes en grandes stratifications horizontales. M. Foureau signale également à quelques mètres plus bas que la petite source, 4 ou 5 trous d'eau dans la roche, à l'abri de touffes de palmiers. Ils donneraient en abondance une eau excellente.

Les instructions données à M. Foureau ne lui prescrivaient pas de pousser au delà d'Aïn Guettara, mais il lui parut impossible de limiter son exploration à une localité aussi étrange; il considéra comme indispensable de reconnaître les difficultés qui pouvaient exister plus loin et de s'avancer au moins jusqu'au pied des escarpements sud du Tadmaït, dans la dépression du Tidikelt.

Le medjebed continue ensuite à descendre l'oued Guettara qui n'est encore qu'un ravin très étroit et très encaissé entre des berges abruptes et très élevées. Le sol en est fort difficile et jonché de roches énormes, de blocs gigantesques et d'éboulis de toutes sortes, au milieu desquels croissent de nombreux gommiers en touffes basses. Peu à peu cependant le ravin s'élargit et les berges deviennent moins raides. A 4 kil. environ d'Aïn Guettara, il s'élargit beaucoup et le medjebed suit ses berges en hammada peu dure et assez facile. De grands mornes de plus de 100 mètres les dominent d'assez loin.

Bientôt l'oued Guettara mesure plus de 1.000 mètres de largeur, entre des berges de 20 à 30 mètres, dominées au loin par deux ou trois étages de grands mornes. Le lit de l'oued, où se déroule le medjebed, est peuplé de gommiers et de quelques touffes de mrokba, et pavé de gros galets sur lesquels la marche est néanmoins facile. Après un trajet d'environ 7 kil. dans l'oued, le medjebed gravit la rive gauche pour marcher sur un terrain de hammada noire assez dure[1]. 8 kil. plus loin, un raidillon d'une trentaine de mètres, assez difficile, conduit dans l'oued Oum Khelida [2], affluent de gauche de l'oued el Abiod.

Le medjebed descend l'oued Oum Khelida qui se

---

[1] Il y aurait, d'après M. Foureau, un autre chemin, qui passerait un peu plus à l'ouest, pour se rendre à Hassi Moungar; il serait un peu plus long.

[2] Altitude : 460 mètres (Foureau).

jette bientôt dans l'oued el Abiod. Il suit tantôt le lit, tantôt les bords de ces oueds en hammada facile ; leur vallée est large et les berges peu élevées sont de grès en petits sphéroïdes agglutinés. Bientôt l'oued el Abiod s'élargit en madher au sol argileux, avec petites buttes de sable surmontées de drin et de mrokba. Au delà, le medjebed s'avance sur un bon sol de reg constituant une grande plaine plate qui s'ondule un peu plus loin [1].

Enfin, après avoir dépassé une petite gara noire, composée, comme tous les mornes de cette région, de grès noirs, rouges et gris, le medjebed traverse un immense reg plat, qui s'étend jusqu'au madher de l'oued el Batachi, rempli de gommiers et de drin. Cet oued, qui vient alors du N.-N.-O., est dominé sur sa rive gauche par un massif de gour de grès bruns et gris, de 15 à 25 mètres de hauteur. C'est au pied d'une petite gara isolée, qui émerge à quelques centaines de mètres au sud, que se trouve le puits appelé Hassi Moungar [2]. La distance parcourue depuis l'oued Oum Khelida est d'environ 45 kil.

D'Hassi Moungar on aperçoit, à 18 kil. au S.-O. le Ksar Zaouïet el Kahla [3].

---

[1] « L'oued el Abiod se divise et se perd dans la plaine en plusieurs » filets, comme toutes les rivières de cette région du reste ». F. Foureau, *Mission de 1893-1894*, p. 34.

[2] Altitude : 370 mètres (Foureau).

[3] Pour revenir sur ses pas, M. Foureau avait résolu de reconnaître un autre passage de la montagne qui lui avait été signalé à l'ouest du

C. — *Routes de la rive droite de l'oued Mia.*

Toutes les routes, qui du Sud algérien mènent au Tidikelt par la rive droite de l'oued Mia, se réunissent à In Ifel. Cette localité est en effet le lieu de passage obligé des voyageurs qui veulent suivre cette voie d'accès, car, là seulement, dans un rayon très étendu de l'est à l'ouest et du sud au nord, ils sont assurés de trouver de l'eau.

Deux directions principales venant d'Algérie conduisent à cette localité. La première part d'Ouargla: les habitants de cette ville la prennent d'habitude. Elle suit constamment la vallée de l'oued Mia se maintenant d'abord sur la rive droite. Elle passe alors par:

Hassi bou Khenissa.	36 kil.
Oued Djedid	40
Hassi Djemel.	33

chemin d'Aïn Guettara qu'il venait de parcourir. Ce nouveau chemin le conduisit à travers les gorges difficiles de l'oued Abkhokheune, affluent de l'oued Guettara, sur l'oued Tilemsin supérieur d'où il rejoignit l'oued Diss, dont il descendit le cours jusqu'à l'oued Mia. Cette reconnaissance lui permit de constater que, si le ravin de Guettara, compte une dizaine de kil., tout au plus, de route difficile, celui de l'oued Abkhokheune se tient pendant 30 kil. en défilé de montagne, en gorges abruptes dominées par des mornes à pic et très élevés d'un aspect splendide et d'un accès quelquefois même périlleux.

L'altitude de la ligne de partage des eaux entre l'oued Abkhokheune et l'oued Tilemsin fut trouvée de 630 mètres, celle de l'oued Abkhokheune à sa sortie des gorges, de 440 mètres et celle de l'oued Tilemsin supérieure de 600 mètres.

Siab . . . . 45 kil.
Hassi ben Abdelkader (puits comblé). . 40
Saïba Troudi.   5

Là, la piste fréquentée passe sur la rive gauche de l'oued. De Saïba Troudi on gagne In Ifel en deux fortes étapes.

Sedjeret Touila. . . . . 55 kil.
In Ifel 70
                            Total . . . . . 324 kil.

La seconde direction part d'El Goléa ; c'est la route suivie actuellement par les convois et les troupes qui se rendent à In Ifel. Elle est marquée par les étapes suivantes :

El Koceïba . . . . 30 kil.
Guern Oulad Iahia. 26
Moui (Hassi) El Hadj Moussa 27
Saab es Ser[1] 26
Daïa Sarret[2] 27
In Ifel 10
                            Total . . . . . 146 kil.

La situation particulière d'In Ifel fait donc de cette

[1] Les travaux de forage d'un puits entrepris en cet endroit ont été momentanément suspendus à la suite de l'assassinat du lieutenant Collot, en novembre 1896.

[2] Un puits a été foré en 1896, dans la Daïa Sarret. L'eau a été trouvée à $22^m 50$ de profondeur. Ce puits qui donne 6^{m3} d'eau par 24 heures, a été recouvert d'une coupole et pourvu d'un bassin de 12^{m3}.

localité, par rapport à l'Algérie, le véritable point initial des routes d'accès au Tidikelt [1] à travers la partie de l'étage supérieur du Tadmaït qui s'étend au sud de l'oued Mia. Ces chemins, au nombre de deux, sont surtout fréquentés par les nomades d'In Salah et par les rezzous, ils se confondent dans la première partie de leur parcours et viennent déboucher au nord du Tidikelt, le premier par la gorge d'Adjelmam, le second par celle de l'oued Malah.

Ces deux routes ne nous sont encore connues en grande partie que par renseignements, tous les efforts de nos officiers et de nos explorateurs s'étant jusqu'ici portés principalement sur la reconnaissance de la

---

[1] En dehors des routes que nous avons plus particulièrement étudiées ici, le cours de l'oued Mia lui-même forme une voie d'accès toute naturelle que les indigènes suivent volontiers pour se rendre à In Salah. C'est ainsi que les caravanes, venant d'Ouargla, après avoir atteint In Ifel, continuent vers In Salah par l'oued Mia supérieur, remontant ainsi tout le cours de cette rivière.

Ce chemin, toujours fréquenté par nos indigènes, l'était également autrefois par les habitants du Tidikelt se rendant dans le Sud algérien, mais depuis l'occupation d'In Ifel, ils semblent avoir abandonné cette route qui avait, pour eux cependant, l'avantage d'être d'un accès généralement facile et de fournir presque sans interruption des pâturages pour les chameaux. Il est probable que si jamais nous nous installons au Tidikelt, cette route reprendra bientôt son ancienne importance surtout si, en même temps, nous poussons la locomotive jusqu'à Ouargla.

Il nous a paru inutile d'entrer dans plus de détails sur cette route qui se confond d'abord avec le cours de l'oued Mia, décrit précédemment, et qui emprunte ensuite dans sa dernière partie le chemin du Fort Miribel à In Salah par Aïn Guettara.

région située au nord de l'oued Mia, dans le Tadmaït supérieur.

In Ifel est donc le point d'origine commun de ces deux routes qui, après s'être confondues d'abord, comme nous venons de le dire, ne se séparent que bien plus au sud. En quittant cette localité, le medjebed se dirige au sud à travers la hammada de la rive droite et va traverser l'oued In Sokki à environ 10 kil. de son confluent, vers Meseddeli. « De là, nous apprend le
» colonel Flatters, il va par la hammada de la rive
» gauche de l'oued In Sokki, passant aux puits dits
» Aïssa Oumballa, Madher el Had, Madher el Ahmar.
» Le medjebed franchit l'oued In Sokki à Mechera
» Djemel et va sur la hammada de la rive droite au
» sud et au sud-sud-ouest[1] » coupant plusieurs détours de l'oued Ar'rid et se dirigeant sur Hassi In Sokki. Il franchit là l'oued In Sokki et monte sur la hammada de la rive gauche pour suivre ensuite une direction sud-sud-ouest. A 10 kil. de là, il franchit la tête de l'oued Dhomran[2].

---

[1] Flatters, *ouvrage cité*, p. 300. Ailleurs (p. 287) le colonel Flatters indique un itinéraire un peu différent, il est jalonné par :

Meseddeli.	Oued Raoua.
Kef el Ouar.	Oued Moussa ben Iaïch.
El Hachchana.	Oued Ar'rid.
Tiour'i.	Hassi In Sokki.
El Merek.	

[2] D'après un rapport récent du capitaine Fournier, chef du poste d'Ouargla, l'oued Dhomran contiendrait beaucoup de pâturages.

C'est en ce point que les deux pistes se séparent, celle de droite se dirigeant sur Adjelmam, celle de gauche gagnant l'oued Malah.

A. Medjebed d'Adjelmam

De l'oued Dhomran, le medjebed gagne, à travers la hammada, l'oued Ethel [1] et, de là, la gorge d'Adjelmam, où, comme son nom l'indique, se trouve une guelta creusée dans le roc d'où l'eau s'échappe en cascade après les pluies. Puis le medjebed atteint l'oued Reha et descend l'oued el Abiod qui le mène à Hassi Moungar, et à In Salah.

B. Medjebed de l'oued Malah.

Ce medjebed, en quittant l'oued Dhomran, se rapproche du cours de l'oued In Sokki supérieur et vient déboucher, par une gorge plus accidentée que celle d'Adjelmam, dans l'oued Malah. Il suit le cours de cette rivière, qui prend bientôt le nom d'oued Farès oum el Lill, puis, laissant cet oued, il se dirige à l'ouest sur Kheneg et vient aboutir à Hassi Oulad Messaoud, au sud de Foggaret ez Zoua [2].

---

[1] Cet oued, d'après le même informateur, contiendrait beaucoup de bois et de pâturages.

[2] On peut également, d'après Flatters, de l'oued Malah gagner l'oued Reha et Hassi Moungar.

Voir, pour ces itinéraires, Flatters, *Journal de route, 1ʳᵉ mission*,

3° ROUTES AU SUD DU TADMAÏT.

Le reg d'Adjemor et l'oued Massin.

C'est à Hassi Messeguem [1], c'est-à-dire à l'extrémité sud-est du Tadmaït, que se réunissent les différentes voies d'accès, venant d'Algérie, qui permettent de contourner ce plateau par le sud. Le reg de petit gravier siliceux où se trouve ce puits forme là une

---

p. 20 et 24; *2ᵉ mission*, p. 287. D'après le colonel, cette route serait jalonnée ainsi qu'il suit depuis Hassi In Sokki :

Metlag oudian el Ethel.	Kheneg.
Skiki.	Hassi Oulad Messaoud.
Oued Malah.	Foggaret ez Zoua.
Oued Farès oum el Lill.	

[1] Le puits de Messeguem (altitude 373 mètres, Foureau), creusé dans le gypse plus ou moins cristallisé et sableux, a une profondeur totale de $10^m 25$ avec une épaisseur d'eau de $1^m 40$. Cette eau, comme l'a reconnu l'ingénieur Roche (*2ᵉ mission Flatters*, p. 316), est de médiocre qualité. Malgré cela, ce puits, situé à 5 jours d'In Salah, à 4 jours d'El Biod et à 6 jours de Timassinine, a une réelle importance. C'est là « que viennent boire toutes les caravanes et » tous les rezzous. Les gens d'In Salah y passent soit qu'ils aillent » à R'adamès, par la route de l'oudjh, ou par celle du Sud, soit » qu'ils se rendent à Amguid et à R'at, pour éviter des régions peu » peuplées et souvent troublées. Les Oulad ba Hammou et les Zoua » du Tidikelt y viennent en estivage ; tous les rezzous venant des » Ahaggar, des Taïtok ou des Oulad Messaoud touchent à Hassi » Messeguem ». (Foureau, *Mission de 1892*, p. 62). Pour ces motifs, on avait songé un instant à établir en ce point un poste qui aurait assuré la sécurité de la région, surveillé les caravanes et étendu ainsi notre influence dans le Sahara. Mais on reconnut bientôt qu'au point de vue algérien, cette position était trop

vallée ¹ plate de 15 kil., qui va en s'élargissant vers le sud et est limitée à l'ouest par le Tadmaït et à l'est par le plateau de Tinr'ert ² : quelques dunes bordent à l'ouest la cuvette gypseuse, espèce de sebkha, où est creusé Hassi Messeguem ³. Au delà, la vue se

excentrique par rapport aux routes directes d'El Goléa et d'Ouargla à In Salah et que si jamais elle devenait une menace pour notre flanc on la réduirait à néant en envoyant quelques cavaliers du Makhzen combler le puits.

En novembre 1896, le capitaine Fournier a constaté que le puits avait été naturellement comblé par un éboulement des parois, éboulement qui s'était produit, au dire des indigènes, trois ans auparavant.

¹ L'oued Aouleggui, qui, comme nous l'avons dit, vient du Tadmaït, s'y épanouit en madher. « Cet oued se détourne ensuite » vers le sud pour contourner les dunes du Hassi et aller très » probablement joindre plus loin le système de l'oued Massin. » F. Foureau, *Mission de 1892*, p. 61.

² Djebel Kibal des arabes. Ici les escarpements du plateau de Tinr'ert, très raides, ont souvent plus de 60 mètres de hauteur ; ils sont constitués à la partie inférieure par une formation gypseuse blanche, surmontée d'une formation de marne ou de calcaire marneux quelquefois dolomitique, à extérieur rougeâtre et à cassure jaune ou, plus rarement, blanche. (*2ᵉ mission Flatters. Études géologiques*, Ing. Roche, p. 33).

³ Plusieurs routes permettent d'atteindre Hassi Messeguem en partant du Sud algérien. Nous indiquerons les principales, en faisant connaître les points les plus importants qui les jalonnent.

1° de Touggourt, on passe par

El Goug,
Aïn bou Semah,
Hassi Oulad Zid,
Hassi bou Larouah,
Hassi Haoudh ech Cheikh,
Hassi bou Kheloua,

Hassi el Bordj,
Fort Lallemand,
Hassi el Mokhanza Djedida,
Aïn Taïba,
Daïa ben Abbou,
Hassi Messeguem.

2° de Touggourt, après avoir cheminé pendant quelque temps

déroule sur le reg d'Adjemor ou reg Ben el Asfar, vaste surface de reg jaune et fin qui s'étend sans aucune végétation jusqu'aux premiers contreforts du Mouidir, c'est-à-dire à près de 200 kil. dans la direction du

dans la même direction, on peut prendre une route un peu plus à l'ouest et marquée par

Hassi Oulad Zid,	Hassi El Biod,
Hassi Tounsia,	Hassi R'ourd Oulad Iaïch,
Hassi R'enami,	Hammada Et Atchan,
Hassi Djeribia,	Takkoumsit,
Hassi Tamesguida,	Oued Messeïed,
Hassi Chaanbi,	le Madher (Tigmi).

3° Route d'Ouargla et d'El Goléa.

Elles se réunissent à In Ifel d'où l'on peut gagner Messeguem par la Hammada el Atchan, dont la traversée est toujours pénible, et l'oued Messeïed. On peut encore, et c'est le chemin suivi par la deuxième mission Flatters, remonter l'oued In Sokki jusqu'au puits de ce nom, en empruntant un instant la route d'In Ifel qui passe par ce puits, et gagner de là Messeguem par la route qui traverse la Tisnaïa, route appelée par les indigènes medjebed Ilgou. C'est là une route assez suivie, surtout par les nomades qui vont en campement d'In Salah au Madher et à Messeguem. Aussi le medjebed est-il bien marqué.

Le colonel Flatters nous a rapporté la légende à laquelle il doit son nom (*Journal de route, 2e mission*, p. 303) : « Vers le millieu
» du XIIe siècle de l'ère chrétienne, Ilgou, chef des Zenata,
» écrit-il, mena, dit-on, une expédition de Tamentit à R'adamès. Il
» s'empara de cette dernière ville et la pilla, mais il avait compté
» sans les chefs arabes de la tribu des Hilal, établis au Touat, Zid,
» Bou Zid et Bou Diab ben R'anem, qui, le suivant à quelques
» jours d'intervalle, allèrent l'attendre au retour à Tin Iagguin et le
» tuèrent, lui et tous les siens. Ilgou est devenu légendaire et l'on
» raconte encore son expédition et sa mort avec toutes les amplifi-
» cations arabes imaginables ». Le colonel, qui écrivait son journal en cours de route, avait cru voir là un fait au fond historique, et il

sud. A l'ouest, on aperçoit les caps bleuâtres qui terminent en dentelures le Tinr'ert [1], prolongé vers le sud par le Djebel Iraouen. En avant du Tinr'ert, s'étale le massif de dunes appelé Areg er Rih, massif au nord duquel passe une des routes qui conduisent d'In Salah à R'adamès [2].

Au nord, le reg d'Adjemor vient finir à l'oued Massin, série de bas-fonds [3] placés sur une même ligne sensiblement parallèle au Djebel el Abiod et indépendants les uns des autres, mais qui ne l'ont peut-être pas toujours été. Entre l'oued Massin et la falaise s'étend, sur une largeur de 16 à 24 kil., d'après M. Foureau [4], une hammada noire

---

lui avait même semblé, bien à tort d'ailleurs, qu'il était noté par In Khaldoun, dans son histoire des Berbères au chapitre des Zenata. En réalité cette légende n'est qu'un souvenir, plus ou moins défiguré, d'un épisode de la lutte des Zenata contre les conquérants arabes, souvenir rattaché plus tard, par l'imagination des indigènes, au cycle hilalien des aventures de Bon Zid et de Diab ben R'anem.

[1] F. Foureau, *Mission au Tadmaït*, 1890, p. 60.

[2] « Il y a deux routes allant d'In Salah à R'adamès : l'une méri-
» dionale passant par l'oued Malah, Timassinine, Bela R'adamès, etc. :
» c'est la route des caravanes paisibles : l'autre, route de l'oudjh,
» partant de Messeguem, suit partout le pied de l'Erg, et le Madher
» ben Abbou est une de ses étapes. Cette dernière est plutôt fréquentée
» par les rezzous et les voleurs. » Foureau, *Mission de 1892*, p. 58.

[3] Ces bas-fonds sont, d'après le capitaine Le Châtelier (*Description de l'oasis d'In Salah*), en allant de l'est à l'ouest, le Mehabes el Fersig, l'oued Halhaoula, l'oued Ragba et la dépression de Metlag.

[4] *Mission au Tadmaït*, p. 62.

et dure de calcaire mélangé de silex avec quelques fragments de jaspe, qui se continue à l'ouest par un plateau gypseux parsemé de cailloux noirs. De nombreux ravins descendant du Tadmaït sillonnent cette hammada. M. Foureau qui, en 1890, a poussé une pointe dans cette région, énumère les principaux d'entre eux [1]. Ce sont:

L'oued el Assel,
L'oued Mkhamla,
L'oued el Ansiet [2],
L'oued Adjerem,
L'oued Nakhela,
L'oued Morra [3],
L'oued Feïodha [4].

L'exploration de M. Foureau n'a pas dépassé cet oued, qu'il avait atteint en deux étapes, venant

---

[1] Toutes ces rivières, d'après M. Foureau, contiennent non pas du sable de dunes, mais bien du gravier gros et fin, roulé des plateaux supérieurs par les crues. On y trouve des traces de campements importants. C'est que les Zoua ou les Oulad ba Hammou y font paître leurs troupeaux: ils trouvent, dans le haut des ravins du plateau, de bons pâturages et de nombreuses petites sources. (F. Foureau, *Mission au Tadmaït, 1890*, p. 62-63).

[2] Au point où il a coupé cet oued, M. Foureau a trouvé longitude est: 1° 56′ 25″; latitude nord: 28° 07′ 33″ et altitude 440 mètres.

[3] D'après M. Foureau, dans le lit supérieur de cet oued, dans l'intérieur du plateau, se trouverait une source vive.

[4] M. Foureau l'a atteint par 1° 43′ de longitude est et 27° 51′ 53″ de latitude nord, d'après ses calculs. Il a trouvé à ce point une altitude de 465 mètres.

d'Hassi Aouleggui. Du Koudiat Mrokba, situé un peu plus au sud, au dire des indigènes qui accompagnaient l'explorateur, un bon mehari, bien mené, partant au point du jour, peut arriver vers 4 heures du soir à Foggaret el Arab.

G. Rohlfs, qui, en 1864, a suivi la même route, se rendant d'In Salah à Hassi Messeguem [1], donne sur les oueds de cette contrée des renseignements un peu différents. Pour lui, l'artère principale qui collige les eaux du Tadmaït est l'oued Touil, « cours
» d'eau relativement long, ainsi que son nom
» l'indique, surtout, si, comme le font les indigènes,
» on vient à donner également ce nom à l'oued
» Massin qui n'est que son prolongement [2] ».

Pendant sa marche à travers la hammada de pierres

---

[1] Parti du Ksar el Arab, le 29 octobre 1864, G. Rohlfs atteignait Hassi Messeguem, le 6 novembre suivant, n'ayant effectué, pendant les quatre premiers jours du trajet que des étapes très courtes. Dans ce parcours, les points principaux où il passe sont successivement : Hassi bou Has, puits situé au sud d'Iguesten, Hassi bou Ghirba, Foggaret el Arab où il séjourne et Hassi Sidi Djaffer. Laissant ensuite au nord Foggaret ez Zoua, il passe près de Hassi Oulad Messaoud, et, après avoir traversé la hammada de Ber el Ahmra (le pays rouge), il atteint l'oued Hauk, qu'il regarde comme un des bras de l'oued Massin. Il en suit le cours, ce qui l'amène dans l'oued Touil qu'il remonte et vient passer à 2 kil. au sud d'Hassi Farès oum el Lill, puis à Hassi Meltga. Sa route se continue ensuite à travers la hammada du pied du Tadmaït, coupant successivement les différents oueds que nous allons énumérer bientôt.

[2] G. Rohlfs. *Exploration der oasen von Tafilet. — Tuat und Tidikelt.* Bremen, 1882, p. 213.

noires et aiguës[8], qui s'étend au pied du Tadmaït, G. Rohlfs a rencontré successivement :

1° L'oued Djemel, venant du nord-est, qui se jette dans l'oued Touil.

2° L'oued Djedj, venant également du nord-est, qui va de même rejoindre l'oued Touil.

3° L'oued Srebra, qui se réunit à l'oued Touil.

4° L'oued Mokhamla, affluent de l'oued Touil, qui coule du nord au sud.

5° L'oued Bou el Assas, autre affluent de l'oued Touil, qui coule également du nord au sud.

6° L'oued Fidah, qui coule de même vers le sud.

7° Plusieurs petits cours d'eau indiqués par l'explorateur, mais dont il ne donne ni le nombre, ni les noms.

8° L'oued Lefaïa, qui vient de l'est-nord-est et coule vers l'ouest.

9° L'oued Mora, qui descend du Tadmaït et se dirige au sud.

10° Un cours d'eau innommé au lit insignifiant.

11° L'oued Ajrab, formé de trois bras, qui une fois réunis se jetteraient, au dire des compagnons de route (Touareg) de l'explorateur, dans l'oued Touil. L'un d'eux vient du nord, l'autre de l'est et le dernier du sud.

---

[3] « Si on débarrassait cette plaine, nous dit G. Rohlfs, de toutes les petites pierres aiguës qu'on y trouve, elle pourrait servir de grande salle de danse ». *Ouvrage cité*, p. 217.

12° L'oued Sitt ou Aïn Sitt [1] qui a de nombreux bras [2].

[1] G. Rohlfs fait observer que, malgré ce nom d'Aïn Sitt, on ne trouve aucune source sur le chemin, et il ajoute :

« La plus grande partie de ces petits cours d'eau ont cependant » à leur origine des puits (hassi) et des fontaines ; il ne faut donc » pas s'étonner de leurs noms qui sembleraient indiquer la présence » de l'eau, quand en réalité on en trouve si peu. En outre, je suis » persuadé que le courant d'eau se trouve généralement à une faible » profondeur et que par conséquent des aiguades pourraient être » établies avec peu de peine. » G. Rohlfs, *ouvrage cité*, p. 217.

Rappelons ici que dans l'oued Ansiett (l'oued Aïn Sitt de G. Rohlfs) M. Foureau a trouvé des tilemamis remplis d'eau lors de son passage.

[2] Des données qu'il a recueillies sur place, des observations qu'il a pu faire en cours de route sur la configuration générale du pays, des renseignements qui lui ont été fournis par ses compagnons de route (des Touareg Ifor'as), G. Rohlfs a tracé une carte (Petermann's Géographische Mittheilungen, Jahrgang, 1865, Tafel 14) qu'il paraît utile d'analyser ici. D'après les indications qui y sont portées, pour G. Rohlfs, les divers bras, constituant l'oued Aïn Sitt, forment, après leur réunion, l'oued Ajrab qui coule vers l'ouest et se grossit bientôt de deux autres oueds portant le même nom et venant l'un du nord l'autre du sud. Après le confluent de ces trois cours d'eau, l'oued Ajrab continue à l'ouest et prend le nom d'oued Lefaïa. Il reçoit alors tous les cours d'eau qui descendent du Tadmaït, tels que l'oued Mora et l'oued Fidah. Au delà G. Rohlfs, contrairement aux dires de ses informateurs indigènes qui le font se jeter dans l'oued Touil, fait perdre l'oued Lefaïa dans la plaine d'Adjemor. Il agit de même pour les cours d'eau suivants : l'oued Bou el Assas, l'oued Mokhamla et l'oued Srebra. Un tracé nord-sud de peu d'étendue indique les deux premiers ; le troisième, au cours d'abord parallèle aux précédents, est ensuite prolongé légèrement vers l'ouest. L'oued Djedj, qui vient après, est tracé de même, mais, en tournant à l'ouest, il devient l'oued Touil. Puis ce dernier, grossi de l'oued Djemel, continue dans une direction ouest-sud-ouest, pour devenir bientôt l'oued Massin.

Le lieutenant-colonel Flatters, au cours de sa deuxième mission, a recueilli quelques renseignements sur cette même région.

« On appelle oued Massin, écrit-il [1], l'ensemble des
» ravins ou oudian, descendant du Tadmaït au sud et
» se réunissant ou plutôt se perdant dans une
» dépression de reg plat, dont un point plus bas que
» les autres, et renfermant souvent un peu d'eau
» dans des tilemamis (massin), est plus particuliè-
» rement appelé Metlega (réunion, rencontre). Ce reg
» va, par le sud-ouest et le sud, communiquer avec
» l'autre reg, dit oued Akabara ou oued Botha ».

Il donne, en même temps, la liste de ces oueds, d'après des renseignements, fournis en cours de route, par des indigènes.

Ce sont :

   Oued Ansit,
   Oued el Adjerem,
   Oued Sebbat,
   Oued Nekhilat,
   Oued Fouada,
   Oued Boukhsas,
   Oued Leffaïa,
   Oued Mekhamela,
   Oued Zeriba,
   Oued Djemel,
   Oued Djadja,

---

[1] *Journal de route de la 2ᵉ mission,* p. 308.

Oudeï Redjem,
Oued Bou Khechba,
Oued Dahra,
Oudeï Medjebed,
Oued Zamouri,
Oudian Nougueur,
Chabet Dhomran,
Oued Farès Oum el Lill [1],
Oued Timekran.

« L'oued Ansit, ajoute encore le lieutenant-colonel
» Flatters, peut être considéré comme tête du Mentga
» qui va S.-O., recevant tous les oueds précédents,
» jusques et y compris l'oued Timekran dont le point
» de jonction, mal défini du reste, ainsi que ceux des
» autres, serait Aïn el Kahla, à 40 kilomètres S.-E.
» de Foggaret ez Zoua. Là, El Mentga tourne au sud
» et se perd dans le reg. »

Plus tard (1885) le capitaine Le Châtelier en donnait un relevé un peu différent [2] :

Oued Hattel [3],
Oued Ansiet [3],
Oued Adjerem [3],

---

[1] Par corruption, les indigènes disent aussi Iresmellil ou Faresmellil. G. Rholfs écrit Jersmellihl (*ouvrage cité*, p. 213).

[2] *Description de l'oasis d'In Salah*, publiée dans le t. III du Bulletin de correspondance africaine, 1885.

[3] D'après M. Le Châtelier, ces trois oueds iraient se perdre dans la dépression appelée Mehabes el Fersig.

Oued Nakhela [1],
Oued Mourra [1],
Ouidian Amesmi [1],
Oued Lefaïa [1],
Oued el Feïodha [1],
Oued Bou Sarsas [1],
Ouidian Lefaa [1],
Ouidian Mekhamela [1],
Oued Zeriba [1],
Oued Djemel [2],
deux petits ravins de 10 à 15 kil. non dénommés [2],
Oued Khechba [3],
Ouidian Negguir [3],
Oued Zemmouri [3],
Oued el Hassi [3],
Oued Farès Oum el Lill [3].

La hammada, que tous ces oueds sillonnent, n'offre aux animaux aucune espèce de nourriture; la végétation, en effet, se trouve reléguée dans les lits des rivières où croissent des gommiers, des éthels, des

---

[1] Tous ces oueds se perdraient, au dire de M. Le Châtelier, dans la dépression connue sous le nom d'oued Halhaoula et qui serait habituellement considérée comme formant un système indépendant.

[2] Suivant M. Le Châtelier, ces oueds se jetteraient dans une nouvelle dépression appelée Oued er Ragba.

[3] Tous ces oueds se réuniraient, selon M. Le Châtelier, dans la dépression appelée Metlag, où commencerait le véritable thalweg de l'oued Massin, qui irait peu après se réunir à l'oued Farès Oum el Lill, pour former l'oued Botha.

retems, des gouzzahs, à l'abri desquels se développent, à la suite des pluies, quelques graminées.

M. Foureau, dans la pointe hardie qu'il a faite dans cette direction, n'a reconnu qu'un seul point d'eau dans l'oued Ansiet. Ce sont trois tilemamis creusés dans le sable de l'oued, qui ont 4 mètres de profondeur et $0^m 50$ d'eau. On signale encore des tilemamis dans l'oued Ragba[1], et, au confluent de l'oued el Hassi et de l'oued Farès Oum el Lill, un puits important, Hassi Farès Oum el Lill, sans compter Hassi Meltga, puits bouché depuis longtemps et indiqué par G. Rohlfs comme étant dans l'oued Massin[2].

Telles sont les seules données que nous possédions sur cette voie d'accès au Tidikelt. Elles sont encore bien vagues et si jamais nous nous installons à In Salah, un de nos premiers devoirs sera de reconnaître cette route et peut-être même de reprendre le projet ajourné d'installation d'un poste à Messeguem.

[1] Sans doute l'Hassi Touil de la carte Foureau de 1888.

[2] D'après l'explorateur allemand, ce puits aurait été bouché au cours d'une guerre entre les Chaanba et les Touareg. Les premiers y auraient précipité les cadavres de leurs ennemis tués et les auraient recouverts ensuite de pierres et de sable.

cette partie du Touat ; sa correspondance publiée en 1828 dans la *Quaterly Review* [1] ne donne qu'une indication réellement importante celle de la position d'In Salah, modifiée d'ailleurs en longitude par une récente exploration de M. Foureau.

Trente-deux ans plus tard, en 1860, le commandant Colonieu et le lieutenant Burin visitaient le Gourara et s'avançaient jusque dans l'Aouguerout. Ce voyage, dont les résultats ne furent connus du public qu'en ces dernières années, avait été entrepris surtout en vue du développement des relations commerciales entre l'Algérie et le Touat. Par suite ces explorateurs n'ont rapporté que des renseignements généraux sur la région, et leurs indications géographiques, d'ailleurs peu précises, ne s'appliquent qu'aux points principaux où ils s'étaient arrêtés [2].

Quatre années après, en 1864, un voyageur

---

[1] Vol. XXXVIII, p. 101 et suiv.

[2] Bull. Soc. géog. Paris, 1892, p. 41 et suiv. ; 1893, p. 53 et suiv.; 1894, p. 430 et suiv.

Le levé d'ensemble au 1.600.000ᵉ, établi par le commandant Colonieu à la suite de son voyage (levé inédit), est très sobre de renseignements, ayant trait seulement aux localités où cet officier supérieur a campé. Le but que l'on s'était proposé d'atteindre en entreprenant ce voyage fait facilement comprendre que le commandant Colonieu devait éviter d'éveiller la méfiance des habitants en faisant des observations et en cherchant à se renseigner sur le pays.

C'est avec les quelques données consignées par Colonieu sur son levé, données complétées par les renseignements fournis par de Colomb et Duveyrier, que ce dernier a dressé la carte jointe au rapport publié dans le Bul. de la Soc. de géog. de Paris.

allemand, G. Rohlfs, abordait le Touat par le Nord, le traversait du Nord au Sud et gagnait R'adamès après avoir parcouru une partie du Tidikelt. Le récit de son exploration est le document où se trouvent rassemblés les renseignements les plus certains que nous possédions sur cette région d'oasis [1].

Depuis son voyage le Touat semble s'être fermé aux tentatives européennes et Soleillet en 1873 ne peut aller plus loin que Meliana dans le Tidikelt.

Cependant, en 1885-86, la région des oasis se rouvre pour Palat qui devait y trouver la mort. Son voyage n'a pas du moins été complètement inutile, car sa correspondance, publiée sous le titre de *Journal de route*, nous fournit des indications précieuses, quoique encore un peu vagues, sur les districts du Tin Erkouk et des Djereïfat et sur quelques-unes des oasis qui s'y trouvent.

Neuf années après (1894), des informateurs indigènes sont envoyés par le Gouvernement Général de l'Algérie et traversent le Gourara de l'ouest à l'est; leurs rapports font surtout ressortir combien on s'exagère d'habitude l'importance de toutes ces oasis.

Enfin en 1895-96, le Tin Erkouk était abordé successivement par les missions du commandant Godron, du lieutenant Falconetti et de M. G.-B.-M. Flamand.

---

[1] G. Rohlfs, *Reise durch Marokko, Exploration der Oasen von Tafilet, Tuat und Tidikelt*.

En résumé, à part le voyage de G. Rohlfs, qui a été relativement fructueux, les explorations de la région touatienne ne nous ont apporté que des données restreintes, totalement insuffisantes pour pouvoir entreprendre une description complète de ce pays.

Heureusement que par l'emploi d'une autre méthode, celle qui consiste à interroger les indigènes originaires du Touat qui fréquentent nos postes ou ceux de nos administrés qui ont visité les oasis, l'on a pu parvenir à réunir un ensemble de connaissances sur les localités méridionales.

Les résultats acquis par cette manière de procéder étaient forcément moins certains que ceux procurés par l'exploration directe ; ils étaient cependant d'autant plus précieux qu'au moment de notre débarquement en Algérie, nous n'avions que des notions très vagues sur la région touatienne. C'est à peine si les ouvrages d'auteurs anciens, arabes ou chrétiens, tels qu'Ibn Batouta, Ibn Khaldoun, Léon l'Africain, Marmol nous confiaient quelques renseignements généralement confus, indécis, et touchant au merveilleux. C'était là un bagage en somme très rudimentaire et tout à fait insuffisant pour satisfaire la curiosité de gens désireux de savoir ce qu'il y avait au delà de cette Algérie que nous étions en train de conquérir. Quelques écrivains plus modernes, tel que Shaw, avaient bien fourni à leur tour un petit nombre d'indications, mais elles ne reposaient, elles aussi, sur aucune base solide, et l'on pouvait considérer les régions en question comme à peu près totalement inconnues.

D'ailleurs, dans les débuts, les préoccupations de la conquête du littoral détournaient la plupart des esprits de l'étude des questions relatives à l'hinterland.

Toutefois, en 1836, d'Avezac publiait un intéressant travail où pour la première fois, grâce à une critique savante et érudite, apparaissaient avec un caractère de certitude, ignorée jusqu'alors, les positions géographiques des principales oasis du Touat. Ce travail était la traduction d'un manuscrit arabe dû à un certain El Hadj ben Eddin Laghouati, manuscrit dans lequel ce voyageur indigène donnait des renseignements non seulement sur Laghouat, sa ville natale, et ses environs, mais encore sur les régions qu'il avait parcourues dans le Sahara. Après avoir parlé du Mzab, d'El Goléa et d'Ouargla, il donnait, entre autres, un itinéraire suffisamment exact d'El Goléa à Timimoun. Puis il décrivait ce Ksar ainsi que le Gourara, l'Aoulef, Tit, In Salah, etc.

D'Avezac avait accompagné cette traduction de notes critiques, pleines d'érudition, où il discutait les données fournies par l'auteur indigène et cherchait à en tirer les meilleures conclusions pour la construction d'une carte de cette partie de l'Afrique septentrionale, en utilisant en même temps les indications procurées antérieurement par d'autres auteurs.

Huit ans plus tard (1844) les travaux de deux membres de la Commission scientifique de l'Algérie,

Carette et Renou [1], venaient confirmer la plupart des conclusions du savant géographe.

L'année suivante, le lieutenant-colonel Daumas, après une enquête longue et minutieuse, publiait le *Sahara Algérien*, et précisait déjà davantage le groupement des oasis du Touat.

Bientôt même nos officiers, mis de plus en plus en contact avec les tribus du Sud, s'intéressaient chaque jour davantage à ces questions.

Dans la province d'Oran, le commandant Deligny [2] écrivait un travail complet sur les oasis du Gourara, du Touat et du Tidikelt et établissait par renseignements la première carte de cette archipel. A Biskra, où il était commandant supérieur, le lieutenant-colonel Seroka [3] recueillait de nombreux renseignements sur le Touat et ses bourgades. En même temps, le lieutenant-colonel de Colomb, profitant de son long séjour à Géryville, réunissait une multitude de matériaux sur le même sujet et faisait paraître, en

---

[1] Carette, *Recherches sur la géographie et le commerce de l'Algérie méridionale*, p. 97 et suivantes.

Renou, *Notice géographique sur une partie de l'Afrique septentrionale*, p. 304 et suivantes.

Ces deux travaux, réunis en un seul volume, forment le tome II (Sciences historiques et géographiques) de l'*Exploration scientifique de l'Algérie*.

[2] Cité par le commandant Colonieu, in Bul. Soc. de Géog. de Paris, 1892, p. 42. Nous n'avons pu retrouver ce travail.

[3] Cité par Cherbonneau, in *Itinéraire de la route de Tuggurt à Tin Bouktou*, article paru dans la Revue algérienne et coloniale septembre 1860.

1860, une étude approfondie sur les mêmes régions [1].

La question saharienne était alors à l'ordre du jour.

A la même époque Cherbonneau publiait, dans la Revue algérienne et coloniale, son *Itinéraire de Tuggurt à Tin Bouktou* où il donnait des détails sur différentes régions du Touat.

Deux ans plus tard, dans *Les caravanes françaises au Soudan*, le Dr Maurin racontait le voyage fait au Gourara par un indigène à la solde d'un négociant de Saïda, M. J. Solari et recueillait de nouveaux renseignements.

Interrompue un instant par les évènements politiques, l'étude de la région touatienne reçut une nouvelle impulsion quand fut lancée l'idée d'un chemin de fer transsaharien. C'est alors que le commandant Fossoyeux, commandant supérieur de Géryville, dresse la liste des oasis du Gourara, du Tidikelt et du Touat avec le dénombrement des palmiers par ksar [2]. Son exemple est suivi en 1886 par le lieutenant Devaux, adjoint au bureau arabe de Géryville, qui, dans un mémoire inédit sur le Touat, donne à son tour une énumération de tous les ksour par district, et cherche à évaluer l'importance de la population, le nombre de palmiers et la richesse des habitants.

---

[1] De Colomb, *Notice sur les oasis du Sahara et les routes qui y conduisent*, in Revue algérienne et coloniale, t. III, 1860, nos juillet, septembre et octobre, p. 29, 301 et 495.

[2] Publié par Pouyanne, in *Documents relatifs à la mission dirigée au sud de l'Algérie*, p. 132 et suiv.

La même année, le capitaine Le Châtelier donnait dans le Bulletin de correspondance africaine, sa *Description de l'oasis d'In Salah,* œuvre de recherches minutieuses et savantes autant que d'érudition.

Quatre ans plus tard, le commandant Deporter publie son grand et important travail sur ces régions, travail qu'il intitule *l'Extrême - Sud de l'Algérie.* Il y accumulait les matériaux les plus divers, les renseignements les plus circonstanciés, s'efforçant non seulement de donner le chiffre de la population, le nombre des palmiers, mais encore de préciser l'emplacement des différents ksour en indiquant les distances qui les séparent entre eux.

Enfin en 1893 une étude inédite du commandant Godron, alors capitaine et chef de l'annexe d'El Goléa [1], venait compléter et quelquefois même rectifier les données fournies par le commandant Deporter.

Telles sont brièvement exposées les principales études publiées ou demeurées manuscrites dont la région du Touat a été l'objet. Ce sont ces données de toutes sortes que nous allons essayer de mettre en œuvre et de coordonner de façon à montrer l'état actuel de nos connaissances sur ces contrées.

Malgré tout, elles ne pourront être encore que bien superficielles, car, non seulement les auteurs ne s'accordent pas sur le groupement des oasis entre elles,

---

[1] Successivement depuis commandant supérieur des Cercles de Géryville et de Ghardaïa.

mais ils varient extrêmement dans l'énumération des Ksour de chaque district, dans la situation respective de chacun d'eux, dans l'évaluation du chiffre de la population, dans l'indication de l'origine des habitants, dans le nombre de palmiers de chaque oasis, etc., etc.

Il ne pouvait en être autrement. Les voyageurs qui ont pu aborder le Touat, aussi bien que les auteurs qui ont recueilli des renseignements sur ce pays, l'ont vu en se plaçant à un point de vue particulier, ou ont interrogé des gens d'origines diverses ou d'un milieu social différent. Il est évident en effet qu'un indigène originaire du Touat pourra, s'il le veut bien, donner sur son pays des indications plus sûres, plus précises, plus circonstanciées, qu'un nomade qui ne l'a visité que par occasion. De même un hartani, souvent instruit et intelligent, pourra fournir de meilleures données qu'un nègre que les hasards de la vente ont amené pour peu de temps dans ces parages.

Aussi nous sommes-nous attachés à ne prendre dans ces renseignements que ceux qui nous paraissent revêtir un caractère de certitude ou de probabilité suffisante.

Dans cet ordre d'idées il ne nous a pas paru possible d'indiquer les distances respectives existant entre les Ksour, comme l'a fait le commandant Deporter. On sait en effet combien il est difficile, même pour un Européen exercé, d'apprécier sur le terrain une distance quelconque et la difficulté croît encore quand il s'agit de mesurer mentalement l'espace séparant deux points hors de portée.

On comprend, par suite, la confiance limitée qu'on doit avoir dans les dires des indigènes pour lesquels une semblable évaluation est presque une nouveauté, car pour eux le temps n'existe pas et toute mesure de distance leur paraît superflue. Dans ces conditions nous nous sommes contentés de marquer, chaque fois que cela a été possible, les distances relevées par les quelques voyageurs qui ont parcouru le pays.

Pour des motifs identiques, nous n'avons pas cherché à évaluer par des chiffres généralement fantaisistes l'importance en palmiers de chaque oasis. Une pareille estimation, nous l'avons déjà fait remarquer ailleurs, est déjà difficile à faire dans nos oasis du Sud; à plus forte raison, quand il s'agit de ces contrées éloignées, est-elle à peu près impossible. Nous avons reproduit simplement les quelques données fournies par les voyageurs ; elles seules pouvaient présenter un caractère de certitude, cependant relative, à cause du pessimisme marqué de quelques-uns et de l'optimisme voulu d'autres.

Nous avons dit ailleurs combien l'évaluation du chiffre de la population, donnée par la plupart des auteurs qui ont écrit sur le Touat, nous paraissait exagérée. Il est évident en effet que dans un pays aussi déshérité le nombre des habitants susceptibles d'y vivre doit être assez restreint. Toutefois comme il nous semblait indispensable de montrer par des chiffres l'importance relative de la population des différents Ksour et, dans chaque Ksar celle des diverses races qui l'habitent, nous avons reproduit les données fournies à ce sujet par le commandant Godron bien qu'elles nous aient paru souvent, nous le répétons, légèrement inférieures à la réalité. Nous avons eu soin cependant d'indiquer, en même temps, en regard, toutes les fois que cela a été possible, l'estimation du nombre d'habitants qu'ont pu donner incidemment les différents explorateurs du Touat.

Enfin, nous nous sommes efforcés d'établir le sens primitif, l'étymologie des noms des différentes localités du Touat, considérant que les dénominations choisies par les indigènes répondent fréquemment à une particularité locale qu'il peut parfois être utile de connaître. Ces recherches nous ont permis de constater que par suite de la juxtaposition de races diverses au Touat, on y trouve des vocables berbères « arabisés » et réciproquement des mots arabes « berbérisés »; les racines elles-mêmes de ces mots sont souvent altérées par une prononciation défectueuse qui a fini par passer dans l'écriture.

Aussi nous a-t-il paru nécessaire de ne pas trop nous avancer en fait d'étymologie, et de ne pas craindre d'abuser de la forme dubitative [1].

---

[1] La plupart de ces recherches étymologiques sont dues, ainsi que nous l'avons déjà écrit, au commandant Bissuel. Nous en avons d'ailleurs marqué chaque fois l'origine de la manière suivante (B.).

C'est une notation semblable que nous allons adopter dorénavant

GOURARA.

Les limites de la région appelée Gourara sont assez difficiles à définir. En thèse générale, on peut écrire qu'elle est bornée au nord par l'Erg, dont les sables envahissent de plus en plus les districts septentrionaux ; à l'est par la grande dépression de Meguiden et le Baten, au sud par le Touat proprement dit ; à l'ouest par les dernières ramifications de l'Erg que Rohlfs a traversées en gagnant le Tsabit.

La plupart des douze districts du Gourara sont placés autour de la grande sebkha qui lui a fait donner son nom [1]. Beaucoup d'indigènes, comme l'a indiqué

pour indiquer les sources où nous avons puisé et éviter de surcharger inutilement notre travail.

En se reportant à la bibliographie insérée à la fin du volume, on retrouvera facilement l'ouvrage visé.

C'est ainsi que (de C.) est mis pour : de Colomb ; (C.), Colonieu ; (De.), Deporter ; (R.), Rohlfs ; (G.), Godron ; (P.), Palat ; (R. B.), René Basset ; (Da.), Daumas ; (F.), lieutenant Falconetti ; (D.), lieutenant Devaux ; (Fo.), commandant Fossoyeux ; (de La.), lieutenant de Lamothe ; (Le C.), Le Châtelier ; (Du.), Duveyrier ; (G. G.), informateurs indigènes du Gouvernement général de l'Algérie. (M.) indique les renseignements recueillis par les autorités de Méchéria ; (Gr.) ceux recueillis par les autorités de Géryville ; (Gh.) ceux recueillis par les autorités de Ghardaïa ; (S.) ceux recueillis par les autorités de Saïda.

[1] Nous avons déjà montré que Gourara ou Guerara, au pluriel Gueraïr, indiquent une dépression en forme de cuvette où l'eau des pluies se conserve plus ou moins longtemps, ce qui entretient une fraîcheur relative et permet à la végétation de se développer ; Guerara est synonyme de daïa, mais c'est une daïa de grande dimension (B.).

de Colomb, réservent même la dénomination de Gourara aux districts situés à l'ouest et au nord de la sebkha, faisant de l'Aouguerout, de Deldoun, des Der'amcha, du Tsabit et de Seba des groupes à part.

D'autres au contraire, surtout dans la province d'Oran, y ajoutent la partie septentrionale du Touat proprement dit, c'est-à-dire le Bouda, le Timmi et même le Tamentit. Par contre les Touareg donnent le nom général de Touat à tous les groupes d'oasis depuis le Tidikelt au sud jusqu'au Gourara au nord.

On a fréquemment cherché à définir quelle était la forme véritable de la grande sebkha du Gourara. Les cartographes se sont plu à en modifier successivement les contours et l'orientation sans avoir pu jusqu'à présent obtenir une précision suffisante.

Il est difficile en effet, tant qu'on n'aura pas fait sur place une étude spéciale de la question, d'être exactement fixé sur la configuration générale de ce grand bassin. Les indications fournies par les indigènes ne peuvent être que d'un secours très relatif, car elles manquent absolument de précision et de netteté. Ceux-ci d'ailleurs ne se préoccupent guère de semblables questions ou n'ont pas suffisamment parcouru le pays pour pouvoir répondre aux demandes qu'on leur adresse. Rien ne dit d'autre part que le fond de la sebkha ne soit par place encombré par des hauteurs (rochers ou dunes) qui, en arrêtant les regards, empêchent d'avoir une vue d'ensemble. Tels sont peut-être les gour Timfras que Deporter signale, sur une indication plus ou moins exacte, au milieu de la sebkha.

Cependant un indigène intelligent, dont nous avons déjà eu occasion de parler, le zaoui Si M'hammed ben Hamza de Tiberr'amin, interrogé par le commandant Godron sur la forme de la sebkha, a tracé, d'abord sur le sable, ensuite sur le papier, une figure représentant une sorte de croissant allongé, dont la convexité serait tournée vers l'est, c'est-à-dire dans la direction du Meguiden et d'El Goléa. C'est bien là, du reste, la forme généralement admise par les cartes les plus récentes et c'est celle que nous nous sommes efforcés de reproduire en tenant compte de toutes les données, fournies par les voyageurs qui ont pu parcourir ces régions, ou recueillies par renseignement.

Il faut d'ailleurs tenir compte d'un fait qui est commun à toutes les sebkhas de ces régions, c'est que leurs limites telles que nous nous les représentons sont généralement indécises (car on ne peut souvent exactement indiquer où elles commencent et où elles finissent), essentiellement variables partout où elles ne sont pas nettement marquées par des escarpements. C'est particulièrement le cas pour la grande sebkha du Gourara, envahie par les sables au nord et à l'ouest et même semble-t-il légèrement au sud, comme Rôhlfs l'a indiqué sur la carte qu'il a jointe au récit de son voyage paru en 1865 dans les Mittheilungen de Pétermann [1].

[1] Mittheilungen, n° XI, 1865, Tafel 14.

Les données recueillies par les divers voyageurs ou informateurs sur la sebkha sont en nombre assez restreint. Elles permettent cependant de fixer nos idées sur une portion de son étendue. Nous allons les examiner successivement.

C'est d'abord le commandant Colonieu qui, du plateau bas où se trouve l'ancien ksar de Keseïba, à une heure de marche au sud des Oulad Aïach (Tin Erkouk) aperçoit, sur la direction (sud) qu'il va suivre, trois gour juxtaposés, les gour R'eïlan, se présentant à l'horizon à l'entrée de la grande sebkha. Deux heures après, des sables amènent cet explorateur « dans un grand bassin bordé de berges. Sur la » gauche les berges, d'abord peu élevées, grandissent » à mesure que l'on marche, c'est l'entrée du grand » bassin du Gourara de ce côté de la grande sebkha [1] ». Enfin, après une marche de quatre heures et demie, le commandant Colonieu arrive à hauteur des « premiers Ksour des Khenafsa (El Djereïfat), tous » situés sur les berges de gauche » et gagne sur la rive opposée de la sebkha les Oulad Saïd, où il arrive une heure après.

Une nouvelle marche de trois heures lui est ensuite nécessaire pour atteindre Timimoun, dont la forêt de palmiers est visible des Oulad Saïd. « En partant, » écrit-il, nous descendîmes des dunes qui au bout

---

[1] Colonieu, *Voyage au Gourara*, in Bull. Soc. Géog. de Paris, 1892, p. 84.

» d'une heure de marche conduisent à une sebkha
» dont le sol est rocheux à cet endroit. Nous remar-
» quâmes sur ce rocher des empreintes d'huîtres
» marines. Il nous fallut une heure pour traverser la
» sebkha et arriver à de petites berges en pentes
» douces où commencent déjà les palmiers de Timi-
» moun [1] ». De là le commandant Colonieu, après une
marche de deux heures, à travers un plateau pierreux
faisant suite à celui qui domine Timimoun à l'est,
allait camper entre Taoursit à l'ouest et El Ouadjda à
l'est. Une nouvelle étape de cinq heures dix minutes,
en partie à travers la sebkha, l'amenait à Bel R'azi
(Deldoun). En quittant Taoursit, « nous montâmes,
» dit-il, sur un plateau pierreux qui forme un
» promontoire de la grande *Gada* de Timimoun dans
» la sebkha. Au bout d'une heure de marche nous
» descendîmes dans une baie de la grande sebkha du
» Gourara; il nous fallut quatre heures dix minutes
» pour traverser cette baie dont le sol est très salin
» et offre des efflorescences de sel d'une grande
» épaisseur; avant d'entrer dans la baie, on aperçoit
» la dune de Bel R'azi [2] ».

En résumé le commandant Colonieu nous a rapporté
des indications suffisamment précises sur certains
points qu'il a visités, mais qui ne peuvent nous
donner aucune vue d'ensemble sur la grande

---

[1] Colonieu, *Mémoire cité*, 1892, p. 88.
[2] Colonieu, *Mémoire cité*, 1892, p. 93.

dépression et sur la configuration de ses rives. Palat, de son côté, a fourni des indications plus détaillées que nous allons relever.

Suivant lui, depuis le Tin Erkouk jusqu'à la sebkha du Gourara, on chemine dans une sorte de couloir pratiqué entre deux lignes de dunes. « Ce
» couloir va en se rétrécissant d'Hassi er Reg à
» Tahantas et en s'élargissant de ce dernier point
» à la sebkha, son minimum de largeur est d'environ
» 3 kilomètres [1] ». C'est par là que Palat va atteindre le grand bas-fond du Gourara. « Au pied des collines,
» écrit-il, s'étend, grise et coupée par des bandes de
» vert sombre, la sebkha dont la pointe septentrionale,
» large de 1.500 mètres, porte ici le nom d'oued
» Mabrouk. Sur la gauche, des collines sont escarpées
» et à pic. Cette disposition a valu à la partie du
» Touat où nous sommes le nom d'El Djereïfat. A
» droite, au contraire, commencent les ondulations
» fauves des dunes qui s'étendent à perte de vue ;
» mais, çà et là, elles sont aussi interrompues par
» des taches de verdure et une colline. Nous descen-
» dons dans l'oued à environ 80 mètres en contre-
» bas.... » [2].

Pendant son séjour à El Hadj Guelman, Palat

---

[1] Palat, *Journal de route*, p. 213. Ailleurs (p. 304), Palat écrit encore : « l'oued Mabrouk qui est le prolongement de la plaine de » Ras er Reg ».

[2] Palat, *Ouvrage cité*, p. 224.

exécute une excursion qui va lui permettre de nous tracer à grands traits un panorama de la sebkha.

« Après avoir traversé une partie de celle-ci, écrit-
» il, nous nous engageons dans une vallée pierreuse
» sans végétation. Après avoir contourné la gara
» principale [1], nous montons le long d'une pente
» ardue à travers des blocs de grès rougeâtres envahis
» par le sable. Arrivés près du sommet nous nous
» arrêtons.

» A nos pieds s'étend la sebkha immense et grise.
» Au loin, à une quinzaine de kilomètres, apparaît
» la rive opposée, avec la tache sombre de l'oasis de
» Timimoun noyée dans une brume légère. Quelques
» hauteurs, des palmiers isolés interrompent çà et là
» la monotonie du chott : du côté sud-sud-ouest,
» la vue est barrée par deux groupes qui font partie
» des Coudiat Kheïla et élèvent à 150 mètres d'alti-
» tude leurs masses grises sans végétation. De chaque
» côté on peut suivre les contours de ce que j'appellerai
» le golfe de Timimoun avec les nombreuses oasis
» qui le bordent. Tous ces villages sont pittoresque-
» ment bâtis au pied de falaises rougeâtres, très
» découpées et semées de ruines. Plus loin s'étendent

---

[1] Palat désigne sans doute ici un des deux « gour escarpés » qu'il avait précédemment (p. 227) signalés lors de son arrivée à El Hadj Guelman, comme « se dessinant au delà » de ce ksar et « masquant en partie la grande sebkha ». Il les désigne plus loin p. 257 sous le nom de Coudiat Kheïla et leur donne une élévation de 130 mètres au-dessus du niveau d'El hadj Guelman.

» les dunes, avec deux oasis qu'on devine dans les
» sables, Tlalet et Badrian. Sur la droite, la côte
» est plus rapprochée mais bien moins définie, à
» cause du voisinage des dunes, qui ont sans doute
» envahi une partie de la sebkha, et de la proximité
» des oasis limitrophes, Arlad, Kali et les Oulad
» Saïd qui empiètent de leur côté sur le lit de
» l'ancienne mer [1] ».

Telles sont les données que nous fournit Palat. Elles sont déjà plus nettes et nous permettent de nous mieux rendre compte de la configuration générale de la grande dépression. Elles définissent la situation de Timimoun placée sur les bords d'une sorte de golfe de la sebkha. Elles confirment ce que nous savions déjà, depuis le voyage du commandant Colonieu, que la rive ouest est très escarpée tandis que celle du nord est moins bien définie par suite de l'envahissement des sables. Il est à regretter qu'une fin prématurée ait empêché Palat de compléter ces renseignements par l'adjonction d'une carte ou d'un simple croquis qui aurait pu encore mieux fixer nos idées.

De tous les auteurs qui ont cherché à décrire les régions touatiennes, le commandant Deporter est le seul qui ait fourni une indication relative à la forme du grand bassin gourarien, qu'il est bon de noter ici. D'après lui, « auprès de Lichta, dans le district

---

[1] Palat. *Ouvrage cité*, p. 255 et suiv.

» de Timimoun, le grand bas-fond du Gourara se
» retrécit dans son milieu et forme une boucle qui
» n'est rattachée à la sebkha même que par un
» étroit passage. Cette boucle porte le nom d'El
» Hofra. Sur une partie de son parcours sont situés
» les Ksour de Kount, Faïza, Beni Melouk, Addaha,
» Zaouiet Sidi Idda, Taoursit, El Ouadjda et
» Temana »[1].

Ces derniers renseignements paraissent d'autant plus acceptables à priori qu'ils ne sont pas en contradiction avec ceux fournis par le commandant Colonieu et le lieutenant Palat.

En résumé nous possédons des indications très approximatives sur la configuration de la grande sebkha du Gourara, mais cependant suffisantes pour tenter d'en tracer sur une carte avec assez de certitude au moins les contours orientaux.

Les districts gourariens renferment environ 115 ksour, dont le plus grand nombre se trouve à proximité de cette même rive orientale. La population totale de tous ces villages est évaluée à environ 15.000 âmes par le commandant Godron. Elle comprend des arabes, des zenata, des haratin et des nègres.

---

[1] *Extrême-Sud de l'Algérie*, p. 129. D'autre part, le capitaine Coÿne dans son opuscule: *Une ghazzia dans le grand Sahara* (p. 36), rapporte que la petite colonne de Chaanba, dont il raconte l'expédition aventureuse, traversa la sebkha à son retour, se rendant de Charouin à Deldoun. Elle mit six heures à effectuer cette traversée. Le fond, dans la partie parcourue, était uni, très dur et couvert d'efflorescences de sel.

La population arabe du Gourara se subdivise à son tour, en :

1° Cheurfa. — Ces descendants du prophète ne sont qu'en très petit nombre dans cette région. On n'en compterait, suivant le commandant Godron, pas plus de 173.

2° Meharza. — Ces arabes sont d'origine makilienne comme leurs frères, les Khenafsa et les Oulad Iaïch, ils représentent actuellement les derniers descendants des conquérants arabes qui ont jadis refoulé vers l'ouest les Zenata premiers occupants du pays. Pendant longtemps toutes ces tribus ont nomadisé dans le Meguiden. Elles obéissaient alors à un *Sultan* qui tenait sa cour à El Goléa, rapporte de Colomb, à Adr'ar du Tin Erkouk, d'après Colonieu dont les dires paraissent confirmés, ainsi que nous l'avons déjà montré, par des indications contenues dans le récit du voyageur El Aïachi et par les données de Léon l'Africain. Peu à peu les guerres meurtrières ont réduit leur nombre et les débris de ces anciennes tribus, trop faibles pour continuer à vivre complètement en nomades, se sont fixés à peu près à demeure dans des ksour qu'ils avaient conquis [1].

Les Meharza se subdivisent en huit fractions:
Oulad Salah,
Oulad Abbou,
Oulad M'hammed ben Taleb,

---

[1] De Colomb, *Notice sur les oasis*, p. 58 et suiv.

Oulad Lakhal,
Oulad Messaoud,
Oulad Ahmadi,
Oulad Aïach,
Oulad bou Rahla.

Cette tribu ne compte plus que quelques familles dans le Tin Erkouk. Elle tend à disparaître.

3° Khenafsa. — Comme les Meharza, les Khenafsa sont des arabes Makil.

On les appelle Khenafsa d'une particularité qui accompagna la mort de leur ancêtre ou fondateur. Ce personnage tomba par accident et mourut dans un puits où fourmillaient les *Khenafses* (scarabées, bousiers). De là le nom de Khenafsa donné à ses descendants.

Les Khenafsa se subdivisent en quatre fractions:
Oulad Abbès,
Oulad Abid,
Oulad Hasseïn.
Oulad Sliman, y compris les Oulad El hadj Ali.

Cette tribu, qui comme la précédente tend à disparaître, ne compte plus que quelques familles dans les Djereïfat et dans l'Aouguerout.

4° Oulad Iaïch. — Comme les deux précédentes, cette tribu est d'origine makilienne. Quelques familles la représentent encore dans l'Aouguerout. Elle tend également à disparaître.

5° Oulad M'hammoud. — Ces arabes qui habitent

un ksar de l'Aouguerout méridional, paraissent être de même origine que les précédents.

Comme eux, ils nomadisaient jadis, au dire d'El Aïachi[1], dire confirmé dans les temps modernes par le lieutenant-colonel de Colomb[2], dans le Meguiden.

D'autres fractions d'origine arabe existent encore dans le Gourara comme les Oulad Sidi Mansour ; nous les indiquerons au fur et à mesure au cours de notre description de ce groupe d'oasis.

La confrérie religieuse qui compte le plus d'adhérents au Gourara est celle de Moulai Taïeb ; viennent ensuite par ordre d'importance les confréries de Si Abdelkader Djilani (Kadria) et des Oulad Sidi Cheikh (Cheikhia).

Les sofs Ihamed et Sefian se partagent les oasis de la région comme partout au Touat ; le premier paraît être le moins hostile à l'influence française.

Le Gourara comprend, ainsi que nous l'avons déjà dit, douze districts.

Mais cette division est arbitraire, car certains réunissent en un seul groupe plusieurs de ces circonscriptions, comme le font les tribus du Sud oranais qui comprennent sous la dénomination d'Oulad Daoud les deux districts d'El Haïha et de Charouin et qui partagent souvent le district de Timimoun, en Beni Mehlel et Timimoun proprement dit. C'est que ces

---

[1] *El Aïachi*, trad. Berbrugger, 28.
[2] *Notice citée*, p. 60.

divisions reposent plutôt sur des liens d'intérêt et de race que sur la configuration du sol. Celle que nous avons adoptée, d'après Deporter, paraît être la plus logique.

TIN ERKOUK.

Au nord-est de la grande sebkha du Gourara, au pied du rebord méridional de l'Erg dont les sables l'envahissent en grande partie, se trouve le district du Tin Erkouk [1] appelé quelquefois Bled Meharza, du nom de la tribu arabe à laquelle appartiennent plus de la moitié de ses habitants. Le restant de sa population est composé de haratin, de nègres et d'une soixantaine du cheurfa, auxquels il faut ajouter une fraction d'environ 150 personnes de la tribu des Chaanba Mouadhi, établies là depuis 1845 à la suite de dissentiment avec leurs frères ; ils appartiennent à la sous-fraction des Oulad Aïcha des Oulad Ahmed ben Amor. Ils avaient pour chef en 1894, le cheikh Ahmed ben Aggoun.

D'après le commandant Godron le district du Tin Erkouk est un des moins peuplé de la région ; il renfermerait à peine onze cents habitants, chiffre bien au-dessous de celui donné par le commandant Deporter qui est de 4.644 ; ses habitants ne possèderaient pas plus de 4 chevaux.

[1] Erkou, en tamahak, signifie : croupir, se corrompre en parlant des eaux dormantes. Tin Erkouk voudrait peut-être dire, celle (la contrée) des eaux croupissantes (B.).

Contrairement à l'assertion de ce dernier auteur on ne rencontrerait pas dans cette région de Zenata (G.).

La confrérie de Moulai Taïeb est la plus répandue; on trouve cependant quelques Kadria à Tabelkoza. Trois zaouias sont à signaler :

Zaouiet ed Debbar', Zaouiet Sidi Mansour et la zaouia des Oulad Sidi El hadj ben M'hammed, située dans l'oasis de Tabelkoza, oasis qui pour cette raison est quelquefois appelée Zaouia Kebira.

Tous les habitants du Tin Erkouk appartiennent au sof Ihamed.

Ksour et oasis. — Le premier qui nous ait donné une énumération à peu près complète des ksour du Tin Erkouk est le lieutenant-colonel de Colomb (1860). D'après lui ce district ne comprendrait que douze ksour dont un ruiné, El Guesseïha [1]; cinq d'entre eux, Sidi Mansour, Timerlan, Oulad Aïach, Beni Aïssi, El Guesseïha, seraient à l'ouest, en ligne du nord au sud, sur la route suivie par les caravanes qui vont aux Oulad Saïd et à Timimoun. Les sept autres, Taziza, Inhammou, Fatis, Oudgha, Tahantast, Zaouiat el Debbagh, Tabelkouza, seraient groupés à environ 45 kil. à l'est des premiers (de C.).

Plus tard Palat, en 1885, affirme que le Tin Erkouk renferme quatorze ksour, mais il n'en donne aucune

[1] C'est sans doute le même que le ksar ruiné d'El Keseïba signalé par le commandant Colonieu à une heure de marche au sud des Oulad Aïach.

énumération [1]. En 1890 Deporter porte le nombre des ksour à quinze, qu'il divise également en deux groupes éloignés de 30 kil. l'un de l'autre. Le groupe Chergui ou de l'est compte d'après lui dix ksour, dont Tabelkoza serait le plus important, tandis que le groupe R'arbi ou de l'ouest n'en compterait que cinq ; celui de Sidi Mansour serait le principal.

D'après les renseignements donnés en 1893 par le commandant Godron, le district ne comprendrait réellement que treize ksour habités et quinze oasis. Nous résumerons ci-après les données que nous possédons à ce sujet, et d'après lesquelles il y aurait réellement quatorze ksour et seize oasis.

1° Tabelkoza [2], appelé aussi Zaouia Kebira [3]. — La population de cette oasis comprend des arabes

---

[1] Palat, *Journal de route*, p. 249.

Auparavant, en 1880, le commandant Fossoyeux avait donné une liste de onze ksour que nous allons reproduire. Le relevé, fourni par le lieutenant Devaux, en 1886, est identique sauf cependant pour l'orthographe de certains noms que nous indiquerons : Tabelkousa (Tabelkouza, D.), Tahantas (Taantest, D.), Zaouia Debbagh, Inhammou (Aïn Hammou, D.), Fatis, Oudrar (Oudgha, D.), Sidi Mansour, Timerlan (Timezlan, D.), Tilaghmin, Oulad Ayach, Beni Aïssi.

[2] En tamahak, on nomme *tabelkost* la plante que les arabes appellent *aggaïa* ; on la trouve particulièrement dans la région sud-ouest du Meguiden, vers la gara à laquelle elle a donné son nom, c'est le limoniastrum Guyonianum des botanistes. Orthographes diverses : Tabelkouza (de C. ; C. ; D.), Tabalk'ouza (Da.), Tabelkoza (De. ; G.), Tabelkozet (De.), Tabelkousa (R. ; Fo.).

[3] Pouyanne, *Documents relatifs à la mission dirigée au Sud de l'Algérie*, p. 105.

de la fraction maraboutique des Oulad Sidi el Hadj ben M'hammed, des arabes Meharza qui sont nomades, des haratin, des nègres et, comme nous l'avons déjà dit, une fraction des Chaanba Mouadhi (G.)[1].

Cette oasis a été visitée en 1895 par le commandant Godron, alors commandant supérieur du cercle de Géryville, en décembre de la même année par le lieutenant Falconetti, des affaires indigènes, chargé du service des renseignements à Fort Mac-Mahon. Sa position a été déterminée par recoupement, en 1896, par M. G.-B.-M. Flamand qui est passé à proximité.

Elle serait, en latitude, de 29° 46′ 45″ et en longitude ouest de 1° 32′ 5″.

D'après la description que nous ont donnée ces voyageurs, l'oasis de Tabelkoza a la forme d'une ellipse de trois kilomètres de longueur sur un kilomètre de largeur dont le grand axe est dirigé du nord-est au sud-ouest.

Elle est située dans une dépression, où se trouvent plus au sud les oasis d'Adr'ar et d'In Hammou. Cette dépression est entourée par des dunes de 8 à 10 mètres de relief dépourvues de végétation ; les habitants de Tabelkoza y ont planté des haies de branches de palmier, qui constituent une protection insuffisante

---

[1] Il faudrait y ajouter, au dire du lieutenant Falconetti (1895), de petits groupes de dissidents d'origines diverses et de gens sans aveu qui campent dans les dunes voisines de Tabelkoza ou des oasis situées à proximité.

pour les plantations de leur oasis dont les premiers arbres sont déjà envahis par les sables.

Les palmiers clairsemés sont répartis en jardins dans lesquels chaque habitant a édifié sa maison. Le lieutenant Falconetti évalue leur nombre à deux mille. Leur arrosage s'effectue à l'aide de puits à bascule, appelés *rerraz* ou *khettara*, dont nous avons précédemment donné la description.

Les jardins sont bien plantés et bien cultivés; les figuiers y poussent en abondance, ainsi que toutes sortes de légumes.

Les maisons, disséminées dans les palmiers, sont bâties en toubes (briques de terre). Elles sont réparties en deux groupes ou quartiers, appelés Tameslouh et Djedid, suivant qu'elles sont au nord ou au sud de la kasba.

Celle-ci occupe le centre de l'oasis et affecte la forme d'un carré de 30 à 40 mètres de côté, flanqué à chaque angle d'une tour, également carrée, de 3 mètres de côté. Les murs de 3 mètres de hauteur sont construits en toubes comme les maisons, et blanchis à la chaux. Ils sont crénelés mais n'ont aucune épaisseur. La porte a été percée dans la face ouest au pied de la tour de l'angle N.-O. Elle est basse et protégée par un petit ouvrage, sorte de demi-lune en toubes dont les murs sont à hauteur d'appui.

Cette kasba sert de magasin et de lieu de refuge aux habitants de l'oasis.

A l'est et à 200 mètres de la kasba se dresse une

suite ininterrompue d'habitations, formant autour d'elle une sorte de contre-garde pouvant constituer un obstacle sérieux pour un assaillant [1].

L'oasis est percée de longues avenues, qui, toutes, viennent aboutir aux environs de la kasba.

Elle se parcourt d'ailleurs facilement en tous sens. Mais dans une attaque, si toutes les maisons étaient

[1] C'est au rapport établi par MM. de Lamothe et Palaska (mission Godron) que nous empruntons les détails donnés ici. Ces officiers ont parcouru l'oasis et en ont même rapporté quelques photographies, une entre autres de la ligne de maisons dont nous venons de parler.

Le lieutenant Falconetti donne cependant une description un peu différente de cette localité. Peut-être faut-il en chercher la cause dans ce que cet officier n'a pas parcouru l'oasis comme les précédents ou qu'il l'a vue sous un autre aspect, d'un point différent. Voici d'ailleurs le résumé de sa reconnaissance.

Parti de Fort Mac-Mahon le 12 décembre 1895, M. Falconetti, escorté d'une vingtaine de cavaliers, se dirigeait par Hassi Moulai Guendouz, Hassi el Hamar et Hassi Souiniat sur Tabelkoza. Pour aborder l'oasis, il lui fallut franchir l'Erg Tabelkoza. Il s'y engagea et quand il fut à six cents mètres des palmiers, il arrêta sa marche.

Ayant alors fait coucher ses chameaux dans un repli de la dune, il en confia la garde à dix cavaliers et s'approcha à pied avec le reste, à 200 mètres du ksar, sur un mamelon dominant ce dernier et d'où la vue pouvait embrasser complètement l'oasis. Aucun habitant ne parut ; tous restèrent derrière les murs de leurs jardins. Le lieutenant Falconetti reconnut alors que le Ksar, placé au centre de l'oasis, était divisé en deux parties distinctes, dont la principale de forme rectangulaire, entourée de murs crénelés et pourvue d'une petite kasba située au sud, renfermait environ cinquante maisons bâties en toubes.

Continuant ensuite sa reconnaissance le lieutenant Falconetti visita les Ksour d'Adrar, d'In Hammou et de Zaouiet Debbar'. Il était de retour à Fort Mac-Mahon, le 16 décembre.

énergiquement défendues, il faudrait les enlever une à une et livrer une série de combats partiels.

D'ailleurs l'oasis de Tabelkoza constitue une position défensive excellente, enserrée, comme elle l'est, de tous côtés par un rempart naturel de dunes qui dominent la plaine environnante, plaine de reg, absolument nue. En outre, deux saillants placés aux extrémités nord-ouest et sud-ouest jouent le rôle de bastions se flanquant mutuellement, tandis que deux autres saillants, situés sur la face nord, peuvent servir de caponnière. Seul, l'angle nord-est est la partie la plus faible, car on peut s'en approcher de très près en restant constamment à couvert et les dunes de l'enceinte moins élevées n'ont aucun commandement devant elles.

Trois koubbas sont bâties sur la lisière de l'oasis. La première sur la lisière nord est une construction de forme carrée, de 4 mètres de côté, sans toit, au milieu de laquelle croissent des palmiers. Elle est précédée du côté de l'oasis par un terre-plein soutenu par des murs en maçonnerie d'un mètre d'élévation.

Au nord-ouest de l'oasis se dresse la koubba de Sidi el Mokhfi. C'est un petit monument quadrangulaire surmonté d'une coupole.

Enfin une troisième koubba en forme de cône élevé se trouve à l'extrémité sud-est de l'oasis.

Notables.

Les principaux notables de Tabelkoza sont:

Si M'hammed ben el hadj Aomeur, chef de la famille et de la zaouia des Oulad Sidi el Hadj ben M'hammed. C'est un homme de prière et non de poudre qui n'appartient à aucun sof et dont l'influence ne s'étend pas au delà du Tin Erkouk. Agé de 35 ans environ en 1893[1], il était lié d'amitié avec Si Kaddour ben Hamza dont il écoutait volontiers les conseils. Depuis la mort du marabout, il est resté en relations avec les Oulad Sidi Cheikh. Il appartient cependant à l'ordre de Moulai Taïeb. Il habite le quartier de Tameslouh (Gr.).

Si M'hammed bel Abbès, homme de 65 ans environ, très vénéré dans le pays, cousin du précédent dont il est le conseiller et le guide (Gr.).

Si Mohammed ben el hadj Aomar, de la famille des précédents. C'est un homme d'une cinquantaine d'années, sage, sans prétention, sans fortune et sans influence. Il remplit les fonctions de cadi (Gr.).

2° Asclou [2]. — C'est une petite oasis inhabitée, située à une faible distance au sud-ouest de Tabelkoza. Les palmiers en sont arrosés à l'aide de puits (G.).

---

[1] Les renseignements que nous donnons sur les personnalités du Gourara, du Touat et du Tidikelt datent pour la plupart de 1893.

[2] Orthographes diverses : Asclou (G.), Ascalou (De.).

3° **Adr'ar** [1]. — Cette oasis est habitée par des Meharza, des haratin et des nègres. Tous appartiennent à la confrérie de Moulai Taïeb (G.).

Elle a été visitée par le commandant Colonieu et le lieutenant Burin en 1860, par Palat en 1885 et par le lieutenant Falconetti en 1895.

Nous avons vu précédemment combien le commandant Colonieu l'avait trouvée déchue de son ancienne splendeur. Là où il y a un siècle à peine commandait le chef influent des arabes de ces régions, il n'a plus trouvé que des ruines à peine peuplées [2].

Palat, qui a abordé cette oasis en venant de Zaouiet ed Debbar', nous en donne la description suivante :
« Les palmiers, d'abord clairsemés dans la plaine.
» se rapprochent, se groupent et finissent par former
» une forêt. Un bordj ruiné, qui porte le nom de
» Moula Ismaël, rappelle la domination marocaine.
» C'est là que le Sultan entretenait un goum de
» 400 chevaux. A cette époque aussi Adr'ar était
» florissant ; il possédait dix-huit sources [3] qui ali-
» mentaient une très grande oasis. Les dunes se sont
» avancées peu à peu, malgré les haies de palmiers
» qu'on leur opposait ; elles ont comblé les sources,

---

[1] Orthographes diverses : Oudgha (de C., D.), Ouadrar (De.), Oudghar (P.), Oudjgak (F.), Adrhar (R.), Adghar (C.), Oudrar (Fo.). Adrar signifie montagne en tamahak (B.).

[2] Colonieu, *Voyage au Gourara*. Bull. de la Soc. de Géog. de Paris, 1893, p. 67.

[3] Sans doute des feggaguir.

» et maintenant c'est tout au plus si le ksar compte
» 300 habitants. Nous l'apercevons à 700 mètres sur
» notre droite, derrière les hautes dunes qui
» l'assiègent [1] ».

Située dans la même dépression que Tabelkoza, d'après le lieutenant Falconeti, le Ksar d'Adr'ar voit la forêt de palmiers au milieu de laquelle il est bâti se poursuivre sans interruption jusqu'à In Hammou. Au delà même, cette ligne de palmiers se continue par un crochet vers l'est jusqu'à Tahantas. Le nombre total des palmiers qui dépendent de ces trois Ksour peut être évalué à 9.000 environ (F.). Le Ksar d'Adr'ar, d'après le même officier, serait entouré de murs crénelés assez bien entretenus. Il renfermerait environ 45 maisons.

4° In Hammou [2]. — Cette oasis est habitée par des Meharza (Oulad Lakhal), des haratin et des nègres. On y trouve deux chevaux (G.).

Le Ksar d'In Hammou est, au dire du lieutenant Falconetti, un peu plus important que le précédent. Comme lui il est entouré de murs crénelés, en assez bon état d'entretien.

---

[1] Palat, *Journal de route*, p. 219 et 220.

[2] Celui (l'endroit) de Hammou, nom propre (B). Orthographes diverses : In Hammou (De., G.). Inhammou (de C., Fo.), Aïn Hammou (D.).

Notables.

Le principal notable de ce Ksar, le plus riche, est le nommé Mohammed bel Hadj Abdelkader ben Lekhal, neveu de feu le cheikh Abdelhaï, de son vivant l'homme le plus influent du Ksar Fatis. Mohammed bel Hadj Abdelkader, qui a aujourd'hui une cinquantaine d'années, passe pour un homme de poudre, énergique et ambitieux. Il a été investi par le Sultan des fonctions de caïd et du commandement de cinq Ksour (Gr.).

Mohammed ben Abd El Hadj, c'est un homme assez riche qui n'a qu'une influence locale susceptible d'être utilisée.

Les Oulad Zoubir (Naimi, Ben Eddin, Mohammed et Bou Bekeur) fils de Si Zoubir, frère du khalifa Si Hamza, après avoir quitté, en janvier 1885, les campements de Si Kaddour ben Hamza, avec tentes et troupeaux, sont venus s'installer aux abords d'In Hammou. Ils y forment deux tentes. Ils s'y trouvaient lors de l'arrivée de Palat au Gourara et y sont encore.

5° Tahantas [1], ou mieux Tantès, mot qui signifie, en tamahak, endroit de la vache (De.) [2].

---

[1] Orthographes diverses : Stantas (Da.), Taantas (de La.), Tahantas (Fo., F., De., G.), Tahantast (De., de C.), Taantest (D.).

[2] Il serait préférable d'écrire *Ta-n-tès*. Conf. Hanoteau, *Grammaire tamachek*, 2ᵉ édition, p. 27. Il y a encore, en tamahak, le mot *tantest* qui veut dire flamme et qui pourrait être également l'étymologie du nom de cette localité (B.).

Ce ksar, qui est habité par des Meharza, des haratin et des nègres, est bâti dans la plaine au pied des pentes sud de l'Erg Tabelkoza. Il est pourvu, au dire du lieutenant Falconetti, d'un tracé bastionné avec flanquement complet des faces [1].

« C'est, rapporte Palat, un rectangle qui a 65 mètres
» de long sur 50 de large : il n'a qu'une seule porte,
» étroite, tournée vers le nord. A chacun des angles
» existe une tour carrée de 3 mètres de côté, destinée
» à renforcer les murailles attenantes. Les remparts
» sont composés de briques crues ; il suffirait d'un
» coup de canon pour les jeter par terre » [2].

Tahantas, d'après le lieutenant Falconetti, renferme une trentaine de maisons en toubes, ainsi qu'une grande mosquée située au sud-est du village. Sa population, suivant Palat qui y a séjourné, serait d'environ 250 âmes.

---

[1] Après avoir fait la reconnaissance de la muraille d'enceinte de Tahantas et avoir constaté qu'il n'y était percé qu'une seule porte d'entrée, le lieutenant Falconetti confia la garde de cette dernière à un certain nombre de ses cavaliers afin d'empêcher d'entrer ou de sortir tout habitant indigène ou étranger. Lui-même, avec six cavaliers, entra dans le ksar et le visita, malgré l'opposition platonique des membres de la djemâa qui, se plaçant devant la porte, voulurent lui en interdire l'accès. Ces indigènes, aussitôt écartés, ne firent plus aucune opposition et la reconnaissance de l'intérieur du Ksar put s'effectuer sans difficulté.

[2] Palat, *Journal de route*, p. 209. Ce explorateur a profité de la nuit pour mesurer le ksar de Tahantas.

Notable.

Cheikh Mohammed Ould Cheikh Abdelhaï (G.).

6° Zaouiet ed Debbar'[1]. — Cette zaouia est habitée par des Oulad Sidi el Hadj ben M'hammed, famille maraboutique d'origine arabe dont une branche réside à Tabelkoza ; on y trouve aussi des haratin et des nègres. Elle s'élève, suivant le lieutenant Falconetti, qui en a reconnu le périmètre oriental, au centre d'une oasis clairsemée, au sud-est et à environ deux kilomètres de Tahantas. Elle est entourée de murs crénelés et possède une Kasba. Le nombre des maisons peut être évalué à 80 (F.).

Toutefois Palat, qui y a séjourné en 1885, nous dit que Zaouiet ed Debbar' n'est qu'un hameau composé de trois groupes d'habitations situées au milieu de l'oasis, de laquelle se détachent très au loin dans la plaine des groupes de palmiers. Il en évalue la population à 200 âmes et il ajoute que cette oasis est la seule du Tin Erkouk, qui soit arrosée par des canaux d'irrigation alimentés par des feggaguir[2].

Cette zaouia a été fondée, vers le commencement du XVIe siècle, par Sidi M'hammed, surnommé Debbar', le tanneur.

---

[1] Le lieutenant Falconetti appelle ce Ksar simplement Ksar Zaouia.

Orthographes diverses : Zaouiet el Debbagh (de C., Fo., D.), Zaouiet ed Debbar (De., G.), Zaouiet ed Debagh (P.).

[2] Palat, *Journal de route*, pp. 213, 214.

Ce saint personnage, né dans un des Ksour de Seguia el Ahmra, était originaire des Oulad el Haoussin, chérifs issus de Fathma, la fille du prophète ; son tombeau est à Tabelkoza.

Son petit-fils, appelé également M'hammed Debbar', était contemporain du grand Sidi Cheikh qui avait une grande amitié pour lui. Il fut le précepteur religieux et le conseiller de Si El hadj bou Hafs, héritier de la baraka de Sidi Cheikh.

Les Oulad Sidi Cheikh donnent des ziara à la zaouia Debbar' en souvenir des relations de leur ancêtre avec Si M'hammed Debbar'.

Ce dernier a son tombeau dans l'oasis d'In Hammou. Les adeptes de la zaouia Debbar' sont serviteurs religieux de la confrérie de Moulai Taïeb (Taïbia) et de celle de Moulai bou Zian (Ziania) (de La.).

Notables.

Si M'hammed ben Abdelhakem, le chef de la zaouia. C'est un homme de prière, réputé pour sa bienfaisance et âgé d'une cinquantaine d'années. Il possède beaucoup de palmiers et entretient des relations d'amitié avec les Oulad Sidi Cheikh, bien qu'il soit adepte de Moulai Taïeb, comme la plupart des gens du Tin Erkouk.

C'est lui qui, en 1895, lors du voyage du commandant Godron, à Tabelkoza, lui fit offrir, par l'intermédiaire de l'agha Si Eddin, un terrain planté de palmiers et arrosé par une foggara, pour y construire une maison de commandement (Gr.).

Citons encore de la même famille : Si Abd el Mhammoud ben Abd el Kader et Si El Arbi ben Touhami.

Tous ces marabouts n'appartiennent à aucun sof (Gr.).

7° Fatis [1]. — Cette oasis est habitée par des Meharza, des haratin et des nègres (G.).

Au dire de Deporter, les habitants n'ont d'autres moyens défensifs que les murs de leurs jardins qui sont crénelés (De.). Ils possèdent deux chevaux (G.).

Notables.

Abdelkerim bel hadj Kaddour [2]. C'est un homme de bien, âgé d'une quarantaine d'années, appartenant aux Oulad Aïacha, la famille la plus influente du pays. Il possède beaucoup de palmiers et quelques chameaux. Nommé caïd par le Sultan, il commande à six Ksour. Comme la plupart des habitants du Tin Erkouk, il appartient au sof Ihamed sur lequel il a assez d'influence (Gr.).

El hadj Mohammed ben Allal. C'est un homme sans

---

[1] Peut-être *Aftis*, mot employé en Kabylie pour désigner un outil, sorte de lourd marteau, dont on se sert pour habiller les meules (B.).
Orthographes diverses: Fatis (de C., De., G., Fo.), Fatiss (D.).

[2] Kerroum bel hadj Kaddour, d'après des renseignements fournis par Ghardaïa.

grande fortune qui appartient à une bonne famille, sans relations en dehors du district. C'est le rival du précédent (Gh.).

8° Tazliza [1]. — Cette oasis est habitée par des Meharza, des haratin et des nègres (G.). Elle est située au nord-est et à 8 kil. de Tabelkoza, au milieu des sables qui l'enserrent de tous côtés (de La.).

En 1895, la mission du commandant Godron en a longé la face est, placée au pied de trois lignes de petites dunes plantées de haies en branches de palmiers. Les habitants ont fait en cet endroit de nombreuses plantations et la mission eut à traverser une véritable pépinière de jeunes palmiers, croissant vigoureusement au milieu des sables. De la dune qui borne l'oasis au nord, celle-ci apparut sous la forme d'un rectangle de 1.800 mètres de long sur 300 de large, orienté nord-sud. Comme à Tabelkoza, les palmiers clairsemés, sont répartis en nombreux jardins où chaque propriétaire a construit sa maison. Les cultures sont arrosées à l'aide de puits à bascule (de La.).

9° Taouanza [2].

Cette oasis, qui n'est mentionnée que par le commandant Deporter et le commandant Godron, serait habitée par des Meharza, des haratin et des

[1] Orthographes diverses : Taziza (de C.), Talziza (G.), Tazliza (De., de La.).
Cette oasis n'est pas citée par le commandant Fossoyeux et le lieutenant Devaux.

[2] Orthographe unique : De., G.

nègres. Deporter ajoute que son ksar est entouré d'un mur d'enceinte crénelé, flanqué de tours carrées aux angles.

10° Ras er Reg el Guebli, Ras er Reg Chergui [1].

Cette oasis, inhabitée d'après le commandant Godron, abriterait cependant, au dire du commandant Deporter, deux familles d'haratin. Elle n'est citée que par ces deux auteurs.

11° Zaouiet Sidi Mansour bou Kerkour [2] (De.) ou Zaouiet Sidi Mansour (G.), plus communément appelée : Sidi Mansour (De., de C., C., Fo., D.) porte aussi les noms de Tedjouit et de Tadjetiout (De.).

---

[1] On ne s'explique pas cette double dénomination, donnée pour la première fois par Deporter : Tête du reg du sud, Tête du reg de l'est. En tamahak le mot *ataram* (*), qui signifie *ouest* et aussi le *bas*, est pris également dans le sens du *sud*, et, réciproquement, le mot *afella*, qui signifie *est* et le *haut*, est pris aussi dans le sens de *nord*, « parce » que le soleil qui se lève à l'est semble monter vers le nord, et qu'il » semble descendre du sud à l'ouest ».

C'est certainement cette idée qu'on a cherché à reproduire dans la double dénomination arabe qui nous occupe, mais alors c'est Ras er Reg ech Chergui, Ras er Reg ed *Dahari*, ou bien c'est Ras er Reg er *R'arbi*, Ras er Reg el Guebli. A notre avis, il y a lieu d'écrire : Ras er Reg ech Chergui, ou *el Foukani*, ou bien Ras er Reg el Guebli, ou Tahtani. C'est la topographie des lieux qui seule peut fixer le choix (B.).

[2] Kerkour, tas de pierres servant de jalon, de borne indicatrice. Synonyme de djedar et de mzara.

(*) Ouest se dit aussi *Idjedel n tafouk* (le coucher du soleil), est : *El keblet*, nord : *foui*, sud : *anchol* ; mais dans la pratique, on dit : *chour Tin Bouktou* : direction de Tin Bouktou, *chour Idjedah* : direction d'Agadès (Idjedah signifie proprement les oiseaux), *chour Taourirt*, direction d'El Goléa, etc, etc. (B.).

D'après Colonieu, qui y a séjourné en décembre 1860, l'oasis de Sidi Mansour est « située dans une enceinte
» circulaire formée par des dunes qui grandissent
» chaque jour, malgré les précautions prises par les
» habitants. Concentriquement, entre les dunes et
» l'oasis qui forme centre, se trouvent quelques pauvres
» jardins plantés de 2 ou 3.000 dattiers ; trois ou quatre
» étaient (alors) cultivés en orge, par planches, comme
» dans les jardins à légumes de France. Les habitants
» y cultivaient quelques choux ; leurs jardins renfer-
» maient quelques figuiers, vignes et cotonniers
» arborescents »[1].

Le Ksar est, comme nous l'avons dit, de forme rectangulaire. Il est constitué par deux enceintes fortifiées et juxtaposées, aux murailles crénelées : l'une renferme les habitations des Ksouriens, l'autre sert de refuge aux petites caravanes.

La population, des plus chétives, comprend des marabouts, d'origine arabe, descendants de Sidi Mansour, quelques haratin et quelques nègres (C.).

Ce Sidi Mansour était, au dire du lieutenant-colonel de Colomb, fils de Si Ahmed ben Ioussef, le saint de Miliana[2]. « Un jour, ajoute le même auteur, son
» père irrité contre lui le prit par une jambe et le
» lança dans les airs. La légende ne blâme pas cet

---

[1] Colonieu, *Voyage au Gourara*. Bul. Soc. de Géog. de Paris, 1892, p. 80.

[2] A propos de la descendance de ce saint personnage voir : Tome II, p. 440 et suivantes, et Rinn, *Marabouts et Khouan*, p. 273.

» excès de colère et de violence chez un homme qui
» faisait profession de sainteté, elle ne raconte pas les
» incidents de ce voyage aérien, elle dit seulement
» que Mansour retomba sur les sables à l'endroit où
» est aujourd'hui son tombeau, qu'il y creusa des
» puits, y planta des palmiers et y eut des enfants
» dont la descendance habite le Ksar actuel.

» Sidi Mansour, remarque encore cet écrivain,
» est la première oasis au nord, les caravanes des
» Trafi viennent y aboutir. Elles offrent toujours
» une ziara aux descendants des marabouts et ceux-
» ci leur donnent en échange quelques dattes de
» leurs palmiers, dattes bénies qui rendront salutaires
» et bienfaisantes celles que les Trafi mangeront
» pendant leur séjour au Gourara » [1].

Tous les habitants de Sidi Mansour sont Taïbia. Ils n'appartiennent à aucun sof.

Le commandant Colonieu a évalué la distance entre Hassi ben Henniche et ce Ksar à 36 kil. Cette estimation paraît fort exagérée; elle est due sans doute aux difficultés de la marche à travers les sables.

12° Oulad Aïach [2].

Cette petite oasis n'est pas mentionnée par le commandant Deporter; elle a été pourtant visitée, en 1860, par le commandant Colonieu, qui la place à 12 kil. au sud-ouest du Sidi Mansour.

[1] Lieutenant-Colonel de colomb, *Notice citée*, p. 5 et 6.

[2] Orthographes diverses : Oulad Aïach (de C., C., G.), Oulad Ayach (Fo., D.).

Les pistes qui unissent ces deux oasis sont, d'après cet explorateur, bien tracées. En quittant Sidi Mansour il eut d'abord à traverser quelques faibles dunes qui le conduisirent à une plaine absolument nue, mais entourée de sable, où poussait une végétation considérable de drin et de retem. Enfin, près d'arriver aux Oulad Aïach, il dut franchir pendant une demi-heure des dunes de nouvelles formations qui avaient englouti une oasis dont on voyait encore quelques murailles surgissant dans les sables.

Les habitants, au nombre d'une soixantaine seulement suivant le capitaine Godron, sont des Meharza, des haratin et des nègres. Leur Ksar se compose de deux petites enceintes distantes l'une de l'autre d'environ 200 mètres (C.).

Leurs palmiers évalués à 6 ou 7.000 par le commandant Colonieu sont dans le prolongement de la ligne des deux Ksour, c'est-à-dire au nord et au sud. Le système d'arrosage est la foggara.

Tous les Oulad Aïach sont adeptes de Moulai Taïeb. Ils appartiennent au sof Ihamed (G.).

13° Tilermin[1]. — L'existence de cette oasis est mise en doute par le commandant Godron, qui affirme qu'on n'en connaît pas de ce nom dans le district. Elle est cependant mentionnée par le commandant

---

[1] Orthographes diverses : Tilaghmin (Fo., D.), Tilermin (De.).

Deporter[1] qui la prétend habitée par des Meharza, des Oulad bel Rit, des haratin, des nègres et des Zenata, ceux-ci étant en majorité.

Le Ksar serait entouré d'un mur d'enceinte crénelé et ses palmiers seraient arrosés à l'aide de puits à bascule et de feggaguir. Enfin tous les habitants, affiliés à la confrérie de Moulai Taïeb, seraient du sof Ihamed.

14° Timezlan[2]. — Cette oasis est habitée par des Oulad Aïach, des haratin et des nègres (G.). Leur Ksar serait, d'après le commandant Deporter, entouré d'un mur d'enceinte flanqué de tours carrées. Ses jardins seraient arrosés à l'aide de puits et de feggaguir.

Tous les habitants seraient Taïbia. Ils appartiendraient au sof Ihamed (G.).

15° Anguelou[3]. — Cette oasis est habitée par des Meharza Oulad Aïach, des haratin et des nègres (G.).

Le village qu'ils occupent serait, d'après Deporter, entouré d'un mur d'enceinte crénelé.

Tous sont Taïbia et du sof Ihamed (G.).

[1] Elle est également citée dans l'énumération des Ksour du Tin Erkouk donnée par le commandant Fossoyeux et le lieutenant Devaux.

[2] Orthographes diverses : Timerlan (de C., Fo.), Timezlan (De., G., D.).

[3] A rapprocher le mot tamahak *anguelous*, ange (angelus en latin) (B.).
Orthographes diverses : Inguellou (Da.), Anguelou (De., G.), Aneglou (De.).

16° **Beni Aïssi.** — Le commandant Godron affirme qu'il n'existe pas d'oasis ainsi dénommée au Tin Erkouk. Son nom est pourtant mentionné par le lieutenant-colonel de Colomb, par le commandant Fossoyeux, par le lieutenant Devaux et par le commandant Deporter.

Ce dernier nous apprend qu'il est habité par des Zenata, des haratin et des nègres et que le Ksar qu'ils occupent est entouré d'un mur crénelé flanqué de tours [1] carrées. Ses jardins seraient arrosés à l'aide de puits.

Ruines.

Au Tin Erkouk, comme dans toute la région touatienne, les ruines, les oasis abandonnées sont nombreuses. Nous résumerons ici les indications que nous possédons à ce sujet.

Le premier, le lieutenant-colonel de Colomb signale, parmi les villages en ruines de ce district, un Ksar qu'il appelle El Guesseïha, et qu'il place dans la partie ouest du pays.

Le commandant Colonieu en indique un plus grand nombre.

C'est d'abord un Ksar ruiné à 600 mètres au sud-est de Sidi Mansour, puis viennent ensuite :

Une kasba en ruine à mi-chemin de Sidi Mansour

---

[1] Nous avons vu précédemment que Si M'hammed el Mokhfi, un des medebih (égorgés) de Si Ahmed ben Ioussef, était enterré aux Beni Aïssi.

aux Oulad Aïach, à l'est de la piste qui unit ces oasis ;

Une oasis et un ksar engloutis par les sables, à une demi-heure des Oulad Aïach sur la route de Sidi Mansour ;

L'oasis et le ksar ruiné de Keseïba, à 6 kil. au sud des Oulad Aïach, sur un plateau bas. On y trouve en abondance de l'eau, du drin et du retem, ainsi que les petits roseaux auxquels l'oasis doit son nom. C'est sans doute le même que de Colomb appelle El Guesseïha.

Dans une autre direction, Palat signale également un grand nombre de ruines. C'est ainsi qu'en allant de Tahantas à Zaouiet Debbar' [1], il voit un bordj abandonné sur la gauche de sa route. « Nous en » rencontrerons beaucoup, ajoute-t-il, sur notre » chemin. Ainsi, j'en aperçois deux au sud-ouest, » les ruines rougeâtres sont d'un bel effet dans le » paysage » [2].

---

[1] Maintenant que nous connaissons par le lieutenant Falconetti la position relative des oasis de Tahantas, de Zaouiet ed Debbar' et d'Adr'ar, qu'a vues successivement Palat, nous pouvons nous rendre compte de l'étrangeté de la route qu'il a suivie, étrangeté dont il ne nous donne pas l'explication. Arrivé le 11 décembre 1885 à Tahantas, venant d'Hassi Souiniat, il revient pour ainsi dire sur ses pas le lendemain en gagnant Zaouiet ed Debbar'. Le 13 décembre, il quitte ce dernier ksar en se dirigeant, nous dit-il, vers le sud-ouest, bien qu'il aille finalement passer auprès d'Adr'ar situé au nord-ouest.

[2] Palat, *Journal de route*, p. 212.

En quittant Zaouiet ed Debbar', Palat se dirige sur Adr'ar. Presque immédiatement, il laisse à 100 mètres à droite le bordj ruiné de Ksiba bâti au sommet d'une petite colline. Un peu plus loin, il passe entre trois collines dont la plus éloignée à gauche est surmontée de ruines. Ce sont les restes d'un fortin à peu près carré, bâti en pierres, au sommet de cette colline et qui domine la plaine du côté du sud.

Bientôt après, sur la droite de la direction suivie, apparaît « un autre bordj ruiné, également bâti
» en pierres, mais de construction récente, il a
» 20 mètres de côté. Près de là, les restes d'un
» canal d'irrigation et deux ou trois vieux palmiers
» marquent les traces d'anciennes cultures.

» 400 mètres plus loin s'élève sur la gauche une
» autre forteresse abandonnée. A 2 kil. au delà on
» trouve une koubba, monument presque informe,
» de base rectangulaire, construit en briques crues,
» et couronné par une boule de poterie verte. Tout
» autour est un cimetière. A 100 mètres de là
» s'étalent dans les dunes quelques jardins à côté
» d'habitations ruinées. Plus loin, à 500 mètres, mais
» sur le chemin suivi, se trouve un ksar ruiné
» offrant une masse imposante » [1].

A Adr'ar même, Palat signale encore, nous l'avons vu précédemment, le bordj ruiné, qui porte le nom de Moula Ismaël.

---

[1] Palat, *Journal de route*, pp. 219 et suiv.

Un peu plus loin, il trouve un autre bordj ruiné, « situé sur une petite colline de grès jaune et de » poudingue. Il est défendu par une double muraille » dans l'intérieur de laquelle court un couloir à » deux étages, large de 2 mètres et permettant » d'utiliser deux lignes de créneaux superposées. Des » maisons remplissent le bordj en se serrant les » unes contre les autres [1] ».

OULAD SAID.

Ce district situé sur la rive nord de la grande sebkha tire son nom d'une fraction de Zenata, les Oulad Saïd, qui forment la majorité des habitants. C'est le marché le plus important de la région après Timimoun. Il est très bien approvisionné et les tribus de l'ouest comme de l'est viennent y trafiquer.

Les Oulad Saïd s'adonnent particulièrement à la fabrication du charbon de bois qu'ils vendent dans tout le Gourara (De.).

Ils possèdent de nombreux palmiers, donnant des dattes estimées, et dont les plantations très étendues s'étendent jusque dans le lit de la sebkha (P.). Les jardins arrosés par d'abondantes feggaguir produisent en outre des fruits et des légumes de toutes

---

[1] Palat, *Ouvrage cité*, p. 220. Cette construction est, d'après cet explorateur, identique à celle des bordjs de Tahantas et de Zaouiet ed Debbar'.

sortes, du tabac, de l'anis, un peu de garance et de coton.

Les productions minérales sont le sel, la chaux et le plâtre (De.).

D'après le commandant Godron les habitants de ce district se répartissent ainsi :

Zenata	400
Arabes sédentaires	100
Cheurfa	50
Haratin	370
Nègres	200
Au total	1.120 habitants.

Il n'y a aucune zaouia chez les Oulad Saïd.

Suivant le lieutenant-colonel de Colomb, le premier qui nous ait rapporté quelques détails sur cette région, les Oulad Saïd comprendraient 24 ksour dont 22 seraient groupés sur un très petit espace et qu'on pourrait presque considérer comme des quartiers d'une même ville, séparés les uns des autres par des jardins, des murailles et des portes. Ce sont, d'après lui : Kali (ou Ksar ech Cheurfa), Aghelat, qui sont assez éloignés pour être distingués dans cette agglomération, Tazelaght, Aouri, Ksar ed Dahrani, Adahman, Salah ed Din, Ksar el Khattar, Souk el Berrani, Oulad Abdallah, Oulad ben Moussa, Akhelouf, Oulad Aroun, Abouddara, El Azoun, Oulad Affan, El Rahba, Afekak, Oulad Ahian, Tahallet, Imrad, Mamoura, Feraoun, Igheza [1].

---

[1] De son côté le commandant Fossoyeux donne l'énumération

Parlant de la même région, le commandant Colonieu ne cite que le ksar des Oulad Saïd qu'il considère comme le seul important.

Les renseignements les plus récents, fournis par les commandants Deporter et Godron, montrent que la population des Oulad Saïd est réellement répartie en quatre ksour [1].

Ceux-ci, d'après le premier de ces informateurs, sont tous situés, dans une vallée bien marquée, souvent coupée par les dunes et connue sous le nom d'oued er Remel. Leurs jardins sont arrosés par des feggaguir.

Voici ce que nous savons sur les ksour en question.

1° Ksar el Kebir [2] (De., G.) appelé aussi Ksar Oulad Saïd (De.) ou simplement Oulad Saïd (C.).

C'est le plus important de tout le groupe. Il est

---

suivante des Ksour de ce district (1880) : Oulad Talha, Badrian, Naïmou, Ben Issi, El Kef, Azekour, Ougzoulem, Boudorra, Gharmaghour, Oulad Abdallah, Akhellouf, Slah ed Din, Ksar Oudaman, Aghman Taznet, Tazlalaght, Cheikh Mohammed, Oulad Aroum, Kali et Aghlad.

Plus tard le lieutenant Devaux (1886) en donnait une liste un peu différente : Ougouzoulen, Boudona, Gharmaghour, Oulad Abdallah, Oukhallouf, Slah ed Din, Ksar Aoudaman, Ghanem Tazat, Oulad ba Moussa, Tazlagat, Cheikh Mohammed, Oulad Aroun, Kali et Aghlad.

[1] Des renseignements recueillis à Mécheria indiquent comme existant dans le district des Oulad Saïd un Ksar, appellé Meharza, que nous n'avons vu citer nulle part ailleurs.

[2] Le grand ou *l'ancien* Ksar, Kebir étant pris dans le sens *d'aîné* (B.)

divisé d'après le commandant Deporter, en seize quartiers qui sont :

    Oulad Abdellil,
    Oulad Haroun,
    Oulad Iakoub,
    Seffah,
    Kheloufa ; ce serait le quartier le plus populeux, il s'y trouverait un marché très important, connu sous le nom de Souk Cheikh Abdelkerim, marché qui se tiendrait tous les jeudis ;
    Kasbet Cheikh El Mahfoud ; ce quartier serait habité par la famille dans laquelle a été choisi depuis bien longtemps le chef du pays ;
    Kasbet Cheikh Mohammed,
    Aoudhaman [1],
    Ouassel Hadi,
    Boudhara,
    Oulad Moussa,
    El Mansour,
    El Azoun,
    El Affan,
    El Affekak,
    Tahalelt.

Ces 16 quartiers seraient tous bâtis sur le bord de la sebkha au milieu des palmiers, à l'exception d'El Mansour qui en serait éloigné de quelques centaines de mètres (De.).

---

[1] Autre orthographe : Aoudanan (Gr.).

Le commandant Colonieu, qui a campé pendant deux jours (5 et 6 décembre 1860) à 500 mètres de ce ksar, nous dit simplement qu'il est situé exactement au sud des Oulad Aïach et à environ 35 kil. de ce dernier (5 h. 1/2 de marche). A son arrivée il trouva les portes de l'oasis fermées ou même murées, les hommes aux créneaux prêts à se défendre, les femmes et les enfants dans les Kasbas qu'on approvisionnait d'eau. Il lui parut facile de s'emparer du Ksar par surprise.

La population de Ksar el Kebir est de 600 âmes. Elle comprend la totalité des Zenata qui habitent ce district soit 400, plus 50 arabes, 100 haratin et une cinquantaine de nègres (G.). La confrérie de Moulai Taïeb y a seul des adeptes. Comme dans la plupart des oasis berbères le sof Sefian y est plus puissant que le parti Ihamed [1] (G.).

---

[1] Ali ben Merin, le conducteur de la caravane envoyée en 1862 par M. J. Solari au Gourara, a rapporté une description merveilleuse et certainement très exagérée des Oulad Saïd, description qu'a recueillie le Dr Maurin, dans son opuscule: *Les caravanes françaises au Soudan* (p. 11). Nous la reproduisons ici à titre documentaire.

» La ville des Oulad Saïd est très grande et aussi étendue que celle
» d'Oran. Il n'y a pas moins de 2 à 3.000 maisons ; elles sont toutes
» blanches et spacieuses ; il y a là de belles mosquées, moins grandes
» extérieurement que celles d'Alger, mais non moins ornées à
» l'intérieur. Ici, tout respire l'aisance et la richesse, les costumes, les
» habitations, les jardins et les environs de la ville, qui sont couverts
» de vignes et de plantations de figuiers. Dans la campagne on
» aperçoit un grand nombre de villages situés au milieu d'une forêt de
» palmiers, qui s'étend aussi loin que la vue puisse porter. Là,

Notables.

Il faut citer, en premier lieu, El hadj el Mahfoud ben Mohammed, homme d'environ 65 ans, juste, droit, très écouté, estimé des Trafi qui viennent trafiquer aux Oulad Saïd; il possède de nombreux palmiers. Il n'a d'influence que dans son district et chez les Meharza. Il a été investi par le Sultan des fonctions de caïd (Gr.). Il a appuyé sa candidature auprès de ce souverain par l'envoi de deux négresses (Gh.).

Vient ensuite Si El hadj Mohammed Abdelkerim ben el hadj Abdallah, d'une famille de tolba, désignée sous le nom d'Oulad el Kadhi; il habite le quartier d'Aoudhaman. C'est un homme âgé d'une quarantaine d'années, très riche en propriétés et en argent, qui est fort connu dans tout le Gourara où il a la réputation d'un homme de bien et de conciliation, restant en dehors des questions politiques. Il remplissait autrefois les fonctions de chahed et comme tel, était chargé de lire la prière à la mosquée. Il enseignait en même temps le Coran. Aujourd'hui, il remplit les fonctions de cadi (Gr.).

» viennent les produits du Soudan : les dents d'éléphants, la poudre
» d'or, les tissus de laine, kaïks et burnous et même les tissus de
» coton, qui vient naturellement et à l'état arborescent dans toute la
» contrée. »

2° **Kali**[1]. — Cette oasis est habitée par des Cheurfa, des haratin et des nègres, formant, d'après le commandant Godron, une petite agglomération d'environ 230 âmes, soit 50 Cheurfa, 100 haratin et 80 nègres. Ses palmiers, suivant Palat, empiètent sur le lit de la sebkha.

Le mur d'enceinte qui entoure l'oasis serait en grande partie ruiné (De.).

La presque totalité des habitants appartient à la confrérie des Kadria. Ils ne font partie d'aucun sof (G.).

3° **Arlad**[2]. — Cette oasis renferme, d'après le commandant Deporter, deux Ksour, séparés d'environ 500 mètres l'un de l'autre et appelés, l'un Arlad foukani, l'autre Arlad tahtani.

Les plantations des palmiers, au dire de Palat, empiètent sur le lit de la sebkha.

Elle est habitée par des arabes, des haratin et des nègres.

Le commandant Godron évalue cette population à 150 âmes dont seulement 30 arabes pour 80 haratin et 40 nègres.

---

[1] Orthographe : Kali (de C., Fo., D., G.). Autres dénominations : Ksar ech Cheurfa (de C.), Kali el Djedid (De.), c'est-à-dire Kali le neuf, pour le distinguer de Kali el Kedim (De.), Kali le vieux, ancien Ksar dont on voit les ruines très anciennes à l'ouest du premier.

[2] Probablement *Arlal*, cuvette en bois, la guesséa des arabes (B.).
Orthographes diverses : Aghelat (de C.), Arlal (P.), Arlad (De., G.), Aghlad (Fo., D.).

La confrérie de Moulai Taïeb y est presque seule suivie. Les habitants sont du sof Ihamed (G.).

4° Guentour [1]. — Cette oasis abrite une population de 140 habitants, ainsi répartis : arabes 20, haratin 90, nègres 30. Ils se tiennent généralement en dehors des divisions politiques qui partagent le pays et n'appartiennent à aucun sof. Ce sont des Taïbia. (G.).

Ruines.

De nombreuses ruines ont été signalées au commandant Deporter dans cette région. Nous citerons : Kali el Kedim auprès duquel se trouve une foggara en activité, débitant une grande quantité d'eau, qui sert à irriguer les palmiers de Kali el Djedid.

Dans l'oasis d'Arlad se voient les vestiges de ruines anciennes.

Au sud et tout auprès de Guentour, sont les restes de Guentour el Khali ou Guentour el Kedim, Ksar ruiné, il y a une trentaine d'années, par les Beraber.

Enfin entre Guentour et Tasfaout Sidi Moussa (Charouin) on rencontre les ruines du Ksar de Sidi ben Nour, où l'on voit encore une koubba élevée à la mémoire de ce saint personnage.

[1] Orthographe unique (De., G.).

EL HAIHA.

Ce district et le suivant s'étendent au nord de la sebkha du Gourara. Tous deux auraient leurs Ksour situés dans la vallée de l'oued Er Remel, dont nous avons déjà parlé, vallée qu'envahissent chaque jour les sables de l'Erg (De.). C'est pourquoi, sans doute, les tribus du sud de la province d'Oran confondent généralement ces deux districts sous la dénomination d'Oulad Daoud, qui est le nom d'une fraction des Oulad Saïd [1], répandus dans plusieurs villages de cette partie du Gourara.

La proximité de l'Erg obligent les habitants à une lutte incessante contre l'envahissement des sables qui menacent constamment d'engloutir leurs plantations. Ils emploient dans ce but tous les moyens que nous avons précédemment indiqués.

Ce district est relativement pauvre en palmiers ; il ne fournit que très peu de dattes qui suffisent à peine aux besoins des habitants. Ceux-ci se livrent principalement à la fabrication du charbon. Ils cultivent

---

[1] Ces Oulad Saïd seraient d'origine arabe.

C'est au commandant Godron que nous empruntons ce renseignement confirmé d'ailleurs par le commandant Deporter. Il y aurait donc eu au Gourara une tribu berbère et une tribu arabe des Oulad Saïd, la première habitant, comme nous l'avons dit, le district connu sous le nom d'Oulad Saïd, l'autre occupant les villages des circonscriptions d'El Haïha et de Charouin.

dans leurs jardins quelques fruits et quelques légumes, un peu de coton et du tabac (De.).

La population, composée de zenata, d'arabes, d'haratin et de nègres, est d'environ 550 âmes (G.).

Une petite Zaouia de Zenata marabouts existe à Iakou, un des Ksour du district (G.).

La confrérie de Moulai Taïeb est la seule ici qui compte des affiliés. Tous les Zenata du district sont du sof Sefian (G.).

Le lieutenant-colonel de Colomb prétend qu'El Haïha contient neuf Ksour, qui sont, selon lui : Guentour, Ksar el Haratin, El Hamer, Touat Entebbou, Adjedir ed Dahrani, Adjedir el Guebli, Oulad Aïssa, Taghouzi et El Nebaat.

Mais il y a lieu de remarquer que Guentour appartient, comme nous l'avons montré, au district des Oulad Saïd, et que Touat Entebbou, Adjedir ed Dahrani, Adjedir el Guebli, les Oulad Aïssa, Taghouzi et El Nebaat doivent se rattacher au Teganet. Dans l'énumération de cette information, il ne reste donc que deux Ksour qui fassent réellement partie du district d'El Haïha, Ksar el Haratin et El Hamer.

Le commandant Colonieu ne mentionne même pas [1] cette circonscription.

---

[1] Le commandant Fossoyeux comprend sous la dénomination d'Oulad Daoud les deux districts d'El Haïha et de Charouin, comprenant d'après lui quinze Ksour : Touat Touzah, El Haïha, Iakou, Oulad Aïssa (appartient au Teganet), Lahmar, Aganthour (c'est le Guentour des Oulad Saïd), Tadjemdjam, Talaoui, Cherouin, Touraâta,

Les renseignements les plus récents, que nous possédions sur cette contrée, nous sont fournis par les commandants Deporter et Godron. D'après eux, il s'y trouve cinq Ksour, ce sont :

1° Ksar el Arab (De.,G.), appelé aussi par les Zenata, Tazzat [1] (De.).

Ce Ksar qui, suivant Deporter, serait placé au sud et à proximité du suivant, abriterait une population d'arabes Oulad Amar au nombre d'une soixantaine. D'après le commandant Godron, il faudrait y joindre 30 haratin et 25 nègres, en tout 115 habitants.

2° Ksar Zenata (De., G.), appelé aussi Ksar el Kebir (De.), est souvent aussi dénommé El Haïha [2], ou même Oulad Daoud par les tribus du Sud oranais.

C'est le plus important du groupe. Sa population, qui serait de 205 âmes, comprendrait 140 zenata, 40 haratin et 25 nègres (G.). Il contiendrait, d'après les données fournies par un rapport annuel (1893) des caravanes de la division d'Oran, 70 maisons ; ce nombre qui semble déjà excessif pour abriter une si

---

Tinekran, Taguelzi, Tarouaïa, Arit, Amellal. (Les trois derniers appartiennent réellement au district de Timimoun).

La liste donnée, dans les mêmes conditions, par le lieutenant Devaux ne comprend que douze Ksour, dont les noms différent légèrement : Taounzah, Haïha, Iakou, Oulad Aïssa, Lahmar, Aganthour, Tidjemdjam, Talaou, Cherouin, Touraata, Tinekrin, Tagalzi.

[1] Peut-être *tazzert*, le figuier en kabyle (B.).

[2] Le Châtelier, *Médaganat*, p. 73. Cet auteur, qui orthographie le nom de ce Ksar Hahea, nous apprend que les Oulad Daoud sont en général hostiles aux Khenafsa.

faible population (en admettant comme exacts les chiffres donnés plus haut) est porté à 100 par M. Le Châtelier. Nous ne rappellerons que pour mémoire que le commandant Deporter avait donné celui de 400.

Ce dernier informateur nous apprend que Ksar Zenata est entouré d'un mur d'enceinte renforcé de tours flanquantes aux angles. D'après lui encore, ce village se partagerait en trois quartiers. Ce sont :

Maritis, habité par des zenata et où se voit une koubba dédiée à Si Ahmed ben Mansour.

Oulad bou Iahia, habité par des haratin et des nègres et où l'on trouve la roudha [1] de Moulai Abderrahman.

Guebelt Noura, habité par des zenata.

Les jardins de Ksar el Arab et de Ksar Zenata sont tous arrosés à l'aide de puits à bascule.

3° Iakou (De., G.). — Ce Ksar est habité par des Zenata marabouts, qui y possèdent, comme nous l'avons dit, une petite zaouia. Sa population ne serait que de 55 âmes, soit 20 zenata, 15 haratin et 20 nègres (G.).

Il serait entouré d'un mur d'enceinte crénelé. Enfin tous les jardins seraient arrosés à l'aide de puits à bascule (De).

4° El Hamer [2].

---

[1] Roudha, parterre, au figuré, tombeau.

[2] Orthographes diverses : El Hamer (de C., De., G.) Lahmar (Fo. D.). C'est peut-être El Hamar, le mamelon en dos d'âne (P.).

Ce ksar, un peu plus important que le précédent, contiendrait une population de 70 habitants, dont 30 zenata, 25 haratin et 15 nègres (G.). Ses jardins seraient arrosés à l'aide de puits et de feggaguir. Il serait entouré d'un mur d'enceinte (De.).

5° Idjemdjam [1].

Ce ksar est formé de maisons très rapprochées dont les murailles extérieures constituent l'enceinte ; on n'accède à l'intérieur que par une seule ouverture (De.). Les habitants, au nombre d'une centaine, comprennent environ 50 zenata, 30 haratin et 25 nègres (G.).

Ruines.

Nous ne possédons aucun renseignement sur les ruines qui peuvent exister dans ce district. Il est probable qu'elles doivent être nombreuses en raison de l'envahissement croissant des sables de l'Erg.

CHAROUIN.

Ce district est sinon plus, du moins aussi misérable que celui d'El Haïha. Il est situé au sud-ouest de ce dernier, sur la rive occidentale de la grande sebkha, dans les dernières dunes de l'Erg.

Ce voisinage explique la lutte perpétuelle que les habitants ont à soutenir contre l'envahissement des

---

[1] Orthographes diverses : Idjemdjan (G.), Idjemdjam (De.), Tadjemdjam (Fo.), Tidjemdjam (D.).

sables. Leurs palmiers sont arrosés à l'aide de rerraz et de feggaguir. La quantité de dattes qu'ils produisent suffit à la consommation locale; ils en vendent relativement peu. Ils cultivent encore dans leurs jardins avec les légumes ordinaires un peu de tabac et de coton, mais la fabrication du charbon de bois est leur principale occupation.

Les habitants de ce district, qu'on appelle les charouana, (de C., De.) ne sont pas plus de 400, répartis en zenata (210), haratin (100) et nègres (90) (G.).

On y trouve trois zaouias habitées par des marabouts Zenata et dépendant des Kadria. Deux d'entre elles, la zaouia de Takelzim et celle de Tinkram sont consacrées à Si M'hammed ben Aomeur; la troisième, à Tasfaout Sidi Moussa, est placée sous le vocable de Sidi Moussa el Messaoud.

Le sof Ihamed est le parti dominant. Les deux zaouias de Takelzim et de Tinkram restent neutres.

D'après le lieutenant-colonel de Colomb, on compte sept Ksour dans ce district, groupés dans les dunes sur une surface de trois lieues carrées : Charouin (Ksar el Kebir), Kasba el Arbi, Kasba el Kedima, Kasba ech Cheurfa, Oulad Hammou, Tinkran, Taguelzi.

Le commandant Colonieu ne fait qu'indiquer qu'il est administré par une djemâa [1].

---

[1] Nous avons vu plus haut quels sont, d'après le commandant Fossoyeux et le lieutenant Devaux, les Ksour de ce district qu'ils confondent avec celui d'El Haïha sous la dénomination d'Oulad Daoud.

Les commandants Deporter et Godron donnent les noms de quatre Ksour seulement, ce sont :

1° Charouin [1] appelé aussi Ksar el Kebir (de C., De., G.).

Ce Ksar, habité par des zenata, des haratin et des nègres, se composerait de plusieurs quartiers, à proximité les uns des autres. Ce sont Kasba el Arbi, Kasba ech Cheurfa [2], Oulad Hachem et Ksar es Ser'ir.

Ce dernier est séparé des autres par une petite vallée. Les maisons de Charouin sont très rapprochées ; leurs murs extérieurs constituent l'enceinte (De.).

Suivant le capitaine Coÿne [3] ce village serait bâti sur la déclivité orientale de la petite colline où sont creusées les feggaguir qui l'arrosent. Les palmiers s'étalent au sud-ouest du Ksar et les feggaguir courent

---

[1] Orthographes diverses : Charouil (G.G.), Charouin (de C., De., G.), Cherouin (Fo., D.), Cherouine (Coÿne).

[2] Sans doute parce que quelques familles de Cheurfa y vivent comme l'indique d'ailleurs le commandant Deporter, contrairement à l'opinion du commandant Godron que nous suivons plus volontiers en ce qui concerne les populations de ces régions.

[3] *Une Ghazzia dans le Grand Sahara*, p. 36.

D'après le même auteur « les gens de Charouin auraient une répu-
» tation bien établie de courage. En 1871, pendant que le faux chérif
» Bou Choucha était campé sur l'oued Saoura, quatre cents fantassins
» de R'enanema surprirent une nuit les gens du Ksar en franchissant
» le mur d'enceinte ; les habitants de Charouin, bien que pris
» à l'improviste, se défendirent énergiquement et massacrèrent
» la plus grande partie des assaillants dont quelques-uns à peine
» purent s'enfuir ».

vers l'est dans la direction de la sebkha dont le bord est à 10 kil. de là.

Les trois confréries des Taïbia, Cheikhia et Kerzazia se partageraient également la population de ce Ksar.

Notable :

Cheikh Brabim, caïd investi par le Sultan (M.).

2° Takelzim [1]. — Cette zaouia abrite des marabouts zenata, originaires de l'oued Saoura de Kerzaz, des haratin et des nègres.

Les murs extérieurs des maisons très rapprochées les unes des autres constituent une enceinte continue (De.).

3° Tinkram [2]. — Cette zaouia, habitée par des marabouts zenata (Oulad Sidi Mohammed ben Amor), des haratin et des nègres, n'a pas de mur d'enceinte (De.).

4° Tasfaout [3] Sidi Moussa (De., G.) ou El Messaoud (De.).

Cette zaouia est habitée par des marabouts zenata,

---

[1] Orthographes diverses : Taguelzi (de C., Fo.) Tagalzi (D.), Takelzim (De., G.).

[2] Tinkram, peut-être *Tin kerem*, celle des figuiers, le mot arabe étant précédé du déterminatif berbère (B.).

Orthographes diverses : Tinkran (de C.), Tinekran (Fo.), Tinekrin (D.), Tinkram (De.,G.).

[3] Tasfaout est le nom donné à In Salah au mil des nègres. Rohlfs, *Reise*, p. 189.

des haratin et des nègres. Elle n'a pas de mur d'enceinte [1] (De.).

Ruines :

Entre Tasfaout Sidi Moussa et Tinkram, le commandant Deporter cite le ksar ruiné des Beni Sellem, où l'on trouve l'eau à la surface du sol.

TEGANET.

Ce district, connu également sous le nom de Telmin (de C.) [2], est situé au nord de la grande sebkha, dans les dernières dunes de l'Erg.

Comme celui d'Fl Haïha, ce district est très pauvre et la récolte de dattes suffit à peine d'ordinaire à la consommation locale.

Les habitants qui luttent sans cesse contre l'envahis-

---

[1] Le lieutenant-colonel de Colomb fait de Tasfaout Sidi Moussa un Ksar isolé, formant en quelque sorte un district à part.

[2] Teganet et Telmin sont, comme nous le verrons, les noms de deux des Ksour du district.

On appelle *teganet*, un terrain à ondulations peu accentuées et parallèles entre elles ; le fonds de ces petits vallons est couvert de végétation et les croupes qui les déterminent portent des touffes de brousailles ligneuses. M. René Basset (*Notes de lexicographie berbère*, fascicule IV, p. 9) pense que ce mot dérive, soit de la racine G. N. (kabyle, *gen*), signifiant se reposer, dormir, soit de la racine Dj. N. (en tamahek, *edjen*, armée), ce qui ferait de Teganet (Tagant) l'équivalent de l'arabe Oum Asker (la mère des soldats) dont nous avons fait Mascara (B.).

sement des sables cultivent dans leurs jardins quelques fruits et quelques légumes, un peu de tabac et de coton. Ils se livrent surtout à la fabrication du charbon.

Sa population comprend à peine 600 âmes ainsi réparties; zenata 220; haratin 210; nègres 170 (G.). Tous sont Taïbia et se rattachent au sof Sefian.

Le lieutenant-colonel de Colomb rapporte que ce district, qu'il appelle Talmin [1], est composé de la réunion de Ksour, agglomérés sur un très petit espace et habités chacun par une fraction de la famille générale. El Feggara seul, ajoute-t-il, est assez éloigné pour être compté à part et n'être pas compris parmi les quartiers du ksar principal. Mais nous avons vu que le même informateur plaçait à tort dans le district d'El Haïha les ksour de Touat Entebbou, Adjedir ed Dahrani, Adjedir el Guebli, Oulad Aïssa, Taghouzi et El Nebaat, qui doivent figurer dans celui-ci.

Les renseignements récents (De., G.) indiquent que ce district [2] renferme sept ksour [3]. Ce sont:

1° Telmin [4].

Les habitants de ce Ksar, les Tlamena comme on les appelle, ne sont pas plus de 180, dont 80 zenata,

---

[1] Le commandant Colonieu orthographie de la même façon, mais il fait du Teganet et du Talmin deux groupes distincts.

[2] Il n'est pas mentionné dans leurs travaux par le commandant Fossoyeux et le lieutenant Devaux.

[3] M. René Basset (*Notice citée*, fascicule IV, p. 8) dit que ce district comprend trois ksour qui sont d'après lui: Ksar Oulad Daoud, Ksar Zenata et Teganet.

[4] Orthographes diverses; Talmin (de C., C.), Telmin (De., G.).

50 haratin et 50 nègres (G.). Leur village, situé au milieu des dunes, se partage en cinq quartiers, dont le principal, appelé Ksar el Kebir ou Ksar ech Cheikh el Mazouz, est habité par le Cheikh qui a autorité sur tout le district. Viennent ensuite Cheikh el Amin (ou El Kasba), Ianama (20 maisons habitées par des haratin), Bou Hammou (24 maisons habitées par des haratin) et Afli. Telmin n'a pas de mur d'enceinte; mais des tours carrées, bâties sur des points élevés, servent à défendre l'approche des jardins. Ceux-ci sont arrosés à l'aide de puits, la nappe d'eau se trouvant à peu de profondeur. Ce ksar est administré par une djemâa (De.).

Notable.

Mohammed ben Cheikh el Mazouz.

C'est un homme de poudre, âgé d'environ 55 ans, appartenant à la meilleure famille du district. Il entretient de bonnes relations avec les R'enanema dont son pays n'est pas éloigné, et aussi avec les Oulad Sidi Cheikh. Son influence s'étend jusqu'à Timimoun en raison du concours qu'il peut apporter à ses amis en cas de lutte.

Il a été investi, au nom du Sultan, des fonctions de caïd (Gr.).

2° El Foggara[1] appelé aussi En Naabat[2] (De.).

---

[1] Orthographes diverses: El Feggara (de C.), El Foggara, (De., G.).
[2] Orthographes diverses: En Naabat (De.), En Nebaat (de C. qui le

Ce Ksar abrite une trentaine d'haratin (G.) qui sont les Khammès des gens de Telmin. Les jardins sont arrosés par une foggara (d'où l'un des noms du village) donnant une assez grande quantité d'eau (De.).

3° Tarouzi[1]. — Ce Ksar est habité par une population de 30 zenata, 15 haratin et 20 nègres, soit en tout 65 personnes environ (G.). Il est administré par une djemâa : les murs des jardins sont crénelés et l'arrosage s'effectue à l'aide de puits peu profonds et très abondants (De.).

4° Adjedir [2] ech Chergui (De. G.), ou el Foukani (De.) ou ed Dahrani (de C.)[3].

Ce Ksar a une population d'environ 55 habitants, soit 20 zenata, 20 haratin et 15 nègres. Il est entouré d'un mur d'enceinte (De.).

5° Adjedir er R'arbi (De., G.), ou el Tahtani (De.) ou el Guebli (de C.)[4].

Ce village est habité par une population de 20 zenata, 25 haratin et 18 nègres, soit en tout 63 habitants environ (G.). Il est entouré d'un mur d'enceinte.

La réunion de ces deux Ksour, situés dans les dunes

---

range parmi les Ksour d'El Haïha en en faisant un village distinct d'El Feggara).

[1] Peut-être *tirzi*, la cassure (B.).
Orthographes diverses : Taghouzi (de C. qui le range parmi les ksour d'El Haïha), Tarouzi (De., G.).

[2] Peut-être *el Idjider*, l'aigle, en Kabyle (B.).

[3] De Colomb range ce Ksar parmi ceux du district d'El Haïha.

[4] De Colomb range ce Ksar parmi ceux du district d'El Haïha.

à petite distance [1] l'un de l'autre, est connue sous le nom d' El Adjediret.

Leurs jardins sont arrosés par des puits abondants et peu profonds. La même djemâa les administre (De.).

6° Touat Entebou [2][3]. La population de ce Ksar situé dans les dunes comme les précédents, comprend 30 zenata, 30 haratin et 30 nègres (G.).

Les jardins sont arrosés par des puits et des feggaguir. Une djemâa l'administre.

7° Oulad Aïssa (de C., Fo., D., De., G.) [4].

Ce Ksar est habité par une population de 115 personnes environ, comprenant 40 zenata des Oulad Aïssa, 40 haratin et 35 nègres (G.).

---

[1] Le commandant Deporter rapporte que cette distance est de 1.500 mètres. Des renseignements recueillis à Méchéria la réduisent à 6 ou 800 mètres.

[2] Le lieutenant-colonel de Colomb range ce Ksar parmi ceux du district d'El Haïha et le lieutenant Devaux dans celui de Timimoun (Beni Malahl).

Orthographes diverses : Touat Entebbou (de C.), Touat Entebou (De., G., D.)

[3] Peut-être Touat-n-Tebou. — Les Tebou, Tibbou ou Teda, sont, à l'est, les voisins des Touareg. En donnant, avec de Slane, au mot Touat le sens d'oasis, on traduirait le nom de ce Ksar par oasis des Tebou, ce qui peut faire supposer qu'il a été fondé soit par des captifs, soit par des émigrés de cette nationalité. Cette supposition n'est pas inadmissible bien qu'aucun document historique ne la confirme jusqu'à présent (B.)

[4] Le lieutenant-colonel de Colomb place ce Ksar parmi ceux du district d'El Haïha, le commandant Fossoyeux et le lieutenant Devaux le rangent parmi ceux du district qu'ils appellent Oulad Daoud (El Haïha et Charouin).

C'est le premier village que rencontrent nos caravanes arrivant au Gourara par la route de l'oued Namous.

D'après les rapports fournis chaque année sur ces caravanes, les Oulad Aïssa se composent de deux agglomérations de maisons, placées l'une au nord-ouest, l'autre au sud-est de la route suivie habituellement par nos nomades. Chacun de ces groupes d'habitations est alimenté par un canal d'eau vive. Le village du nord-ouest reçoit l'eau qui sort de l'Erg, le village sud-est reçoit celle amenée par un canal venant du nord-est. La route coupe ce dernier en deçà du dit village qu'elle longe à l'ouest. Elle traverse l'oasis pendant 300 mètres environ, laissant à l'ouest un tiers des palmiers et les deux autres tiers à l'est et se dirigeant ensuite droit au sud vers l'oasis de Tasfaout Sidi Moussa (Charouin)[1].

Ruines.

Le seul Ksar ruiné, que nous connaissions dans ce district, est celui de Teganet, qui lui a donné son nom. Ce fut jadis un village assez important; il est aujourd'hui complètement abandonné. A proximité se trouve une koubba, dédiée à Si Baaziz (De., G.).

---

[1] Extrait du rapport des caravanes du Sud oranais de 1890-91, qui indique encore que l'oasis des Oulad Aïssa contient 35.000 palmiers. Celui de 1894-95 porte en outre que la population occupe 80 maisons. Ces chiffres que nous ne donnons que pour mémoire semblent à priori très exagérés.

EL DJEREIFAT.

Le district d'El Djereïfat [1] est situé sur le bord oriental de la grande sebkha. Palat qui l'a abordé au nord par la pointe formée dans cette direction par l'oued Mabrouk, bras détaché de cette sebkha, nous apprend que la berge, à cet endroit escarpée et à pic, avait près de 80 mètres de hauteur.

La plupart des oasis de ce groupe ont leurs plantations sur le bord de la sebkha, où les palmiers s'étendent chaque jour davantage. Ceux-ci, tous arrosés par des feggaguir, produisent une grande quantité de dattes des variétés les plus estimées. A leur pied les habitants cultivent de l'orge, du blé, des oignons, des navets, des choux, un peu de coton et de tabac.

L'industrie locale produit quelques tissus de laine assez estimés (De.).

La population de ce district est fort restreinte ; elle compte à peine 840 âmes, ainsi réparties :

400 arabes des Oulad Abbès, des Oulad Abid, et Oulad el Hadj Ali de la tribu des Khenafsa ; la plupart sont sédentaires, quelques-uns seulement nomadisent dans l'Erg ;

---

[1] Pluriel de Djerf, escarpement; ce district est aussi dénommé Khenafsa par les tribus du Sud oranais (Khenafsa mta Chott, Fo., D.) parce que le plus grand nombre de ses habitants sont des Khenafsa.

200 zenata, la plupart marabouts;

180 haratin;

60 nègres.

Ce district possède trois Zaouias, Zaouiet Sidi Moussa, Zaouiet Sidi el hadj es Soufi et Zaouiet Mainouh.

La confrérie de Moulai Taïeb est la plus généralement suivie. Les Oulad Sidi Cheikh y ont cependant une grande influence et de nombreux adeptes.

Le sof Ihamed est le parti dominant (G.).

Le lieutenant-colonel de Colomb écrit que ce district contient quatorze Ksour: El Meberouch, Semmouta, Babeïda, El Hadj Guelman, Taghiart, Tiliouin, El Kef, Ighezer, Telalt, Firaoun, Aroun, Badrian, El Kef el Guebli, Beni Aïssi. D'après lui, El Hadj Guelman est le plus grand et le plus peuplé; tous ces Ksour sont bâtis au pied de l'escarpement qui domine la sebkha, à l'exception de Telalt, Firaoun, Aroun et Badrian qui s'élèvent sur le rocher.

Le commandant Colonieu qui est passé à proximité des premiers Ksour de ce district, venant des Oulad Aïach (30 kil. environ), nous dit simplement qu'ils sont tous situés sur la berge de la sebkha et environnés de Kasbas ruinées[1].

---

[1] Le commandant Fossoyeux donne des Ksour de ce district la liste suivante: Mebrouk et Sammouta (abandonnés sans cause), Tiliouin, Babeïda, El Hadj Guelman, el Masmoura, Amrad, Faraoun, Ighezer, soit sept Ksour habités.

Le lieutenant Devaux en énumère onze, ce sont El Mebrouk (ruiné),

Les commandants Deporter et Godron donnent une liste de dix-sept Ksour ou lieux habités.

Chacun de ces Ksour est administré par une djemâa. Deux seulement sont sous la dépendance d'El Hadj Guelman, ce sont Lazoula et Mamoura. Le nom d'un dix-huitième Ksar a été indiqué en 1894 par des informateurs indigènes envoyés par le Gouvernement Général de l'Algérie.

1° El Hadj Guelman [1].

Ce Ksar, d'après Palat qui y a séjourné en décembre 1885, est un des plus importants du district. Il est bâti au pied de l'escarpement et se compose d'un Ksar et d'une Kasba, séparés par une centaine de mètres et commandés, au moment du passage de cet explorateur, par deux frères rivaux.

La population, que Palat évalue à 500 âmes, chiffre évidemment exagéré, est composée de Khenafsa (Oulad Abbès [2]), qui mènent une existence demi-nomades et de quelques haratin et nègres [3] (G.).

Sammouta, Tiliouin, Babeïdah, El Hadj Guelman, El Maamoura, Amrad, Faraoun, Ieghza, Beni Aïssa, El Kaf.

[1] Certains auteurs écrivant El Hadj *Guelmam*; on peut se demander, en raison de la situation de ce Ksar à proximité de la sebkha, si son nom n'est pas une corruption d'*Adjelmam* (Jac) précédé de l'article arabe El, mot que le commandant Deporter écrit *Aguelmam* (B.).

Orthographe : El Hadj Guelman (de C., C., Fo., D., De., G.).

[2] Ce sont, au dire du capitaine Le Châtelier (*Medaganat*, p. 65) des Khenafsa de la fraction des Oulad Hasseïn.

[3] Palat (*Ouvrage cité*, p. 234) affirme cependant que le nombre des esclaves est très grand à El Hadj Guelman. On en trouve, d'après lui, de trois à dix par maison, les négresses sont en majorité.

L'oasis d'El Hadj Guelman aurait la même étendue que celle de Gafsa (250.000 palmiers), elle s'étend de plus en plus dans le fond de la sebkha, et grâce à des pépinières et à de jeunes plantations, rejoint presque celle des Oulad Saïd, tout en se confondant avec ses voisines, les oasis de Baba Idda, Tar'iart et Tilioulin (P.).

Les maisons du Ksar sont bâties en toubes : ce groupe d'habitations n'est pas complètement fortifié, mais un mur crénelé entoure ses jardins et le relie à un village abandonné, situé à 1 kil. au sud-ouest. La Kasba, construite avec plus de soin, est bâtie en pierres jusqu'à 2 mètres du sol. Sa construction ne remonterait pas à plus de 25 ans. Elle a 4 tours et 2 portes, l'une au nord, l'autre au sud ; celle-ci, la principale, est munie d'un tambour en pisé qui la protègerait en cas d'attaque (P.).

La confrérie des Cheikhia compte parmi ses adeptes la moitié des habitants de ce Ksar, les Kadria et les Taïbia se partagent le reste (G.).

Les jardins sont arrosés à l'aide de feggaguir.

Le sof des Ihamed y est prépondérant.

Notables.

Hammou bel hadj Ahmed.

C'est, nous dit Palat « qui s'est trouvé en rapport
» avec lui pendant tout son séjour à El Hadj Guelman,
» rapport dont en somme, il n'eut guère à se louer,
» un homme d'une soixantaine d'années, rose, souriant,

» le nez fortement busqué, la barbe frisée, l'air d'un
» beau rabbin ».

Il a une grande influence sur ses coreligionnaires et est, dit-on, plus écouté que le caïd du district, investi par le Sultan, avec lequel il serait en opposition (M.). Le cheikh Hammou habite la kasba d'El Hadj el Guelman (P.); il est affilié à la confrérie des Cheikhia. Une de ses filles avait, du reste, épousé Si Kaddour ben Hamza (Gh.).

El Hadj Mohammed bel hadj Ahmed.

C'est le frère du précédent; il serait, d'après Palat, en rivalité avec lui et tout dévoué à l'influence marocaine. Il résiderait dans le ksar où il aurait toute autorité.

2° Lazoula [1].

Ce Ksar, habité par un petit nombre d'arabes sédentaires, d'haratin et de nègres (G.), ne serait, d'après Deporter, qu'une dépendance du précédent, dont il ne se trouverait qu'à 2 k. 500 au nord-ouest, au milieu des dernières dunes de l'Erg. Les jardins seraient arrosés à l'aide de puits.

Tous les habitants seraient affiliés à la confrérie de Moulai Taïeb et appartiendraient au sof Sefian.

3° El Mabrouk [2].

Ce Ksar que Palat a visité en 1885 [3] a été, au dire de

---

[1] Orthographes diverses : Lazoura (P.), Lazoula (De., G.).

[2] Le béni. — Orthographes diverses : El Meberouch (de C.), El Mebrouk (P., D., Fo.), El Mabrouk (De., G.).

[3] Palat, *Journal de route*, pp. 225 et 303.

ce voyageur, abandonné de ses habitants vers 1880. Il l'a vu perché sur une colline dans une situation pittoresque au milieu d'une petite oasis. Il est cependant cité, par les commandants Deporter et Godron, comme toujours occupé. Sa population, suivant le dernier de ces informateurs, serait composée de Khenafsa, d'haratin et de nègres appartenant tous à la confrérie du Moulai Taïeb, et partagés entre les sofs Sefian et Ihamed, ce dernier ayant cependant la prépondérance.

4° Semmota [1].

C'est d'après Palat un petit hameau situé à 3 kil. d'El Mabrouk. Il est habité par des arabes (Khenafsa et Oulad El Hadj Ali), des haratin et des nègres (G.) et bâti sur le sommet de l'escarpement. Un mur d'enceinte l'entoure du côté opposé à la falaise et les palmiers de l'oasis s'étendent au pied de celle-ci jusqu'au bord de la sebkha.

Les habitants sont Taïbia, et appartiennent au sof Ihamed (De., G.).

5° Tiliouin [2].

Ce Ksar habité par des arabes (Khenafsa et Oulad el Hadj Ali), est bâti au pied de l'escarpement sur le bord de la sebkha. Il est entouré d'un mur d'enceinte (De., G.).

---

[1] Peut-être du berbère *asemmoud*, froid (R. B., B.).
Orthographes diverses : Semmouta (de C.), Semmouta (Fo., D.), Sammota (Da.), Semmota (De., G., P.).

[2] Orthographe unique : de C., Fo., D., P., De., G.

Les habitants qui sont Taïbia, se partagent également entre les deux sofs Ihamed et Sefian (G.).

6° Baba Idda [1].

Ce Ksar, habité par des Khenafsa, des haratin et des nègres, est bâti dans les mêmes conditions que le précédent. Il est entouré d'un mur d'enceinte. Tous les habitants sont Taïbia [2] et appartiennent au sof Ihamed (De., G.).

7° Tariat [3].

Cette oasis, ainsi que les deux précédentes, est voisine d'El Hadj Guelman (P.), et habitée par des arabes (Khenafsa et Oulad El Hadj Ali), des haratin et des nègres. Le ksar est entouré d'un mur d'enceinte. Tous ses habitants sont Kadria et appartiennent au sof Ihamed.

8° Asfaout [4] (G.).

C'est une petite zaouia située dans la vallée appelée Indjellet. Elle est connue sous le nom de Zaouiet Sidi Moussa ou Messaoud. Les zenata marabouts qui l'habitent exclusivement sont peu nombreux : une trentaine environ. Tous sont Kadria et appartiennent au sof Sefian (G.).

---

[1] Orthographes diverses : Babeïda (Fo.), Babeïdah (D.), Babaïda (P.), Baba Idda (De., G.).

[2] D'autres renseignements recueillis à Méchéria en font des Cheikhia.

[3] Peut-être *tahart*, le figuier (B.).
Orthographes diverses : *Taziart* (De., B.), Taghiart (de C., P.), Tar'iart (G.), Tariaret (cité dans une lettre d'Oran de juillet 1885).

[4] Autre dénomination : Indjellet (De.).

9° Oumerad [1].

Ce n'est qu'un petit hameau habité par des zenata de la fraction des Oulad Sidi Moussa ou Messaoud, et des nègres. Il est situé au pied de l'escarpement au bord de la sebkha et sur le flanc d'une vallée assez étendue appelée oued Rouiba. Tous les habitants sont Kadria et appartiennent au sof Sefian (De., G.).

10° Mamoura [2].

Ce petit Ksar est habité par des Khenafsa et des nègres, appartenant à la confrérie de Moulai Taïeb et au sof Ihamed (G.). Il est bâti dans les mêmes conditions que le précédent mais sur le flanc opposé de la vallée de l'oued Rouiba (De.).

11° Faraoun [3].

Ce Ksar, bâti au pied de l'escarpement, est entouré d'un mur d'enceinte crénelé. Il est habité exclusivement par des zenata et des nègres. Tous appartiennent à la confrérie de Moulai Taïeb et au sof Sefian (De., G.).

12° Irser [4].

Ce Ksar, habité par des Khenafsa, des haratin et

---

[1] Orthographes diverses : Amrad (Fo., D.), Oumerad (De., G.).

[2] Mamoura, lieu fréquenté.
Orthographes diverses : Masmoura (Fo.), El Maamoura (D.), Mamoura (De., G.).

[3] Orthographes diverses : Firaoun (de C.), Faraoun (Fo., D., De., G.).

[4] Le torrent, la rivière en kabyle (B.).
Orthographes diverses : Ir'ezer (Da.), Ighezer (de C., Fo.), Ieghza (D.), Ir'zer (G.), Irzer (De.).

des nègres (G.), est bâti au-dessus de l'escarpement, sur une éminence qui la domine. Il est entouré d'un mur d'enceinte flanqué de tours carrées aux angles (De).

Les habitants sont Taïbia et appartiennent au sof Ihamed (G.).

13° Tlalet [1].

Ce Ksar, habité par des arabes (Oulad Talha et Oulad El Hadj Ali), des zenata, des haratin et des nègres (G.), est bâti, au dire de Deporter, sur le bord de la sebkha au pied de l'escarpement et, suivant Palat, au milieu des sables qui ont gagné la sebkha. Il est sans mur d'enceinte mais une kasba, située sur le point le plus élevé, sert de réduit pour la défense et de magasin de dépôt pour les réserves et provisions des habitants. Ces derniers suivraient d'ordinaire le parti politique de Timimoun (De.).

14° Badrian [2] appelé aussi Zaouiet Sidi El Hadj Es Souf.

Cette petite zaouïa, habitée exclusivement par des zenata marabouts de la fraction des Oulad Sidi Mohammed ben Sliman (G.G.), quelques haratin et négresses, est bâtie, suivant Deporter, sur le bord de la sebkha au pied de l'escarpement et, d'après Palat,

---

[1] Peut-être, *Tahalet*, l'ivoire (B.).
Orthographes diverses : El Telalet (Da.), Telalt (de C., P.), Tlalet (De., G.).

[2] Orthographes diverses : Badriane (P.), Badrian (Da., de C., De., G.), Badryan (D.).

au milieu des sables qui ont envahi la sebkha. Elle est entourée d'un mur crénelé. Ses habitants, tous Taïbia, appartiennent au sof Sefian (De., G.).

15° Zaouiet Mainouh (De.), appelée aussi Zaouiet Maïou (De).

D'après certains renseignements recueillis par lui, le commandant Godron met en doute l'existence de cette zaouia. Cependant des informateurs indigènes du Gouvernement Général de l'Algérie, qui sont passés à proximité en juillet 1894, ont pu constater son existence. D'après eux, cette zaouia serait entourée de quelques palmiers. Ses habitants ne possèderaient qu'une quinzaine de fusils à pierre.

Elle serait bâtie, suivant le commandant Deporter, qui seul en avait parlé jusqu'ici, dans la même situation que la zaouia précédente sur le bord de la sebkha au pied de l'escarpement. Ses habitants (zenata marabouts, haratin et nègres) suivraient le parti politique de Timimoun.

16° El Kef [1].

Ce Ksar est bâti sur l'escarpement. Il est entouré d'un mur d'enceinte crénelé. Au-dessous du village, adossé au flanc de la falaise, se trouve une Kasba, appelée Kasbet Djedida qui sert de réduit en cas d'attaque et de magasin de dépôt ; quatre familles y habitent (De.). Les palmiers s'étendent au pied de l'escarpement, ils envahissent le lit de la sebkha (P.).

[1] Le rocher. — Orthographes diverses : El Kaf (De., D., De. G.), El Kef (de C.).

Cette oasis est habitée par des Khenafsa (nomades), des haratin et des nègres, affiliés à la confrérie de Moulai Taïeb, dont il y a une zaouia dans le ksar. Les deux sof, Ihamed et Sefian, s'y partagent la population (G.).

D'après des informateurs indigènes du Gouvernement Général de l'Algérie, qui ont visité ce ksar en juillet 1894, il serait entouré d'une oasis de 800 à 1.000 palmiers et ses habitants possèderaient une trentaine de fusils à pierre.

Notable :

Abdelkader bel hadj Abdesselam [1]. C'est un ancien commerçant en tissus et articles indigènes qui a été investi par le Sultan du titre de caïd des Khenafsa du Gourara. Pour obtenir ces fonctions, il fit appuyer sa candidature par le caïd de Timmi.

Agé d'environ 45 ans, appartenant à une famille sans aucune notoriété, il n'a cependant d'autre influence que celle que lui procurent son argent et les biens qu'ils possèdent dans le pays. C'est cependant un homme de poudre, vigoureux, hostile à toute ingérence française, mais ambitieux. Lorsque Si Kaddour s'est rendu au Gourara, en 1891, pour y recueillir des adhésions à la domination française et contrebalancer les tentatives faites dans le même but par la

---

[1] D'autres renseignements le nomment Kouider bel hadj Abdesselam (ou Ben Hammou) (Gh.).

cour de Fez, Abdelkader bel hadj Abdesselam se présenta à lui et lui promit son concours, mais en même temps il agissait en sous-main pour tenir ses coreligionnaires à l'écart de nos partisans. Les Oulad Sidi Cheikh le comptent pourtant parmi leurs serviteurs. Il est également affilié à la confrérie de Moulai Taïeb (Gr.). Il appartient au sof Sefian (Gh.).

Si Ahmed bel hadj Mohammed ou Salah. C'est le mokaddem de la zaouia de Moulai Taïeb à El Kef. Il est en même temps négociant à El Goléa où il possède un magasin d'épicerie. Il est en relations d'amitié avec le précédent (Gr.).

Allal bel hadj Abdelhakem. C'est un homme d'une soixantaine d'années, possesseur de quelque aisance et disposant d'une certaine influence politique. Au commencement de 1892, il fit partie du miad qui se rendit à Fez auprès du Sultan pour faire acte de soumission. Il ne fut pas agréé comme caïd. Il appartient à la confrérie de Moulai Taïeb et au sof Sefian (Gh.).

17° Beni Aïssi [1].

Ce Ksar, habité par des Khenafsa, des haratin et des nègres, est bâti au pied de l'escarpement. Les habitants sont Taïbia et appartiennent au sof Ihamed.

18° El Kasba.

Ce petit Ksar, situé à moitié chemin d'Azekkour à El Kef, marque la limite entre les districts d'El Djereïfat et de Timimoun.

---

[1] Orthographes diverses : Beni Aïssin (R.), Beni Aïssa (D.), Beni Aïssi (de C., De., G.).

D'après les informateurs indigènes du Gouvernement Général de l'Algérie qui l'ont reconnu en 1894, il est habité par des Khenafsa, qui possèdent une quinzaine de fusils à pierre. Une oasis de 800 à 1.000 palmiers l'entoure [1].

Ruines.

Les ruines signalées dans ce district sont excessivement nombreuses. Le commandant Colonieu est le premier qui nous en parle.

En se rendant de l'oasis des Oulad Aïach aux Oulad Saïd, cet officier supérieur atteignit au sud et à une vingtaine de kilomètres de son point de départ, ainsi que nous l'avons déjà indiqué, un grand bassin bordé sur la gauche de berges d'abord peu élevées, mais qui grandissaient au fur et à mesure qu'on avançait ; c'était l'entrée de la grande sebkha. Ces berges étaient flanquées de huit à dix ksour abandonnés. Il trouva tout le long du chemin de grandes quantités de feggaguir délaissées, de conduits comblés et de palmiers *bour*, derniers survivants des oasis dont on voyait les débris. Ces ruines avaient un aspect très pittoresque : elles ressemblaient de loin, à de vieux châteaux féodaux.

Environ 10 kil. plus au sud, le même voyageur

---

[1] Le capitaine Le Châtelier, dans *les Madaganat*, p. 79, cite encore un autre Ksar qu'il dit exister au nord d'El Hadj Guelman. Il l'appelle Beni Abbès.

apercevait à l'est de sa route les premiers ksour des Djereïfat, tous situés sur la berge et environnés de kasbas ruinées.

Palat, qui a fait un séjour de plus d'un mois dans ce district (du 14 décembre 1885 au 25 janvier 1886) et qui l'a parcouru en détails, donne à ce sujet, dans son *Journal de route*, des renseignements assez nombreux, bien que sans doute encore incomplets. Il a visité « les ruines d'Allala [1], de Ba Salem, d'El
» Mabrouk. Près de ce dernier village on voit les
» restes d'une zaouia de l'ordre de Moulai Taïeb;
» une mosquée presque sans toit est le monument le
» plus intact depuis cinq ou six années. De là on
» aperçoit au nord les Ksirat Kaddour et les ruines de
» Sebbala, sur une petite éminence dans ce qu'on
» appelle l'oued Mabrouk et qui est le prolongement
» de la plaine de Ras er Reg.

» Les ruines des trois ksour des Oulad Lias, d'El
» Marsa, des deux ksour de Tin Zellid, présentent
» toutes les mêmes particularités que celles d'Allala,
» de Ba Salem et d'El Mabrouk; un fossé, des tours
» aux angles, une double muraille, et, détail curieux,
» qu'on peut bien observer à El Marsa, absence
» complète de porte. Les habitants de ces ksour

---

[1] Palat, parlant, ailleurs (p. 302) des ruines d'Allala, nous apprend qu'il y a, à l'endroit ainsi désigné, deux forteresses *berbères*. Elles sont situées à 2 kil. au nord de Semmota. « L'une d'elles, la plus ancienne
» est régulièrement construite; on y voit encore un puits creusé dans
» le roc. »

» devaient y entrer par des échelles qu'ils tiraient
» après eux. Cette particularité et la position d'El
» Marsa sur une roche en surplomb lui ont sans doute
» valu son nom [1] [2] ».

Palat signale encore une *forteresse* ruinée sur une gara voisine de Ṣemmota où il a découvert deux inscriptions berbères gravées sur les rochers et un énorme os fossile encastré dans le grès tendre [3].

De son côté le commandant Deporter cite près de Faraoun, les ruines du ksar de Mahas, et entre Irzer et Tlalet un groupe de palmiers, bour et djali, appelé Bour el Medaga.

TIMIMOUN.

Le district de ce nom, que les tribus du Sud oranais partagent en deux groupes distincts : Beni Mehlel et Timimoun, est situé au sud-est de la sebkha du Gourara. C'est de beaucoup le plus important tant par le nombre de ses palmiers que par le chiffre de sa population. Celle-ci en effet est supérieure à celle des autres circonscriptions de cette contrée ; bien qu'elle n'atteigne pas le total élevé qu'on lui attribue d'ordinaire, elle compte 4.600 âmes, se décomposant ainsi :

---

[1] El Marsa veut dire : le port.
[2] Palat, *Journal de route*, page 303 et suiv.
[3] Palat, *Ouvrage cité*, pp. 294 et 295.

Zenata 3.200
Arabes nomades . . 120
Cheurfa. . . . . . 13 dont 10 à Timimoun et 3 à Amzeggar.
Haratin. 800
Nègres . . . . 467 (G.).

La plupart des Ksour sont bâtis sur la rive même de la sebkha. Leurs plantations s'avancent dans le lit de ce grand bas-fond qui finira par ne former qu'une immense forêt (P.). Les palmiers au nombre de 200.000 pour Timimoun et les Ksour voisins, au dire des informateurs indigènes du Gouvernement Général de l'Algérie, s'étendent en une seule oasis jusqu'à El Kef, le premier Ksar de Khenafsa (G. G.). Ils sont arrosés par des feggaguir qui ont leurs têtes dans les escarpements ou dans les berges de la sebkha (De.). Les dattes qu'ils produisent en grande quantité sont très estimées suivant les uns (De.), de qualité inférieure à celle de l'oued Saoura suivant les autres (G. G.). On cultive dans les jardins un peu de vigne, quelques figuiers et des légumes. Toutes ces cultures se font à la pioche; elles sont moins importantes que celles de Figuig (G. G.).

Les productions minérales sont: le sel, le salpêtre, l'alun, la chaux et le plâtre (De.).

Les habitants de ce groupe possèdent une quarantaine de chevaux dont 35 à Timimoun, le reste aux Beni Mehlel.

Les confréries religieuses de Moulai Taïeb et de Si

Abdelkader Djilani comptent le plus d'adeptes ; la première a cependant la prédominance. On trouve dans ce district quatre zaouias ; ce sont : la zaouia d'Ariat, Zaouiet Sidi Idda, Zaouiet Sidi el Hadj bel Hassen et Zaouiet Sidi Brahim (El Ouadjda).

Le sof Sefian, généralement suivi par les zenata, compte le plus de partisans (G.).

Les différents auteurs qui se sont occupés de la circonscription de Timimoun ont donné une énumération très variable et sans doute exagérée des Ksour qui s'y rencontrent et qui pour la plupart ne doivent être que des hameaux ou même des maisons isolées au milieu des palmiers. Le commandant Colonieu, qui a parcouru la région en 1860, s'est contenté d'écrire que c'était « un groupe comptant quelques oasis isolées et » distinctes, mais que l'oasis elle-même de Timimoun » est seule importante. La djemâa y jouit d'une » grande autorité pour les questions vitales ».

Le tableau ci-contre permettra de comparer les données fournies à ce sujet par les différents auteurs qui ont décrit ce district ou qui en ont parlé.

Nous allons résumer les connaissances que nous possédons actuellement sur les différentes localités de ce district [1].

[1] Les informateurs indigènes du Gouvernement Général de l'Algérie qui ont traversé le district de Timimoun en 1894, venant d'El Barka et de Bel R'azi (Deldoun), ont suivi une route jalonnée par les Ksour de Ouadjda, Beni Melouk, Beni Mehlel, Timimoun, Massin, Mezagga (Amzeggar), Ouamani (El Ouameni), Aalamellel (Rermamellel), Aghiatsa (Ariat), Et Tilmen, Azaccouren (Azekkour),

1° Timimoun [1].

La ville de Timimoun peut être considérée, par le nombre de ses habitants et par son importance commerciale, comme la principale du Gourara. Elle est située, d'après le commandant Colonieu, sur un plateau nu, incliné de l'est à l'ouest. L'oasis, dont les palmiers gagnent le lit de la Sebkha par des petites berges en pente douce, est entourée d'un mur d'enceinte, en ligne droite à l'est, et flanqué de petites Kasbas en saillie, constituant autant de petits Ksour. Une grande Kasba sert de réduit. Nous en avons donné une description d'après le même voyageur au chap. III du Tome III [2].

---

nous utiliserons ici les renseignements qu'ils ont rapportés et nous noterons incidemment, d'après leurs données, le temps qu'ils ont mis pour se rendre d'un ksar à l'autre.

[1] Orthographes diverses : Timmimoun (Fo.), Timimoun (de C., Da., D., De., G.), Timimount (G. G.).

Ce nom est peut-être la contraction de Tin Mimoun, celle de Mimoun (B., D.). Carette faisait de Timmimoun ou Aït Mimoun (Ati Mimoun) le nom berbère de la population habitant la localité appelée Gourara (*Recherches sur la géographie et le commerce de l'Algérie méridionale*, p. 103, et du même, *Origines et migrations des principales tribus de l'Algérie*, p. 430).

[2] D'après les informateurs indigènes du Gouvernement Général de l'Algérie qui l'ont visité en 1894, Timimoun est le plus grand ksar de toute la région depuis Figuig. Il est de forme carrée, à l'est un autre petit ksar le touche presque. Deux portes donnent accès à l'intérieur, une à l'ouest, l'autre au sud. Elles sont toujours ouvertes. On ne les ferme que lorsqu'il vient des étrangers pour trafiquer. Le ksar est traversé par deux séguias qui apportent l'eau nécessaire aux habitants. Ces derniers d'après leurs propres déclarations posséderaient 300 fusils à pierre et 15 chevaux seulement ; il y aurait 500 maisons à Timimoun, mais la moitié est en ruines, comme le mur d'enceinte.

Suivant le commandant Deporter, Timimoun est partagé en six quartiers qui sont :

I. — Les Oulad Brahim.

II. — Les Mehadjeriin (descendants d'une tribu berbère professant le judaïsme, comme ceux de Touggourt).

III. — Les Oulad Mahdi.

IV. — Les Oulad Ioussef, habitant le haut quartier appelé aussi Kasbet el Kaïd ou Kasbet Oulad el hadj.

V. — Tadmaït, habité par des Mehadjeriin, tous forgerons, et des haratin.

VI. — Tameslouht.

Ces deux derniers quartiers sont séparés et peuvent être considérés comme les faubourgs de la ville [1].

La population, suivant le commandant Godron, est d'environ un millier d'âmes ainsi composée :

Arabes sédentaires	50
Cheurfa	10
Zenata	750
Haratin	100
Nègres	90

Presque tous les habitants sont Taïbia, le sof Sefian

---

[1] Palat de son côté indique que Timimoun est partagé en quatre quartiers seulement (*Journal de route*, p. 252). Auparavant Daumas et de Chancel qui dans le *Grand Désert* (p. 65) ont donné une description de Timimoun, peut-être un peu merveilleuse, avaient indiqué qu'elle était divisée en 9 quartiers : Oulad Brahim, Ghramelane, El Mendjour, El Djahak, El Kasba, Oulad Mhadi, Amaghrebour et Tademaÿt. D'après eux, chacun de ces quartiers a sa mosquée particulière et la seule remarquable est celle d'Amaghrebour.

compte le plus de partisans ; ce sont tous les zenata. Les arabes sont du parti Ihamed (G.).

D'après les informateurs indigènes du Gouvernement Général de l'Algérie, deux marchés se tiennent à Timimoun, le lundi et le vendredi. On y vend du sel, des piments, des haïks, des babouches (belr'a) de fabrication marocaine, des souliers de confection orientale, quelques ânes, quelques demman, des dattes, du thé, du sucre, des bougies.

Ces marchandises viennent de Ghardaïa et aussi de Géryville, mais la plus grande partie (sucre, thé, bougies, cotonnades), provient de Melila par Oudjda et Figuig. Tous ces articles sont apportés par les Doui Menia, les Meharza et les Khenafsa, etc.

Au dire des mêmes indigènes, les habitants de Timimoun paient une refara annuelle de 375 fr. par an aux R'enanema, et de 350 fr. aux Oulad ba Hammou, pour qu'ils les protègent contre toute incursion [1].

Ils ajoutent, confirmant ainsi les données que nous avons déjà exposées, que la nourriture des gens de Timimoun, comme celle d'ailleurs de tous les autres Ksour du Touat, a, pour base principale, les deux espèces de dattes appelées *Betana* (?) et *Ahmira*, tandis

---

[1] Cette refara serait d'ailleurs payée par tous les Ksour du Touat, proportionnellement à leurs richesses, et au nombre de leurs habitants. Les uns l'acquitteraient entre les mains des R'enanema, les autres dans celles des Oulad ba Hammou. Seuls les Khenafsa et les Meharza, *confiants dans leur force*, disent les informateurs, (à cause de leur origine arabe plus vraisemblablement) ne versent rien (G. G.).

que les meilleures qualités sont réservées pour la vente. Les gens riches mangent, à leur dîner seulement, un peu de cousscouss, mais tous les deux jours seulement. Eux seuls peuvent consommer de la viande, mais une fois par semaine, les jours de marché. Il y a des personnes qui n'en ont pas mangé depuis deux ou trois ans [1].

Quand un étranger arrive dans le pays, les habitants lui apportent chaque jour, à tour de rôle, des dattes le matin et un peu de cousscouss le soir. Le cousscouss est généralement fourni par quatre ou cinq familles, car celui que peut donner une seule famille ne suffirait pas à un seul homme.

D'autre part, le pain, à Timimoun et dans tout le Touat, affirment-ils, consiste en une sorte de galette de 8 centimètres de diamètre sur 1 centimètre d'épaisseur. On emploie pour sa fabrication, un tiers de farine de blé, un tiers de farine d'orge et un tiers de poivre rouge (G. G.) :

Notables.

La djemâa de Timimoun avait, en 1894, la composition suivante (G. G., Gr.).

---

[1] Il faut citer également la remarque suivante faite à Timimoun par les mêmes informateurs indigènes auxquels nous empruntons les renseignements rapportés ici :

« Quand nous avions fini de manger, nous disent-ils, et que nous
» jetions des os, immédiatement six ou sept individus se précipitaient
» dessus, les ramassaient et rongeaient le peu de viande qui pouvait
» y rester. »

I. Mohammed ou Salem bel hadj Mohammed Abderrahman.

C'est un homme de grande taille, au teint noir [1], âgé d'environ 45 ans, très riche : sa fortune consiste en jardins, en palmiers et en numéraire.

La famille, à laquelle il appartient, a toujours exercé une grande influence non seulement à Timimoun, mais dans tout le Gourara, influence due, sinon tout entière, du moins en grande partie, à l'activité commerciale que ses ancêtres comme lui ont su déployer. C'est ainsi que Mohammed ou Salem a des relations étendues dans l'Ouest, avec le Tafilalet et jusque sur l'oued Drâa ; au Sud il est en rapport suivi avec le Tidikelt.

Quoique ouvertement hostile à la cause française il reçoit très bien tous les indigènes algériens qui se rendent à Timimoun [2]. Sur sa proposition, les habitants de ce Ksar et des autres de la circonscription ont envoyé au Sultan en 1891, un convoi de 14 nègres. La même année le Sultan, l'a investi des fonctions de caïd de Timimoun. Il passe pour juste, mais très autoritaire.

---

[1] Déjà, en 1862, Ali ben Merin (in Dr Maurin, *Les caravanes françaises au Soudan*, p. 12) avait tracé le portrait suivant d'El hadj Mohammed Abderrahman, le grand-père de Mohammed ou Salem, auquel il donne pompeusement le titre de Sultan : « *De race nègre,* » comme tous ceux qui l'entourent, le sultan paraît âgé de soixante » à soixante-cinq ans ; il est très bien conservé et porte sa barbe qui » est toute blanche. »

[2] Voir à ce propos le chap. II du Tome III.

Comme en général tous les Zenata, il appartient au sof Sefian (Gr.).

II. — El Hadj Ahmed ben Daou El Hadj. C'est un homme très riche, âgé de 45 ans environ, qui est allé, il y a quelques années, à Fez pour solliciter du Sultan un emploi de caïd. Ce souverain le nomma khalifa (lieutenant) du caïd Mohammed ou Salem. Il entretient des relations avec le Tidikelt et jouit d'une grande influence politique (Gh.). Il passe pour le plus courageux de tous les membres de la djemâa (G.G.). Il appartient au sof Sefian.

III. — Moulai Ahmed Ould Sidi Othman, Mokaddem des Taïbia à Timimoun. A ce titre et comme fils d'un marabout réputé dans la contrée, il jouit d'une grande considération.

IV. — Le mokaddem Ouadal.
V. — El Hadj Abderrahman.
VI. — El Hadj Belkassem.
VII. — El Amel Ould El Hadj Belkassem.
VIII. — Ba Ali, frère du caïd Mohammed ou Salem.
IX. — Mohammed ou Salah.
X. — Mohammed ou Kassou.
XI. — Mohammed Ould ba Ioussef.

C'est, dit-on, le plus riche habitant de Timimoun. Il possèderait 3.800 palmiers et 8 maisons [1].

XII. — Si Mohammed ben Abdallah. C'est un

---

[1] Nos informateurs indigènes, en donnant ce renseignement, se hâtent d'ailleurs d'ajouter que sur ces 8 maisons, 6 sont en ruines et les 2 autres habitées par des locataires qui ne paient pas.

homme d'une soixantaine d'années, d'une famille de tolba haratin du Bouda, jouissant d'une modeste aisance. Il remplit les fonctions de cadi à Timimoun. Il a la réputation d'un homme très instruit dans sa religion, très versé en droit musulman, mais un peu rapace et pas toujours très juste. On le dit hostile à l'influence française (Gr.).

A cette liste des membres de la djemâa, il faut ajouter, d'après des renseignements fournis par le commandant supérieur de Ghardaïa :

El hadj Ahmed oul Da El Hadj.

C'est un homme qui jouit de quelque aisance et qui est d'une bonne famille du pays. Il appartient au sof Ihamed où il possède une certaine influence. C'est un khouan Taïbia (Gh.).

El hadj Mohammed ou Ba Hammou.

C'est également un homme d'une bonne famille et assez riche, écouté dans le sof Ihamed ; il est affilié aux taïbia (Gh.).

2º Massin [1] el Arab [2] (De., G.) et Massin el haratin (De.).

Ce groupe de deux petits ksour, situés à proximité l'un de l'autre, au pied de l'escarpement (De.),

---

[1] *Massin*, le réservoir, est, à proprement parler, un bassin alimenté par une source d'un faible débit. Il est souvent employé comme synonyme de *tilemmas* ou *d'adjelmam* (B.)

[2] Autres dénominations: Massin el Harrar (De.), Massin el Arb (de C.), Massin (G. G.). Distance (en temps) de Timimoun à Massin : 32 minutes (G. G.)

comprend une centaine d'habitations. Le premier est habité par des zenata et des nègres, le second par des haratin et des nègres. Tous ces ksouriens sont Taïbia et du sof Sefian (G.).

3° Amzeggar [1].

Ce petit ksar n'abrite qu'une trentaine de personnes dont trois cheurfa. Taïbia ; Sefian (G.).

Il serait en partie ruiné d'après Deporter qui le place au bord de la sebkha (De.).

4° El Ouameni [2].

Ce ksar contient environ 110 habitants, zenata, haratin et nègres. Taïbia ; Sefian (G.). Il est bâti au pied de l'escarpement au bord de la sebkha et entouré d'un mur flanqué de tours carrées (De.).

5° Rermamellel [3].

Ce ksar contiendrait une population de 90 personnes

---

[1] Probablement Amma Azeggar, la mère du rouge. En Kabylie *Azeggar* désigne, au figuré, le feu de l'enfer, par opposition à *Azigzaou* (bleu ou vert) qui désigne, au figuré également, le bleu du ciel, le Paradis (B.)

Orthographes diverses : Amezeggar (de C.), Mezagga (G.G.), Amzeggar (De., G.).

Distance (en temps) de Massin à Amzeggar : 10 minutes (G.G.).

[2] Orthographes diverses : Ouamenni (Fo., D.), Ouamani (G. G.), El Ouameni (De., G.).

Distance (en temps) d'Amzeggar à El Ouameni : 24 minutes (G. G.)

[3] Très probablement Arrem amellel, la ville blanche (B.)

Autre dénomination : Alla Mellel (De.).

Orthographes diverses : Ghamamellel (de C.), Amellal (D.), Aalamellel (G. G.), Rermamellel : (De., G.).

Distance (en temps) d'El Ouameni à Rermamellel : 27 minutes (G. G.).

environ, zenata, haratin et nègres (G.); une kasba existerait dans la partie haute. Taïbia; Sefian. Il s'élève au pied de l'escarpement et est entouré d'un mur d'enceinte (De.).

6° Ariat [1].

C'est une petite zaouia [2] habitée par des zenata marabouts. Sa population d'une centaine de personnes comprend 60 zenata, 25 haratin et 15 nègres. Taïbia; Sefian (G.).

7° Et Tilmen [3] (G. G.).

Ce ksar ou hameau ne nous est connu que par la dénomination que nous en ont donnée, dans le récit de leur voyage, les informateurs indigènes du Gouvernement général de l'Algérie qui sont passés à proximité.

8° Azekkour [4].

Ce ksar [5] est habité par environ 80 personnes, soit

---

[1] Orthographes diverses : Ghiat (de C., D.), Adriat (G.), Aghiatsa (G. G.), Ariat (De.), Arit (Fo.).
Distance (en temps) de Rermamellel à Ariat : 24 minutes (G. G.).

[2] Deporter en fait deux ksour bâtis l'un près de l'autre (le premier Ariat foukani sur l'escarpement ; le second, Ariat tahtani, au pied) et entourés d'un mur d'enceinte.

[3] Distance (en temps) d'Ariat à Et Tilmen : 15 minutes (G. G.).

[4] La poutre (B.).
Orthographes diverses : Azekour (de C.), Azeccour (De.), Azzacour (G.). Distance (en temps) d'Et Tilmen à Azekkour : 18 minutes (G. G.).

[5] Le commandant Deporter en fait deux ksour séparés, réunis cependant dans une même enceinte : Azekkour el Djedid (ou Azekkour ech cheurfa), habité par des cheurfa et des zenata, et Azekkour el Kedim (ou Ksar el R'arbi ou Oulad Atman) habité par des zenata, des haratin et des nègres.

une soixantaine de Khenafsa, une douzaine d'haratin et quelques nègres. Taïbia ; Sefian (G.).

9° Taraouia[1].

Ce ksar contient une population de 80 personnes environ, dont 30 zenata, 25 haratin et 25 nègres. Taïbia ; Sefian (G.).

Le commandant Deporter en fait cependant deux ksour distincts qu'il appelle Tarouia ech Cherguia et Tarouia er Rarbia. Entre eux, d'après lui, existeraient des ruines importantes, restes de deux anciens ksour.

10° El hadj Rached (De., G.).

C'est une petite oasis inhabitée appartenant aux gens d'El Ouameni (G.).

Là, se trouverait, au dire de Deporter, dans le ksar ruiné qu'on y trouve, une zaouia dédiée à Si Mohammed ben Ioussef. Les gens de Kali (Oulad Saïd) la fréquenteraient tous les ans.

11° Tadelest [2].

Ce ksar contiendrait environ 250 habitants, zenata, haratin et nègres. Taïbia ; Sefian (G.). Il serait bâti au pied de l'escarpement et entouré d'un mur d'enceinte (De.).

12° El Ousat [3].

---

[1] Orthographes diverses : Tarouaïa (de C.), Tarouiâa (D.), Tarouia (De.), Taraouia (G.).

[2] Orthographes diverses : Tadellasset (Fo.), Tadelasset (D.), Tadelest (De. G.).

[3] Orthographes diverses : Oussat (Fo., D.), El Ousat (De., G.).

Ce ksar renfermerait une population de 300 âmes, zenata, haratin et nègres. Taïbia [1], Sefian (G.).

Il serait placé au milieu des palmiers sur le bord de la sebkha et entouré d'un mur d'enceinte (De.).

13° Oulad Alla [2].

La population de ce ksar est composée de zenata, d'haratin et de nègres. Taïbia ; Sefian (G.).

Ce village, entouré d'un mur d'enceinte flanqué de tours aux angles, serait bâti sur le bord de la sebkha (De.).

14° Zaouiet Sidi el Hadj bel Kassem [3].

C'est une petite zaouia, habitée par des zenata marabouts, des haratin et des nègres, en tout une centaine de personnes. Taïbia; Sefian (G.).

Elle serait bâtie sur la rive de la sebkha et serait entourée d'un mur d'enceinte (De.).

Cette zaouia est classée par les tribus du Sud oranais dans le groupe des Beni Mehlel.

15° Beni Mehlel [4].

Ce ksar compte une population de 300 âmes environ,

---

[1] Suivant le commandant Deporter, les habitants de ce ksar seraient Kadria.

[2] Peut-être Oulad Allah, les enfants de Dieu (B.).
Orthographes diverses : Oulad Abba (Fo.), c'est probablement une faute d'impression), Oulad Alla (de C., D., De., G.).

[3] Orthographe unique : (Da., de C., Fo., De., G.).

[4] Orthographes diverses : Beni Mahallan (Da.), Beni Mahlal (D.), Beni Mahlel (C.), Beni Mahllel (De., G.), Beni Mehllel (G. G.), Beni Mehlel (Fo., de C.).

Distance (en temps) des Beni Mehlel à Timimoun : 51 minutes (G. G.).

formée de zenata, d'haratin et de nègres. On y trouverait 5 chevaux. Taïbia ; Sefian [1] (G).

C'est le ksar le plus important du groupe des Beni Mehlel des tribus du Sud oranais, groupe auquel il donne son nom.

Il est bâti sur une éminence, à proximité de la sebkha, au milieu d'un terrain sablonneux entrecoupé de bas-fonds humides. Le mur d'enceinte qui l'entoure est flanqué de tours carrées reliées à des tours semblables défendant chaque foggara (De.).

Les Beni Mehlel possèderaient de 25 à 30 fusils à pierre. Leur oasis contiendrait 800 à 1.000 palmiers (G. G.).

16°. Lichta [2].

Cette localité renferme environ 120 habitants, zénata, haratin, et nègres. Taïbia ; Sefian [3] (G.).

Le Ksar est bâti au milieu des palmiers sur le bord de la sebkha. Les murs des jardins, presque partout crénelés, servent à la défense (De.).

---

[1] Le commandant Deporter range les Beni Mehlel au contraire dans le sof Ihamed, ce qui est contraire à la règle presque absolue que tous les zenata sont Sefian. Cependant comme il n'y a pas de règle sans exception, le fait s'il était réel, expliquerait peut-être pourquoi les tribus du Sud oranais font de ce ksar et de quelques autres un groupe spécial. D'ailleurs le même auteur nous apprend que les ksour des Beni Mehlel, de Lichta, de Kount et de Faïza ne suivent pas la politique de Timimoun et forment un groupe dirigé par la djemâa des Beni Mehlel.

[2] Orthographes diverses : Lechta (D.), Lichta (de C., Fo., De., G.).

[3] Les habitants de ce Ksar seraient Ihamed d'après Deporter.

Ce Ksar fait partie du groupe des Beni Mehlel des tribus oranaises.

17° Kount (De., G.).

Ce village ne comprend que 75 habitants, zenata, haratin et nègres. Taïbia ; Sefian [1] (G.).

Bâti sur le bord de la sebkha, il est entouré d'un mur d'enceinte flanqué de tours (De.).

18° Faïza [2].

Ce petit village ne compte qu'une trentaine d'habitants haratin et nègres. Taïbia ; Sefian (G.).

Bâti sur le bord de la sebkha, il serait en partie ruiné. C'est une dépendance de Lichta [3] (De.).

19° Beni Melouk [4].

C'est un Ksar de 200 habitants, zenata, haratin et nègres. Taïbia ; Sefian (G.). Il est bâti sur le nord de la sebkha et entouré d'une enceinte avec tours flanquantes aux angles (De.).

Les habitants de cette localité posséderaient une vingtaine de fusils à pierre. Leur oasis contiendrait de 800 à 1.000 palmiers (G.G.).

---

[1] Les habitants de ce Ksar seraient Ihamed d'après Deporter.

[2] Peut-être *El feïdha*, le profit (B.).
Orthographes diverses : Feza (G.), Faïza (De.).

[3] C'est pour ce motif que Deporter classe sa population dans le parti Ihamed, comme celle de Lichta.

[4] Orthographes diverses : Beni Mlek (Fo.), Beni Mlouk (D.), Beni Melouk (de C., De., G., G. G.).
Distance (en temps) des Beni Melouk aux Beni Mehlel : 52 minutes (G. G.).

20° Addaha [1] (De., G.).

C'est un Ksar d'une centaine d'habitants, haratin ou nègres. Taïbia ; Sefian (G.).

Ce Ksar, bâti au milieu des palmiers sur le bord de la sebkha, est une dépendance de Taoursit. Ses habitants sont les Khammès de ceux de ce dernier Ksar (De.).

21° Zaouiet Sidi Idda [2].

Ce Ksar contient 150 habitants qui sont des zenata marabouts, des haratin et des nègres. Kadria ; Sefian (G.).

Il est bâti sur la rive de la sebkha, et est entouré d'un mur d'enceinte (De.).

Les tribus du Sud oranais le rangent dans le groupe des Beni Mehlel.

22° Taoursit [3].

Ce Ksar contient environ 300 habitants, zenata, haratin et nègres. Taïbia ; Sefian (G.). Il est bâti sur l'escarpement qui domine la sebkha et en forme la berge. L'enceinte crénelée qui l'entoure est flanquée de tours carrées (De.). Ce Ksar est compris par les tribus du Sud oranais dans le groupe des Beni Mehlel.

[1] Autre dénomination : Oulad Daha (De.).

[2] Orthographes diverses : Sidi Idda (de C.), Zaouiet Sidi Yedda (D.), Zaouiet Sidi Idda (Fo., De., G.).
Autre dénomination : El Amsahel (De.).

[3] Peut-être *Tirsit*, le moulin en kabyle (B.).
Orthographes diverses : Taourtsit (de C.), Taoursyt (D.), Taoursit (Fo., De., G.).
Distance des Oulad Saïd à Taoursit : 31 kil. (C.), de Taoursit à Bel R'azi ; 31 kil. (C.).

D'après le commandant Colonieu qui y a campé en 1860, Taoursit est à 3 kil. d'El Ouadjda ; ces oasis sont peu peuplées. Leurs palmiers se réunissent par des palmiers bour.

23° El Ouadjda [1] ou Zaouiet Sidi Brahim (De.).

Ce Ksar est habité par des zenata marabouts, des haratin et des nègres ; en tout 280 personnes environ. Taïbia [2] ; Sefian (G.).

Il est bâti dans un bas-fond sur le bord d'un escarpement rocheux. Un mur d'enceinte crénelé l'entoure (De.).

Ce village est entouré de 1.500 à 2.000 palmiers. Ses habitants possèdent environ une cinquantaine de fusils à pierre (G.G.) [3]. Il fait partie du groupe des Beni Mehlel.

---

[1] La préparée, la vigilante, celle qui est prête (à se défendre) (B.).

Orthographes diverses : El Kachda (Da.), Ouachda (de C., C.), El Ouachda (Fo.), El Oudjda (D.), El Ouadjida (G.), El Ouadjda (De., G. G.), El Ouadja (Coÿne).

Distance (en temps) d'El Ouadjda aux Beni Melouk : 1 heure 27 minutes, et de Bel R'azi (Deldoun) à El Ouadjda : 6 heures 52 minutes (G. G.).

[2] Une partie des habitants de ce Ksar seraient Kerzazia (G. G.).

[3] A propos de ce Ksar, les informateurs indigènes souvent mentionnés ont écrit : « Les habitants que nous avons interrogés, se
» méfiant de nous, n'ont voulu fournir aucun renseignement. Depuis
» le premier Ksar du Touat, nous nous étions bien aperçus que les
» gens avaient une grande peur du Gouvernement français, mais
» nous n'en avions jamais encore rencontré d'aussi effrayés que ceux
» d'El Ouadjda. »

24° Temana [1].

Ce Ksar contient une population d'environ 200 âmes, comprenant des zenata, des haratin et des nègres. Taïbia; Sefian (G.).

Il est bâti sur un mamelon élevé, auprès de la berge de la sebkha qui forme de légers escarpements, au milieu d'un terrain sablonneux coupé de bas-fonds humides et salins. Un mur d'enceinte flanqué de tours carrées aux angles l'entoure (De.).

Il fait partie du groupe des Beni Mehlel.

25° Tala [2] (De. G.).

Ce Ksar renferme environ 250 habitants zenata, haratin et nègres. Taïbia; Sefian (G.).

Il est bâti dans les dunes, produites par des apports venant de la sebkha. Il n'a pas de mur d'enceinte, mais des tours carrées protègent les têtes de feggaguir [3].

---

[1] Orthographes diverses : Temanet (Da.), Atamna (D.), Temana (de C., Fo., De., G.).

[2] Autre dénomination : Tala in Hammou (De.) pour Tala n Hammou, la fontaine d'Hammou (B.).

Il faut peut-être identifier cette localité avec le petit Ksar des Oulad Talha (sans doute les Oulad Tahela du lieutenant Devaux) dont le chef, El Hadj Ali, se montra particulièrement hostile au commandant Colonieu, proposant de faire assassiner ses envoyés. (*Voyage au Gourara,* in Bull. Soc. Géog. Paris, 1892, p. 88).

[3] Le capitaine Le Châtelier, dans *les Medaganat* (p. 78), cite encore le nom de Berrian, petit Ksar situé à l'est de Timimoun presque dans l'Erg.

Ruines.

Nous n'avons d'autres détails sur les ruines existant dans ce district que ceux qu'a pu recueillir le commandant Deporter.

Il signale à proximité de Taraouia les ruines assez importantes de deux Ksour : El Djahelia (ruines très anciennes) et Moulai Ahmed.

Il cite encore, dans l'oasis d'El Hadj Rached, le Ksar de ce nom, dont les vestiges se trouveraient sur les bords de la sebkha ;

Puis auprès des Oulad Alla, l'ancien Ksar des Oulad Alla ben Iahia, dont les ruines abriteraient encore quatre familles d'haratin.

Enfin le colonel Didier, dans un rapport récent, cite le Ksar ruiné de Tin Oumer qu'il place à 15 kil. sud-est de Timimoun.

ZOUA[1] ET DELDOUN[2].

Ce district a une certaine importance, due tant à sa population qu'à la richesse de ses jardins. Il est sur la rive sud-est de la grande sebkha.

C'est dans cette région, à Deldoun même, que l'ex-agitateur Bou Amama avait trouvé un refuge pendant quelques années.

---

[1] C'est-à-dire les gens de la zaouia.

[2] Autre orthographe plus fréquemment employée dans la province d'Oran : Deldoul. On trouve aussi Deldoum (R. B.).

La population de ce district peut être évaluée à 700 habitants, dont

400 zenata,
200 haratin,
100 nègres.

La moitié d'entre eux est affiliée à la confrérie de Moulai Taïeb, l'autre moitié à celle de Si Abdelkader Djilani. Les deux sofs Ihamed et Sefian y comptent des partisans. Ceux du premier sont les plus nombreux bien que l'élément berbère domine dans la population. Mais les zenata des deux zaouias de Touki et des Oulad Abdessemad restent en dehors de tout parti politique.

On compte quatre zaouias dans cette circonscription. Ce sont, en sus de celles que nous venons de nommer, les zaouias d'Iguesten et d'El Barka. La première est habitée par des marabouts des Oulad Sidi Mohammed ben Amor; la seconde par des zenata marabouts. Toutes deux se rattachent à la confrérie d'Ouazzan.

Les deux autres, Touki et Oulad Abdessemad, sont Kadria; elles sont habitées par des zenata marabouts.

On trouve dans ce district une quinzaine de chevaux (G.).

Les palmiers qui sont très nombreux, fournissent des dattes estimées. Leur arrosage se fait à l'aide de feggaguir, creusées dans une petite ligne de hauteurs située au sud-est des Ksour[1].

---

[1] Coÿne, *Une ghazzia dans le Grand Sahara*, p. 37.

On cultive en outre dans les jardins des fruits de plusieurs sortes, du tabac, du coton et du henné.

Les tissus fabriqués par les gens du pays sont réputés pour leur finesse et le fini du travail.

On recueille à Touki, un des Ksour de ce district, du sel de très bonne qualité, qui est très recherché (De.).

Les commandants Deporter et Godron, qui ont donné en dernier lieu quelques détails plus circonstanciés sur cette région, portent à sept le nombre des Ksour qui s'y trouvent. De Colomb cependant avait prétendu qu'elle en renfermait douze; cette assertion provenait de ce qu'il ne faisait pas de Deldoun un ksar unique mais une agglomération de six petits Ksour très rapprochés. Les noms donnés par lui sont les suivants: Bel Ghazi, Oulad Abd el Samat, Touki, Akbat, El Barka, Iguesten, et dans le groupe de Deldoun: El Mansour, Akebour, Ksar el Oustani, Oulad Abbou, Tademaït, El Adham [1].

Les renseignements, rapportés par les informateurs indigènes du Gouvernement général de l'Algérie, permettent de donner de ces Ksour l'énumération suivante:

---

[1] Le commandant Fossoyeux en 1880 a donné des Ksour de ce district la liste suivante: Oulad Abd es Samed, Ksar Touki, El Abadou, El Barka, Iguesten, Akbou, El Mansour, El Hendfan, El Oustan, Aourira, Oulad Abbou, Sahela. Le lieutenant Devaux donne un relevé un peu différent: ce sont, chez les Zoua: Oulad Abdessamad, Ksar Toukki, El Abad, El Barka, Agostan, et à Deldoul (Deldoun): El Guestan, Akbour, El Mansour, El Hendman, El Aourir, Djenan Assa, Ksar el Oustani, Oulad Abbou, Diar ed Djena, El Guesbah, Salah mta Cheikh Abdallah, Salah mta t'el Adeb, Salah mta Sidi Yedda.

I. Deldoun [1].

Ce groupe comprendrait sept Ksour [2] situés à proximité les uns des autres. Ce sont :

1° Oulad Abbou (de C., Fo., D., De., G. G.).
2° Aourour [3] (G. G.).
3° Kasba Azir (G. G.).
4° Es Sahela (Fo., G. G.).
5° Kebour [4] (G. G.).
6° El Mansour (de C., Fo., D , De , G. G.).
7° El Hadeban [5] (De., G. G.).

---

[1] Autre dénomination : Ksar Oulad Abdelmoulat (Coÿne).
Orthographes diverses : Deldoun (de C., C.), Deldoul (De., G.). Deldoum (R. B.).
Distance (en temps) des Oulad Rached (Der'amcha) à Deldoun : 3 heures 30 minutes (G. G.).

[2] Le commandant Deporter en énumère neuf qu'il considère comme les quartiers d'un grand Ksar unique, ce sont :
1° Ksar el Kebir, le plus important :
2° Oulad Abbou ; } entre ces deux Ksour se trouve la sebkha de Tadmit,
3° Aourzir ; } qui contient de l'eau salée après les pluies.
4° El Mansour ;
5° El Hadeban ;
6° Agbour ;
7° Djenet Bassa ;
8° Es Sahela el Foukania ;
9° Es Sahela et Tahtania ;

[3] Orthographes diverses : Aourira (Fo.), El Aourir (D.), Aourzir (De).

[4] Autres orthographes : Akebour (de C.), Akbou (Fo.), Akbour (D.), Agbour (De).

[5] Autres orthographes : Hendfan (Fo.), Hendman (D.).

C'est à 300 mètres au sud-ouest de ce dernier Ksar, dans une forte dune où se trouve la tête d'une foggara très abondante et à proximité de celle-ci, que se dresse la maison qu'occupait Bou Amama pendant son séjour dans ce district. Elle se distingue des autres en ce qu'elle est blanchie à la chaux (De., G. G.).

Notables.

El hadj Amar ben el hadj Ahmed, connu aussi sous le nom d'Amar ould Abdelmoula [1], parce qu'il appartient à la famille noble des Oulad Abdelmoula.

C'est un homme d'action, âgé d'une cinquantaine d'années, riche en jardins et en palmiers, dont les relations s'étendent au Maroc et au Tidikelt et qui possède une réelle influence [2] bien qu'il soit combattu par un parti hostile. Il est partisan du sof Ihamed, affilié à la confrérie d'Ouazzan et mokaddem des Oulad Sidi Cheikh ; il habite le Ksar des Oulad Abbou. Le Sultan l'a investi des fonctions de caïd du district (Gr.). C'est un grand ami de Bou Amama. En 1893, il est allé à Fez porter des présents au Sultan (Gh.).

Ba Salem ben Abderrahaman. C'est un homme d'une bonne famille qui possède une assez grande fortune. Il a de l'influence sur le sof Ihamed, mais n'en

---

[1] On le trouve aussi dénommé El hadj Amar ben el hadj el Mahdi (Gh.).

[2] Les informateurs indigènes déjà mentionnés prétendent au contraire qu'il n'a aucune autorité.

possède aucune en dehors du district. Il est affilié aux Taïbia (Gh.).

II. Zoua.

Ce groupe comprend six Ksour, ce sont :

1° Iguesten [1].

Ce ksar qui contient, comme nous l'avons dit, une zaouia Taïbia, est habitée par des zenata marabouts (des Oulad Sidi Mohammed ben Amor) dont la zaouia mère est à Tinkram, dans le Charouin. On y trouve aussi des haratin et des nègres (De., G.).

2° El Abad [2].

C'est une toute petite oasis, dépendant d'Iguesten. Elle n'est habitée que par une seule famille d'haratin.

3° El Barka [3].

Les deux tiers des habitants de ce ksar sont des Zoua des Oulad Sidi Cheikh, serviteurs de la confrérie d'Ouazzan ; l'autre tiers est composé de marabouts des Oulad bou Abid Chergui, originaires de Tadla et qui ne sont affiliés à aucune confrérie religieuse.

Les gens d'El Barka, d'après leurs déclarations,

---

[1] Orthographes diverses : Iguesten (de C., Fo.), Agostan (D.), Igosten (De., G.).

[2] Abada, en berbère, est synonyme de Baten, flanc de montagne, colline allongée (B.).
Orthographes diverses : Akbat (de C.), El Abadou (Fo.), Oulad Abou (Coÿne), El Abad (D., De., G.).

[3] El Barka (de C., Fo., D., De., G., G. G.).
Distance (en temps) de Deldoun à El Barka : 2 heures 10 minutes (G, G.).

posséderaient une quarantaine de fusils à pierre et deux chevaux. Leur oasis contiendrait 1.000 à 1.500 palmiers à l'abri desquels poussent quelques figuiers et de la vigne qui produit des raisins dont les grains ne sont pas plus gros que des mûres. Une grande seguia sert à l'irrigation de toutes ces cultures (G. G.).

Notable.

Sidi Abderrahman bel Fedhoul (M.).

4° Touki [1].

Ce ksar, qui renferme comme nous l'avons dit une zaouia Kadria, est habité par des zenata marabouts, des haratin et des nègres. Il est entouré d'un mur d'enceinte (De.).

5° Oulad Abdessemad [2].

Ce Ksar, qui renferme comme nous l'avons dit une zaouia Kadria, est habité par des zenata marabouts, frères de ceux de Zaouiet Sidi Idda (Timimoun).

---

[1] Peut-être *takouit*, mamelon sablonneux (B.).
Orthographes diverses : Toukki (D.), Touiki (Coÿne), Touki (de C., Fo., De., G.). Les informateurs indigènes déjà mentionnés, se rendant d'El Barka à Bel R'azi, après une marche d'une heure 23 minutes, aperçurent Touki à leur gauche et à une demi-heure de l'endroit où ils se trouvaient.

[2] Orthographes diverses : Oulad Abd el Samat (de C.), Oulad Abd el Samet (Coÿne), Oulad Abd es Samed (Fo.), Oulad Abdessamad (D.), Oulad Abd es Semod (De.), Oulad Abdessemad (G.).

6° Bel R'azi[1].

Le commandant Colonieu, qui a campé auprès de Bel R'azi en 1860, nous apprend que c'est une oasis dont le Ksar ruiné était à cette époque inhabité depuis une dizaine d'années ; les habitants, réfugiés à Deldoun, venaient seulement arroser de temps en temps les jardins qui subsistaient, mais les palmiers restaient incultes. Cette localité, disait encore le même informateur, est une des rares de cette région à proximité de laquelle on trouve d'abondants pâturages. Il les signalait dans des terrains sableux situés à 12 kil. de Bel R'azi, dans la direction de Taoursit. On y trouve en abondance, du drin, du belbel, du domrhan, de l'agga[2].

Depuis cette époque le Ksar de Bel R'azi a toujours été signalé comme inhabité.

En 1894, les informateurs indigènes du Gouvernement général de l'Algérie qui y ont séjourné ont pu constater qu'il était actuellement occupé. Mais sa population vit dans la plus grande misère. Ses habitants, qui sont tous Taïbia, posséderaient une vingtaine de

---

[1] Orthographes diverses : Bel Ghazi (de C., C.), Bel Razi (De.), Ben Razi (G.), Bel R'azi (B.).

Distance de Taoursit (Timimoun) à Bel R'azi : 31 kil. (C.).

Distance (en temps) d'El Barka à Bel R'azi : 2 heures 50 minutes ; et de Bel R'azi à El Ouadjda (Timimoun) : 6 heures 52 minutes (G. G.).

[2] Commandant Colonieu, *Voyage au Gourara*, in Bul. Soc. Géog. Paris, 1892, p. 93 et 1894, p. 447.

fusils à pierre. Leur oasis ne contiendrait que 1.000 à 1.200 palmiers [1].

Ruines.

Aucune ruine n'a été encore signalée dans ce district en dehors de celle de Bel R'azi déjà mentionnée.

DER'AMCHA.

Le district de Der'amcha [2] est le plus méridional des groupes d'oasis qui entourent la sebkha du Gourara. Il est situé à l'ouest-sud-ouest du précédent.

Sa population n'est guère que de 600 habitants soit :

Arabes nomades et sédentaires de la tribu des Der'amcha...........	250
Zenata..........................	60
Haratin..........................	180
Nègres..........................	110

Tous sont Taïbia : la plupart d'entre eux appartiennent au sof Ihamed à cause de la prédominance de l'élément arabe dans la région. On n'y signale aucune zaouia (G.).

Les palmiers de cette circonscription fournissent de bonnes dattes. Leur arrosage s'effectue à l'aide de

---

[1] A cette liste de Ksour, le capitaine Coÿne (*Une ghazzia dans le grand Sahara*, p. 37) ajoute celui d'Akbal (?).

[2] Orthographes diverses : Deghamcha (de C., D.) Deghamecha (C.), Deremcha (De., G.), Der'amcha (Fo.).

feggaguir. Les jardins produisent des fruits et légumes ; on y cultive le coton, le tabac, le henné et l'anis (De.).

Tous ceux qui ont décrit cette région ont indiqué qu'elle contenait quatre ksour, seuls le commandant Fossoyeux et le lieutenant Devaux en ont ajouté un cinquième le ksar de Keberten, que l'on s'accorde plus généralement à rattacher à l'Aouguerout [1].

Les quatre ksour des Der'amcha sont les suivants :

1° El Metarfa [2].

Ce ksar, qui est entouré d'un mur d'enceinte flanqué de tours, est habité par des arabes de la tribu des Der'amcha, quelques zenata, des haratin et des nègres (De.). Il renferme plus de la moitié de la population totale du district (G.).

Celle-ci est des plus pauvres ; elle possède une quarantaine de fusils à pierre. L'oasis contient 1.000 à 1.500 palmiers.

El Metarfa est placé sous l'autorité du caïd de Brinkan (G. G.).

---

[1] Le commandant Colonieu place aussi Keberten dans ce district, bien qu'il écrive qu'il ne renferme que quatre grandes oasis dont il ne cite avec Keberten que Metarfa et les Oulad Rached.

Des renseignements fournis par les autorités de Méchéria placent également le Ksar des Oulad M'hammoud dans le district des Der'amcha. Il est plus généralement rattaché à l'Aouguerout comme Keberten.

[2] Distance (en temps) d'Arian Ras (Tsabit) à El Metarfa : 5 heures 15 minutes (G. G.).

Orthographe unique : El Metarfa (de C., Fo., D., De., G.).

Notable.

El Kebir Ould Si El Hadj Abderrahman (M.).

2° Es Sahela [1].

Ce ksar, qui est également entouré d'un mur flanqué de tours, est habité par des Der'amcha, des zenata, des haratin et des nègres (De.). Il est situé au milieu des sables qui l'enserrent de tous côtés. Aussi les habitants doivent-ils lutter sans cesse contre leur envahissement à l'aide de haies en branches de palmiers.

D'abondantes feggaguir irriguent l'oasis qui contient 1.000 à 1.500 palmiers. Les habitants possèdent une quarantaine de fusils à pierre.

La misère y est moins grande qu'à El Metarfa.

Es Sahela est placé sous l'autorité du caïd de Brinkan (G. G.).

Notable.

Cheikh Mohammed ben Abderrahman (M.).

3° Oulad Rached [2].

Ce ksar est habité par des zenata, des haratin et

---

[1] Orthographes diverses : Sahla (D.), Es Sahala (de C., De., G.).
Distance (en temps) d'El Metarfa à Es Sahela : 1 heure 55 minutes (G. G.).

[2] Orthographes diverses : Oulad Rachel (de C.), Oulad Rached (C., Fo., D., De., G.).
Distance (en temps) d'Es Sahela aux Oulad Rached : 3 heures 35 minutes, et des Oulad Rached à Deldoun : 3 heures 30 minutes (G. G.).

des nègres. On y trouve une koubba dédiée à Si el Hadj Abderrahman (De.). Ce village est entouré d'un double rempart et d'un fossé.

Les habitants qui vivent dans la plus grande misère possèdent une quarantaine de fusils à pierre. Leur oasis contient 2.000 palmiers. Les Oulad Rached relèvent du caïd de Deldoun (G. G.).

Notable.

El hadj Abdelkader ben ? (M.).

4° Oulad Ali el Keracha [1]

Ce ksar est habité par des zenata, des haratin et des nègres. Il serait entouré d'un mur d'enceinte.

D'après des renseignements recueillis par les autorités de Méchéria, les deux ksour des Oulad Rached et des Oulad Ali el Keracha, distants l'un de l'autre de 800 mètres seulement, seraient généralement compris sous la dénomination commune de Oulad Rached.

Ruines.

Le commandant Deporter signale entre Es Sahela et les Oulad Ali el Keracha, sur une éminence placée à 8 kil. du premier, les ruines du Ksar d'El Khechaïba, avec quelques palmiers djali. On rencontrerait ensuite

---

[1] Orthographes diverses : Oulad Ali Keracha (de C.), Oulad Ali el Gueracha (De., G.), Oulad Ali el Keracha (Fo., D.).

deux autres Ksour ruinés, connus sous les noms de Oulad Ahmed et de Mezoura.

TSABIT.

Le district de Tsabit [1] est celui de tous les groupes d'oasis du Gourara qui est le plus rapproché de l'oued Messaoud (Saoura).

Ses habitants ont connu jadis la fortune alors que leur pays servait d'entrepôt au commerce de transit entre la région méditerranéenne et le Soudan.

« Les bourgades de Tsabet, écrivait le voyageur El
» Aïachi en 1661, sont le rendez-vous des caravanes
» qui viennent de Tin Bouktou, du canton d'Agri et
» des différentes parties du Soudan. On y trouve des
» étoffes de toutes espèces et des marchandises de tout
» genre qui y arrivent en grande quantité. C'est
» l'entrepôt des articles qui viennent du Maroc, à la
» demande des gens du Soudan, tels que chameaux,
» vêtements de draps et de soie ; de sorte qu'une cara-
» vane qui se rend à Tsabet y trouve un marché
» important [2] ».

Cette antique prospérité est bien déchue aujourd'hui. Parmi les districts du Gourara le Tsabit est cependant

---

[1] Orthographes diverses : Tsabit (de C., De., G.) Tesâbit (C.), Tessabit (D.), Tsabet (*El Aïachi*, trad. Berbrugger), Teçabit (*Ibn Khaldoun*, trad. de Slane).

[2] *Voyage d'El Aïachi*, traduction Berbrugger, p. 23.

un des plus peuplés. Sa population est d'environ 2000 [1] âmes, soit :

Arabes sédentaires	320
Zenata	600
Haratin	800
Nègres	280

Les confréries religieuses des Taïbia et des Kerzazia se partagent presque exclusivement la population. Beaucoup sont cependant en même temps serviteurs des Oulad Sidi Cheikh. Suivant Rohlfs, il y aurait également des Ziania.

Le sof Sefian paraît être le seul parti politique suivi (G.).

Ce district produit des dattes recherchées par les nomades (De.). Les palmiers forment une forêt indiscontinue dont Rohlfs a suivi la lisière nord-est pendant deux heures de marche. Ils sont arrosés d'après lui, ainsi que les jardins, par une multitude de feggaguir et d'eaux vives qui se ramifient à l'infini [2] (R.). On cultive dans les jardins des légumes et fruits

---

[1] Ce chiffre et les suivants sont donnés par le commandant Godron. Ils sont très inférieurs à la réalité si on s'en rapporte à l'évaluation donnée pour certains Ksour par le voyageur Rohlfs. Mais l'importance d'une population est si difficile à apprécier même quand on est sur les lieux, où l'on subit souvent malgré soi des impressions de tout genre, qu'il paraît préférable de reproduire les nombres fournis par les deux informateurs en laissant à chacun le soin d'apprécier.

[2] Rohlfs, *Reise*, p. 140.

de toutes sortes ainsi que du coton, du henné et du tabac.

Les habitants se livrent à la fabrication du charbon et à la vente du bois (De.).

Le lieutenant-colonel de Colomb a donné pour ce district une liste de sept Ksour [1]. Après lui, le commandant Colonieu a indiqué que cette région contenait soixante-dix oasis.

Plus tard le commandant Fossoyeux [2] et le lieutenant Devaux [3] énuméraient chacun dix Ksours comprenant à tort dans cette région les deux oasis de Sebâ et Guerara.

Les commandants Deporter et Godron en citent dix tandis que G. Rohlfs qui a séjourné dans le pays n'en donne que huit [4]. Du reste le commandant Godron, d'après des renseignements fournis par quelques indigènes, met en doute l'existence de deux des Ksour dont il donne les noms.

Nous reproduirons cependant la liste qu'il nous en donne.

---

[1] Arian Ras, Brinkan, El Hammad, El Aïad, Oudjelan, El Maïz et El Hebela.

[2] Arian er Ras, Brinkan, Hammad, Ammour, El Ayad, Oudjelan, El Maïs, El Habela, Sbâa et Guerrara.

[3] Arian Ras, Abrenkan, Hammad, Amour, El Ayad, Oudjelane, El Maïz, El Habela, Sebâa, El Gara.

[4] Oerian Rass, Hamet, Brinken, Lahiaten, Ougelahn, El Maïse et Hebla (Rohlfs, *Reise*, p. 160). Ailleurs (p. 140) Rohlfs ajoute à cette liste le Ksar de Amer.

1° Brinkan [1].

« Brinkan, au dire de Rohlfs, mérite à tous égards
» le titre de capitale du Tsabit, autant par l'étendue
» de sa superficie que par le nombre de ses habitants;
» on peut évaluer sans exagération ce dernier à
» 3.000 âmes. Cette ville possède trois mosquées qui
» sont toutes sans minarets; aucune ne se distingue
» par ses formes architecturales. L'une est consacrée
» à Sidi bou Zian, de Kenadsa, l'autre à Moulai Taïeb
» d'Ouazzan, la troisième est appelée simplement la
» grande mosquée. En outre la ville renferme deux
» kasbas d'un périmètre considérable, bien qu'elle
» soit elle-même sans mur d'enceinte ».

« On trouve à Brinkan, une infinité d'usages même
» des plus infimes, qui, d'après la Bible, étaient
» pratiqués chez les Israëlites [2] ».

Cela tendrait à confirmer la tradition rapportée par le commandant Deporter et suivant laquelle cette ville aurait été bâtie dès la plus haute antiquité par des berbères professant le judaïsme.

Suivant le même auteur Brinkan est actuellement habitée par des arabes, quelques cheurfa, des haratin et des nègres.

---

[1] Altération de *aberkan*, noir; au Touat, aberkan désigne aussi un bleu très foncé, comme notre bleu de roi (B.).

Orthographes diverses: Abrenkan (D.), Brinken (R.), Brinkan (de C., Fo., De., G.).

Altitude de Brinkan: 148 mètres (R.).

[2] Rohlfs, *Reise*, pp. 138 et suivante.

Notables.

Mohammed ben Abderrahman ben Mohammed el Mekki [1].

C'est un homme d'environ 50 ans qui possède beaucoup de palmiers et quelque richesse en numéraire. Il appartient à la famille noble des Oulad Sidi Khaled ben el Oualid, et a été investi par le Sultan des fonctions de caïd de Brinkan et des Ksour d'Arian Ras, de Bou Amour et d'El Aïad, dans le Tsabit, et d'El Metarfa et d'Es Sahela chez les Der'amcha.

Mohammed ben Abderrahman entretiendrait de bonnes relations avec les Beraber et les Doui Menia. Hostile à toute ingérence française, il n'aurait d'après certains qu'une autorité relative. Il est affilié à la confrérie des Taïbia et appartient au sof Sefian (Gr., G. G.).

Si Embarek ben Abdelkerim, cadi de Brinkan.

C'est un homme d'environ 35 ans, appartenant à une famille maraboutique de Brinkan et jouissant d'une modeste aisance. Il remplit dans une des mosquées les fonctions de chahed, et enseigne le Coran. C'est un homme juste, droit, très simple et très estimé qui reste en dehors de toute question politique (Gr.).

---

[1] Des renseignements recueillis par les autorités de Méchéria le nomment Ben Mohammed ould ba Azizi, et d'autres provenant de Ghardaïa, Ben Mohammed ould Baba ben Khaled.

Mohammed Abderrahman ould Mohammed Abdelaziz. C'est un homme d'une certaine fortune qui appartient au sof Ihamed sur lequel il a dans son ksar quelque influence (Gh.).

El Hadj Mohammed ba Azizi (M.).

El Hossein Ould el hadj Taïeb (M.).

2° Arian Ras [1].

Ce ksar est situé, d'après Rohlfs qui y a séjourné, à une demi-heure de marche au nord-ouest de Brinkan.

« Arian Ras, écrit ce voyageur, est un ksar dont
» les maisons sont disséminées. Sa population est
» d'environ 800 âmes. Il est situé au milieu de
» hautes dunes qui reposent sur un sol argilo-calcaire.
» Des eaux vives (feggaguir) courent en tous sens,
» favorisant la culture des dattiers » [2].

D'après les renseignements recueillis par les informateurs indigènes du Gouvernement général de l'Algérie qui l'ont visité en 1894, ce ksar serait habité par des marabouts, appelés communément Oulad Arian Ras, et, suivant Deporter, originaires des Oulad Abdessemad (Zoua et Deldoun). A proximité du ksar se trouve la kasba. C'est de ce côté que s'étend l'oasis comprenant 1.000 et 1.500 palmiers. Tous les habitants

---

[1] Nu de la tête (B.)

Orthographes diverses : Arian el Ras (de C.), Arian er Ras (Fo., De., G.), Oerian Rass ou In Rass (R., p. 135). Arian Ras (D.).

Distance (en temps) d'Arian Ras à El Metarfa (Der'amcha) : 5 h. 15 m. (G.G.).

[2] Rohlfs, *Reise*, p. 136.

d'Arian Ras sont Taïbia [1]: ils possèdent une soixantaine de fusils à pierre et huit chevaux [2].

Ce Ksar est placé sous les ordres du Caïd de Brinkan.

[1] Le commandant Deporter dit Kerzazia.

[2] G. Rohlfs en 1864, les informateurs indigènes du Gouvernement Général de l'Algérie en 1894, ont suivi à peu près la même route pour atteindre Arian Ras.

G. Rohlfs, après être passé un peu à l'ouest de Foum el Kheneg, a atteint le cours de l'oued Saoura qu'il a descendu pendant une heure, puis se dirigeant au sud légèrement est, et cheminant une partie de la nuit il a atteint vers 8 1/2 du matin la petite vallée où se trouve la foggara qu'il appelle Foggara el Out ou el Outed, ayant marché jusque là pendant 9 heures. Il en repartait bientôt dans la direction d'Arian Ras qu'il atteignait, après avoir traversé une région de dunes, dernières ramifications de l'Erg, et avoir accompli une marche totale de 18 heures et demie depuis qu'il avait franchi les hauteurs à l'ouest de Foum el Kheneg.

Partis de Foum el Kheneg, les informateurs indigènes, dont il est ici question, se dirigeaient également sur El Foggara, où ils parvenaient après une marche de 7 h. 20. Se remettant ensuite en route, ils atteignaient après une nouvelle marche de 5 h. 25 une sebkha, au fond sablonneux et recouvert de sel, dans lequel bêtes et gens enfonçaient. La traversée de cette sebkha durait une heure, et, quinze minutes après, nos voyageurs arrivaient à Arian Ras, ayant marché pendant 13 heures 25 depuis El Foggara.

En résumé Rohlfs a mis 18 heures et demie pour venir d'un point voisin de Foum el Kheneg à Arian Ras tandis que nos indigènes sont allés de Foum el Kheneg à ce même Ksar en 20 heures 45. Il faut dire que Rohlfs, craignant une surprise, marchait très rapidement. Ajoutons qu'il existe encore deux autres routes pour atteindre le Gourara en venant de l'oued Saoura. Toutes deux se séparent de la première après la foggara d'El Outed, l'une va au nord vers Charouin et l'autre légèrement plus méridionale aboutit directement à Brinkan. Mais la route d'Arian Ras est celle qu'on prend en été : elle conduit rapidement à un lieu habité.

Rohlfs nous a donné de la foggara d'El Outed mentionnée ici une

3° Barioul[1].

Le commandant Deporter cite cette oasis comme habitée par quelques haratin et nègres khammès des gens de Brinkan. Le commandant Godron, tout en citant son nom, met en doute, sur la foi de quelques indigènes, l'existence d'un ksar de cette dénomination dans le Tsabit. D'ailleurs Deporter nous dit lui-même qu'on peut le considérer comme un faubourg d'Arian Ras.

4° Bou Amour[2].

Ce ksar, situé sur la lisière nord-est de la forêt de description qui est confirmée par nos informateurs indigènes. Elle fournit une eau abondante dont profitent les voyageurs qui vont de l'oued Saoura au Tsabit. L'explorateur allemand a rencontré la nappe liquide à deux pieds et demi du sol dans le puits qu'il a déblayé tandis que nos indigènes, qui ont sans doute puisé leur eau à un puits de la foggara situé plus haut, n'ont trouvé l'eau qu'à six mètres de profondeur. Là existe, sur un rocher situé à proximité de la foggara, les ruines d'un ancien ksar jadis « habité, nous dit Rohlfs, par des » coupeurs de route (*) qui exigeaient un fort tribut des caravanes. »

[1] Barioul (De., G.). C'est probablement la plante que H. Duveyrier appelle *Boriel* et qu'il n'a rencontrée qu'à Tiferghasin, entre R'adamès et R'at (*Touareg du Nord*, p. 156). C'est une zygophyllacée, le Tribulus mégistoptérus (B.).

[2] Orthographes diverses : Amer (R.), Ammour (Fo.), Amour (D.), Bou Amor (G.), Bou Amour (De.).

(*) Rohlfs, *Reise*, p. 133.
Parlant de cette même localité dans le deuxième volume de ces Documents (p. 755), nous avions, sur la foi du résumé du voyage de Rohlfs, donné par Malte-Brun, indiqué que le ksar en ruines signalé ici avait été habité par les Wegelage. Or, le mot allemand que Malte-Brun traduit ainsi *Wegelagerer*, signifie proprement coupeurs de routes, brigands de grand chemin. Nous ne pouvions laisser passer cette erreur sans une rectification.

palmiers du Tsabit, est le premier que Rohlfs ait trouvé sur son chemin en quittant Brinkan.

5° El Aïad [1].

Ce ksar, selon Rohlfs, fait suite au précédent sur la lisière nord-est de la forêt de palmiers.

Il est habité par des arabes, des haratin et des nègres et entouré d'un mur d'enceinte (De.).

6° Ouadjelan [2].

Ce ksar vient après El Aïad, d'après Rohlfs, quand on suit la lisière nord-est de l'oasis en venant de Brinkan.

Il est habité par des arabes, des haratin et des nègres. Un mur d'enceinte l'entoure (De.).

Les habitants se partageraient également en Kerzazia, Cheikhia et Taïbia.

Notable.

El Hadj Ahmed (M.).

7° El Maïz [3].

Ce ksar se trouve également, au dire de Rohlfs, sur la lisière nord-est de la forêt de palmiers après Ouadjelan, c'est, suivant le même voyageur, le plus important du district après Brinkan.

---

[1] Orthographes diverses : El Ayad (Fo., D.), Lahiat (R., p. 140), Lahiaten (R., p. 160), El Aïad (de C., De., G.).

[2] Orthographes diverses : Oudjelan (de C., Fo.), Oudjelane (D.), Ougelahn (R.), Ouadjelan (G., De.).

[3] En arabe, les chèvres.
Orthographes diverses : El Maïs (Fo.), El Maise (R.), El Maïz (de C., De., G.).

Il est habité par des arabes, des haratin et des nègres. Un mur d'enceinte le protège (De.).

Notable.

Ali bou Lahia (M.).

8° El Habla [1].

C'est d'après Rohlfs le dernier et le plus méridional des ksour de la lisière nord-est de l'oasis de Tsabit. Il est habité par des cheurfa, qui, Rohlfs a failli en faire l'expérience, ne se gênent pas pour détrousser les voyageurs de passage.

Il compte encore dans sa population des haratin et des nègres. Un mur d'enceinte le défend contre toute surprise (De.).

Notables.

Moulai Ali ben Cherif. C'est un homme d'action, âgé d'une cinquantaine d'années, très riche, appartenant à une famille de cheurfa. Il a été investi des fonctions de caïd d'une partie des ksour du Tsabit. Très influent, ennemi de Bou Amama, il était en rapport avec Si Kaddour. Ses relations s'étendent dans tout le Touat. Il est affilié à la confrérie des Taïbia et

---

[1] Probablement *el habila* qui signifie cordelette, mais qui, dans le sud, désigne de longues dunes parallèles entre elles et d'un faible relief.

Orthographes diverses : El Hebela (de C.), El Habela (Fo., D.), Hebla (R.), El Habla (De., G.).

appartient au sof Ihamed. Il habite une kasba qui de son nom s'appelle Kasba Moulai Ali (Gr.).

Moulai Allal (M.).

9° El Hammad[1].

Ce ksar est d'après Rohlfs situé au milieu de l'oasis.

Il serait habité par des arabes, des haratin et des nègres. Un mur d'enceinte l'entoure (Dé.).

Ses habitants sont moitié Taïbia, moitié Kerzazia (M.).

10° Ksar Iahia[2].

Sur la foi de renseignements indigènes, l'existence de ce ksar a été mise en doute par le commandant Godron. Il n'y aurait là d'ailleurs, d'après Deporter, que des vestiges de constructions anciennes, habitées encore par quelques haratin et nègres.

Ruines.

Le commandant Deporter signale au sud-est et à 800 mètres de Brinkan les ruines du petit ksar d'Ech Chems.

AOUGUEROUT.

Ce district est situé au débouché sud-ouest de la grande dépression de Meguiden, à 20 kil. environ du

---

[1] De hammada, allusion sans doute à la situation de ce ksar sur une hammada.

Orthographes diverses : Hammad (Fo., D.), Hamed (R., p. 140), Hamet (R., p. 160), El Hammad (de C., De., G.).

[2] Orthographe unique (De., G.).

Baten. Il comprend en réalité un groupe principal, l'Aouguerout [1] proprement dit que l'on nomme aussi Bled Khenafsa, et un certain nombre d'oasis détachées, toutes situées plus au sud : Oufran, les Oulad M'hammoud et Keberten.

Sa population, très mélangée, est d'environ 2.700 âmes, ainsi réparties :

Arabes sédentaires	1.000
Arabes nomades	200
Cheurfa	50
Zenata	400
Haratin	800
Nègres	240

Les arabes de l'Aouguerout appartiennent aux deux tribus des Oulad Iaïch et des Khenafsa. Les premiers, qui sont les plus nombreux, sont presque exclusivement sédentaires. Les arabes nomades, en nombre relativement restreint, vont en été et au printemps camper dans le Meguiden où ils font pâturer leurs chameaux, leurs moutons et leurs chèvres.

Les confréries religieuses prédominantes sont celles des Kadria et des Taïbia. Les Oulad Sidi Cheikh y

---

[1] Orthographes : Ouoguerout (de C., P.), Ouaguerout (Coÿne), Aougrout (D.), Aouguerout (Da., C., De., G.).

Les tribus du Sud oranais emploient l'expression d'Igrout pour désigner l'Aouguerout proprement dit, qu'elles considèrent comme constituant une grande ville. C'est dans le même ordre d'idées, semble-t-il, que le voyageur El Aïachi (trad. Berbrugger, p. 24), nous parle de *la ville d'Aouguert.*

ont également une grande influence. Ils possèdent d'ailleurs dans cette région de grandes propriétés particulièrement à Ksar el Hadj. Les Oulad Iaïch et les Khenafsa paient chaque année à la zaouia R'arbia d'El Abiod Sidi Cheikh, par adulte mâle, une refara d'une mesure de dattes.

On trouve dans ce district trois Zaouias : Zaouiet Sidi Aoumeur, Zaouiet Sidi Abdallah et la zaouia de Ben Aïd.

C'est le sof Sefian qui compte le plus de partisans (G.).

Sauf pour Bou Guemma légèrement isolée au nord, toutes les autres oasis de l'Aouguerout proprement dit ont leurs palmiers qui se relient entre eux ne formant qu'une seule et même forêt, longue d'après Colonieu, de 18 kil. sur 2 kil. de largeur. Une multitude de feggaguir, ayant chacune 70 à 100 puits, viennent y porter la vie. Les villages sont fortifiés comme Timimoun et des murs d'enceinte les unissent entre eux embrassant en même temps les jardins. Sur ces murailles font saillie des kasbas carrées et bastionnées (C.).

A l'ouest de l'Aouguerout s'étend la sebkha de Charef, au fond parfois sablonneux. Elle commence un peu au nord du Ksar qui lui donne son nom et se termine un peu au sud de celui de Tala. A partir de Charef où elle a 5 kil. environ de largeur, elle s'élargit à mesure que l'on va vers le sud, sauf à son extrémité méridionale où elle a à peu près la même largeur qu'à Charef.

L'adeb, la ligne de hauteurs où sont creusées les feggaguir qui alimentent les jardins de l'Aouguerout, est parallèle au bord est de cette sebkha [1].

Les palmiers de ce district produisent des dattes très recherchées. Les jardins donnent tous les légumes et fruits qu'on rencontre dans ces contrées. L'industrie locale fabrique quelques tissus de laine (De.).

Tous ceux qui ont écrit sur l'Aouguerout ont donné une liste à peu près identique des ksour que l'on y rencontre. Cependant à l'énumération généralement admise, le commandant Fossoyeux et le lieutenant Devaux ont ajouté les noms d'un certain nombre de localités qui ne sont sans doute en réalité que de très petits hameaux ou même simplement des maisons isolées au milieu de propriétés particulières, comme celles que possèdent dans ce district les Oulad Sidi Cheikh [2].

Il est enfin certains auteurs, comme Rohlfs, qui constituent un district particulier avec les oasis d'Oufran, des Oulad M'hammoud et de Keberten,

---

[1] Coÿne, *Une ghazzia dans le Grand Sahara*, p. 37 et 38.

[2] Le commandant Fossoyeux a donné les noms suivants : El Kebir, Amaaman, Ifli, Taghzi, El Gabli, Chargui, Tagouila, Yaala, Aoulay. Le lieutenant Devaux n'ajoute que deux noms de localités à la liste ordinaire ; Yaala et Aoualia.

Rohlfs de son côté indique un ksar nouveau : Ramameneul et les autorités de Mechéria, sur renseignements en signalent trois autres : Djerif, Zakkour, et El Maïz. La totalité des habitants de ces trois ksour serait Cheikhia. Dans le premier habiterait un personnage important : Abdelkader Ould el hadj Abdesselam, caïd (?) de l'Aouguerout.

ou même rattachent l'un des deux premiers ou quelquefois tous deux à un autre district.

Voici l'énumération généralement admise des ksour de l'Aouguerout :

1° Bou Guemma [1].

Les habitants de ce Ksar sont des arabes sédentaires (Oulad Iaïch), des haratin et environ 70 nègres.

La moitié de la population est affiliée à la confrérie des Taïbia ; le reste se partage également en Kadria et Cheikhia [2]. Tous les habitants de ce ksar appartiennent au sof Ihamed. Ils sont administrés par une djemâa.

On parle arabe à Bou Guemma. Les gens de ce ksar possèdent cinq chevaux (G.).

2° Charef [3].

C'est, suivant le lieutenant-colonel de Colomb, le plus grand Ksar du district après le suivant. Sa population est formée de zenata, d'haratin et de nègres. On n'y trouve point d'arabes et par conséquent, pas de nomades. Tous les habitants sont Taïbia ; ils

---

[1] Pourrait signifier : le père du blé en arabe, mais il devrait alors s'écrire Bou Guemâa ; c'est peut-être encore Bou Djemâa (avec la même restriction, la permutation des sons *Dj* et *g* dur étant assez fréquente chez les Berbères (B.).
Orthographes diverses : Bou Guemma (de C.,C.,D.,De.) Bouguemma (Fo.), Bou Ghemma (G.), Gogemin (R.), Bou Guema (Da).

[2] D'autres renseignements les donnent tous comme Cheikhia (M.).

[3] Orthographes diverses : Cherf (Da., de C., C.), Charef (Du., Fo., D., De., Gr.), Schürf (R.).

appartiennent au sof Sefian. On trouve dans ce Ksar quatre chevaux (G.).

Le commandant Deporter divise Charef en deux Ksour distincts, très rapprochés et se faisant face : Charef el Kebir, le plus important, habité par des zenata et Ksar Oulad el hadj Aoumeur, où demeurent des zenata et des haratin. On y parle zenatia (De.).

D'après le capitaine Coÿne [1] les palmiers de Charef s'étendent dans le lit de la sebkha à laquelle ce Ksar donne son nom. Le village lui-même est sur la rive est : il aurait le même mur d'enceinte que Zaouiet Sidi Aoumeur [2].

Charef est administré par une djemâa dont le chef est Cheikh Ahmed ould el hadj Aoumeur.

3° Zaouiet Sidi Aoumeur ben Salah [3].

Cette zaouia, comme son nom l'indique, a été fondée il y a plus d'un siècle et demi, par Sidi Aoumeur ben Salah [4]. Le Ksar qui s'est fondé autour de ce saint lieu est, d'après le lieutenant-colonel de

---

[1] Coÿne, *Une ghazzia dans le Grand Sahara*, p. 37.

[2] Sans doute parce que le mur d'enceinte des jardins, au milieu desquels sont bâtis les ksour, relie entre elles, d'après Colonieu, toutes les oasis de l'Aouguerout.

[3] Orthographes diverses : Zaouïa Sidi Amar (de C.), Zaouïa Sidi Aomar (Fo., Da), Zaouiet Sidi Aoumar (De.), Zaouiet Sidi Aoumeur (G.), Zaouia (R.), Zaouiet Sidi Omâr (Da.).

[4] C'est peut-être à ce saint personnage que fait allusion El Aïachi (trad. Berbrugger, p. 26), quand il nous apprend qu'il a séjourné à la zaouia de Sid Omar ben Mohammed Salah el Ansari el Khazradji ech Chami.

Colomb, le plus considérable de l'Aouguerout. Il est, suivant Daumas [1], « protégé par un mur d'enceinte » de deux hauteurs d'homme et crénelé. Au centre » s'élève une petite kasba où les habitants mettent » leurs objets les plus précieux. A côté de la kasba » est la zaouia ».

Zaouiet Sidi Aoumeur est habité par les descendants du saint qui l'a fondée, par ses serviteurs religieux et par quelques zenata. Les trois quarts de la population sont Taïbia, le reste est Kadria [2]. Les gens de Zaouiet Sidi Aoumeur n'appartiennent à aucun sof (G.).

Notables.

Si Abderrahman Ould Grabou, mokaddem de la zaouia et cheikh de la population (G.).

Abderrahman ben Abd el Kader, khouan des Cheikhia (M.).

4° Akbour [3].

Ce petit Ksar est habité par trois ou quatre familles des Oulad Iaïch de Bou Guemma, des zenata, des

---

[1] *Le Grand désert*, p. 89.

[2] D'autres renseignements font de tous les habitants de ce Ksar des Cheikhia (M.).

[3] *Akabour* veut dire, en tamahak, le trot ; *Kebour*, en arabe, les tombeaux ; enfin 1° *ikaber* signifie en tamahak, masure, ce qui serait assez en situation, mais le pluriel régulier serait *ikebran* 2° le câprier, connu dans ce pays, se nomme *Kebbar*.

Orthographes diverses : Akbour (de C., Fo., B.), Agbour (De., G.), Akebor (R.), Akhbour (Da.).

haratin et des nègres. Tous sont Taïbia [1] et appartiennent au sof Sefian (G.).

5° Aboud [2].

Ce Ksar est habité par des zenata, des haratin et des nègres. Ils sont tous Taïbia et du sof Ihamed. On trouve à Aboud cinq chevaux (G.).

Notable.

El Hadj Mohammed el Arab, cheikh de la djemâa (G.).

6° Ben Aïd [3].

Ce Ksar est habité par 28 cheurfa marabouts et 112 arabes nomades qui, au printemps et en été, vont camper dans le Meguiden. Tous sont Kadria [4]; ils n'appartiennent à aucun sof (G.) [5].

---

[1] D'autres renseignements les donnent également comme Cheikhia (M.).

[2] Orthographes diverses : Aboud (de C., Da., De., G.), Ahboud (Fo.) Aaboud (D.), About (R.).

[3] Autre dénomination : Zaouia el Kahla (Pouyanne, *Documents relatifs...*, p. 110).
Orthographes diverses : Ben Aïat (de C.), Ben Aïad (De.), Ben Aïd (G.).
Le nom de ce Ksar n'est cité ni par G. Rohlfs, ni par le commandant Fossoyeux ni par le lieutenant Devaux.

[4] D'autres renseignements en font des Cheikhia (M.).

[5] Le commandant Deporter donne sur la population de ce Ksar des renseignements tout différents. D'après lui elle est composée de zoua des Oulad Sidi el Hadj Mohammed (Oulad Sidi Cheikh) originaires de Foggaret el Kahla, dans le Tidikelt, comme nous le verrons bientôt. Des zoua de cette fraction campent en réalité à proximité, c'est là sans doute l'origine de la dénomination de Zaouia el Kahla, donnée, dit-on, aussi à Ben Aïd. Un des fondateurs de cette zaouia

Notable.

Hammadou Ould Sid Abdelhakem (G.).

7° Tiberr'amin [1].

Ce ksar est habité par des Khenafsa, des zenata, des haratin, des nègres et quelques arabes des Oulad Zaïd. Les Khenafsa nomadisent dans le Meguiden.

La confrérie des Cheikhia a la prépondérance : les Taïbia et les Kadria y comptent également des adeptes. Les gens de Tiberr'amin sont du sof Ihamed, ils possèdent six ou sept chevaux [2].

Notables.

Mohammed ben Cheikh ben Kaddour.

C'est un homme d'environ 35 ans, d'une modeste aisance, de bonne réputation, appartenant à une famille très considérée dans le pays. Il a été investi par le Sultan en 1892 des fonctions de caïd des Khenafsa de

fut d'ailleurs le zaoui Sid Abdelhakem, enterré à In Ifel (voir plus haut chap. II).

[1] Orthographes diverses : Tibergamin (de C.), Tiberghamin (C.), Tiberkamin (Fo., D., G.), Tiberramin (De.), Tibaramil (R.), Tibelr'amin (Da.).

Distance de Bel R'azi (Deldoun) à Tiberr'amin en passant par Charef : 35 kil. (C.).

[2] Environ 25 tentes des Oulad Sidi Cheikh Cheraga (Oulad Sidi El Hadj Mohammed (*) habitant sous la tente, estivent sous les murs de Ben Aïd et de Tiberr'amin. Ils vont en hiver dans le Meguiden. C'est à ce groupe de tentes qu'appartient le zaoui Si M'hammed ben Hamza, dont nous avons parlé au 2° chap. du Tome III.

* Une correspondance de Géryville, datant de 1885, nomme cette fraction des Zoua Cheraga, les Oulad Sidi el Arbi.

l'Aouguerout, mais il a donné sa démission en faveur de Kouider ben El Hadj Abdesselam.

Mohammed ben Cheikh jouit d'une certaine influence sur les Khenafsa, mais celle-ci ne s'étend pas au delà. Il est affilié aux confréries des Taïbia et des Cheikhia. C'est en même temps un fervent adepte de Bou Amama et comme tel, il est hostile à l'influence française (Gr.). Il appartient au sof Ihamed (Gh.).

Si M'hammed ben Hamza.

C'est un homme d'une cinquantaine d'années, d'une fortune modeste qui paraît bien disposé en faveur de la cause française, mais intéressé. Il a des relations avec les Touareg et le Tidikelt. Sa qualité de zaoui lui donne une certaine influence.

8° Ksar el Hadj [1].

Ce ksar est habité par des Oulad Iaïch de Bou Guemma, une dizaine de zenata, 4 ou 5 cheurfa, des haratin et des nègres.

Les quelques arabes qui y demeurent vont, en été et au printemps, camper dans le Meguiden. On trouve dans ce ksar quelques chevaux. Tous les habitants sont du sof Sefian (G.). Ils sont en même temps Taïbia, d'autres (M.) disent Cheikhia, ce qui paraît vraisemblable, car, d'après le commandant Colonieu, les Oulad Sidi Cheikh ont, dans cette partie de l'oasis, leurs principales propriétés de l'Aouguerout (palmiers et jardins).

[1] Ksar el Hadj (de C., C., Fo., D., De., G.). Ce ksar n'est pas cité par G. Rohlfs.

Notables.

Mohammed bel hadj Abdelkader, cheikh de la djemâa (G.).

El hadj bou Haous ben Abdelkader.

C'est un homme assez riche, d'une bonne famille qui n'a pas de relations en dehors de son ksar.

9° Tineklin [1].

Ce ksar est habité par des haratin, quelques nègres et quelques arabes nomades qui vont passer l'été et le printemps dans le Meguiden.

Tous sont Kadria [2] et n'appartiennent à aucun sof. Ils possèdent deux chevaux [3] (G).

10° Tala [4].

La population de ce ksar se compose surtout de

[1] Le mot Tineklin était peut-être à l'origine Tin Akli, celle du nègre ou Tin Aklan, celle des nègres en tamahak (B.).

Orthographes diverses : Tinaklil (de C.), Tenglin (Fo.), Tinghlin (D.), Tineklin (De., G.), Tineklan (Pouyanne, *ouvrage cité*, p. 111), Tinkalil (R.). On trouve aussi Tinerlin.

[2] D'autres renseignements en font des Cheikhia (M.).

[3] D'après le commandant Deporter, Tineklin s'appellerait encore Kasbet el Hamra, la kasba rouge. M. Pouyanne, (*ouvrage cité*, p. 110), fait de Kasbet el Hamra un Ksar distinct. Avant lui, Daumas avait écrit que Kasbet el Hamra était le chef-lieu de l'Aouguerout (*Sahara algérien*, p. 289) : ailleurs ce même auteur a dit que c'était un petit village, de 140 à 150 maisons, groupées au milieu de jardins bien plantés et de dattiers. On y cultivait la garance, le henné et du tabac estimé (*Le Grand désert*, p. 97).

[4] La fontaine, en kabyle (B.).

Orthographes diverses : Tala (de C., Fo., D., De, G.), Talah (Da.), Tella (R.).

Autre dénomination : Ksar ech cheurfa (de C.).

cheurfa [1], auxquels il faut joindre quelques haratin et quelques nègres. Il n'y a pas d'arabes nomades (G.).

La confrérie dominante est celle des Taïbia; quelques habitants sont cependant Kadria. Tous appartiennent au sof Ihamed. Ils possèdent quatre chevaux (G.).

Ce ksar de Tala, aujourd'hui en partie ruiné, aurait été fondé par des berbères professant le judaïsme. Il fut pendant longtemps un centre important par son commerce [2]. On y trouvait des kasbas bâties en pierre de construction ancienne. Le ksar est divisé en trois quartiers : il est entouré d'un fossé qui en défend les approches (De.).

11° Zaouiet Sidi Abdallah [3].

Cette zaouia est habitée par des marabouts dont on ignore l'origine, nous apprend le commandant Godron, venant de la zaouia Sidi Maabed, auprès de R'adamès, affirme le commandant Deporter [4].

En tout cas, ils sont tous Taïbia et n'appartiennent à aucun sof. Ils possèdent un cheval (G.).

---

[1] Cette assertion du commandant Godron est en contradiction avec ce qu'avait écrit le commandant Deporter qui prétendait que dans ce Ksar les Oulad Iaïch dominaient.

[2] Le lieutenant-colonel de Colomb le cite encore comme le plus populeux du district.

[3] Orthographes diverses : Zaouia Sidi Abdallah (de C., Fo., D.), Zaouia Mouley Abdallah (Pouyanne, *ouvrage cité*, p. 111), Zaouiet Sidi Abdallah (De.,G.).

[4] C'est-à-dire, des Ahl Azzi qui ont de nombreuses colonies au Tidikelt.

12° El Oufran[1].

Cette oasis contient deux ksour distincts, mais très rapprochés.

Oufran ech Chergui habité par 60 ou 70 arabes[2] seulement.

Oufran er R'arbi occupé par des haratin et des nègres.

Tous font partie de la confrérie de Moulai Taïeb et sont du sof Ihamed (G.).

Oufran serait le seul ksar de l'Aouguerout où les Oulad Sidi Cheikh n'auraient aucune influence. Politiquement cette oasis se rattache à Deldoun (De.).

Les trois oasis d'Oufran, des Oulad M'hammoud et de Keberten sont placées dans l'oued el Hadjar prolongement vers le sud-ouest de la dépression de Meguiden (De.).

13° Oulad M'hammoud[3].

Cette oasis est habitée par environ 70 arabes de la tribu des Oulad M'hammoud[4], des haratin et des nègres. Tous sont Taïbia et du sof Ihamed (G.).

Cette oasis comme la précédente se rattache

---

[1] Peut-être *Ifriouen*, les ailes (B.).

Orthographes diverses : Oufran (de C., Fo., Da., De., G.), Aoufrane (D.), Ofran (R.).

[2] Les Oulad M'hammoud, d'après Deporter.

[3] Oulad Mahmoud (de C., Fo., D., De., G., R.).

[4] El Aïachi (trad. Berbrugger, p. 28), cite le nom de ces arabes. Il les accuse d'avoir comblé les puits du Meguiden dans la crainte d'une incursion de leurs ennemis les Beni Saïd.

politiquement à Deldoun (De). Aussi le commandant Fossoyeux l'a-t-il comprise parmi celles de ce district.

On trouve aux Oulad M'hammoud du salpêtre d'excellente qualité (De.). C'est pourquoi les habitants de ce Ksar se sont livrés de tout temps à la fabrication de la poudre (Da. [1], de C.).

L'oasis des Oulad M'hammoud est, d'après le lieutenant-colonel de Colomb, la seule où l'on trouve des sources naturelles.

Notable.

Si Sliman ech Chouikhi, cheikh (G.).

14° Keberten [2].

Cette oasis, située sur la route la plus fréquentée du Gourara au Touat, est habitée par des arabes (Khenafsa et Oulad el hadj Ali), des haratin et des nègres. Tous sont Taïbia et du sof Ihamed (G.).

On trouve à Keberten du salpêtre d'excellente qualité (De.).

Ruines.

D'assez nombreuses ruines existeraient dans l'Aouguerout. Quelques-unes seulement ont été signalées jusqu'ici, ce sont :

---

[1] Daumas, *Sahara algérien*, p. 290.

[2] Orthographes diverses : Keberten (de C., C., Fo., R.), Kabertan (D.), Kaberten (De., G.), Tekaberten (Da.).
Le commandant Fossoyeux et le lieutenant Devaux ont rattaché l'oasis de Keberten aux Der'amcha sans doute à cause de son éloignement de l'Aouguerout proprement dit et sa distance peut-être plus rapprochée des Der'amcha.

Entre Bou Guemma et Charef, à l'ouest, Charef el Kedim, ruines d'un Ksar très ancien (De.).

Lalla Rabha [1], Ksar en ruine, au milieu de quelques palmiers bour On y trouve encore une foggara en activité (De.).

Tissidan, groupe de 7 Ksour en ruine à 3 kil. à l'ouest de Keberten (De.).

Dib el Khali, kasba ruinée à 5 kil. est de Bou Guemma [2].

SEBA.

C'est le plus méridional des districts du Gourara, mais aussi le plus petit et le plus misérable. Sa population n'est, dit-on, que de 80 habitants partagés entre deux petits ksour, Sebâ [3] et Guerara [4]. Ils se divisent de la manière suivante :

Arabes sédentaires	30
Haratin	25
Nègres	25

Chacun de ces ksour possède une petite zaouia où

[1] Autres dénominations : Zaouïa Lalla Rabha (de C.), Zaouiet Rabha (De.), Lalla (G.).

[2] Renseignement recueilli par le colonel Didier.

[3] Orthographes diverses : Sba (de C., R., De., G.), Sbaa (Fo.), Sebaa (D.), Seba (C.).

[4] Guerara a le même sens que daïa ; une guerara est une daïa de grandes dimensions (B.).

Orthographes diverses : El Guerara (de C.), Guerara (Fo., C., De.), Guerrara (G.), El Gara (D.), Gerara (R.).

Le commandant Fossoyeux et le lieutenant Devaux ont rattaché les deux ksour de Seba et Guerara au Tsabit.

vivent des marabouts arabes, affiliés à la confrérie des Kerzazia [1]. Les habitants de ces deux ksour ne sont d'aucun parti (G.).

Malgré sa misère, ce petit district a une certaine importance par suite de sa situation sur la route du Gourara au Touat.

Les palmiers qui y croissent produisent des dattes très estimées. Ils ne forment qu'une oasis dont, suivant Rohlfs, le ksar de Guerara occupe l'extrémité sud-est. Les jardins fournissent également des légumes et des fruits, on y cultive aussi du coton, du tabac et du henné (De.).

L'extraction du salpêtre est, d'après Rohlfs, la principale ressource des habitants de ce district qui s'y livrent presque exclusivement [2].

---

[1] Le commandant Deporter prétend qu'il n'y a qu'une zaouia dans le district, à Guerara. Ce serait, d'après lui, une Zaouia Kadria.

[2] Entre Tsabit et Seba, on traverse d'après Rohlfs (*Reise*, p. 140) une plaine sans fin, couverte de sable grossier et de gravier ; aussi loin que la vue se porte on n'aperçoit aucune colline, aucun arbre.

Par contre, suivant Deporter entre Bouda et Seba, on traverserait un bas-fond légèrement humide portant le nom caractéristique d'El Melah (le sel).

TABLEAU I.

LIEUTENANT-COLONEL DE COLOMB (1860). 11 ksour. (1)	G. ROHLFS (1864). 12 ksour.	COMMANDANT FOSSOYEUX (1880). 12 ksour.	LIEUTENANT DEVAUX (1886). 13 ksour.	CAPITAINE LE CHATELIER (1886). 13 ksour.	COMMANDANT DEPORTER (1890). 13 ksour. (1)	COMMANDANT GODRON (1894). 13 ksour. (1)	RENSEIGNEMENTS recueillis par les autorités de Méchéria en 189. 14 ksour.
Kasba Sidi Saïd.	Kasbah Sidi Saïd.	Sidi Saïd.	Sidi Saïd.	Kasbat Sidi Saïd (ou El Oukseïbat).	El Kesaïbet Sidi Saïd.	El Kessaïbet Sidi Saïd	El Keciba.
Oulad Bakhallah.	Kasbah Bachallah.	Akhallaf.	Akhallaf.	Ba Khalla.	Ba Khalla.	Ba Khalla.	Ba Khalla.
Ben Dra.	Bendraho.	Beni Draa.	Beni Draa.	Ben Adraou.	Ben Drâa ou Ben Draou.	Ben Drâa.	Ben Draou.
El Ghernariim.	Rlmara.			Zaouiyat el Ghemarina.	Ahel El Romara.	Ahel Romara.	El Romara.
Zaouia Chikh ben Amar.	Zaouia Chikh ben Omar.	Zaouia Cheikh ben Ameur.	Zaouiet Cheikh ben Aoumeur.	Zaouiyat el Cheikh ben Amar.	Zaouiet Cheikh Aoumeur.	Zaouiet Cheikh Aoumeur.	Zaouiet Cheikh b Aoumeur
Ben Illou.	Ben Illo.	Beni Alou.	Beni Alou.	Ksar beni Allalou.	Ben Illou.	Ben Illou.	Ben Illou.
Zaouia Sidi Haïda.	Zaouia Sidi Haïda.	Zaouiet Sidi Haïda.	Zaouiet Sidi Haïda.	Zaouiya Sidi Haida.	*Zaouiet Sidi Haïda.*	*Zaouiet Sidi Aïda.*	Zaouiet Sidi Haïd
Oulad ben Dadouch							
El Mansour.	Mansour.	El Mansour.	El Mansour.	Mansour Bouda.	El Mansour.	El Mansour.	El Mansour.
Kasba Chikh.							
El Barka.							
	Amarin.	El Amarin.	El Amarin.		Er Romariin.	Er Romariin.	El Amariin.
	Ouffart.	El Merabtin Affar.	El Merabtin Affar.	Ksar Affare.	Zaouiet Afar.	Zaouiet Afar.	Afar.
	Oudrhar.	Oudrar.	Audrar.	Ouaderare.	Ouderar.	Ouderar.	Ouderar.
	Agarmalli.	Gharem Ali.	Gharem Ali.	Agheram Ali.	Rerm' Ali.	Rerm' Ali.	Rerm' Ali.
		Laghmar.	Laghmar.				
		Beni Ouadal.	Beni Ouadhol.	Beni Ouazine.	Beni Ouazzel.	Beni Ouazzel.	Ouazzel.
				Kasbat Oulad Yaïch			Oulad Iaïch.

(1) Les noms en *italique* sont ceux des ksour appartenant au Bouda tahtani d'après l'auteur cité.

CHAPITRE QUATRIÈME

Les districts du Touat. — Le Touat proprement dit

Le mot « Touat », prononcé aussi Tsouat par les indigènes, sert plus particulièrement à désigner l'ensemble des oasis qui s'échelonnent pour la plupart le long de la rive gauche de l'oued Messaoud, au pied des dernières pentes du Tadmaït.

Au nord, les premiers groupes de ces oasis, Bouda, Timmi, Tamentit, Bou Faddi, occupent des vallées parallèles ou perpendiculaires à la vallée principale. Mais, à partir de Tasfaout, jusqu'à Sali, la majorité des Ksour s'élève sur la lisière orientale de la forêt de palmiers, qui, au dire de Rohlfs, s'étend à l'ouest jusqu'à la rive gauche de l'oued. A In Zegmir la berge s'infléchit et la forêt prend la même direction légèrement est [1]. Mais ici le lit propre de l'oued s'est éloigné à l'ouest et depuis Zaouiet Kounta la berge

[1] Rohlfs, *Reise*, pp. 155 et 156.

surplombe un immense bas-fond, une vaste sebkha qui va en s'élargissant jusqu'à Sali. Son fond est encombré par les sables qui débordent de la rive droite ; on les aperçoit, suivant Rohlfs, qui s'étendent à perte de vue dans la direction de l'ouest et se confondent à l'horizon avec le ciel.

Au sud de Sali, la vallée de l'oued Messaoud est encore obstruée par les sables qui s'étalent même assez loin sur la rive gauche. Au Reggan enfin le lit même du fleuve disparaît sous le manteau des dunes, qui cependant ne s'étendent pas assez loin vers l'est. pour menacer de leur envahissement les ksour de ce district.

La population du Touat serait, d'après le commandant Godron, composée de la manière suivante :

Cheurfa	1.500
Arabes sédentaires	3.400
Haratin	2.700
Nègres	1.900
Ce qui donne un total de...	9.500 habitants.

Dans cette énumération le commandant Godron omet de citer l'élément berbère, représenté par les Zenata et indiqué pourtant avant lui par le commandant Deporter. C'est qu'à son avis il n'y a aucun représentant de cette race au Touat. Cette opinion est en contradiction flagrante avec une affirmation de Rohlfs qui a constaté l'existence d'éléments berbères au moins à Tamentit et Bou Amour (Tamest) [1].

---

[1] Rohlfs, *Reise*, p. 152.

Les seuls nomades que l'on rencontre au Touat sont des Oulad Moulat : une petite fraction de ces indigènes, les Oulad Ranem, composée d'une vingtaine de tentes, campe ordinairement sous les murs de Ben Draou (Bouda) (G) et va quelquefois s'établir sur l'oued Saoura dans les environs de Kerzaz ; une autre vit dans les mêmes conditions à Taourirt (Reggan) ou à Sali [1] (De.); enfin une troisième fraction de même origine est

[1] Les Oulad Moulat (en berbère Imoulaten) font partie des Doui Belal (Ida ou Belal) tribu du Sahel. Les Doui Belal, les Tadjakant (Djakana) et les Arib sont des populations mêlées (arabes makil et berbères) qui dominent dans la région dite Sahel (Sihal) laquelle s'étend entre le pays des Touareg à l'est, l'Adrar et le Tagant au sud, le Sous au nord et l'océan Atlantique à l'ouest. Les Oulad Moulat sont arabes ; ils parlent néanmoins un langage peu intelligible pour les gens du Tell et même pour les habitants des oasis (*). Leurs campements les plus rapprochés de l'oued Drâa sont à deux jours de marche au sud. Ils s'habillent de toile de guinée bleue, ont le sabre droit des Touareg et des fusils à pierre à deux coups. Ils sont très entreprenants. Leurs maraudeurs s'aventurent très loin, on les voit sur l'oued Issen, chez les Doui Menia ; sur l'oued Saoura, à Kerzaz ; jusque chez les Touareg, au Tidikelt et même jusqu'à la limite du pays des noirs.

En 1870, au commencement de l'année, une caravane appartenant à une tribu de Chelouh, les Aït Oubibet (?), fut pillée par des Oulad Moulat bien qu'elle fût sous la sauvegarde d'une autre fraction de la même tribu. Une guerre civile qui dura deux ans fut la conséquence de cet acte de pillage. Le parti vaincu émigra dans l'est, et au commencement de 1872, on comptait à El Maïder, chez les Aït Ounbegui, entre l'oued Reteb et l'oued Drâa, deux cents tentes des Oulad Moulat ; cent cinquante autres tentes s'installèrent à la même époque au Timmi et au Tsabit.

Les Oulad Moulat sont serviteurs religieux de Sidi el Razi au

(*) De Foucauld s'élève contre cette assertion ; il n'a rien remarqué de semblable chez les Doui Belal qu'il a fréquentés.

devenue sédentaire. Elle occupe le ksar des Oulad Brahim au Timmi.

La population du Touat ne possède pas plus de 136 chevaux. Elle occupe dans cette région environ 156 localités habitées, parmi lesquelles 33 zaouias connues.

Les nombreux palmiers des oasis sont arrosés à l'aide de feggaguir qui toutes ont leurs têtes au nord-est, dans les reliefs de terrain qui constituent les dernières ramifications du Tadmaït. Sur quelques points, comme à Sali, la nappe aquifère est assez peu profonde pour qu'on puisse également utiliser les puits ordinaires.

Le Touat se partage, comme nous l'avons déjà écrit, en onze districts que nous allons successivement décrire.

BOUDA.

Le district de Bouda est situé tout entier dans une vallée, encore mal définie, qui serait parallèle à celle de l'oued Messaoud et en serait séparée d'une quarantaine de kilomètres (De.). Les ksour, placés dans

---

Tafilalet, de Sidi Ahmed el Habib (Zaouia El Mati) et de Sidi M'hammed ben Naceur (Tamegrout) sur l'oued Drâa.

(Extrait d'une correspondance de Tlemcen du 1ᵉʳ février 1874. Ces renseignements ont été déjà pour la plupart reproduits par de Foucauld (*Reconnaissance au Maroc*, p. 153) sur une communication de l'interprète militaire Pilard).

Cf. Le Châtelier, *Medaganat* p. 85 et 160.— Deporter, *Extrême-sud de l'Algérie*, p. 372.

le haut de cette vallée, forment le groupe appelé Bouda foukani, tandis que ceux en aval constituent le Bouda tahtani.

C'était jadis le lieu de passage habituel des caravanes qui du Maghreb se dirigeaient vers le Soudan. Quoique bien déchue aujourd'hui, cette voie de communication est encore suivie pour se rendre sur l'oued Saoura ou en revenir.

La population du Bouda est d'environ un millier d'habitants se décomposant ainsi :

Arabes sédentaires	400
Haratin	350
Nègres	250 [1]

Les arabes, tous sédentaires, appartiennent aux tribus suivantes :

Oulad Melouk [2].

---

[1] M. Le Châtelier, à qui nous devons une intéressante étude sur le district de Bouda (in Bull. Soc. Géog. Paris, 1886, p. 590), reconnaît que sa population est composée d'éléments hétérogènes, arabes, berbères sédentaires, haratin et nègres. C'est d'ailleurs une opinion identique à celle exprimée par Deporter d'après lequel la population comprendrait : des arabes, quelques zenata, quelques cheurfa, des haratin et des nègres. Mais nous avons vu antérieurement que, suivant le commandant Godron, il n'y avait aucun zenata au Touat.

[2] Les Oulad el Moulouk, de M. Le Châtelier. Ils sont d'après lui, originaires de l'oued Guir.

Cet auteur donne d'ailleurs de la population du Bouda une répartition toute différente. Elle serait, suivant lui, répartie en quatre groupes : les deux plus importants, sont ceux des Oulad el Moulouk et des Oulad Iaïch, djouad de race arabe qui avec leurs haratin forment plus des deux tiers des habitants. Le second est plus nombreux

Oulad Ranem, qui seraient des Oulad Moulat devenus sédentaires.

Oulad Berbouch, issus des Berabich de l'Azaouad.

Oulad Sidi Ahmed ben Moussa de Kerzaz.

Oulad ben Dikki.

Oulad Sidi Abdallah ben Ali [1] (G.).

Contrairement à ce qui se produit dans la plupart des districts du Touat, celui de Bouda appartient tout entier au sof Sefian ; toutefois ses habitants n'entretiennent pas de relations très suivies avec les autres éléments du parti, aussi le Bouda constitue-t-il, en quelque sorte, un état indépendant, sur lequel les Oulad Melouk d'El Mansour exercent une certaine suprématie, grâce à la communauté d'intérêts qui unit tous les ksour.

La confrérie des Kerzazia a d'ailleurs une action prépondérante dans le district ; elle est pour beaucoup

---

que le premier, mais moins puissant, l'élément arabe y étant en très faible minorité. Un troisième groupe est constitué par des fractions maraboutiques indépendantes et le quatrième ne comprend guère que des affranchis de Moulai Kerzaz.

[1] Les Oulad Sidi Abdallah el Ghemarina de M. Le Châtelier.

A l'énumération que nous venons de reproduire, d'après le commandant Godron, il y aurait lieu d'ajouter les Oulad Iaïch, répandus dans ce district, suivant M. Le Châtelier, où, au dire de cet auteur, ils occuperaient les ksour qu'il appelle : Ksar Allalou, Ben Adraou, Ba Khalla, Kasbet Oulad Iaïch. Des renseignements recueillis à Méchéria reconnaissent d'ailleurs l'existence d'un ksar nommé Oulad Iaïch.

Ces Oulad Iaïch appartiendraient à une branche distincte de celle de l'Aouguerout (Le C.).

dans le groupement de la population de Bouda, groupement qui contraste avec l'anarchie habituelle des autres circonscriptions de la région touatienne (Le C.).

On trouve également dans ce district des Taïbia [1].

Il y existe quatre zaouias : Zaouiet Afar, El Kesaïbet, Zaouiet Cheikh Aoumeur et Zaouiet Sidi Haïda (G.).

Les palmiers très nombreux, dit-on, fournissent en abondance des dattes renommées.

L'extrémité méridionale de l'oasis de Bouda est, d'après Rohlfs[2], à l'ouest et à hauteur de l'extrémité septentrionale de celle du Timmi.

Les jardins, arrosés tous par des feggaguir, produisent des fruits et des légumes. On y cultive le coton, le henné, le tabac et le chanvre, dont on fume l'extrémité des tiges, le mil et le béchena.

La plupart des habitants se livrent à la fabrication du charbon et à la vente du bois qu'ils trouvent en grande quantité dans l'oued Messaoud et les vallées adjacentes. L'industrie locale produit encore quelques tissus de laine et de coton. Au Bouda, comme dans tout le Touat proprement dit, on recueille le produit minéral appelé thomela (De.).

Il existe dans tout le district une trentaine de chevaux (G.).

---

[1] Des renseignements, recueillis à Méchéria, donnent la prédominance dans le Bouda à la confrérie des Taïbia, qui comprendrait les deux tiers de la population, le reste seulement étant Kerzazia. (G.).

[2] Rohlfs, *Reise*, p. 160.

On n'est pas exactement fixé sur le nombre de Ksour de ce district. Le lieutenant-colonel de Colomb en énumère onze, tandis que les plus récents renseignements, recueillis par les autorités de Mécheria, portent ce chiffre à quatorze.

Le tableau ci-contre réunit les données fournies à ce sujet par tous ceux qui ont écrit sur le Bouda.

Les deux principaux ksour sont Ben Draou dans le Bouda foukani et El Mansour dans le Bouda tahtani. D'après certains informateurs, le premier peut être considéré comme le chef-lieu du district, mais le second est plus populeux (De., G.), suivant d'autres El Mansour serait le plus important (Le C., C.,R.).

Voici d'ailleurs le résumé des connaissances que nous possédons sur les différents ksour du Bouda. Les sept premiers appartiennent au Bouda foukani; les autres au Bouda tahtani.

1° Ben Draou [1].

Ce ksar [2], habité par des arabes, issus des Oulad Ranem et des Oulad Berbouch, des haratin et des nègres, compterait 4 quartiers distincts (De., G.).

---

[1] Fils du bras ou du contrefort, allusion sans doute à la situation topographique de ce ksar (B.).

Orthographes diverses : Ben Dra (de C.), Bendraho (R.), Beni Draa (Fo., D.), Ben Adraou (Le C.), Ben Draa (De., G.), Ben Draou (De., M.).

[2] Le vaste bas-fond salin d'El Melah, dont nous avons déjà parlé, commence à quelques kilomètres à l'ouest de Ben Draou et se continue vers Seba (De.).

De Ben Draou, part une route conduisant à Taodenit et de là à Tin Bouktou (De.).

La population de Ben Draou est partagée entre les Taïbia et les Kerzazia qui se disputent l'influence (G.).

Notables.

Ba Ali ould Mohammed el Bachir. C'est un homme assez influent, en opposition avec le caïd du district qui réside à El Mansour. Il appartiendrait au sof Ihamed (Gh.).

Mohammed el hadj ben Oumeur. C'est également un homme assez influent qui partage avec le précédent la direction du parti opposé au caïd (Gh.).

Ali ben Abdelkerim (M.).

2° Zaouiet Afar [1].

Cette oasis est une propriété de Kerzaz, bien que les marabouts des Oulad Sidi Ahmed ben Moussa de Kerzaz qui l'habitent soient en très petit nombre ; comme l'indique M. Le Châtelier, la population ne se compose guère que d'haratin et de nègres, affranchis de Moulai Kerzaz et dont la situation est analogue à celle des Abid des Oulad Sidi Cheikh.

Par suite le cheikh mokaddem de la zaouia relève de deux influences : le caïd du district (G.) et le chef de l'ordre des Kerzazia (Le C.).

---

[1] Probablement *afara*, synonyme de *madher*, dépression où l'eau ne trouvant pas d'écoulement séjourne plus ou moins longtemps, conservant au sol une certaine humidité qui entretient la végétation (B.).

Notable.

Mohammed ould el Arbia (M.).

3° Er Romariin ¹.

Ce ksar serait habité par des Oulad ben Dikki, des haratin et des nègres, appartenant tous à la confrérie de Moulai Taïeb (De., G.).

Notable.

Cheikh Salem ould el Gueraoui (M.).

4° Ahl er Romara ².

Ce ksar est habité par des Oulad Sidi Abdallah ben Ali, des haratin et des nègres ³. Ce ne serait à proprement parler, au dire de M. Le Châtelier, qu'une zaouia dirigée par le chef des Oulad Sidi Abdallah.

Tous les habitants appartiennent à la confrérie de Moulai Taïeb.

---

¹ Orthographes diverses : Amarin (R.), El Amarin (Fo., D.), Er Romariin (De.,G.), El Amariin (M.).

² Orthographes diverses : El Ghernariim (de C.), Rlmara (R.), Zaouiyat el Ghemarina (Le C.), Ahel el Romara (De.), Ahel Romara (G.), El Romara (M.).

³ Cette population comprendrait encore, d'après le commandant Deporter, des Zoua, des Zenata et des Oulad Aïche (?).

Pour M. le Châtelier, elle est ainsi composée ; marabouts berbères des Oulad Sidi Abdallah, 10 familles ; zenata et haratin, 90 familles, auxquelles il faut ajouter une famille des Oulad Iaïch, les Oulad el Graoui, qui s'est fixée, il y a une douzaine d'années, dans ce ksar.

Notable.

Sidi Moussa ould El Hadj (M.).

5° Ba Khalla [1].

Ce ksar est habité par des Oulad Ranem, des haratin et des nègres [2]. Ils sont tous Kerzazia (G.).

Notable.

Ba Ala ben el Djazouli [3] (Le C., M.).

6° El Keseïbet Sidi Saïd [4].

C'est une zaouia habitée par des marabouts issus des Oulad Melouk, d'après les commandants Deporter et Godron, de l'ancienne tribu arabe des Oulad Saïd, suivant M. Le Châtelier.

Il faut y ajouter quelques haratin et nègres.

Tous les habitants de cette localité sont Kerzazia.

---

[1] Orthographes diverses : Oulad Bakhallah (de C.), Kasbah Bachallah (R.), Akhallaf (Fo., D.), Ba Khalla (Le C., De., G., M.).

[2] Le commandant Deporter ajoute à cette énumération des zenata et M. Le Châtelier indique en plus deux familles d'Oulad Iaïch, en tout 70 feux.

[3] Il serait le chef des Oulad Iaïch habitant ce ksar, d'après M. Le Châtelier.

[4] Mot à mot, la petite kasba de monseigneur Saïd. Kasba veut dire roseau et citadelle. Keseïbat ou Ksaïbat est un diminutif (B.).

Orthographes diverses : Kasba (ou Kasbah) Sidi Saïd (de C., R.), Sidi Saïd (Fo., D.), Kasbat Sidi Saïd (Le C.), Oukseïbat (Le C.), El Kesaïbet Sidi Saïd (De., G.), El Keciba (M.).

Notable.

El Hadj Mohammed Ould el Bechera.

7° Zaouiet Cheikh ben Aoumeur [1].

Cette zaouia est habitée par des marabouts des Oulad Sidi Abbès [2], des haratin et des nègres. Ils appartiennent tous à la confrérie des Kerzazia (G.).

Notables.

Si Mohammed bel Hadj Brahim (M.).

8° Ben Illou [3].

Ce ksar bâti, d'après Deporter, sur le bord d'une sebkha salée de quelques kilomètres de superficie est habité par des arabes [4] des Oulad bou Ali, des haratin et des nègres. Les habitants sont Taïbia (G).

---

[1] Orthographes diverses : Zaouia Chikh ben Amar (de C.), Zaouia Chikh ben Omar (R.), Zaouia Cheikh ben Ameur (Fo.), Zaouiet Cheikh ben Aoumeur (De., M.), Zaouiyat el Cheikh ben Amar (Le C.), Zaouiet Cheikh Aoumeur (De., G.).

[2] Ce sont, suivant M. Le Châtelier, des marabouts berbères, descendant plus ou moins directement du fondateur de la zaouia dont ils portent le nom, Oulad Cheikh ben Amar. Ils constitueraient 5 ou 6 familles, auxquelles s'ajouteraient 45 familles environ d'haratin.

[3] Orthographes diverses : Ben Illo (R.), Beni Alou (Fo., D.), Ksar Beni Allalou (Le C.), Ben Illou (de C., De., G., M.)

[4] Les arabes qui habitent ce ksar sont, d'après M. Le Châtelier, des Oulad Iaïch : 250 feux.

Notables.

Ahmed ben El Hasseïn (M.).
Allal ben Se'rir (M.).

9° El Mansour [1].

Ce centre est habité par les Oulad Cheikh Mohammed des Oulad Melouk, ainsi que par quelques familles des Oulad Ali du Timmi. Tous les autres habitants sont haratin ou nègres. Le ksar est entouré d'un mur d'enceinte protégé par un fossé (Le C.).

La confrérie des Taïbia est la seule suivie.

Notables.

Mohammed ben Abdelkader ben el hadj Belkassem.

C'est un homme d'action, âgé d'environ 50 ans, très riche en palmiers et en numéraire, très connu et très estimé. Il exerce une grande influence dans son district, grâce à son caractère conciliant et à sa sagesse.

A la suite d'un voyage qu'il fit à Fez, en 1892, les fonctions de caïd de Bouda et de Tamentit lui furent confiées par le Sultan. Avant cette investiture, il avait montré des dispositions plutôt favorables à l'égard de l'influence française. Il entretenait avec Si

---

[1] Le victorieux.
Orthographes diverses : El Mansour (de C., Fo., D., De., G., M.), Mansour (R.), Mansour Bouda (Le C.).
Distance en temps d'El Mansour à Adr'ar du Timmi : 1 heure (R., *Reise* p. 142).

Kaddour ben Hamza de très bonnes relations qu'il a continuées avec ses successeurs (Gr.).

Le caïd Mohammed ben Abdelkader est affilié aux deux confréries des Taïbia et des Kerzazia (Gr.).

Ba Ali ould Mohammed El Bachir (M.).

10° Rerm'ali [1].

Ce ksar est habité par des Oulad Melouk, des haratin et des nègres. Il serait entouré d'un mur d'enceinte (De.).

Tous les habitants sont Taïbia (G.).

Notable.

Salem ben Tahar (M.).

11° Ouderar [2].

Suivant le commandant Deporter, ce ksar serait habité par des Oulad Melouk, des haratin et des nègres. Pour M. Le Châtelier, il n'y aurait qu'une famille des Oulad Melouk; le reste des habitants comprendrait des haratin et des nègres affranchis de Moulai Kerzaz.

Cela semble d'autant plus vraisemblable que tous les habitants de ce ksar sont Kerzazia (G.).

---

[1] Arrem Ali, la ville élevée ou la ville d'Ali (B.).
Orthographes diverses: Agarmalli (R.), Gharem Ali (Fo., D.), Agheram Ali (Le C.), Rerm'Ali (De., G., M.).

[2] De Adrar, la montagne en tamahak (B.).
Orthographes diverses: Oudrhar (R.), Oudrar (Fo.), Audrar (D.), Ouaderare (Le C.), Ouderar (De., G., M.).

Notable.

El Aïch ould el Arbi (M.).

12° Zaouiet Sidi Haïda.

Cette zaouia est habitée par quelques marabouts arabes issus des Oulad Melouk [1], par des haratin et par des nègres (De.). Tous sont Kerzazia (G.)

Les marabouts de cette zaouia sont les conciliateurs attitrés de toutes les discordes locales; aussi, bien que suivant le sort du Bouda, restent-ils autant que possible en dehors de tout sof (Le C.).

Notable.

Si Mohammed el Mebrouk (M.).

13° Beni Ouazzel [2].

Ce ksar est habité par des Oulad Ranem, des haratin et des nègres [3]. Il serait entouré d'un mur d'enceinte (De).

Tous les habitants sont Kerzazia (G.).

---

[1] D'après M. Le Châtelier, les Oulad Sidi Haïda, qui habitent cette zaouia, seraient de race berbère, descendants ou clients du fondateur de la zaouia.

[2] Orthographes diverses: Beni Ouadal (Fo.), Beni Ouadhol (D.), Beni Ouazine (Le C.), Beni Ouazzel (De., G.), Ouazzel (M.).

[3] Ce ksar, au dire de M. Le Châtelier, ne renfermerait guère que des haratin et des nègres affranchis de Moulai Kerzaz.

Notable.

Mohammed Abdelkader ould el Hadj Mohammed (M.).

14° Oulad Iaïch [1].

Ce ksar, suivant M. Le Châtelier qui seul l'a décrit, serait habité par des Oulad Iaïch, des zenata et des haratin (Le C.).

Les habitants seraient Taïbia et Kerzazia (M.).

Notable.

Mohammed ben Aïcha (M.).

Ruines.

Le commandant Deporter signale à 800 mètres, à l'est d'El Mansour, les ruines de Kasbet Cheikh M'barek, qui se trouvent au milieu de palmiers bour.

Entre El Mansour et Ouina (Timmi), se trouve un endroit appelé Bou Smet planté également de palmiers bour (De.).

TIMMI.

Le district de Timmi ([2]) est situé au sud légèrement est du Bouda. La pointe septentrionale de ses palmiers

---

[1] Orthographes diverses : Kasbat Oulad Yaïche (Le C.), Oulad Iaïche (M.).

[2] La face, le front ; exemple : Timmi n adrar, le front de la montagne, la falaise (B.).

est, d'après Rohlfs, à l'est et à hauteur de l'extrémité méridionale de l'oasis de Bouda.

Au sud, le Timmi s'appuie à la sebkha de Tamentit sur les bords de laquelle ses palmiers se réunissent à ceux du district de ce nom.

Cette circonscription, qui a toujours passé pour la plus importante, la plus peuplée de tout le Touat, et aussi, suivant l'expression de Rohlfs, comme la mieux gouvernée, n'aurait plus à présent, au moins en ce qui concerne la population, l'importance qu'on lui attribuait. Cette population ne serait plus, en effet, que de 1.500 habitants, répartis de la manière suivante (G.) :

Cheurfa......................................	65
Arabes sédentaires................	550
Haratin............................	500
Nègres............................	385

Les deux confréries des Taïbia et des Kerzazia y comptent seules des affiliés, mais la dernière domine.

Tous les habitants appartiennent au sof Ihamed. Ils possèdent une quarantaine de chevaux.

Le chef du district habite à Adr'ar, que l'on peut regarder comme la capitale de la circonscription. Il appartient à la famille la plus riche du pays (G.).

L'oasis contient de nombreux palmiers, arrosés par une multitude de feggaguir et produisant des dattes estimées. Les jardins bien cultivés donnent en abondance fruits et légumes. On y récolte du coton, du tabac, du henné, du tasfaout, du béchena, du chanvre.

L'industrie locale produit du sel, un peu de charbon et des tissus de laine et de coton (De.).

On trouve au Timmi treize petites zaouias.

Ce district renferme de nombreux ksour. Rohlfs, qui l'a visité, en 1864, fixe leur nombre à vingt-huit[1]. Mais tous ceux qui ont écrit sur cette région en ajoutent généralement une dizaine. Nous résumerons dans le tableau ci-contre les données fournies à ce sujet par les différents auteurs.

Il semble probable que la plupart des Ksour, dont on donne les noms d'ordinaire, n'ont en réalité que peu d'importance; ils doivent se réduire le plus souvent à un petit hameau ou même à quelque maison isolée.

Voici l'énumération des localités de ce district dont l'existence paraît la plus certaine.

1° Adr'ar[2].

Au dire de Rohlfs, « Adr'ar, la capitale du Timmi,
» ne le cède guère en importance à Brinkan. Il
» l'emporte même en tant que marché permanent,
» et dans tout le Touat, il n'y a que trois marchés
» principaux: Timimoun, Adr'ar et Tamentit. Adr'ar

---

[1] Rohlfs, *Reise*, p. 160. — Ailleurs (p. 142), il avait écrit que Timmi était une grande oasis de 20 ksour. Enfin il fait de Meraguen (Merarghin) un groupe à part et il ne cite la localité de Taramouhn que sur la carte de son voyage.

[2] La montagne.
Orthographes diverses : Adghar (de C., C., Fo., D.) Adrhar (R.), Adrar (De., M.), Adr'ar (G.), Adgha (Gh.). Distance d'Adr'ar à Tamentit : 10 kilomètres (R.).

» a deux mosquées ; la grande est de peu d'apparence,
» lourde et massive. Des deux kasbas qui sont situées
» à l'extrémité orientale de la localité, l'une est
» habitée exclusivement par le cheikh [1] ».

Le commandant Deporter rapporte qu'Adr'ar est habitée par des Cheurfa, des arabes, des haratin et des nègres. Ces derniers domineraient.

Cette ville compterait seize quartiers qui sont :

I. — Oulad Sid Hammou.

II. — Kasba Moulai Taïeb, avec une zaouia très importante.

III. — Oummat Zegag Meknès.

IV. — Oummat Zegag ech Cheurfa.

V. — Oummat el Djemâa, grande place du village, grand fondouk.

VI. — Oummat el Haratin.

VII. — Zegag el Chehoud.

VIII. — El Rahba, le marché aux légumes.

IX. — Kasbet el Hadj Hassen, résidence du chef du district.

X. — Kasbet el Hadj M'hammed.

XI. — Oummat el Hofra.

XII. — Oummat Oulad Sid Ali.

XIII. — Oummat el Hadj Mohammed,

XIV. — Oummat bou Haïbou.

XV. — Oummat Zegag ben Khaddir.

XVI. — Tametter.

---

[1] Rohlfs, *Reise*, p. 141.

Adr'ar posséderait trois portes : Bab Dahraoui, la porte des caravanes, c'est la plus fréquentée : Bab R'arbi, qui donne accès dans les jardins; Bab Chergui, qui donne accès dans les autres ksour du district. Un mur d'enceinte, flanqué de tours aux angles, entourerait Adr'ar (De.).

La confrérie qui compte le plus d'adhérents dans ce ksar est celle des Taïbia. On trouve aussi des Kadria (G.).

Il y aurait à Adr'ar une mine de thomela (De.).

Notables.

Le premier caïd, investi par le Sultan dans ce district, avait été en 1892 Ba Hassoun ould El Hadj M'hammed, le fils de Si El Hadj M'hammed ould El Hadj Hassen qui fit un accueil si hospitalier à Rohlfs. Nous avons vu précédemment que Ba Hassoun avait été assassiné par les R'enanema en novembre 1894. C'était au point de vue politique un personnage très influent qui avait su prendre un ascendant incontesté sur tous les caïds du Touat. Dans le cas d'une expédition, il eut été certainement l'âme de la résistance contre les Français. La famille de Ba Hassoun serait, dit-on, originaire des Doui Menia (Gh.).

Sidi Safi ould Sidi El Barka (M.).

Moulai Ali Chérif (M.).

Mohammed ba Mekki, (M.).

El Hadj Brahim ould Cheikh (M.).

2° Ouina¹.

Ce serait, d'après Deporter, un ksar habité par des Cheurfa, originaires d'El Habla (Tsabit), des arabes, des haratin et des nègres. Il serait entouré d'un mur d'enceinte. On y trouverait de la thomela (De.).

Les habitants seraient Kerzazia (G.).

Notable.

El Hadj El Hassein (M.).

5° Mimoun².

Cette zaouia serait habitée par des marabouts arabes appartenant à la confrérie des Kerzazia, des haratin et des nègres (G.). Un mur crénelé avec tours flanquantes la défendrait (De.).

La koubba de Sid Charouini se trouve au sud au pied d'une forte dune.

Celle de Sid El Hadj Belkassem se dresse au milieu de palmiers bour entre Mimoun et Melouka (De.).

4° Melouka³.

---

¹ Orthographes diverses : Ouaïlna (de C.), Oueina (R.), Ouayennah (Fo., D.), Ouina (De., G., M.).

² Autre dénomination : Zaouiet Sidi M'hammed Salah (De., G.).
Orthographes diverses : Mimoun (de C., R., M.), Zaouia Mimoun (Fo., D.).

³ Probablement de *Meloukia*, le gombo, hibiscus esculentus, légume mucilagineux très apprécié des orientaux qui le mangent en ragoût, avec de la viande. Il peut aussi se manger crû en salade (B.).
Orthographes diverses : Melouka (de C., De., G., M.), Meloukka (R.), Zaouia Amlaka (Fo.), Zaouiat Amlouka (D.).

Cette zaouia serait habitée par des marabouts arabes, originaires de Tabelbalet [1], des haratin et des nègres. Ils sont Taïbia (G.).

La zaouia de Melouka est célèbre par sa medersa.

Notables.

Si M'hammed ben Si El Habib.

C'est un homme de paix, âgé d'une cinquantaine d'années, appartenant à une famille de tolba : les Oulad Sidi Bel Bali. Il possède beaucoup de palmiers et remplit à la mosquée les fonctions de chahed. Il occupe également celles de cadi du Timmi et, comme tel, passe pour très juste. Il reste en dehors de toute question politique (Gr.).

El Hadj Didi (M.).

Sid el Barka ben Abdelaziz (M.).

El Hadj Mohammed ould el Hadj Abdelhak (M.).

El Hadj Safi (M.).

5° Bouzan [2].

Cette zaouia est habitée par des marabouts arabes, des haratin et des nègres. Elle serait entourée d'un mur d'enceinte crénelé (De.).

Rohlfs prétend qu'il y a deux ksour de ce nom.

6° Koussan [3].

C'est une zaouia habitée par des marabouts, réputés

---

[1] Oasis située à l'ouest de l'oued Saoura. Voir t. II, p. 356.

[2] Orthographes diverses : Boussan (de C.), Bousahn (R.), Bouzane (D.), Bouzan (Fo., De., G., M.).

[3] Orthographes diverses : Koussan (de C., M.), Kessam (Fo.), Koussame (D.), Koussam (De., G.), Kasbet Koussam (De.).

à cause de leur savoir ; ils sont originaires de Tabelbalet, comme ceux de Melouka et appartiennent à la confrérie des Taïbia (G.).

Un mur d'enceinte crénelé entourerait le ksar (De.).

7° Kasba Sid el Mahdi bou Chenouf [1].

Cette kasba serait habitée par de cheurfa, des haratin et des nègres. Elle formerait, avec les quatre suivantes, le groupe connu sous le nom de Berebâa [2] (De.).

Ses habitants sont Taïbia et Kadria.

8° Kasba Moulai Ahmed [3].

La population de cette kasba est identique à celle de la localité précédente. Mais tous les habitants sont Taïbia. Cette kasba compte dans le groupe de Berebâa (De.).

9° Kasbet Ould Sid Ahmed [4].

Cette kasba est habitée comme les deux précédentes. Elle appartient au groupe de Berebâa (De.).

---

[1] Orthographes diverses : Kasba Sid el Mehdi (de C.), Kasbat Sidi El Mahdi bou Chefta (Fo.), Zaouiat Sidi El Mahdi bou Chentouf (D.), Kasbet Sidi El Mahdi bou Chenouf (De.,G.).

[2] C'est à ce groupe de Berebâa, qu'il faut sans doute attribuer des dénominations de ksour assez vagues que l'on trouve dans les différents auteurs. Nous citerons : Barba (2 ksour, R.), Be Reba el Kedim (de C.), Barbah (M.), Bou Rebaa ben Zouber (Fo.), Bou Kebaa ben Zoubir (D.), Kasba ben el Zebir (de C.), Bou Rbaat (G.).

[3] Orthographes diverses : Kasba Muley Hamed (de C.), Kasbet Mouley Ahmed (Fo.,D.,G.).

[4] Orthographes diverses : Kasba Oulad Sidi Hamed (de C.), Kasbat Oulad Sidi Ahmed (Fo.), Kasba Ould Sid Ahmed (G.).

Tous les habitants sont Taïbia (G.).

10° Kasbet Abazou [1].

Cette kasba, identique à la précédente, compte dans le groupe de Berebâa.

Tous les habitants sont Taïbia (G.).

11° Kasbet el Merabtin [2].

C'est une zaouia habitée par des marabouts originaires de Kerzaz. Elle appartient au groupe de Berebâa.

Tous les habitants sont Kerzazia (G.).

12° El Mahdia [3].

C'est encore une zaouia, dédiée à Sid Aoumeur ben Salah. Les marabouts arabes qui l'habitent sont originaires de Tisidan. Cette localité, entourée d'un mur d'enceinte flanqué de tours, serait bâtie sur la rive nord de la sebkha de Tamentit (De., de C.).

Tous les habitants sont Taïbia (G.).

13° Oulad Aroussa [4].

Ce ksar, qui est, dit-on, fort ancien, est habité par des arabes venus de Saguiet el Hamra [5]. Avec eux

---

[1] Kasbet Abazou (De., G.).

[2] Orthographes diverses : Kasba el Meraboutin (de C.), Zaouia el Merabtin (Fo.), Zaouiat el Mrabtin (D.), Kasbet el Merabtin (De.), Kasbet el Mrabtin (G.).

[3] Orthographes diverses: El Mehdia (de C.), Lahadia (R.), Zaouya Mahdia (Fo.), Zaouia Madya (D.), El Mahdia Zaouiet Sidi Aoumeur ben Moussa (De., G.), El Maddiha (M.).

[4] Les enfants de la fiancée (B.).

Orthographes diverses : Oulad Arssa (Fo.), Oulad Aroussa (de C., R., D., De., G., M.).

[5] Ils sont sans doute de la même origine que les Aroussiin du Tazeroualt, à propos desquels M. Le Châtelier a écrit *(Tribus du Sud-*

seraient des haratin et des nègres (De.). Tous sont Taïbia (G.).

Notable.

Abd es Seddik ould Abdelkader ben el Aroussi (M.).

14° Kasbet Baba Ali [1].

Cette kasba ne serait en réalité qu'un faubourg du ksar précédent à proximité duquel elle se trouverait. Les arabes qui l'habitent (De.) seraient tous Taïbia (G.).

15° Akbour [2].

Ce ksar passe pour très ancien. Il aurait été des premiers construit au Timmi avec celui des Oulad Ouchen. Il est habité par des arabes, des haratin et des nègres. Au sud, adossée à une forte dune, se trouve la koubba de Sid El Hassein [3] (De.). Tous les habitants de ce village sont Taïbia (G.).

16° Oulad bou Hafs [4].

Ouest marocain, p. 50) que c'était une « tribu maraboutique, de la » descendance de Sidi Mohammed el Aroussi de Saguiet el Hamra. » Chassés de leur pays, ils se sont dispersés de différents côtés ».

[1] Orthographes diverses : Kasba Bah Ali (de C.), Kasbet Baba Ali (Fo., D., De., G.).

[2] Pour le sens étymologique, voir le ksar du même nom dans l'Aouguerout.

Orthographes diverses : Akbour (de C., D.), Jakabour (R.), Akbou (Fo.), Agbour (De., G., M.).

[3] Le commandant Deporter ne place pas ce ksar sur le bord de la Sebkha de Tamentit comme l'avait fait le lieutenant-colonel de Colomb.

[4] Orthographes diverses : Oulad bou Afa (de C.), Oulad Bouhafs (Fo.), Oulad bou Hafs (D., De., G., M.).

Le commandant Deporter réunit, dans une même enceinte crénelée, ce ksar et celui qu'il appelle El Keciba Oulad ben Ba. Cette localité, d'après lui, serait habitée par des arabes, des haratin et des nègres (De.).

Ce ksar ou ces ksour seraient bâtis sur la rive de la Sebkha de Tamentit (De., de C.)

Des renseignements recueillis à Mécheria font au contraire des Oulad bou Hafs et d'*El Keciba* deux ksour distincts.

On n'y trouve que des Taïbia (G.).

17° Oulad Aïssa[1].

Ce ksar est habité par des arabes. On y trouverait des vestiges de ruines fort anciennes (De.). Tous les habitants sont Taïbia (G.).

18° Oulad Brahim [2].

Ce ksar est habité par des arabes originaires des Oulad Moulat, des haratin et des nègres (De.). Tous seraient Taïbia (G.).

Le commandant Godron cite un deuxième ksar de ce nom dont les habitants seraient Kadria.

La djemâa de ce ksar était dans le district à la tête du parti opposé à Ba Hassoun (Gh.).

Notable.

Moulai Ali Ould Si Hammouda (M.).

[1] Orthographe unique : Oulad Aïssa (de C.,R.,Fo.,D.,De.,G.,M.).

[2] Orthographes diverses : Oulad Brahim (de C.,Fo.,D.,De.,G.,M.). Oulad Sidi Ibrahim (R.).

19° Taridalet[1].

C'est un ksar habité par 50 cheurfa, des haratin et des nègres. On y trouve, en égale proportion, des Taïbia et des Kadria (G.). C'est entre ce ksar et celui des Oulad Brahim que se trouve, d'après Colonieu, le plateau de Zegaga Amerad où campent les Derraga Cheraga (Trafi), quand ils viennent faire leurs achats de dattes.

Notable.

Moulai Ali ben Sid Hammadi. C'est un homme d'une cinquantaine d'années, sans grande fortune, appartenant à une famille de cheurfa, qui jouit d'une influence religieuse très considérable. En 1892, Ba Hassoun lui aurait rapporté de la cour de Fez un cachet de caïd, lui donnant autorité sur tous les cheurfa du Timmi. Il aurait particulièrement sous sa dépendance les ksour de Taridalet, El Habla (?), Oulad Ali, Oulad Ba Rached (?), Mansour (El Mansouria), Oulad Moulai bou Farès (El Areg) (Gh.).

20° Ba Abdallah el Kedim[2].
21° Ba Abdallah el Djedid[3].

---

[1] Féminin de *aridal*, hyène (B.).
Orthographes diverses : Taridal (de C.,C.,D.), Taridalt (R.,Gh.), Tiraldal (Fo.), Taridalet (De., G., M.).

[2] Orthographes diverses : Bou Abdallah el Kedim (de C.), Ba Abdallah el Kedim (De., G.).

[3] Orthographes diverses : Bou Abdallah el Djedid (de C.), Beni Abdallah (R.), Bou Abdallah (Fo., D.), Ba Abdallah el Djedid (De., G.), Ba Abdallah (M.).

Ce sont deux kasbas situées en face l'une de l'autre qui ne constituent réellement qu'une seule agglomération. Les marabouts arabes qui l'habitent y entretiennent une zaouia (De., G.). La confrérie de Moulai Taïeb y compte seule des affiliés (G.).

22° Aoukedim[1].

Ce ksar entouré d'un mur d'enceinte est habité par des cheurfa, des haratin et des nègres (De.).

Les confréries des Taïbia et des Kadria se partagent les habitants. Toutefois la seconde a le plus de partisans (G.).

Notable.

Moulai Hassan ben Moulai El Mahdi.

C'est le chef du ksar. En septembre 1891, il se réfugia momentanément à Géryville sous prétexte d'échapper aux persécutions du chef du district, Ba Hassoun et d'offrir ses services.

Cet indigène est le chef de la famille de cheurfa qui a fondé le ksar et qui l'habite avec sa clientèle libre et ses esclaves.

23° El Areg[2] (M.).

Ce ksar serait habité par des arabes originaires

---

[1] *Aou Kedim*, lui le vieux (B.).
Orthographes diverses: Ougguendin (de C.), Gueddim (R.), Aouguedim (Fo., D.), Aoukedim (De., G.), Oukedim (M.).

[2] Autres dénominations : Areg ould Mouleï bou Farès (De.), Areg Oulad Mouley bou Farès (G.).

des R'enanema, avec leurs haratin et leurs nègres (De.). Tous seraient Taïbia (G.).

24° Kasbet Djedida [1].

Cette kasba serait habitée par des arabes, des haratin et des nègres (De.). Tous seraient Taïbia (G.).

25° Oulad Ouankal [2].

Ce ksar serait habité par des arabes, des haratin et des nègres. Les confréries des Taïbia et des Kadria y ont des partisans ; ceux de la première sont les plus nombreux.

26° Oulad Ouchen [3].

Ce ksar, qui comme Akbour passe pour un des premiers bâti au Timmi, serait habité par des cheurfa, des arabes, des haratin et des nègres. Au milieu du village se dresse la koubba de Si Sliman ben Ali, marabout vénéré (De.). Les Taïbia ont la majorité dans ce ksar où l'on trouve encore, mais en moins grand nombre, des Kadria (G.).

27° Kasbet Oulad bou Randjour [4].

Cette kasba, qui n'est à proprement parler qu'un

---

[1] La kasba neuve.
Orthographe unique : Kasbet Djedida (De., G.).

[2] L'*ouankal* est un produit minéral du Touat.
Orthographes diverses: Ouled Oungal (de C.), Oulad Oumgahr (R.), Oulad Enghal (Fo.), Oulad Engal (D.), Oulad Ouankal (De., G., M.).

[3] Ouchen, nom propre berbère.
Orthographes diverses : Ouled Ouchem (de C.), Oulad Ischen (R.), Oulad Echeham (Fo.), Oulad Ouchen (D., De., G., M.).

[4] Orthographes diverses : Oulad bou Ghandjour (de C.), Kasbet Oulad bou Randjour (De., G.).

faubourg du ksar précédent à proximité duquel elle se trouve, serait habitée par des arabes et leurs serviteurs (De.). Tous suivraient la confrérie de Moulai Taïeb (G.).

28° Oulad Ahmed [1].

On distingue ainsi une agglomération de trois petits ksour très rapprochés les uns des autres : El Mansour [2], Boukar [3] et Oulad Hasseïn [4] habités par des arabes et leurs serviteurs (De). Tous seraient Taïbia (G.).

29° Oulad Ali [5].

Ce ksar est occupé par des cheurfa, des arabes, des haratin et des nègres (De.), qui sont tous Kerzazia (G.).

30° El Mansouria [6].

---

[1] Orthographes diverses : Oulad Hamed (R.), Oulad Ahmed (De., G., M.).

Peut-être faut-il identifier cette localité avec celle appelée par de C. : El Arg mta Oulad El Hadj Hamed.

[2] Orthographe unique : El Mansour (de C., R., Fo., D.).

[3] Orthographes diverses : Boukar (de C., D., De.), Bokahr (R.), Bouskar (Fo.).

[4] Orthographes diverses : Oulad Hasseïn (de C., De.), Oulad Hassen (R.), Oulad Ahssin (Fo., D.), Oulad Hassin (M.).

Rohlfs signale l'existence de deux ksour du nom de Oulad Hasseïn (Oulad Hassen).

[5] Orthographes diverses : Oulad Ali (de C., Fo., D., De., G.), Oulad Aly (R.), Oulad Ali Cheurfa (M.).

Nous avons vu que quelques familles originaires des Oulad Ali habitaient El Mansour dans le Bouda.

[6] La victorieuse.

Orthographes diverses : El Mansouria (de C., R., De., G., M.), El Mansouriya (Fo.), El Mansourya (D.).

Ce ksar est habité par des cheurfa Oulad el Hadj Salah avec leurs serviteurs (De.). Il est bâti sur la rive nord de la sebkha (de C., De.). Ses habitants sont Taïbia (G.).

31° Beni Tamert [1].

C'est une zaouia, habitée par des marabouts arabes. Ils sont peu nombreux et suivent la confrérie de Moulai Taïeb (G.).

Ce village est bâti sur la rive est de la sebkha de Tamentit (De., de C.). Il est, d'après Rohlfs qui y a séjourné, au sud-est d'Adr'ar.

Notables.

El Hadj Mohammed ould el Guezouli (M.).

Mohammed Abdallah ould bou Naama (M.).

32° Zaouia Sidi El Bekri [2].

C'est une zaouia située sur la rive est de la sebkha (de C., De., R.), qui est habitée par des marabouts arabes, les Oulad Sidi El Hadj El Bekri et leurs serviteurs. Ils sont affiliés aux confréries des Taïbia et des Kadria, surtout à la seconde (G.).

D'après Rohlfs, les palmiers de cette zaouia servent de trait d'union sur le bord de la sebkha entre ceux du Timmi et de Tamentit [3].

---

[1] Orthographes diverses : Beni Tamer (de C., R., Fo., D., De., M.), Beni Tamert (G.), Beni Toumret (De.).

[2] Orthographes diverses : Zaouia Sidi el Bickri (R.), Zaouiet Sidi el Bekri (D., De., G., de C.), Zaouiet Sidi el Bekeur (Fo.).

[3] Rohlfs, *Reise*, p. 143.

33° Tasdaïa [1].

Ce ksar, habité par des marabouts de la même famille que le précédent, est situé également sur la rive est de la sebkha (De.).

Tous les habitants sont Kadria (G.).

34° Kasbet Oulad Sidi Ali [2].

Cette kasba, qui est occupée par des marabouts de la famille de ceux de Zaouiet Sidi el Bekri, est également construite sur la rive est de la sebkha (De.).

Ses habitants sont Kadria.

35° Timliha [3].

C'est une petite zaouia habitée par des Oulad Sidi El Hadj el Bekri qui sont tous Kadria. Elle est également située sur la rive est de la sebkha (De., G.) [4].

36° Meraguen [5].

Oasis isolée au sud-ouest de Seba, sur le chemin de

---

[1] Le palmier nain (B.).
Orthographes diverses : Tazdaïa (De., de C.), Tasdaïa (G.).

[2] Orthographes diverses : Kasbet Oulad Sidi ou Ali (De.), Kasbet Oulad Sidi Ali (G.).

[3] Peut-être *ti* (berbère) et *mliha* (arabe), mot à mot, celle, la bonne (B.).
Orthographes diverses: Timliha (De., G., de C.), Tamelha (Fo., D.).

[4] Les quatre localités, appelées Zaouia Sidi el Bekri, Tasdaïa, Kasbet Oulad Sidi Ali et Timliha, forment un groupe dirigé par le chef de la zaouia de Sidi El Bekri.

[5] Orthographes diverses : Meraguen (de C., M.), Merarghin (R.), Zaouia Amergan (Fo.), Zaouiat Meraguen (D.), Meraguen Zaouiet Sid M'hamed es Salem (Se.), Meraguen Zaouiet Sid Mahmed es Salam (G.).

ce petit district au Timmi, au milieu d'une plaine uniforme et déserte [1] (R.). Elle contient une zaouia, habitée par des marabouts arabes, très misérables, suivant Rohlfs; ils appartiennent à la confrérie des Kadria, mais restent en dehors de tout sof (G.). On trouve à Meraguen du salpêtre d'excellente qualité (De.).

37° Tinilan [2].

Cette zaouia, placée sous le vocable de Sid M'hammed ben Ioussef, est habitée par des marabouts arabes originaires du Bouda, et leurs serviteurs. Ils sont tous Kadria (G.). Suivant Rohlfs, cette localité est célèbre par des gisements de salpêtre.

Le voyageur allemand, en se rendant de Meraguen à Adr'ar, a laissé à une heure de marche de sa route l'oasis et le ksar de Tinilan [3].

Il ajoute encore que ce ksar n'appartient pas à proprement parler au Timmi, car il est situé en dehors et à une heure de marche au nord-est de cette oasis et qu'il a une forêt de palmiers tout à fait distincte [4].

37° Tarahmoun [5].

[1] Rohlfs, *Reise*, p. 191.
[2] Orthographes diverses : Tinilan (de C., M.), Tinnilahn (R.), Zaouia Tlelan (Fo.), Zaouiat Tsililane (D.), Tililan Zaouiet Sid M'hamed ben Youssef (De.), Tillilem (G.).
[3] Rohlfs, *Reise*, p. 141.
[4] Rohlfs, *Reise*, p. 160.
[5] Orthographes diverses : Tarahmoun (de C.,D.,G.), Taramouhn (R.).

C'est un petit hameau, situé au sud de Tinilan et dans la même oasis, ses habitants sont des haratin, serviteurs des gens de Tinilan, et Kadria (G.). On y trouverait du salpêtre (De.).

Ruines.

Le lieutenant-colonel de Colomb signale seulement les ruines de Kasba el Cherf.

Le commandant Deporter donne à ce sujet quelques autres indications. Elles concernent les ruines suivantes :

1° Baïzoun, ksar ruiné, sur une colline élevée, au sud de Mimoun.

2° Meksoud Alla, ksar en ruines au sud de Meraguen.

TAMENTIT.

Ce district, situé au sud du Timmi, n'a d'importance que par la ville à laquelle il doit son nom et qui jadis a été le plus grand entrepôt du Touat. L'oasis qui en dépend borde à l'est et au sud la sebkha de Tamentit, qui, suivant Rohlfs, mesure environ 4 kil. de longueur, sur 2 kil. 500 de largeur, et s'étend en forme d'ovale, ayant son axe nord-sud jusqu'auprès de Tamentit [1].

---

[1] Rohlfs, *Reise*, p. 143.

Le commandant Godron assigne à ce district une population de 600 habitants qu'il divise en

    Arabes sédentaires....... 250
    Haratin 200
    Nègres.................. 150

Quelle que soit la déchéance de cette partie du Touat, ces chiffres semblent très inférieurs à la réalité. C'est d'ailleurs ce que confirment, à la fois, la description de Tamentit, laissée par G. Rohlfs, bien que le chiffre de 6.000 habitants qu'il donne pour cette localité paraisse excessif, et les renseignements sur la même ville, recueillis par le commandant Deporter.

D'autre part, Rohlfs fait observer que la population de Tamentit est d'origine berbère (chellah) [1]. Cette assertion est à noter car elle se trouve en complète contradiction avec les auteurs les plus récents; elle est cependant très plausible, car ainsi que le dit ailleurs le voyageur allemand, les ancêtres des habitants actuels de Tamentit professaient le judaïsme et l'on sait qu'il n'y a jamais eu de tribus juives dans l'Afrique du Nord que chez les berbères.

Les palmiers de l'oasis, tous arrosés à l'aide de feggaguir, produisent des dattes estimées. Les jardins, bien entretenus, donnent en abondance fruits et légumes. On y cultive le coton, le henné, le tabac, le chanvre, le tasfaout, le bechena.

L'industrie locale produit quelques tissus de laine

---

[1] Rohlfs, *Reise*, p. 152.

et de coton et des porte-monnaie-aumônières de toutes dimensions en filali, brodé en soie, que les Touareg appellent *tr'allebt*[1].

On trouve à Tamentit de la thomela (De.).

La population de cette circonscription est affiliée aux deux confréries des Taïbia et des Snoussia. Cette dernière ne se rencontre cependant qu'à Tamentit même.

Le sof Sefian compte seul des partisans parmi les habitants de ce district. Ceux-ci ne possèdent que deux chevaux.

Il n'existe dans cette région du Touat qu'une petite zaouia.

Le district de Tamentit, comme l'indique Rohlfs, ne comprend à proprement parler que la ville de ce nom. Tous les autres ksour qu'on se plaît à énumérer sont simplement des quartiers de la ville même, très rapprochés les uns des autres, ou des faubourgs qui n'en sont pas très éloignés. D'après quelques auteurs on trouverait cependant, mais dans un rayon peu écarté et en nombre très restreint, des agglomérations isolées, disséminées dans l'oasis.

Voici d'ailleurs (Tableau III) le relevé des ksour de ce district donné par les différents auteurs qui se sont occupés de la question.

Les renseignements, que nous possédons actuel-

---

[1] Commandant Bissuel, *Touareg de l'ouest*, p. 98.

lement sur les localités qui existeraient réellement dans ce district, sont les suivants :

1° Tamentit [1].

Rohlfs a donné de Tamentit une description que nous reproduisons :

« C'est à tous égards la ville la plus remarquable
» du Touat. Cette localité, avec les palmiers qui
» l'entourent, constitue au point de vue politique une
» oasis indépendante, gouvernée par sa djemâa et son
» cheikh. Autrefois, comme plusieurs autres du
» Touat, elle était habitée par des juifs ; ceux-ci lors
» de l'invasion musulmane furent convertis de force
» à la nouvelle religion ou exterminés, si bien
» qu'aujourd'hui on ne trouve plus aucun juif, comme
» d'ailleurs dans tout le Touat. Les habitants actuels
» ont beau se dire descendants des juifs, rien ne
» permet plus d'établir cette origine, car, par suite de
» nombreux mélanges avec les nègres du Soudan, ils
» sont devenus de couleur aussi foncée que le reste
» des habitants du Touat. Cependant l'activité
» proverbiale et l'industrie de leurs ancêtres s'est
» conservée parmi eux ; le trafic, le commerce et
» toutes espèces de métiers, tels que ceux de
» cordonniers, de tailleurs, d'armuriers et de
» serruriers sont encore aujourd'hui très pratiqués.
» Tamentit même peut avoir environ 6.000 habitants,

---

[1] Orthographes diverses : Tamentid (Da.), Tamentit (de C.,R.,C., Fo.,De.,G.,M.), Tementit (R. B., de Slane, trad. Ibn Khaldoun).
Distance d'Adr'ar (Timmi) à Tamentit : 10 kilomètres (R.).

» une kasba, 5 mosquées, toutes sans importance
» architecturale et sans minarets. On y trouve
» plusieurs rues, garnies de petites boutiques de
» chaque côté, offrant ce qu'il y a de plus attrayant
» pour l'étranger. Ce que les indigènes vantent
» comme le plus merveilleux, c'est une pierre que
» l'on montre dans la cour de la kasba ¹, et qui, d'après
» leur dire, est tombée du ciel. Primitivement, elle
» était en argent, par la suite elle s'est changée en
» fer. Son diamètre est d'environ un demi-mètre ; à
» l'extérieur, elle est noire, brillante et couverte
» d'empreintes de doigts. Il est fort possible qu'elle
» soit tombée du ciel, seulement c'est un prodige
» pour les habitants du Touat ² ».

Le commandant Deporter a recueilli de son côté, sur Tamentit, des renseignements détaillés qui viennent compléter le tableau qu'en a tracé Rohlfs.

Cette ville, d'après lui, compterait 14 quartiers distincts, ce sont :

 I. — Oulad Amar.
 II. — El Amamena.
 III. — Teferik ³.
 IV. — Akbour ⁴.

---

[1] Dans la mosquée du quartier des Oulad Ali ben Moussa, d'après Deporter.

[2] Rohlfs, *Reise*, p. 144 et suiv.

[3] Autre orthographe : Toufari (M.).

[4] Autre dénomination : Gr'am Akbour [pour Arrem Akbour, la ville d'Akbour] (M.).

V. — Oulad Ali ben Moussa [1].
VI. — Bou Sellah [2].
VII. — Afrakan.
VIII. — Oulad Daoud [3].
IX. — Touzerir.
X. — Oulad Ahmed.
XI. — Oulad Iacoub.
XII. — Tilaout.
XIII. — Oulad M'hammed.
XIV. — Oulad Mimoun.

Tous ces quartiers seraient réunis par un mur d'enceinte avec tours flanquantes, et percé de trois portes : au sud, à l'est et à l'ouest. Il y a deux marchés. Enfin la majorité des habitants appartiendrait à la confrérie des Snoussia.

Au nord de la ville se trouve la koubba de Moulai Taïeb, au sud celle de Sidi Nadjam.

A proximité se trouverait une carrière de marbre.

Notables.

Le district de Tamentit a été placé par le Sultan sous les ordres du caïd de Bouda, Mohammed ben Abdelkader ben el Hadj Belkassem.

---

[1] Le commandant Godron et les renseignements recueillis par les autorités de Méchéria en font un ksar séparé.

[2] Ou Bou Selah (M.).

[3] Les renseignements recueillis par les autorités de Méchéria en font un ksar séparé.

On cite dans le quartier de Bou Sellah:

El Hadj Abdelkader ben Ba Hammou (M.).

El Hadj Salem (M.).

Si el Bekri ould Didi (M.).

El Hadj Mohammed ould Didi (M.).

2° Oulad Sidi Ali [1].

C'est la résidence de quelques marabouts, des Oulad Sidi El Bekri, tous Taïbia (G.).

3° Oulad Iahia [2].

Cette localité est habitée par des arabes des Oulad Iahia (Oulad bou Iahia, De.) qui sont Taïbia.

4° Kasbet Oulad El Hadj el Mamoun [3].

Les habitants de cette localité sont tous Taïbia.

5° Amguid [4].

On ne trouve que des Taïbia dans cette localité.

Ruines.

Le commandant Deporter signale au sud de Tamentit un ksar en ruines que la crédulité populaire se figure être hanté par les Génies.

Au nord, se trouve Kasbet Sid Iazouli.

---

[1] Orthographes diverses : Kasba Sidi El Zelzouli (de C.), Kasbet Sidi Oualy (Fo., D.), Oulad Sidi ou Ali (De.), Oulad Sidi Ali (G.).

[2] Autre dénomination : Akhbou (De.).

[3] Orthographes diverses : Oulad el Hadj Mamoum (Fo.), Oulad el Hadj el Mamoun (D.), Kasbet Oulad el Hadj el Mamoun (D., G.).

[4] Pour le sens étymologique de ce mot, voir chap. II.

Orthographes diverses : Ameguid (Fo.), Amguid (de C., D., De., G.).

BOU FADDI.

Le district de Bou Faddi, auquel on donne également le nom de Oulad el Hadj, est situé approximativement, d'après Rohlfs qui a longé la lisière sud de cette oasis, à moitié de chemin de Tamentit à Tasfaout-Fenourin, qui sont séparés l'un de l'autre par une distance d'environ 15 kilomètres [1].

C'est à proprement parler un groupe de petits ksour très voisins que l'on rattache fréquemment à Tamentit comme l'a fait le lieutenant-colonel de Colomb et qui subit réellement l'influence politique de sa voisine. On comprend généralement dans ce district la petite oasis de Noum en Nas, placée, suivant Rohlfs, à environ 10 kil. à l'est de Bou Faddi.

La population de ce petit district est très faible. Elle comprend en tout 300 habitants, partagés ainsi qu'il suit :

Arabes sédentaires dont 12 cheurfa..	110
Haratin	100
Nègres	90

Ces arabes sont des Oulad El Hadj Khallat, originaires des Oulad Zenan de l'Aoulef, dans le Tidikelt.

Ce sont des convoyeurs habiles qui se rendent tous

---

[1] Rohlfs, *Reise*, p. 152.

les ans en caravane au Soudan, particulièrement à Tin Bouktou.

Tous les habitants de Bou Faddi sont serviteurs de Moulai Taïeb; ils sont en même temps du sof Sefian. Ils possèdent cinq chevaux. On ne trouve dans ce district qu'une petite zaouia, à Kasbet El Atsamena (G.).

Les palmiers de Bou Faddi, qui sont arrosés à l'aide de feggaguir, produisent des dattes recherchées par les nomades qui trouvent en même temps à se procurer dans cette oasis des produits du Soudan.

Les jardins donnent des fruits, des légumes, du tasfaout, du béchena, du coton, du henné, du tabac, du chanvre, etc.

L'industrie locale ne produit que quelques tissus de laine et de coton assez grossiers qui suffisent à peine à la consommation des habitants. On trouve dans ce district de la thomela (De.).

Le lieutenant-colonel de Colomb ne nous a donné aucune liste des petits ksour de Bou Faddi. Rohlfs qui pourtant a suivi la lisière de l'oasis en fournit un relevé qui ne paraît pas très exact: Alouchia, Ksar el Kebir, Kasbah Oulad bou Houmo (sans doute Hammou), Kasbah Djedida et Bounkour. Le premier de ces ksour appartient en effet au district de Tasfaout et parmi les autres, le dernier seul est connu. Il faut l'identifier avec l'Abenkour des autres auteurs.

Le commandant Fossoyeux énumère sept ksour: Ameguid (qui appartient en réalité au district de

Tamentit), Bel Hadj, Ksar Touki, Kasbet el Assama, Oulad· El Hadj, Abenkour. Il rattache *Noum Ennas*, dont Rohlfs fait un groupe à part, au Tasfaout.

Le lieutenant Devaux réduit le nombre des Ksour de ce district à quatre : Ksar Touki, Kasbet el Assama, Oulad el Hadj et Abenkour. Il fait aussi de Noum Ennas, un ksar du district de Tasfaout.

Enfin les renseignements fournis par les commandants Deporter et Godron, qui se confirment mutuellement, comprennent dans ce district quatre ksour seulement. Ce sont :

1° Abenkour [1].

Ce ksar est habité par des Oulad El Hadj Khallat (De.,G.). Il est entouré d'un mur d'enceinte, flanqué de tours carrées aux angles (De.).

Il s'y fait, dit-on, un commerce assez sérieux de poudre d'or, d'or ouvré et en lingot que les Oulad El Hadj rapportent du Soudan (De.).

2° Kasba El Atsamena [2].

C'est une petite zaouia habitée par des marabouts arabes et quelques nègres (G.). Elle peut être considérée comme un faubourg d'Abenkour (De.).

---

[1] *Abenkour*, au pluriel *ibenkar* : lieu où l'eau souterraine est si près du sol qu'il suffit de creuser à quelques décimètres, pour en obtenir. Deporter en fait un synonyme de *redir*, ce qui est une erreur à notre avis (B.).

Orthographes diverses : Bounkour (R.), Abenkour (Fo.,D.,De.,G.).

[2] Orthographes diverses : Kasbet el Assama (Fo., D.), Kasbet el Atsamena (De., G.).

3º Touki [1].

Ce ksar est habité par des Oulad el Hadj Khallat, des haratin et des nègres (G.). C'est également, dit-on, un marché assez important pour la vente de l'or du Soudan (De.).

4º Noum En Nas [2],

Cette oasis, située, d'après Rohlfs, à environ 10 kil. à l'est de Bou Faddi, est habitée par des Oulad el Hadj Khallat, des haratin et des nègres. Douze cheurfa y sont établis (G.).

Le ksar qu'ils occupent serait entouré d'un mur d'enceinte avec tours flanquantes.

Ruines.

Le commandant Deporter signale à 4 kil. au nord d'Abenkour, les ruines du ksar de Ba el Hadj, où l'on trouve encore des palmiers et une foggara en activité.

TASFAOUT-FENOURIN.

Ce district comprend en réalité deux groupes séparés celui de Tasfaout [3] au nord et celui de Fenourin au midi.

---

[1] Peut-être Takouit, mamelon sablonneux (B.).
Orthographes diverses : Ksar Touki (Fo., D.), Touki (De., G.).

[2] Peut être Oum en Nas, ce qui, selon l'orthographe arabe, peut vouloir dire : la mère des gens, du cuivre ou du sommeil (B.).
Orthographes diverses : Noum Ennas (Fo., D.), Noum En Nas (De., G.), Noum El Nass (de C.), Nomeness (R.).

[3] Le lieutenant-colonel de Colomb et le commandant Colonieu en font deux districts distincts.

La forêt de palmiers de Tasfaout, au dire de Rohlfs, apparaît à l'ouest tout près de l'oued Messaoud lorsqu'on a dépassé Bou Faddi.

En descendant la vallée de cette rivière on atteint l'oasis de Fenourin [1]. Le voyageur allemand évalue à environ 15 kil. la distance qui sépare cette dernière de Tamentit [2].

La population de ce district n'est que de 750 personnes, ainsi réparties.

Cheurfa............................	300
Arabes............................	150
Haratin............................	200
Nègres............................	100

Ces chiffres du commandant Godron peuvent paraître faibles à priori, surtout si on les compare à ceux donnés par le commandant Deporter (population totale, 6.210 âmes). Ils donnent cependant une moyenne de 44 habitants par ksar, moyenne très acceptable lorsqu'on se souvient combien certains de nos ksour du Sud oranais, comme Aïn-Sefra par exemple, étaient dépeuplés au moment de notre occupation.

Les arabes de ce district sont, d'après le com-

---

[1] La dénomination de Fenourin seule est attribuée au district entier par le commandant Fossoyeux et le lieutenant Devaux. Ce mot a été orthographié de différentes manières :

Tinnoughin (de C.), Fennorrhin (R., Fo)., Finoughine (D.), Fenourin (De.), Finnourin (G.).

[2] Rohlfs, *Reise*, p. 152 et 161.

mandant Deporter, des Oulad el Hadj originaires des Oulad Zenan de l'Aoulef. Presque tous les habitants de Tasfaout-Fenourin sont Taïbia, sauf ceux des trois ksour suivant qui sont Kadria; Oulad ba Er Rechid, Kasbet Oulad Moulai El Mamoun et Kasbet el Harrar.

Le sof Sefian est le seul qui compte des partisans.

Ce district possède trois zaouias; on n'y trouve que 8 chevaux (G.).

Les palmiers qui s'étendent généralement à l'ouest des ksour produisent des dattes estimées. Ils sont irrigués à l'aide de feggaguir. Dans les jardins on cultive des fruits et des légumes ainsi que du blé, de l'orge, du coton, du henné, du tabac, du chanvre, du béchena et du tasfaout, plante qui a donné son nom à un des principaux centres du district et au district lui-même.

La fabrication du charbon est pour les habitants une branche de commerce importante. Ils exploitent dans ce but le bois de l'oued Messaoud.

Des pâturages assez abondants permettent également l'élevage du chameau et de quelques troupeaux de demman.

Enfin on trouve dans ce district de la thomela et du kelbou (natron). Une mine d'ouankal et une d'alun existeraient à proximité du ksar de Tasfaout (De.).

Le nombre des ksour indiqué par le lieutenant-colonel de Colomb était de quatre seulement pour le groupe de Tasfaout et de huit pour celui de Fenourin. C'était pour le premier: Tasfaout, Abani, Kasba Hamed

Habhou et Allouchia, pour le second, Mokra, Azi, El Mansour, Kasba El Arar, Oulad ben Rechid, Kasba Muley bou Fers, Zaouia Sidi Abdelkader et Sidi Youssef.

Rohlfs a donné une liste un peu différente quoique comprenant également douze noms. Ce sont Tasfaout, Tasfan (?), Abassi, Oudra, Benhami, Ouasi, Mansour, Kasbah Mouley El Hassen, Oulad Rachid, Kasbah ech Cheurfa, Kasbah Oulad Sidi Abderrahman, Kasbah El Horror et Sidi Youssouf.

Les renseignements les plus récents portent à dix-sept le nombre des localités habitées de ce district[1]. La plupart étaient déjà citées par de Colomb et Rohlfs, quelques-unes par un des deux seulement. A leur liste ne sont venus s'ajouter que deux noms nouveaux.

Voici ce que nous savons sur ces diverses localités. Les quatre premières, qui constituent le groupe de Tasfaout proprement dit, suivent généralement la même direction politique que le Timmi.

---

[1] Le commandant Fossoyeux et le lieutenant Devaux ont donné une énumération identique des 14 Ksour qu'ils considèrent comme appartenant à ce district. Elles ne diffèrent que par l'orthographe de certains noms. La voici : Tasfaout (Tassefout D.), Aïbar (Abani D.), El Alchya (El Alouchia D.), Banahmi, El Mansour, Oulad Mouley El Hassen, Oulad Rachid, (Oulad Berrachid, D.), Kasbet Lahrar, Sidi Youssef, Zaouiet Ahel Ghazel (Zaouiet Ahel Ghazi D.), Mokra (Mogra foukani et Mogra tahtani D.), Oulad Mouley Boufaris (Oulad Mouley bou Farès D.), Zaouiet Sidi Abdelkader, Noum Ennas (appartient au district de Bou Faddi).

1° Tasfaout [1].

C'est, avec El Mansour, le ksar le plus important du district (G.). Il se dresse sur une éminence rocheuse, entouré d'un mur d'enceinte. Toutes ses maisons sont bâties en pierres (De.).

Ses habitants sont des marabouts arabes originaires des Oulad Brahim (Timmi), des haratin et des nègres (De.).

2° Abani [2].

Ce ksar est habité par des Oulad el Hadj, des haratin et des nègres. On trouve à proximité des inscriptions en tifinar [3] (ou lybico-berbères) gravées sur les rochers de l'escarpement du plateau où sont creusées les feggaguir.

3° Kasbet Moulai Ahmed Abbou [4].

Cette kasba est également occupée par des Oulad El Hadj avec leurs serviteurs (De.).

4° El Allouchia [5].

Ce ksar a une population identique à celle des deux précédents (De.).

---

[1] C'est, suivant Rohlfs, le mil des nègres qui est ainsi désigné.
Orthographes diverses : Tassefout (D.), Tasfaout (de C., C., R., Fo., De., G.).

[2] Orthographes diverses : Abani (de C., D., De., G.), Abassi (R.), Aïbar (Fo.).

[3] L'alphabet des Touareg.

[4] Orthographes diverses : Kasba Hamed Habbou (de C.), Kasbet Mouleÿ Ahmed Abbou (De., G.).

[5] Orthographes diverses : Alouchia (de C.), El Alouchia (D.), El Alchya (Fo.), El Allouchia (De. G.).

Rohlfs, qui le comprend dans le Bou Faddi, prétend que cette dénomination s'applique à un groupe de trois ksour [1].

5° Oudra ou Oued R'ar [2].

C'est un ksar, entouré d'un mur d'enceinte, qu'habitent des cheurfa avec leurs clients et leurs serviteurs (De.).

6° Ben Ahmi [3].

Ce ksar est habité de la même manière que le précédent.

Il est entouré également d'un mur d'enceinte.

7° Azzi [4], appelé aussi Zaouiet Sid El Hadj Ali (De.).

C'est une petite zaouia habitée par des cheurfa et leurs serviteurs.

8° El Mansour [5].

C'est, avons-nous dit, le plus important des ksour avec Tasfaout. Il est habité par des cheurfa, des haratin et des nègres. Son mur d'enceinte est en partie ruiné (De.).

9° Kasbet Oulad Moulai El Mamoun [6].

---

[1] Rohlfs, *Reise*, p. 160.

[2] La rivière de la grotte.
Orthographes diverses : Oudra (R., De., G.), Oued Rar (De).

[3] Orthographes diverses : Benhami (R.), Banahmi (Fo., D.), Ben Ahmi (De., G.).

[4] Orthographes diverses : Ouasi (R.), Azi (de C.), Azzi (De., G.).

[5] Orthographe unique : El Mansour (de C., R., Fo., D., De., G.).

[6] Orthographe unique : Kasbet Oulad Moulai El Mamoun (De., G.).

Cette kasba est habitée par des cheurfa, des haratin et des nègres (De.).

10° Mekra [1].

Ce ksar, aujourd'hui en partie ruiné, était jadis une ville très populeuse (De.).

11° Oulad Sidi Haroun [2].

Ce ksar est habité par des cheurfa, des haratin et des nègres. Situé à proximité de Mekra, il peut être considéré comme faisant partie de la même agglomération (De.).

12° Oulad Moulai bou Farès [3].

Même population que le précédent.

13° Kasbet Oulad Moulai El Hassen [4].

Cette kasba est habitée par des cheurfa et leurs serviteurs ou esclaves.

14° Oulad ba Er Rechid [5].

---

[1] Peut-être *makera*, forme arabe du berbère *makeret*, la grande (la terminaison *et* étant traduite par le *ta marbouta* qui se lit *a* quand le mot termine la phrase ou quand le mot suivant commence par une consonne) (B.).
Orthographes diverses: Mokra (de C., Fo.), Mogra foukani et Mogra tahtani (D.), Mekra (De., G.), El Makra (S.).

[2] Orthographes diverses: Oulad Sidi Haroun (De.), Oulad Sidi Aroun (G.).

[3] Orthographes diverses: Kasba Muley bou Fers (de C.), Oulad Mouley Boufaris (Fo.), Oulad Mouley bou Farès (D., De., G.).

[4] Orthographes diverses: Kasbah Mouley El Hassen (R.), Oulad Mouley El Hassen (Fo., D.), Kasbet Oulad Mouley El Hassen (De., G.).

[5] Orthographes diverses: Oulad ben Rechid (de C.), Oulad Rachid (R., Fo.), Oulad Berrachid (D.), Oulad ba Er Rechid (De., G.).

LE TOUAT PROPREMENT DIT.

La population de ce ksar est identique à celle du précédent (De.). Rohlfs, qui s'y est arrêté pendant quelques heures, descendit chez le chérif Moulai Saïd, qui, dit-il, était un des hommes les plus influents du Touat. Il mit ensuite environ deux heures pour gagner la lisière sud de l'oasis de Fenourin [1].

Ce ksar, au dire de Deporter, est renommé « par la » beauté de son site ».

15° Kasbet el Harrar [2].

Cette kasba est occupée par des arabes, des haratin et des nègres (De.).

16° Zaouiet Sidi Abdelkader ben Aoumeur [3].

Cette zaouia est habitée par des marabouts arabes et leurs serviteurs (De.).

17° Zaouiet Sidi Ioussef [4].

Cette zaouia a une population identique comme origine à la précédente.

Ruines.

Le commandant Deporter ne signale dans ce district que les ruines du ksar d'El Habas, à 2 kil. au sud de Zaouiet Sidi Ioussef.

---

[1] Rohlfs, *Reise*, p. 152.
[2] La citadelle des gens de race pure, des nobles (B.).
Orthographes diverses : Kasba el Arar (de C.), Kasba el Horror (R.), Kasba Lahrar (Fo., D.), Kasbet El Harrar (De., G.), Kessibet El Harrar (De.).
[3] Orthographes diverses : Zaouiet Sidi Abdelkader (de C., Fo., D.), Zaouiet Sidi Abdelkader ben Aoumeur (De., G.).
[4] Orthographes diverses : Sidi Youssef (de C., Fo., D.), Sidi Youssouf (R.), Zaouiet Sidi Youssef (De., G.).

TAMEST.

Le district de Tamest est situé au sud du précédent. Il en est séparé, au dire de Rohlfs, par un intervalle très court où les palmiers sont clairsemés [1].

Ce canton, d'après le commandant Godron, est peu important. Il ne comprendrait qu'une population de 600 âmes se décomposant ainsi :

Arabes sédentaires	250
Haratin	200
Nègres	150

Suivant le même informateur et contrairement à l'opinion émise par le commandant Deporter, il n'y aurait dans ce district ni cheurfa, ni zenata. Nous verrons que pour ces derniers, le fait est contredit explicitement par Rohlfs qui constate que les habitants de Bou Amour sont chellah c'est-à-dire au moins d'origine berbère [2].

La population de ce district passe pour très laborieuse, mais d'un caractère froid et peu communicatif (De.).

Elle est à peu près également partagée entre les confréries de Moulaï Taïeb et de Si Abdelkader Djilani. Le sof Ihamed y compte seul des partisans. Enfin il existe dans le Tamest deux zaouias. On n'y trouve pas de chevaux (G.).

---

[1] Rohlfs, *Reise*, p. 152.
[2] Rohlfs, *Reise*, p. 152.

Les palmiers de ce district sont généralement à l'ouest des ksour ; ils produisent des dattes de qualité inférieure ; aussi le commerce en est-il peu actif. Les jardins arrosés à l'aide de feggaguir sont bien cultivés ; ils donnent des fruits et des légumes. On y récolte du coton, du tabac, du henné, du chanvre, du tasfaout, et surtout du béchena, du blé et de l'orge. L'industrie locale produit quelques tissus de laine et de coton. On trouve de la thomela dans la région (De.).

Le lieutenant-colonel de Colomb a donné pour ce district une liste de quatorze ksour : Kasba Sidi El Moktar, Bou Amar, Djedid, Oulad bou Yahia foukani, Oulad bou Yahia tahtani, Oulad Antar, Tamalt, El Hamer, Ikis, Oughezir, Adrar, Aghil, Tamasekht, Tiataf.

Rohlfs réduit ce chiffre à douze : Bou Amer, Oulad bou Lahiat, Djedid, Ikis, Oulad Anter, Tamello, Tamello el Hamer, Tmersakht, Arghil, Mekil, Tiourhirhin et Gibani. Ces trois derniers sont ordinairement classés dans le district voisin de Zaouiet Kounta. Enfin Rohlfs fait de *Tettaf* une oasis séparée [1].

D'après les commandants Deporter et Godron, le

---

[1] Le commandant Fossoyeux donne de son côté une liste de treize ksour : Touthafa, Gharamiarou, Baamour, Oulad bou Yahia el foukani, Oulad bou Yahia el tahtani, Ksar el Djedid, Oulad Antar, Ksar Temal, El Amer, Aïkiss, Taourirt, Tmessakhet, Aghil. L'énumération donnée par le lieutenant Devaux ne diffère en général de la précédente que par l'orthographe de quelques noms. Cependant il y ajoute un ksar, Ouedhrar, que le commandant Fossoyeux comprend dans le district plus méridional de Zaouiet Kounta.

Tamest ne compterait réellement que douze Ksour. En voici l'énumération avec les quelques renseignements que nous possédons sur chacun d'eux :

1° El Hammer [1].

Ce ksar est le plus important du district ; on peut le considérer comme le chef-lieu [2]. Sa population est tout entière affiliée à la confrérie de Moulai Taïeb (G.). Rohlfs y a séjourné pendant quelques heures, mais le récit de son voyage ne donne aucun détail sur cette localité, il ne fait que noter les heures de sieste qu'il y a passées.

2° Tamalet [3].

Tous les habitants de ce Ksar sont Taïbia.

3° Oulad Antar [4].

Ce ksar est également habité par des serviteurs d'Ouazzan (G.). La koubba de Sidi Brahim se trouve au sud et à 300 mètres (De.).

4° Djedid [5], appelée aussi Zaouiet Sidi El Mokhtar.

[1] Peut-être El Hammar, mamelon, colline en dos d'âne (B.).
Orthographes diverses : El Hamer (de C., Fo., De.), El Ahmer G.), Tamello El Hamer (R., p. 161), Hamer (R., p. 152), Lahmar (D.), El Ahmar (S.).

[2] Un rapport de Saïda (caravane de 1886-87) ne lui assigne que vingt-cinq maisons.

[3] Orthographes diverses : Tamalt (de C.), Tamello (R.), Ksar Temal (Fo., D.), Tamalet (De., G.), Tamal (De.).

[4] Orthographes diverses : Oulad Antar (de C., Fo., D., De., G.), Oulad Anter (R.).

[5] Orthographes diverses : Djedid (de C., R., De.), Ksar ed Djedid (Fo., D.).
Autre dénomination : Zaouiet Sidi El Mokhtar (De.).

Cette zaouia est habitée par des marabouts originaires de l'Azaouad. Ils sont Kadria [1] (G.). Au sud une koubba dédiée à Si El Mokhtar (De).

5° Oulad Bou Iahia R'arbia [2].

6° Oulad bou Iahia Cherguia [2].

Ces deux ksour, se faisant face et se trouvant très rapprochés l'un de l'autre (De), sont souvent confondus en un seul. Leurs habitants sont Kadria.

7° Bou Amour [3].

C'est, d'après Rohlfs qui y a passé une nuit, le ksar le plus septentrional du Tamest. Les habitants sont d'après lui d'origine chellah (berbères).

8° Zaouiet Ikis [4].

C'est une zaouia occupée par des marabouts arabes et leurs serviteurs. Tous sont Kadria (G.).

9° Temaskhet [5].

Ce ksar serait fort ancien. Il ne contiendrait plus actuellement que quinze maisons (S.). Il est bâti en

---

[1] Un rapport de Saïda, sur la caravane de Rezaïna de 1886-87, indique que Djedid forme un groupe de trois ksour.

[2] Orthographes diverses : Oulad bou Yahia el foukani et el tahtani (de C., Fo., D.), Oulad bou Lahiat (R.), Oulad bou Yahia rarbia ou serira et cherguia (De., G.).

[3] Orthographes diverses : Bou Amar (de C.), Bou Amer (R.), Baamour (Fo., D.), Bou Amour (De., G.).

[4] Orthographes diverses : Ikis (de C., R.), Aïkiss (Fo., D.), Zaouiet Ikis (De., G.), Zaouiet Akis (De.).

[5] Orthographes diverses : Temasekhet (de C.), Tmersakht (R.), Tmessakhet (Fo.), Atmessakhet (D.), Temaskhet (De.), Temasket (G.), Temeskht (S.).

pierres et s'élève sur une éminence rocheuse (De.). Tous ses habitants sont Taïbia.

10° Ar'il[1].

Ce ksar, également fort ancien, serait bâti sur un mamelon élevé (De.). Rohlfs, qui y a séjourné et y passa une nuit, fut surtout frappé des sollicitations dont il fut l'objet de la part des habitants pour se faire donner de l'opium.

Il rapporte à ce propos que bien qu'il sut depuis longtemps que les Touatiens cultivaient et consommaient de l'opium, il n'avait été nulle part ailleurs en butte à pareilles sollicitations pour obtenir de ce produit. Il cite particulièrement un vieillard qui le suppliait de lui en donner un petit morceau *pour l'amour de Dieu*, prétendant que depuis trois jours il n'avait rien mangé et que sans opium (les arabes disent afioun, nous apprend le voyageur allemand), il lui était impossible de manger, de boire, de travailler, en un mot de rien faire[2].

Les habitants de ce ksar sont Kadria (G.).

11° Titaf[3].

L'oasis de Titaf, avec le ksar de ce nom, est située,

---

[1] Le bras ; ce mot désigne aussi l'extrémité d'une surface, c'est-à-dire le bord. Il signifie aussi coudée, unité de mesure de longueur usitée dans la région (B.).
Orthographes diverses : Aghil (de C., Fo., D.), Arghil (R.), Aril (De., G.).

[2] Rohlfs, *Reise*, p. 153.

[3] Orthographes diverses : Tiataf (de C.), Tettaf (R.), Touthafa (Fo.), Tiouthaf (D.), Titaf (De., G.).

d'après Rohlfs, à 10 kil. à l'est de celle du Tamest et à la même hauteur qu'elle[1]. Ce ksar, quoique plus peuplé qu'El Hammer, serait cependant moins important[2], car il se trouve sur une route moins fréquentée, suivie seulement par les caravanes qui veulent éviter les lieux habités du Touat pour gagner le Tidikelt ou en venir. Cette route est jalonnée par la ligne de Timmi, Tamentit, Noum En Nas, Titaf (De.). Ce dernier ksar serait partagé en trois quartiers séparés, peu distants les uns des autres, Oulad Sahar, Oulad Amar, Oulad el Hasseïn (De.).

Les habitants sont Kadria (G.).

12° Rerm Ianou[3]

Ce ksar, dont tous les habitants sont Taïbia (G.), serait politiquement rattaché à Zaouiet Kounta.

Ruines.

Le lieutenant-colonel de Colomb signale les ruines de Kasbet Sidi El Mokhtar et le commandant Deporter en précise l'emplacement au sud de Zaouiet Sidi El Mokhtar (Djedid).

---

[1] Rohlfs, *Reise*, p. 161.

[2] Un rapport de Saïda (caravane de 1886-87) lui assigne 40 ou 50 maisons.

[3] Peut-être *Arrem in Anou*, la ville, le pays du puits (B.).
Orthographes diverses : Gharamiarou (Fo.), Gharamianou (D.), Rerm Ianou (De., G.).

ZAOUIET KOUNTA.

Ce district, connu également sous le nom de Oulad Si Hammou bel Hadj [1], est situé au sud du Tamest.

La région où il se trouve est, d'après Rohlfs, un peu plus mouvementée : sur la rive gauche de l'oued Messaoud les palmiers, au dire du voyageur allemand, s'étendent jusqu'à la berge, si bien qu'on croirait voir devant soi comme une hauteur couverte d'une végétation arborescente ; en face la rive droite s'étale à perte de vue en une grande plaine recouverte par les sables, plaine que l'on retrouve encore dans les mêmes conditions plus au sud, à Sali [2].

Mais ce que n'a pas noté l'explorateur précité parce que sans doute la route qu'il a suivie, d'ailleurs assez rapidement, l'a constamment tenu éloigné du cours de l'oued même, c'est que, entre les berges de la rive gauche dont il parle et le lit propre de cette rivière, s'étale la grande sebkha dont nous avons parlé [3]. Elle débute à hauteur du district de Zaouiet Kounta et s'étend progressivement jusqu'à Sali où elle atteint sa plus grande largeur (De., G.).

---

[1] Rohlfs écrit Oulad Sidi Houmo bou Hadj.

[2] Rohlfs, *Reise*, p. 155.

[3] On trouve en quelque sorte la confirmation de ce fait dans le récit de G. Rohlfs lui-même. Car, arrivé à In Zegmir, il signale un léger infléchissement vers l'est dans la direction de l'oued, infléchissement qui se reproduit, ainsi qu'il l'écrit, dans la forêt de palmiers accompagnant le cours de la rivière depuis Fenourin.

La population de ce district ne serait que de 1.460 habitants, soit :

  Cheurfa 500
  Arabes sédentaires 500
  Haratin............................... 300
  Nègres................................ 160

Tous appartiennent au sof Sefian (G.).

Le commandant Godron prétend que tous les habitants de ce district sont Taïbia, sauf ceux du ksar d'El Beïod qui sont partagés entre les confréries de Moulai Taïeb et de Si Abdelkader Djilani. La présence d'une zaouia Bakkaïte à Zaouiet Kounta fait cependant supposer que la confrérie des Bakkaïa compte au moins quelques serviteurs dans ce canton.

Le district renferme cinq zaouias. On y trouve vingt-cinq chevaux seulement (G.).

Tous les palmiers de ce groupe d'oasis sont arrosés à l'aide de feggaguir. Les dattes qu'ils produisent sont de médiocres qualités. Les jardins sont assez bien entretenus ; on y cultive moins le tabac et le henné, mais davantage le blé, l'orge, le tasfaout et le béchena. L'industrie locale fournit quelques tissus de laine et de coton. Le sol renferme de la thomela que l'on exploite.

Le lieutenant-colonel de Colomb a partagé ce district en trois groupes distincts : 1° un groupe formé des deux ksour de Tiouririn et El Mahfoud [1] ; 2° le groupe

---

[1] Ce ksar voisin de Tiouririn n'est signalé que par de Colomb. Il en existe également un de ce nom, signalé également par le même auteur dans le district d'In Zegmir.

de Zaglou qui comprendrait les ksour de Zaglou el Djedid, Zaglou el Kedim, Chebani, Mekkid, Oulad el Hadj el Bardja; 3° le groupe de Bou Ali avec les ksour de Zaouiet Kounta (Bou Ali el Djedid), Kasba el Chorfa, Zaouia Chikh ben Abd el Kerim, Bou Ali el Beli, El Beïod, Tazoul; soit en tout douze ksour. Pour le commandant Colonieu deux groupes séparés seulement forment le district de Zaouiet Kounta : Zaglou et Bou Ali. Il n'indique ni le nom ni le nombre des localités habitées.

Rohlfs fournit au contraire une liste de vingt-quatre noms. Ce sont: Adrhar, Zaglou Amoum, Zaglou Zoua, Oulad el Hadj Bordja, Taberkana (2 ksour), Zaouia Imenasser, Zaouia Kinnta, Tachfieh, Tarsourt, Ouedmerr, Siroh, Zaouia ech Chikh, Agrmammelleul, Bou Aly (4 ksour). El Baly, Bou el Gedeuck, Agrmammelleul II, Azaoua, Asegmer [1], Mafoud [1], Tidmain [1], Tetaoun ech Cheurfa [1], Tetaoun el Khass [1], Tiloulin [1],

La liste de Rohlfs a subi peu de modifications depuis qu'il l'a publiée [2]. A part quelques localités

---

[1] Les renseignements les plus récents placent ce ksar dans le district d'In Zegmir. Par Asegmer d'ailleurs, Rohlfs a, sans doute, voulu désigner le ksar d'In Zegmir.

[2] Le commandant Fossoyeux énumère dix-neuf ksour. Sa liste est identique à celle du lieutenant Devaux sauf pour le premier ksar que celui-ci place dans le Tamest, comme l'avait fait le lieutenant-colonel de Colomb. En outre ces deux officiers divisent le district en deux circonscriptions distinctes : Zaouiet Kounta et Bou Ali. Voici le relevé des ksour donné par eux pour le premier groupe : Ouedhrar (Fo.), Tiouririn (Tiouririne, D.), Mekid (Meguid, D.), El Biod (El

placées dans un district voisin ou quelques kasbas nouvelles, les données fournies successivement par les commandants Deporter et Godron sont à peu près pareilles. Nous les résumerons ici en disant ce que nous savons de chacun des lieux habités de ce district.

1° Zaouiet Kounta [1].

Cette zaouia est habitée par des marabouts arabes originaires de la tribu des Kounta, fraction des Oulad Sid Mohammed el Kounti et des Oulad Smaïn qui habitent l'Azaouad. Elle est placée sous la haute direction du chef religieux actuel de la famille Bakkaï, Alaouata, qui vient de temps en temps y séjourner.

Rohlfs s'est arrêté pendant quelques jours à Zaouiet Kounta. Il était descendu chez Moulai Smaïn (Moula Ismaël), le mokaddem de la zaouia, auquel il ne put refuser de donner ses soins. Il reçut chez lui une hospitalité dont il n'eut qu'à se louer. Bien traité au point de vue de la nourriture, il fut logé dans une chambre garnie de tapis de Constantinople et de tentures précieuses que le saint homme avait rapportés

---

Beïodh D.), Oulad bou Hamad, Zaglou, Oulad el Hadj el Berdja, Tabarkana (Taberkana, D.), Zaouiet Kounta, El Menassir, Takafif (Takhfiff, D.), Admeur (Ademeur, D.). Pour le deuxième groupe : Zaouiet Cheikh ben Abdelkerim, Bou Ali (El Bali, Fo.), El Aada (El Ada, D.), Djaber, Rar Mamellal (Gharma Amlal, D.), Edhoua, Baouangui (Baouanghui, D.).

[1] Orthographes diverses : Zaouiet Kounta (de C., Fo., D., De., G.), Zaouiet Kinnta (R.).

Autre dénomination : Bou Ali el Djedid (de C.).

de ses voyages en Orient et au Soudan et dont il ne faisait usage, affirma-t-il, qu'en pareille circonstance.

La koubba, où sont enterrés les restes des saints personnages de la localité, a une forme toute particulière. On la prendrait plutôt pour une pagode hindoue que pour un tombeau musulman. En édifiant ce monument l'architecte a donné libre cours à toute sa fantaisie [1].

Notable.

Moulai M'hammed ben Si Mohammed ben Moulai Smaïn [2].

C'est le petit-fils du personnage dont nous parle Rohlfs. C'est un homme riche en palmiers qui a actuellement une quarantaine d'années; il appartient à la famille chérifienne des Oulad El Hadj. Influent dans le pays, il commandait déjà avant d'avoir reçu en 1892 l'investiture du Sultan. C'est une des principales personnalités du sof Sefian. Il se montre à toute occasion très hostile à l'ingérence française (Gr.).

---

[1] Rohlfs, *Reise*, p. 154.
Le voyageur allemand fait aussi observer que c'est à Zaouïet Kounta qu'il a trouvé pour la première fois des produits allemands venus, soit du nord par l'entremise des Français, soit de l'ouest par celle des Anglais. Mais il ajoute, ce qui est un peu en contradiction avec ce qu'il vient de dire, que ces produits, bougies et allumettes de Vienne, avaient été rapportés de Tripoli.

[2] Appelé aussi quelquefois, comme nous l'avons vu au chap. II, Moulai Ali ould Moulai Smaïn.

2° Kasbet er Regagda[1].

Cette kasba, située à proximité de Zaouiet Kounta, n'en serait en réalité qu'une dépendance. Sa population se composerait également de marabouts arabes de la même origine (De.).

3° Oulad El Hadj El Bordja [2].

Les habitants de ce ksar qui sont arabes passent pour avoir été abadites, puis ayant abandonné le kharedjisme, ils embrassèrent le rite malékite (De.).

Les habitants de cette oasis auraient peu de palmiers; ils ne cultiveraient ni tabac, ni coton, ni céréales, ni légumes (De.).

4° Taberkant es Ser'ira [3].

5° Taberkant es Sebkha [3].

Ces deux ksour sont habités par des cheurfa et leurs serviteurs. On les appelle aussi Taberkant. A proximité du second, dont il n'est en réalité qu'un faubourg, se trouve un troisième ksar portant la même dénomination (De.).

6° Zaglou el Merabtin [4] ou Zaglou ez Zoua.

[1] Orthographe unique : Kasbet er Regagda (De., G.).

[2] Orthographes diverses : Oulad El Hadj el Bardja (de C.), Oulad El Hadj Bordja (R.), Oulad El Hadj Berdja (Fo., D.), Oulad el Hadj el Bordja (De., G.).

[3] La noire petite (ou nouvelle) et la noire de la sebkha. *Taberkant* est le féminin de *Aberkan*. Pour ce dernier mot, voir au chap. précédent ce que nous avons dit à propos de Brinkan (Tsabit) [B.].
Orthographes diverses : Taberkana (2 ksour, R.), (D.), Tabarkana (Fo.), Taberkant es Ser'ira et Taberkant es Sebkha (De., G.).

[4] Orthographes diverses : Zaglou el Kedim (de C.), Zaglou el Merabtin (De., G.), Zaglou ez Zoua (R., De.), Zaglou (Fo., D.).

Ce ksar est habité par des marabouts arabes originaires de la zaouia de Sidi Ali bou Hanini (De., G.).

Rohlfs est passé à proximité, sans s'y arrêter, en allant de **Tamest** à **Zaouiet Kounta**.

Les habitants ne cultiveraient ni tabac, ni céréales, ni légumes (De.).

7° **Zaglou el Amoum** [1].

Ce ksar ne serait habité que par des arabes et leurs serviteurs (De.).

8° **El Beïod** [2].

Ce ksar serait habité par des arabes des Oulad Sidi bou Hanini (De.) qui se partageraient également en Taïbia et Kadria (G.).

Ils cultiveraient le tabac, le henné, les céréales et les légumes (De.).

9° **Kasbet el Hadj el Mekki** [3].

Cette kasba est occupée par des marabouts arabes des Oulad Chadeli, des Oulad Sidi bou Hanini de Zaglou El Merabtin (De., G.).

10° **Chebani** [4].

Ce ksar serait habité par des cheurfa et leurs serviteurs (De.).

---

[1] Zaglou el Amoum (R., De.), Zaglou el Hamoum (G.), Zaglou Djedid (de C.).

[2] Le blanc.
Orthographes diverses : El Beïod (de C.), El Biod (Fo.), El Beïodh (D., De, G.).

[3] Orthographe unique (De., G.). De Colomb place cette kasba dans le district d'In Zegmir.

[4] Orthographes diverses : Chebani (de C., De., G.), Gibani (R.).

Rohlfs place cette localité dans le Tamest.

11° Adr'ar [1].

Les habitants de ce ksar seraient des arabes, des haratin et des nègres (De.).

On cultiverait dans les jardins le tabac, le henné, les céréales et les légumes (De.).

12° Tiouririn [2].

Ce ksar est habité par des cheurfa avec leurs clients et leurs nègres (De.). Rohlfs le place dans le Tamest.

13° Mekid [3].

Ce ksar est peuplé de la même manière que le précédent (De.). Rohlfs le comprend également dans le Tamest.

14° Takhefift [4].

Ce ksar est habité par des cheurfa et leurs serviteurs. On y fait de très importantes cultures de henné (De.).

15° Tazoul (ou Tazoult) [5].

Ce ksar, habité par des cheurfa et leur serviteurs,

---

[1] La montagne.
Orthographes diverses : Adrhar (R.), Ouedhrar (Fo., D.), Aderar (De., G.).

[2] *Aourir* en kabyle se traduit par mont ; le diminutif *taourirt* par mamelon, colline, *tiouririn* la chaîne de colline (B.).
Orthographes diverses : Thiouririn (de C.), Tiourhirhin (R.), Tiouririne (D.), Tiouririn (Fo., De., G.).

[3] Orthographes diverses : Mekkid (de C.), Mekil (R.), Mekid (Fo., De., G.), Meguid (D.).

[4] Orthographes diverses : Tachefieh (R.), Takafif (Fo.), Takhfiff D.), Takhefift (De., G.).

[5] *Tazouli*, en tamahak, veut dire le fer et, par extension, les armes. *Tazoult* est le nom du sulfure d'antimoine dont les indigènes

est bâti sur un mamelon de roches noires qui contiennent probablement du fer (de C., De.). Le lieutenant-colonel de Colomb cite à propos de cette localité le dicton suivant qui serait très répandu au Touat : « La figure et le cœur des gens de Tazoul sont aussi noirs que leurs rochers ».

16° Admer [1].

La population de ce ksar est identique à celle du précédent.

17° Zaouiet Cheikh ben Abdelkerim [2].

Cette zaouia est habitée par des marabouts arabes et leurs serviteurs (De., G.).

Rohlfs, qui y a passé une nuit, nous apprend qu'elle est toute voisine de Zaouiet Kounta. C'est là qu'est enterré Sid Abdelkerim le plus grand saint de tout le Touat. Il fut, nous dit le voyageur allemand, un des ancêtres de la zaouia de Kerzaz et comme tel descend de Moula Idris [3].

---

se servent pour se noircir les paupières : on l'appelle communément *koheul*, mais koheul ne désigne pas spécialement le sulfure d'antimoine, c'est tout ce qui noircit. Remarquons incidemment que Tazoult est le nom indigène de Lambessa dans la province de Constantine (B.).

Orthographes diverses : Tazoul (de C., De., G.), Tazoult (De.), Tarsourt (R.).

[1] Orthographes diverses : Ouedmerr (R.), Admeur (Fo.), Ademeur (D.), Ademer (De.), Admer (G.).

[2] Orthographes diverses: Zaouia Chikh ben Abd El Kerim (de C.), Zaouia ech Chikh (R.), Zaouiet Cheikh ben Abdelkerim (Fo., D., De., G.).

[3] Rohlfs, *Reise*, p. 155. A propos de ce personnage, voir Chapitre III du Tome III, Notions historiques.

18° Bou Ali el Kebir [1].

Ce ksar, qui serait situé, suivant Rohlfs, tout près du précédent, comprendrait quatre ksour ne formant pour ainsi dire qu'un seul groupe [2]. Le commandant Deporter fait au contraire de Bou Ali el Kebir un ksar distinct, dont dépendent les quatre ksour ci-après. Bou Ali el Kebir est habité par des cheurfa et leurs serviteurs (De.).

19° El Bali [3].

Ce ksar a une population semblable au précédent (De.).

20° El Ada [4].

Même population que le précédent.

21° Rerm Amellel [5].

Même population que les précédents.

L'ancien ksar serait bâti sur une éminence assez élevée, le nouveau au pied (De.).

22° Bou Zegdad [6].

Ce ksar est habité par des arabes, des haratin et des nègres (De).

---

[1] Orthographes diverses : Bou Ali el Beli (de C.), Bou Ali (4 ksour, R.), Bou Ali (El Bali, Fo.), Bou Ali (D.), Bou Ali El Kebir(De.), Bou Ali ben Kebir (G.).

[2] Rohlfs, *Reise*, p. 155.

[3] Orthographes diverses : El Baly (R.), El Bali (De., G.).

[4] La coutume (B.).
Orthographes diverses : El Aada (Fo.), El Ada (D., De., G.).

[5] Arrem Amellel, la ville blanche (B.).
Orthographes diverses : Agrmamelleul I et II (R.), Rar Mamellal (Fo.), Gharma Amelal (D.), Rerm Amellel (De., G.).

[6] Orthographe unique (De., G.).

23° Azaoua ech Chergui¹.

24° Azaoua er R'arbi.

Ces deux ksour, situés tout près l'un de l'autre, ne forment en réalité qu'une seule agglomération. Ils sont fortement atteints par les sables.

Leurs habitants sont des cheurfa et leurs serviteurs (De.).

25° El Menassir².

Ce ksar est également habité par des cheurfa et leurs serviteurs (De.).

Rohlfs en fait une zaouia.

Ruines.

Au sud d'Ad'rar, on trouverait, d'après Deporter, les ruines d'un ksar ancien, Adr'ar el Kedim.

IN ZEGMIR.

Le district d'In Zegmir³ ou le Touat el Henné⁴, comme l'appellent fréquemment les indigènes, est

---

¹ *Azaoua*, le tamarix (gallica) (B.).

Orthographes diverses : Azaoua (R.), Edhoua (Fo., D.), Azaoua chergui et r'arbi (De., G.).

² Zaouia Imenasser (R.), El Menassir (Fo., D.), El Menacir (De., G.).

³ *In Zegmir* est le nom d'une variété de dattes (B.). On trouve aussi l'orthographe Inzegmirou (De., G.).

⁴ Dénomination tirée de la plante tinctoriale, connue sous le nom de henné (lawsonia inermis), qui est abondante dans tout le Touat et particulièrement dans ce district.

situé au sud du précédent, le long de la sebkha qui borde la rive gauche de l'oued Messaoud.

D'après Rohlfs, à In Zegmir, la berge de la sebkha qu'il prend pour celle de l'oued, car il s'en est tenu constamment à une certaine distance, s'infléchirait légèrement à l'est. La forêt de palmiers, qui, depuis Fenourin, s'étend jusqu'à la rivière, s'infléchit de la même façon [1].

Contrairement à l'opinion émise par le commandant Deporter, le commandant Godron affirme qu'il n'y a aucune famille de cheurfa dans les ksour de ce canton. Pour lui, c'est un des moins populeux de la région. Il ne compterait que 300 habitants environ, savoir :

> Arabes sédentaires.................. 150
> Haratin 80
> Nègres............................. 70

D'ailleurs cet auteur, sans indiquer les motifs de cette manière de faire, place le ksar de Tittaouin ech Cheurfa dans le district de Zaouiet Kounta, ce qui est non seulement contraire aux données fournies par tous ceux qui ont écrit avant lui sur cette région, mais encore en contradiction avec la position relative de ce ksar indiquée par Rohlfs.

Toujours d'après le commandant Godron la confrérie de Moulaï Taïeb compterait seule des affiliés dans ce district, sauf à Zaouiet Sidi Bellel, où tous les gens seraient Kadria, et à Tilioulin où la moitié seulement

[1] Rohlfs, *Reise*, p. 156.

des habitants seraient serviteurs de Si Abdelkader Djilani.

Il y a lieu cependant de remarquer que le chef de la zaouia Bakkaïte de Kounta étend son influence sur ce canton et que la confrérie qu'il représente doit y avoir des affiliés.

D'ailleurs les Kadria de Zaouiet Sidi Bellel et de Tilioulin sont peut-être simplement des Bakkaïa, car ceux-ci, comme nous l'avons dit, ne constituent qu'une branche locale des Kadria.

Le sof Ihamed compte seul des partisans dans cette circonscription où l'on ne trouve qu'une seule zaouia (G.).

Les palmiers qui croissent à l'ouest des ksour de ce groupe sont irrigués à l'aide de feggaguir; ils produisent des dattes abondantes que les nomades, attirés par le grand commerce local du henné, achètent en assez grande quantité. Les cultures des jardins sont bien entretenues. On y récolte du tabac, du coton et surtout des céréales, tasfaout, béchena, orge, blé; mais la principale production est celle du henné, auquel le district doit une de ses dénominations.

L'industrie locale produit quelques tissus de laine et de coton. On trouve dans cette région de la thomela (De.).

Le lieutenant-colonel de Colomb a donné pour les ksour de ce district une liste de neuf noms, qui n'a été modifiée depuis que par l'adjonction de quelques noms nouveaux et le rattachement de Tilioulin dont il avait fait un groupe à part [1].

Rohlfs a confondu, dans son énumération des ksour du Touat, ceux du district d'In Zegmir, district qu'il ne nomme même pas, avec ceux du canton de Zaouiet Kounta [2]. Ailleurs, parlant du ksar d'Asegmer (In Zegmir), il nous dit que celui-ci est, comme beaucoup d'autres, situé au nord de Sali, sans compter plus dans une circonscription que dans l'autre [3].

Plus tard le commandant Fossoyeux et le lieutenant Devaux [4] indiquaient dans cette région l'existence de douze ksour. Ce chiffre, porté à treize par le commandant Deporter, a été réduit de nouveau à douze par le commandant Godron qui, ainsi que nous l'avons dit, a cru devoir rattacher au district précédent le ksar de Tittaouin ech Cheurfa.

[1] El Kalfi, El Mahfoud, Oughezir, Anzegmir, Kasba el Hadj el Mekki (appartient au district de Zaouiet Kounta), Kasba el Alema, Tittaouin el Chorfa, Tittaouin el Kheras, et Tidmaïn.

[2] Rohlfs, *Reise*, p. 161. Ces ksour sont au nombre de six : Mafoud, Asegmer, Tetaoun ech Cheurfa, Tetaoun el Khass, Tidmaïn et Tiloulin.

[3] Rohlfs, *Reise*, p. 156.

[4] Les deux listes de ces officiers sont identiques, elles ne diffèrent que par l'orthographe de certains noms : Anzegmir (Anzguemir, D.), El Eulma, El Khalfi, El Mahfoud, Oughzir (Ouaghzira, D.), Tidmayen (Tidmyan, D.), Zaouiet Bellal (Zaouiet Sidi Bouhal, D.), Ksar Ghouzy (Ksar Ghouzi, D.), Tittaouin el Cheurfa (Tirtaouin Cheurfa, D.), Tittaouin el Akhras (Tirtaouin Lakherass, D.), Oulad Dahb (Oulad Daheb, D.), Tilloulin (Toulloulin, D.).

Voici, d'après toutes ces données, quels seraient les ksour de ce district :

1° In Zegmir [1].

Ce ksar, qui peut être considéré comme le chef-lieu du district, est le plus important marché du Touat pour la vente du henné.

2° Kasbet El Eulema [2].

Cette kasba située tout près du ksar précédent en est, en quelque sorte, une dépendance (De.).

3° Kasbet Djedida [3].

4° Zaouiet Sidi Bellel [4].

Cette zaouia est occupée par un petit nombre de marabouts arabes (G.).

5° El Khalfi [5].

Ce ksar serait, d'après le commandant Deporter, également habité par des marabouts arabes.

6° Tidmaïn [6].

---

[1] Orthographes diverses : Anzegmir (de C., Du., Fo.), Anzguemir (D.), Asegmer (R.), Inzegmir (De., G.), Zegmir (C.), Azguemir (Da.), Emezguemir (Le C.).
Autres dénominations : Ksar el Kebir (De.), Ksar el foukani (De.).

[2] La citadelle des savants.
Orthographes diverses : Kasba el Alema (de C.), El Eulma (Fo., D.), Kasbet el Eulema (De., G.).

[3] Orthographe unique (De., G.).

[4] Orthographes diverses : Zaouiet Bellal (Fo.), Zaouiet sidi Bouhal (D.), Zaouiet Sidi Bellel (De., G.).

[5] Orthographes diverses : El Kalfi (de C.), El Khalfi (Fo., D., De., G.).

[6] Peut-être *Timadanin* (pluriel de *Tamdint*) les villes (B.).
Orthographes diverses : Tidmayen (Fo.), Tidmyan (D.), Tidemayn (Le C.), Tidmaïn (de C., R., De., G.).

Ce ksar est habité par des cheurfa Oulad Moulai Abdallah (G.).

7° Tittaouin [1] ech Cheurfa.

8° Tittaouin [1] el Akhras.

Le commandant Godron rattache le premier de ces deux ksour, Tittaouin ech Cheurfa, au district de Zaouiet Kounta. La position géographique approximative indiquée par Rohlfs contredit cette assertion. Ce voyageur, en effet, en se rendant d'In Zegmir à Tilioulin[2], est passé chemin faisant à proximité de ces deux ksour rapprochés l'un de l'autre. Pour admettre l'hypothèse du commandant Godron il aurait fallu que Tittaouin ech Cheurfa fût au nord d'In Zegmir et sur la lisière de ce district et de celui de Zaouiet Kounta.

9° Bou Anguis[3].

10° El Mahfoud[4].

11° Ourezir[5].

---

[1] *Tit*, en tamahak, signifie œil, source, au pluriel *Tittaouin*. Les Touareg de l'ouest écrivent *tidht*. Confer. : *aïn*, en arabe, qui signifie également œil, source, au pluriel *aïoun* les sources, et *aïnin* (forme du duel), les deux yeux (B.).

Suivant Rohlfs (*Reise*, p. 156), les gens du pays prononceraient *Tetaoun*.

Orthographes diverses : Tittaouin (de C., Fo., De., G.), Tirtaouin (D.), Tettaouin et Tetaoun (R.).

[2] Rohlfs, *Reise*, p. 156.

[3] Orthographes diverses : Bou Angui (De.), Bou Anguis (G.).

[4] Orthographes diverses : Mafoud (R.), El Mahfoud (de C., Fo., D., De., G.).

[5] Orthographes diverses : Oughezir (de C.), Oughzir (Fo.), Ouaghzira (D.), Ourezir (De., G.).

12° Tilioulin [1].

Ce ksar, d'après Deporter, serait partagé en quatre quartiers, appelés : Oulad Mohammed Salah, Oulad Si El Hadj, Oulad M'hammed ben bou Zian, Aoumeur ben Ali. C'est ce qu'avait indiqué avant lui le lieutenant-colonel de Colomb qui avait fait de ce ksar un groupe à part, formé de la réunion de plusieurs ksour, englobés dans une même enceinte.

Au sud de l'agglomération se trouverait une forte dune sur la pointe septentrionale de laquelle se dresseraient les koubbas de Si Salah et de Si Aoumeur. On trouverait dans cette localité un gisement très important d'ouankal (De.).

Rohlfs nous apprend que la distance d'In Zegmir à Tilioulin est d'environ 12 kil. [2].

13° Kasbet Oulad ed Dehbi [3].

Cette kasba, située à proximité du ksar précédent, n'en serait en réalité qu'une dépendance (De.).

Ruines.

M. Le Châtelier signale les ruines de Chebbi, ancien ksar dont il ne précise pas l'emplacement. Les palmiers à moitié enterrés dans les sables sont abandonnés [4].

---

[1] Orthographes diverses : Tiloulin (R., Fo.), Toulloulin (D.), Tilioulin (De., G.), Tilloulin (de C., C.).

[2] Rohlfs, *Reise*, p. 156.

[3] Orthographes diverses : Oulad Dahb (Fo.), Oulad Daheb (D.), Kasbet Oulad ed Dehbi (De., G.).

[4] Le Châtelier, *Medaganat*, p. 159.

SALI.

Le district de Sali est situé au sud de la sebkha dont les cantons de Zaouiet Kounta et d'In Zegmir bordent la rive orientale. Les ksour s'échelonnent le long de ce bas-fond qui est dominé par une haute berge, dernière ramification du Tadmaït vers l'ouest.

Sur cette berge s'étalent des dunes élevées où l'on trouve quelques pâturages, prolongement, sur la rive gauche, de l'oued Messaoud, des sables de l'Iguidi.

La population de ce district est d'environ 900 habitants, soit :

Cheurfa	400
Arabes	100
Haratin	220
Nègres	180

Ces cheurfa, d'origine marocaine, sont des Oulad bel R'it. Bien que d'une bravoure contestable comme tous les ksouriens, ces cheurfa passent pour assez belliqueux [1].

Les arabes sont originaires des Meharza du Tin Erkouk. Ils ont donné leur nom au principal ksar du district, où ils habitent pour la plupart. Les gens de ce canton, qui font le métier de convoyeurs et vont jusqu'à Tin Bouktou, possèdent, dit-on, de nombreux chameaux.

---

[1] Le Châtelier, *Medaganat*, p. 159.

La majorité des habitants est affiliée à la confrérie de Moulai Taïeb. Deux ksour seulement, Kasbet Oulad Moulai Abdelouahad et Kasbet Ba Bella, ont leur population en majorité Kadria.

Le sof Ihamed compte seul des partisans. Les habitants de ce district possèdent une vingtaine de chevaux (G.).

Les palmiers, qui croissent généralement à l'ouest des ksour, sont irrigués à l'aide de feggaguir [1]. Ils produisent des dattes assez estimées. Les jardins bien cultivés produisent du blé, de l'orge, du tasfaout et du béchena, et un peu de henné très recherché à cause de sa qualité, mais ni tabac, ni coton. L'industrie locale fournit quelques tissus de laine. On rencontre des gisements de thomela et d'ouankal (De.).

Le lieutenant-colonel de Colomb a donné une liste de neuf ksour pour ce district. Ce sont : El Mansour, Bernata, Oulad Muley el Arbi, Oulad Muley Abd El Ouhahad, Kasba Sidi Chérif ben El Hachem, El Djedid, El Meharza, Kasba el Nedjar et Sahela.

L'énumération fournie par Rohlfs ne différait de la précédente que par l'orthographe de certains noms et l'adjonction de trois ksour qui appartiennent en réalité au Reggan [2].

---

[1] M. Le Châtelier cite, dans ce district, une localité appelée R'ourd es Sali où les palmiers poussent sans irrigation, grâce au voisinage d'une nappe d'eau douce superficielle. *Medaganat*, p. 162.

[2] Voici la liste de Rohlfs : Oulad Mouley el Arbi, Ksar Djedid,

Le commandant Fossoyeux et le lieutenant Devaux réduisaient ce nombre à huit[1]. Mais le commandant Deporter, sur de nouveaux renseignements, les portaient à treize. C'est ce même chiffre qui est indiqué par le commandant Godron. Voici le relevé de ces ksour :

1° El Meharza[2].

Ce ksar, habité par des cheurfa, des arabes, des haratin et des nègres, est entouré de fortifications soigneusement entretenues par les habitants. Elles comprennent une enceinte extérieure, s'élevant au-dessus d'un large fossé circulaire rempli d'eau. Chacun des quatre quartiers qui partagent le ksar est protégé de même à l'intérieur, ainsi que la kasba située à quelques distances où réside le chef des Oulad bel R'it, Si Mohammed ould Si El Habib.

Ce ksar est, dans ces conditions, à peu près inexpugnable pour les populations de ces contrées. L'impunité, qui se trouve ainsi assurée aux habitants, doit

---

Oulad Mouley Abd El Nahed, Sidi Cherif bel Hachim, El Mharsa, El Mansour, Termatter, Kasbah Bab er Lah, Kasbah Soucharah, Bahoh, Berichak et Aseglaf. Ces trois derniers appartiennent au Reggan.

[1] Voici la liste de ces deux officiers : El Mansour, Bermatta (Barmata, D.), Oulad Mouley el Arbi, Oulad Mouley Abdelouahad, Sidi Chérif bou El Hachem (Sidi Cherif El Hachemi, D.), Djedid, El Meharza, Mouley Ali.

[2] Autres dénominations : Ksar el Kebir (De.), Sali (Le C.).

Orthographes diverses : El Mharsa (R.), El Meharza (de C., Fo., D., De., G.).

être pour beaucoup dans leur audace et dans leur réputation de bravoure [1].

A l'ouest de cette localité se trouve une étroite région de dunes qui sépare l'oasis d'une plaine pierreuse que Rohlfs a dû traverser pour gagner l'Aoulef [2].

Notable.

Si Mohammed ould Si El Habib. C'est un homme d'une soixantaine d'années, fort riche, qui possède une grande influence politique et religieuse, due à sa situation de chef des cheurfa Oulad bel R'it. Il entretient des relations suivies avec le Tidikelt et les Touareg. Affilié de l'ordre d'Ouazzan, il appartient au sof Ihamed (Gh.).

2° Ksar Djedid [3].

Ce ksar est habité par des cheurfa et leurs serviteurs.

Notables.

Djedid ben Moulai Abdelkerim. C'est un homme énergique d'origine chérifienne, âgé actuellement

---

[1] Le Châtelier, *Medaganat*, p. 159-160.

[2] Rohlfs, *Reise*, p. 170.
El Meharza est le point le plus méridional du Touat atteint par le voyageur allemand.

[3] Orthographes diverses : El Djedid (de C.), Djedid (Fo.,D.), Ksar Djedid (R., De., G.). Un document provenant de Ghardaïa réserve à ce ksar la dénomination de Sali.

d'environ 35 ans, qui est riche en palmiers et en chameaux. Il a été investi des fonctions de caïd, mais malgré sa fortune, n'a pas encore beaucoup de notoriété. Son oncle Si Mohammed ould Si Hassoun, qui était auparavant cheikh de la djemâa de Sali, était très écouté, le caïd actuel subit son influence. Il se montre ouvertement hostile à l'influence française (Gr.).

Djedid ould Moulai Ali Chérif. Cet indigène appartient à une bonne famille ; il est dans l'aisance et jouit dans la région d'une assez grande influence, mais il n'a pas de relations à l'extérieur. Il est affilié à la confrérie d'Ouazzan et partisan du sof Ihamed (Gr.).

3° Kasbet Oulad Moulai El Arbi [1].
4° Kasbet Moulai Abderrahman ould Ba Sidi [2].
5° Kasbet Sidi Chérif ben Hachem [3].
6° Kasbet Oulad Moulai Abd El Ouahad [4].
7° Kasbet El Haratin ou Kasbet En Nedjara [5].

---

[1] Orthographes diverses : Oulad Mouley El Arbi (de C., R., Fo., D.), Kasbet Mouley El Arbi (De., G.).

[2] Orthographe unique (De., G.).

[3] Orthographes diverses : Kasba Sidi Cherif ben El Hachem (de C.), Sidi Cherif bel Hachim (R.), Sidi Cherif bou El Hachem (Fo.), Sidi Cherif El Hachemi (D.), Kasbet Sidi Cherif ben Hachem (De., G.).

[4] Orthographes diverses : Oulad Mouley Abdelouahad (de C., Fo., De.), Oulad Mouley Abd El Nahed (R.), Kasbet Oulad Mouley Abd El Ouahad (De., G.).

[5] La citadelle des haratin ou des menuisiers.
Orthographes diverses : Kasba el Nedjar (de C.), Kasbet En Nedjara (De.), Kasbet El Haratin (De., G.).

8° Kasbet Moulai Abderrahman ould Moulai Ali [1], ou Kasbet el foukania [2].

9° Kasbet Ba Bella [3].

10° Kasbet Si Mohammed el Mahdi [4], ou El Allouchia [5].

11° Kasbet Moulai Ali ben Idris [6].

Toutes ces kasbas sont habitées par des cheurfa et leurs serviteurs (De.).

12° El Mansour [7].

Ce ksar est également habité par des cheurfa (De.).

13° Bermata [8].

Ce ksar serait habité par des arabes qui font le métier de convoyeurs sur les routes du Soudan. Leurs nègres cultivent dans les jardins du coton et de la garance en grande quantité (De.).

---

[1] Orthographe unique (De., G.).

[2] Orthographe unique (De.).

[3] Orthographes diverses : Kasbah Bab er Lah (R.), Kasbet Ba Bella (De., G.).

[4] Orthographe unique (De G.).

[5] Orthographe unique (De.).

[6] Orthographes diverses : Mouley Ali (Fo., D.), Kasbet Mouley Ali ben Idris (De., G.).

[7] Le victorieux.
Orthographe unique (de C., R., Fo., D., De., G.).

[8] Orthographes diverses : Bernata (de C.), Termatter (R.), Bermatta (Fo.), Barmata (D.), Bermata (De.), Bermatra (G.).

Ruines.

Le commandant Deporter indique comme ruines dans ce district :

1° Kasbet Bel Abbès, kasba située au sud de Kasbet Oulad Moulai El Arbi.

2° Kasbet Moulai M'hammed au sud de Kasbet Oulad Moulai Abdelouahad.

REGGAN.

Le district de Reggan [1] est situé au sud du précédent, sur la rive gauche de l'oued Messaoud, qui se trouve ici encombré par les sables.

Timadanin, le principal ksar, est un marché important fréquenté par les Touareg de l'Ahenet ou de l'Ahaggar. On y trouve des produits du Soudan. Il en part des caravanes qui se rendent à Tin Bouktou, à Taodenit, ou à R'adamès.

Ce district est le plus important du Touat par sa population qui est de 2.000 habitants environ, soit :

Cheurfa	200
Arabes sédentaires	1.000
Haratin	500
Nègres	300

Cette population passe pour courageuse ; la nécessité

---

[1] Le mot paraît venir de *reg* sol ferme, de sable et de gravier, qu'on rencontre en pays plat ; aussi reg est-il pris, par extension, dans

de se défendre contre les fréquentes attaques des nomades a dû en effet aguerrir ces ksouriens.

Tous les habitants de ce canton sont affiliés à la confrérie de Moulai Taïeb. Cependant à Tin Oulaf R'arbia et à En Tehent, il y a quelques Kadria.

Le sof Ihamed est le seul suivi (G.).

On trouve dans cette région trois zaouias : à Ber Riche, à Zaouiet el Hachef et à En Tehent.

Les habitants du Reggan ne possèdent que 6 chevaux.

Ce district produit des dattes très estimées. Les jardins, bien cultivés, sont irrigués à l'aide de feggaguir. On y récolte du blé, de l'orge, du tasfaout, du béchena, mais pas de tabac ni de henné.

Les gens du Reggan pratiquent l'élevage du chameau. Ils ont des troupeaux de moutons demman, qui font l'objet d'un grand commerce.

L'industrie locale produit quelques tissus de laine et de coton. On récolte de la thomela (De.).

Le lieutenant-colonel de Colomb avait indiqué que ce district renfermait dix-sept ksour. C'était : Tinnourt, Be Rich el Chorfa, Be Rich el Haratin, Oulad Raho (pour Baho), Anzeglouf, Timadanin, Kasba Oulad Hamidou Cherahil, El Nefich, Zaouia El Hachef, Kasba Oulad Allel, Tinoulaf el Gharbia, Tinoulaf

---

le sens de plaine. A considérer aussi le mot *Areggan* qui désigne les chameaux de selle au-dessus de l'âge de 8 ans (B.).

Orthographes diverses : Argan (R.), Erregan (D.), Reggan (de C., C., Fo., De., G.), Regan (de Slane, trad. Ibn Khaldoun).

el Cherguia, Entehent, Tegant, Agarafil, Taourirt el Hadjer, Taourirt el Gueblia.

Après lui, Rohlfs fournit une liste très incomplète des ksour du Reggan. Il rattache d'abord au district de Sali trois ksour qu'il place à 5 kil. au sud de ce dernier et qui font incontestablement partie du Reggan. Ce sont Berichak, Bahoh et Aseglouf. A ces trois noms il ajoute les quatre suivants qui, d'après lui, constituent le canton de Reggan : Nfis, Oudrar, Tinadanin, et Taourirt.

Le commandant Fossoyeux et le lieutenant Devaux[1] ont de leur côté donné un relevé de onze ksour qui, depuis, a été porté à seize par les commandants Deporter et Godron. En voici l'énumération :

1º Timadanin[2].

Ce ksar, important par son marché, fréquenté particulièrement par les Touareg de l'ouest, est la résidence du cheikh qui commande le district.

2º Tin Oulaf[3] R'arbia.

3º Tin Oulaf[3] Cherguia.

---

[1] Voici leur relevé avec les variantes d'orthographes.

Oulad Bahou, Anzeglouf (Azeglouf, D.), Tinnourt (Tinnourat, D.), Berrich, Aït el Messaoud (Aït el Mesaoud, D.), En Nefis, Tinelaf (Tinoulafat, D.), Taourirt, Oulad Djebara, Timadanin, In Thint (Entahant, D.).

[2] Les villes, pluriel de *tamdint*.

Orthographes diverses : Timadanin (de C., Fo., De., G.), Tinadanin (R.), Timadanine (G.).

[3] Orthographes diverses : Tinoulaf (de C.), Tinelaf (Fo.), Tinoulafat (D.), Tin Oulaf (De., G.).

Ces deux ksour, bâtis très près l'un de l'autre, ne forment qu'une agglomération.

4° En Nefis [1].

5° Aït el Messaoud [2].

6° Anzeglouf [3].

Les habitants de ces deux derniers ksour sont khammès de ceux d'En Nefis (De.).

7° Zaouiet el Hachef [4].

Cette zaouia est habitée par des marabouts arabes et leurs serviteurs (De.).

8° El Mestour [5].

9° Ber Riche [6].

Cette zaouia est habitée par des marabouts arabes dont les serviteurs occupent un quartier distinct, connu sous le nom de Ber Riche El Haratin (De.).

10° Oulad Baho [7].

---

[1] Orthographes diverses : En Nefich (de C.), Nfis (R.), En Nefis (Fo., D., De., G.).

[2] Aït, en berbère, fils de, gens de ; c'est l'équivalent de l'arabe, Beni, Oulad.
Orthographes diverses : Aït el Messaoud (Fo., De., G.), Aït el Msaoud (D.).

[3] Orthographes diverses : Anzeglouf (de C., Fo., De., G.), Aseglouf (R.), Azeglouf (D.).

[4] Orthographe unique (de C., De., G.).

[5] Orthographe unique (De., G.).

[6] Probablement Ber Arich, le pays des petits arbrisseaux. Arich désigne aussi un plateau élevé et pierreux où pousse le retem. Les deux sens peuvent être admis, selon la nature du terrain (B.).

[7] Oulad (arabe) Baho (tamahak), les enfants du mensonge (B.).
Orthographes diverses : Oulad Raho (de C.), Bahoh (R.), Oulad Bahou (Fo., D.), Oulad Baho (De., G.).

11° Tinnourt[1].

C'est un marché fréquenté par les Touareg de l'Ahenet (De.).

12° En Tehent[2].

C'est une zaouia très importante de Moulai Abdelmalek er Reggani (De.).

13° Ta Arabt[3].

Ce ksar est habité par des arabes et leurs serviteurs (De.).

14° Taourirt[4].

Les habitants de ce ksar qui sont arabes ont mérité le nom de Guedouh[5], en raison de leur courage. Une fraction des Oulad Moulat y campe continuellement (De.). C'est un marché fréquenté par les Touareg

---

[1] Orthographes diverses : Tinnourt (de C., Fo., De., G.), Tinnourat (D.).

[2] Orthographes diverses : Entehent (de C.), In Thint (Fo.), Entahant (D.), En Tehent (De., G.).

[3] C'est probablement le mot *arab* mis au féminin par le procédé berbère (intercalation du mot entre deux *t*) ce qui donne aussi le sens diminutif. Ici ce serait *Tarabt*, la (ville) arabe ou la petite arabe. — Ce peut être aussi *Ta*, celle, et *arab*, arabe ou des arabes ; c'est le même sens (B.).
Orthographe unique (De., G.). Peut-être faut-il identifier Ta Arabt avec un ksar de Taha cité dans un itinéraire recueilli par renseignements par M. Pouyanne (*Documents relatifs....* p. 115.).

[4] La colline, le mamelon, la hauteur, diminutif de *aourir*, mont, en kabyle (B.).
Orthographes diverses : Taourirt (de C., R., Fo., D.), Taorirt (De., G.).

[5] Le lieutenant-colonel de Colomb étend cette dénomination à tous les habitants du Reggan.

Ahaggar de préférence à tous les autres du district; ils y ont leurs clients.

15° Aril [1].

16° Azrafil [2].

Ces deux ksour, placés en face l'un de l'autre, sont habités par des arabes originaires de Taourirt (De.).

Ruines.

Le commandant Deporter signale à 1.500 mètres à l'ouest de Timadanin les ruines de Kasbet Oulad Hamidou.

EL KSEIBAT [3].

Ce petit district est situé à l'est de la ligne d'oasis du Touat proprement dit, au pied du Baten occidental, sur la route qui va de Bou Guemma (Aouguerout) à l'Aoulef. Il a été mentionné, pour la première fois, incidemment par M. Le Châtelier dans son ouvrage intitulé *Les Medaganat* et a été décrit depuis par le commandant Deporter.

---

[1] Le bras, voir au Tamest le ksar du même nom.
Orthographe unique (De., G.).

[2] C'est l'ange chargé de la garde des âmes jusqu'à la résurrection. Ce jour-là, il sonnera de la trompette pour les rassembler et chaque âme rejoindra son corps dans son tombeau.
Orthographes diverses : Agarafil (de C.), Azrafil (De., G.).

[3] Diminutif de kasba, roseau ou citadelle. On trouve aussi El Kseïret, diminutif de ksar (Le Châtelier, *Medaganat*, p. 90).
Orthographes diverses : El Kseïbet (De.), El Keseïbet (G.).

Ce groupe ne comprend que deux petits hameaux assez misérables, distants l'un de l'autre d'environ 8 kilomètres : In Belbel [1] et Kasbet Matriouen [2].

Le premier est habité par des marabouts arabes [3] originaires de Zaouiet Heïnoun (Aoulef) avec leurs serviteurs. On y trouve la zaouia de Si Mohammed Salah (Gr.). Le second abrite des marabouts arabes [1] originaires de Djedid (Aoulef).

La population totale est d'environ 110 habitants, soit par ksar une trentaine d'arabes sédentaires, 10 haratin et 10 nègres.

Tous ces habitants sont Taïbia.

Les palmiers, arrosés à l'aide de feggaguir, produisent des dattes de bonne qualité.

[1] Celui (le lieu abondant en) belbel, c'est le baguel des arabes, anabasis articulata.

Orthographes diverses : In Belbel (De., G.), Tabelbal (Gr.).

[2] *Matriouen* est probablement une corruption de *Medhriouen* pluriel de *medhri*, petit (dans le sens de jeune) en tamahak : la citadelle des jeunes gens (B.).

Orthographe unique (De., G.).

[3] Pour le commandant Godron, ce sont simplement des arabes, sans étiquette maraboutique.

CHAPITRE CINQUIÈME

Les districts du Touat. — Le Tidikelt.

La région, appelée Tidikelt, est située au nord-est du Reggan, le district le plus méridional du Touat, au pied de la falaise inférieure du Tadmaït.

Vers l'ouest, des plateaux légèrement surélevés la séparent des bas-fonds du Touat. Rohlfs en a trouvé le point culminant à 12 kil. à l'ouest d'Aoulef.

De son côté, M. Pouyanne a recueilli d'un indigène du Touat l'information suivante : « En partant de » Taourirt (Reggan), à la nuit tombante, on arrive à » peu près à 10 heures du matin à Aïn Cheikh dans un » bled (pays) nommé Chebbi. C'est un pays sablon- » neux à sol solide, un peu ondulé ; la route monte ; » on dit à Taourirt monter au Tidikelt et au Tidikelt » descendre au Touat [1] ».

Cette région est, en somme, la moins vaste et la moins peuplée du Touat tout entier.

La majeure partie de sa population est nettement

[1] Pouyanne, *Documents relatifs à la mission*..... p. 115.

constituée par des éléments d'origine arabe, débris des anciennes tribus conquérantes du pays.

Ce sont, en allant de l'ouest à l'est :

1° Le groupe des Oulad Zenan. Actuellement sédentaires, ils ont pris presque tous les usages des Touareg avec lesquels ils sont en rapports constants. Ils habitent principalement les oasis occidentales de la région, c'est-à-dire dans les districts de l'Aoulef et d'Akabli. D'après de Colomb, on donne à la ligne de leurs ksour, le nom de Khot Oulad Zenan, la ligne des Oulad Zenan,

2° Le groupe des Oulad ba Hammou.

C'est le plus important du Tidikelt. Contrairement aux Oulad Zenan, les Oulad ba Hammou sont avant tout des nomades. Grâce à l'intelligence et au savoir-faire politique de leur ancien chef, El Hadj Abdelkader Badjouda, décédé en 1889, ils ont acquis dans le Tidikelt une situation prépondérante. Leur action s'étend même actuellement dans tout le Sahara occidental et jusque chez les Touareg Ahaggar où leur influence est considérable.

3° Le groupe des Oulad Mokhtar.

Ce sont les rivaux des Oulad ba Hammou, ils sont cependant moins nombreux, mais essentiellement commerçants. Leurs richesses leur donnent une grande part d'influence.

4° Le groupe des Zoua (Oulad Sidi El Hadj Mohammed), clients des Oulad Sidi Cheikh, qui possèdent quelques ksour.

On trouve encore dans le Tidikelt des cheurfa, qui habitent surtout les districts de l'ouest (Alouef et Tit). Ils ne seraient pas plus de 230 (G.).

La race berbère compte également des représentants dans la région. Ce sont d'abord des marabouts, les Ahl Azzi, originaires de la zaouia de Sidi Maabed, non loin de R'adamès; ils ont ici d'assez nombreuses colonies.

Viennent ensuite les Oulad Sokna qui habitent In Salah.

Enfin quelques fractions d'origine targuie se sont fixées dans la région.

D'ailleurs les Touareg du Ahaggar et de l'Ahenet fréquentent le Tidikelt. Nombre d'entre eux apparaissent à l'époque de la récolte des dattes pour échanger de la viande séchée de gazelle ou d'antilope contre ce fruit précieux. Ils se construisent alors des huttes en branchages qu'ils habitent pendant toute la durée de leur séjour[1]. Quelques fractions même possèdent des palmiers dans la région. Nous résumerons, ci-après, les données fournies par le commandant Deporter sur les rapports des Touareg avec le Tidikelt.

I. — Touareg du Ahaggar.

Quelques-uns habitent Ksar el Arab (In Salah). La tribu noble des Kel Rela fréquente: Ksar el Arab, Kasbet foukania (Foggaret ez Zoua) et Asoul (Iguesten).

---

[1] Rohlfs, *Reise*, p. 191.

Parmi leurs imrad, les Kel Imer fréquentent les ksour de l'Aoulef ech Cheurfa ; les Dag Touan aheli, Ksar el Arab ; les Ikchmaden, Akbour (In Salah) ; les Dag Rali, Ksar Oulad el Hadj (In Salah). Les tribus maraboutiques qui se rattachent aux Kel Rela, fréquentent les localités ci-après : les Kel Mouidir se rendent à Zaouiet Sidi el Hadj Belkassem ; ils ont leurs dépôts à Tit ; les Ikoutissen vont à El Mansour (Akabli) ; les Kel Amdjid viennent également à El Mansour, mais une partie d'entre eux se rend au ksar Oulad Belkassem (In Salah). Enfin les Kel Tifedest possèdent des palmiers dans les oasis de Zaouiet el Mâ, El Barka et Aouinet Sissa (In Salah). Parmi les autres tribus nobles les Iboguelan fréquentent Sillafen (Foggaret ez Zoua) et Kasbet Baba (Iguesten) ; les Tedjehe n Esakkal, Kasbet foukania (Foggaret ez Zoua) ; les In Imba, Akbour (In Salah) ; les Ihadanaren, Ksar Der'amcha (In Salah).

Enfin, les Kel Ouhat, imrad des Tedjehe Mellet vont à Zaouiet Moulai Heïba (Foggaret ez Zoua).

Puis parmi les imrad des Imenan, les Ait Louhaïn, et les Klan ouan Taoussit vont à Djedid (In Salah) et les Kel Harrir à Foggaret ez Zoua.

II. — Touareg de l'Ahenet.

Les Kel Amellel (Tedjehe n ou Sidi) ont une dizaine de tentes à Meliana d'In R'ar et quelques-unes à Sahela tahtania (Iguesten). Ils possèdent des palmiers à Asoul (Iguesten) et vont camper à Ksar Lekhal (In R'ar).

Parmi leurs imrad, les Inokenaten fréquentent

Zaouiet Cheikh bou Naama; les Oulad bou Tseggui habitent à In R'ar, Irsan et Ksar Lekhal; les Oulad bou Hannini, vivent à Irsan; et les Oulad Didoua à Asoul.

Les Tedjehe'n Sellama, la tribu maraboutique qui se rattache au Kel Amellel, fréquentent Ksar Oulad El Hadj (In Salah). Ils ont leurs dépôts à Tit.

La tribu noble des Taïtok vient à Zaouiet Cheikh bou Naama (Akabli) et Ksar El Arab. Les Kel Ahnet, leurs imrad, vont dans l'Akabli à Erg Chache et à Zaouiet Cheikh bou Naama.

Parmi les tribus de sang mêlé, les Irredjenaten fréquentent Ksar el Arab; quelques-uns même y habitent. Enfin les Dag Khadji vont à Ksar Oulad bel Kassem (In Salah).

La plupart des ksour du Tidikelt ne sont que des agglomérations de masures, de huttes en terre souvent disséminées au milieu des palmiers; la dénomination de kasba ne s'applique plus généralement ici qu'à des groupes d'habitations entourées d'une enceinte.

Comme au Touat l'irrigation des palmiers se fait à l'aide de feggaguir. Les cultures, bien soignées dans la région occidentale, ne le sont pas autant vers l'est où la vie nomade attache moins les habitants au sol. Par contre les dattes y sont très estimées et sont exquises, au dire de Rohlfs.

Au point de vue commercial le Tidikelt est, comme nous l'avons vu, le centre d'un transit assez important entre le Soudan et la région méditerranéenne.

Les confréries religieuses, qui comptent le plus

d'affiliés, sont les Taïbia et les Kadria. Les Cheikhia et les Kerzazia se rencontrent chez les Zoua ; les Oulad Ba Hammou sont généralement Snoussia.

Le sof Ihamed est le seul adopté, le district de Foggaret ez Zoua reste neutre (G.).

Cette région est partagée, comme nous l'avons déjà vu, en six districts. L'action des Oulad Ba Hammou est surtout prépondérante sur la partie orientale, c'est-à-dire In R'ar, In Salah et Foggaret ez Zoua.

Le voyageur allemand, G. Rohlfs, a traversé le Tidikelt de l'ouest à l'est, il nous a rapporté de précieux renseignements sur cette région, ayant visité successivement Aoulef, Tit, In R'ar et In Salah. Nous le suivrons pas à pas dans la description des oasis.

AOULEF.

Le district de l'Aoulef[1] est situé à l'est légèrement nord du canton de Sali, dans le Touat proprement dit. Le voyageur allemand G. Rohlfs, pour se rendre d'El Meharza (Sali) à Timokten (Aoulef), a constamment suivi une direction de 65°. Sa marche, qui a duré au total 24 heures, s'est accomplie constamment à travers une plaine pierreuse et désolée, où n'apparaîtrait aucune végétation ; rien n'aurait arrêté la vue si quelque médiocre dune, plus ou moins stable, n'eut surgi de temps en temps. Cette plaine n'a guère plus

---

[1] Le lieutenant Devaux appelle ce district : *El Ghat.*

de 200 pieds au-dessus du Tidikelt et du Touat et son point culminant, marqué par une ligne de rochers appelée *Zouffia*, se trouve à environ 12 kil. à l'ouest de l'Aoulef [1].

Ce district se divise en deux groupes bien distincts : 1° Aoulef ech Cheurfa, habité surtout, ainsi que son nom l'indique, par des Cheurfa : on y trouve neuf ksour. 2° Aoulef el Arab, habité par des Oulad Zenan sédentaires : il comprend dix Ksour.

L'Aoulef est commandé par un cheikh qui, au temps de Rohlfs habitait le ksar Djedid et qui serait actuellement à Zaouiet Heïnoun, disent les uns (De., G.), à Zaouiet Moulai Heïba, affirment les autres [2] (Gh.).

La population de ce district est de 2.000 habitants, savoir :

Cheurfa	200
Arabes sédentaires	1.000
Haratin	500
Nègres	300

Les habitants sont affiliés aux deux confréries de Moulai Taïeb et de Si Abdelkader Djilani ; elles y ont une égale importance. On trouve enfin dans cette région trois zaouias.

Le sof Ihamed compte seul des partisans.

---

[1] Rohlfs, *Reise*, p. 170 et 171.

[2] C'était, en 1860, Moulai Ahmed ould Moulai Heïba (de C., C.), qui était le chef de la zaouia de Moulai Heïba (de C.).

Les habitants de l'Aoulef, pour la plupart Oulad Zenan, n'ont pas de chevaux, mais ils possèdent 300 mehara (G.); ils pratiquent du reste l'élevage du chameau et emploient ces animaux à faire du commerce avec le Soudan (De.).

Les caravanes du Nord se rendent rarement dans ce district. Toutefois en 1890-91, une caravane des Oulad Sidi Cheikh l'a visité.

L'industrie locale produit quelques tissus de laine et coton. On trouve dans ce district du sel, du salpêtre (De.).

« L'Aoulef, nous dit Rohlfs, a de beaux jardins et » produit des dattes exquises[1] ». On y récolte également des fruits et légumes de toutes sortes, ainsi que de la garance et de l'anis. L'arrosage de ces cultures s'effectue à l'aide de feggaguir.

Le lieutenant-colonel de Colomb a partagé le Tidikelt en deux commandements: les Oulad Zenan et In Salah. Le premier de ces commandements qui doit seul nous occuper ici comprend, d'après lui, 15 Ksour, soit: Timmaktan, Amer, Kasba Siid, Zaouia Muley Hiba, Ksar Oulad el Hadj, Aoulef, Djedid, Takaraft, Kasba el Haratin, Zaouia Haimoun, Kasba Oulad Sidi Ahmed, El Habib, Kasba El Hadj Abd El Kader, Akebli, Tit et Inghar. A part les trois derniers noms qui représentent en réalité des districts particuliers et non des ksour, la plupart des autres déno-

---

[1] Rohlfs, *Reise*, p. 172.

minations se retrouvent dans les listes des ksour de l'Aoulef qui ont été données depuis.

Le commandant Colonieu, tout en admettant, comme de Colomb, le partage du Tidikelt entre les Oulad Zenan et In Salah, fait cependant un groupe à part de l'Aoulef.

Rohlfs, qui a visité cette région et a séjourné successivement à Timokten et à Djedid, donne sur les autres ksour du district les renseignements suivants :

« A une heure, au nord du ksar Djedid et dépendant
» également de l'Aoulef, se trouve le ksar isolé
» d'Aoulef Cheurfa. Les autres ksour de l'Aoulef ne
» sont au contraire éloignés de ksar Djedid que d'un
» jet de pierres. Ce sont au nord : Kasbah Belleul,
» Takaraft et Kasbah Bab el Kerim ; au sud : Kasbah
» Zaouia Hainoun [1] ».

Les renseignements les plus récents, fournis par les commandants Deporter et Godron, portent à dix-neuf les ksour de l'Aoulef [2].

---

[1] Rohlfs, *Reise*, p. 172.

[2] Le commandant Fossoyeux et le lieutenant Devaux ont donné une liste de seize noms que nous reproduirons ici : Zaouia Mouley Haiba (Z. Mouley Hiba, D.), Kasbet Mouley Seyed (Kasbat es Sid, D.), Oulad el Hadj, El Mahdiya (El Mahdia, D.), Akanous (Khannous, D.), Kasbet Idjemma (Kasbat Djenna, D.), Mouley Ali Chérif, Aoulef Cheurfa (Aoulif Cheurfa, D.), Timagden (Timagtan, D.), Takaraf (Tiguerfa, D.), Djedid, Kasba Bellal, Menlayakhaf (Oulad Menlaïkhaf, D.), Zaouiet Ainoun (Hinoun, D.), Oulad El Hadj Daha, Oulad Achebal.

Les Oulad Sidi Cheikh qui se sont rendus en caravane dans l'Aoulef, en 1890-91, rapportèrent que ce district comprenait dix

Voici ce que nous savons sur chacun d'eux dans les deux groupes d'Aoulef el Arab et d'Aoulef ech Cheurfa.

I. — Aoulef el Arab.

1° Zaouiet Heïnoun [1], appelé aussi Aoulef el Arab [2].

Il y a dans ce ksar une zaouia Taïbia réputée.

Cette localité est habitée par des Oulad Zenan, des Oulad Talha, des haratin et des nègres. Tous sont Taïbia (G.).

Notables.

El Hadj Mohammed ou Guenga et son frère Si El Hadj Ahmed (Gr.).

2° Timokten [3].

C'est un marché fréquenté par les Ahaggar (Kel Rela et Kel Tazzolt) (De.).

Ce ksar est habité par une population d'origine arabe les Oulad Iahia (Le C.) qui sont Taïbia ou Kadria (G.).

3° Inir [4].

ksour dont cinq habités par les Oulad Zenan et cinq par des Cheurfa qui forment la majorité de la population. C'étaient Zaouiet Mouley, Hiba, Zaouiet Hinoun, Timegtan, Takarraft, Ksar ben Sidi Mellouk, Khemous, Djedid Oulad Chebli, Kasbet el Djenna, Kasbet Belbel et Kasbet Amtat.

[1] Orthographes diverses : Z. Haïmoun (de C.), Kasba Zaouia Hainoun (R.), Z. Aïnoun (Fo.), Z. Hinoun (D., Gr.), Heïnoun (De., G.).

[2] Orthographe unique (De.).

[3] Orthographes diverses : Timmaktan (de C., R.), Timagden (Fo.), Timagtan (D.), Timokten (De., G.), Timegtan (Gr.).

[4] Orthographes diverses : Aner (de C.), Inir (De., G.).

Les habitants de ce ksar sont tous Taïbia (G.).

4° Kasbet ma Ikhaf[1].

C'est une petite zaouia qu'habitent quelques marabouts (G.) originaires du Reggan (De.).

5° Djedid[2].

Les habitants de ce ksar sont Taïbia (G.).

6° Takaraft[3].

C'est un marché fréquenté par les Ahaggar (Kel Rela) dont les habitants sont Kadria (G.).

Notables.

El Hadj Ahmed et Mohammed Abderrahman (Gr.).

7° Kasbet Belbel[4] appelée aussi Kasbet Oulad Chebel[5].

---

[1] Littéralement : Kasba, il ne craint pas : peut avoir le sens d'imprenable ou celui de fort des hommes sans peur (B.).

Orthographes diverses : Menlayakhaf (Fo.), Oulad Menlaïkhaf (D.), Kasbet ma Ikhaf (De., G.).

[2] Orthographe unique : (de C., R., Fo., D., De., G.).

[3] Peut venir de *ikarafen*, froid ; ce serait le féminin, la froide. Il est probable qu'il y a plutôt une interversion de lettres et qu'il faut lire Tarakaft, la caravane (B.).

Orthographes diverses : Takaraft (de C., R., De., G.), Takaraf (Fo.), Tiguerfa (D.), Takarraft (Gr.),

[4] Nous avons vu que le belbel était l'anabasis articulata, plante très commune au Sahara.

Orthographes diverses : Kasbah Belleul (R.), Kasba Bellal (Fo., D.), Kasbet Belbel (De., G.), Kasbet Belbal (Gr.).

[5] Orthographes diverses : Kasbet Oulad Chebel (De.), Djedid Oulad Chebli (Gr.).

Cette kasba serait habitée par des arabes originaires du Reggan. Tous ses habitants seraient Taïbia.

8° Kasbet el Habadet [1].

9° Kasbet Omanet[1].

10° Kasbet el Foukania[1] appelée aussi Kasbet Ould Sid Ahmed el Habib [2].

Ces trois kasbas sont occupées par des arabes et leurs serviteurs, tous affiliés à la confrérie de Moulai Taïeb (G.).

II. — Aoulef ech Cheurfa.

1° Akhannous [3].

C'est le ksar le plus important de ce groupe (De.).

2° Aoulef ech Cheurfa [4].

Comme son nom l'indique ce ksar est exclusivement habité par des cheurfa.

3° Oulad el Hadj ba Khalla [5] (ou Khellat).

Ce ksar serait en partie ruiné (De.).

4° Kasbet Djenna [6].

---

[1] Orthographe unique (De., G.).

[2] Orthographes diverses : El Habib (de C.), Kasbet ould Sid Ahmed el Habib (De).

[3] Orthographes diverses: Akanous (Fo.), Khannous (D.), Akhannous (De.), Akhamous (G.), Khemous (Gr.).

[4] Orthographe unique (R., Fo., D., De., G.).

[5] Orthographes diverses : Ksar Oulad el Hadj (de C.), Oulad El Hadj (Fo., D.), Oulad el Hadj ba Khalla (De., G.), Oulad el Hadj ba Khellat (De.).

[6] Citadelle de l'aile ou du paradis selon l'orthographe arabe (B.).

Orthographes diverses : Kasba Idjemma (Fo.), Kasbet Djenna (D., De., G., Gr.).

Notable.

Si Mohammed ben Melouk. C'est un cherif des Oulad Moulai Heïba qui possède une grande fortune et s'occupe plus de ses intérêts que des questions politiques. Il a cependant une grande influence religieuse et entretient des relations avec les Touareg et l'ouest. Pour se soustraire à l'autorité du caïd de l'Aoulef, Mohammed Ould Moulai Heïba, avec lequel il est en désaccord, il a demandé à relever du caïd de Sali (Gr., Gh.).

5° Kasbet Ould Sid Mohammed Ould Sid el Mabrouk [1].

6° Kasbet Sid [2], appelée aussi Kasbet Moulai Ali ech Chérif [3].

7° Zaouiet Moulai Heïba [4].

C'est une zaouia réputée.

Notables.

Moulai Abdelkader ben Moulai Heïba [5]. C'est un homme dans l'aisance appartenant à une bonne famille

---

[1] Orthographe unique : (De., G.).

[2] Citadelle du lion (B.).
Orthographes diverses : Kasba Siid (de C.), Kasba Mouley Sid (Fo.), Kasbet Sid (D., De., G.).

[3] Orthographes diverses : Moulai Ali Cherif (Fo., D.), Kasbet Moulai Ali Cherif (De.).

[4] Orthographes diverses : Z. Mouley Hiba (de C., D., Gr.), Z. M. Haïba (Fo.), Z. M. Heïba (De., G.).

[5] Des renseignements, recueillis à Géryville, lui attribuent le nom de Si Mohammed ould Moulai Heïba.

qui aurait été investi par le Sultan de l'emploi de caïd (Gh.).

8° El Mahdia [1].

9° Tiguidit [2].

Ruines.

Le commandant Deporter signale, au sud d'Inir, le ksar en ruines de Sidi Aïssa où une très haute koubba est encore debout, et au sud-est de Kasbet el foukania, les ruines du ksar Heïnoun el Khah.

AKABLI.

Le district d'Akabli [3] est le plus méridional de tous les groupes d'oasis de l'Archipel touatien. Situé au sud-est de l'Aoulef et au sud de Tit, il est éloigné, d'après Rohlfs, d'environ 15 kil. de ce dernier. C'est le lieu de rassemblement des caravanes venant du Touat ou du Tidikelt pour se rendre à Tin Bouktou [4].

---

[1] Orthographes diverses : El Mahdiya (Fo.), El Mahdia (D., De., G.).

[2] Le banc de sable : *iguidi*, pluriel *iguiden*, synonyme d'*erg*, *areg*, région couverte de grandes dunes. *Tiguidit* est un diminutif, un iguidi en miniature (B.).
Orthographe unique : (De., G.).

[3] Orthographes diverses : Akebli (de C., R., D.), Guebli (Fo.), Aqabli (C., Du.), Acabli (De., G.), Akabli (B., Le C.).

[4] Rohlfs, *Reise*, p. 193.

La population répartie en sept ksour s'élève à environ 1.000 habitants, soit :

    Arabes sédentaires 600
    Haratin 250
    Nègres 200

Deux tribus arabes, agrégées aux Touareg de l'Adrar Ahenet, et originaires des Berabich, les Mazil et les Sekakna, campent alternativement dans la région d'Akabli et dans l'Asedjradh. Ce sont de grands convoyeurs de caravanes constamment sur la route d'Akabli au Soudan [1].

Les confréries religieuses des Taïbia et des Kadria comptent seules des affiliés dans ce district : la seconde a cependant la prépondérance.

Tous les habitants du district se rattachent au sof Ihamed. Il s'y trouve trois zaouias.

Les palmiers sont irrigués à l'aide de feggaguir ; ils produisent d'excellentes dattes qui font l'objet d'un actif commerce d'échange avec les Touareg Ahaggar. Les jardins fournissent des légumes et des fruits assez abondants.

L'industrie locale ne produit que quelques tissus de laine (De.).

On recueille à Akabli du salpêtre (De.). Cette localité « est en outre renommée pour ses mines d'alun. Il

---

[1] Bissuel, *Touareg de l'ouest*, p. 23 et 24. — Deporter, *Extrême-Sud de l'Algérie*, p. 342.

» doit s'y trouver également du soufre, mais on ne
» saurait l'affirmer [1] ».

Le lieutenant-colonel de Colomb a fait d'Akabli un ksar distinct du commandement des Oulad Zenan. Ces données ont été reproduites par le commandant Colonieu et les renseignements vagues rapportés par Rohlfs semblaient les confirmer.

Plus tard, le commandant Fossoyeux et le lieutenant Devaux ont donné pour l'Akabli une liste de six ksour, parmi lesquels figure toujours un ksar du nom d'Akabli [2].

Le commandant Deporter a porté le nombre des ksour à sept, chiffre que le commandant Godron a réduit d'une unité, supprimant le ksar Athram, cité par Deporter, sans expliquer les motifs de cette mesure sans appel.

Voici les renseignements que nous possédons sur ces sept ksour :

1° Zaouiet Cheikh bou Naama [3].

Cette zaouia serait habitée, au dire de Deporter, par des Oulad Sidi el Abed, originaires des Kounta de l'Azaouad.

---

[1] Rohlfs, *Reise*, p. 193.

[2] Voici la liste du commandant Fossoyeux et du lieutenant Devaux : El Mansour, Arekchache, Sahela, Akabli, Bou Taleha et Zaouiet Mouhâama.

[3] *Naama* est le nom arabe de l'autruche, le nom tamahak est *anhil*, au féminin *tanhilt* (B.).

Orthographes diverses : Zaouiet Cheikh bou Naama (De., G.), Zaouiet bou Noua (Le C.).

Les habitants sont, suivant le commandant Godron, en majorité Kadria, mais la présence d'indigènes, originaires des Kounta dans ce ksar, fait supposer qu'ils appartiennent plutôt à la branche dérivée des Bakkaïa.

Il existe dans ce village, d'ailleurs entouré d'un mur d'enceinte, une kasba, auprès de laquelle sont deux koubba dédiées l'une à Sid El Abed, l'autre à Cheikh bou Naama.

Notable.

Si Hamza ben Mohammed Sid El Bakkaï; de la famille maraboutique des Oulad Cheikh ben Mokhtar (tolba). Il remplit les fonctions de cadi et jouit d'une grande réputation de justice. Il est souvent appeler à juger les différends entre les Touareg (Gr.).

2° Kasbet Sid el Abed [1].

Cette kasba très voisine de Zaouiet Cheikh bou Naama, dont elle fait en quelque sorte partie, est habitée par des marabouts arabes, probablement de même origine que les précédents. Bien que le commandant Godron en fasse des Taïbia, ils sont plutôt très probablement Bakkaïa.

3° El Mansour [2].

Ce ksar, d'après Deporter, serait habité par des

---

[1] Orthographe unique : De., G.

[2] Le victorieux.
Orthographe unique : Fo., D., De., G.

Oulad Zenan, des Oulad el Hadj M'hammed, des haratin et des nègres.

Suivant cet auteur ces Oulad El Hadj M'hammed seraient aussi appelés Timlefatin à cause de la coutume qu'ils ont prise aux Touareg de porter le voile.

Pour Duveyrier, le ksar d'El Mansour et celui d'Erg Chache seraient « occupés par une tribu targuie,
» les Iouinhédjen, qui antérieurement habitait les
» environs d'El Barkat, au sud de R'at, mais qui a été
» forcée d'émigrer par les anciens sultans des Touareg.
» Les arabes donnent le nom de Settaf [1] à ces
» Touareg [2] ».

Les Taïbia y dominent (G.).

4° Kasbet Oulad Zenan [3].

Cette kasba, comme son nom l'indique, est occupée par des Oulad Zenan et leurs serviteurs.

5° Erg Chache [4].

Ce ksar est habité par des Oulad Zenan, et des Settaf dont nous avons indiqué l'origine précédemment. D'autres les prétendent issus des Kounta de l'Azaouad. Ils y entretiendraient une petite zaouia (De.).

---

[1] Corruption du mot tamahak *isattafenin*, les noirs, c'est-à-dire, ceux qui portent le voile noir, les habitants du Tidikelt portant ordinairement le voile blanc.

[2] Duveyrier, *Touareg du nord*, p. 299.

[3] Orthographe unique : (De., G.).

[4] Chache est l'ensemble des calottes, turbans, etc., qui constituent la coiffure. — Chachia, calotte (B.).
Orthographes diverses : Arrekach (Du.), Arekchache (Fo., D.), Erg Chache (De., G.).

6° Sahel[1].

Ce ksar serait habité par des Oulad Zenan et une fraction de Foullah, qui passent pour des tolba très instruits. Ils enseignent la jurisprudence et rendent des décisions très écoutées (De.).

Au sud-est de cette localité se trouveraient une mine de thomela, une mine d'alun, avec un banc d'argile et une mine de natron (De.).

7° Athram[2].

C'est une dépendance de Zaouia Cheikh bou Naama habitée par des Khammès de cette zaouia (G.).

Ruines.

Aucune ruine n'a été signalée dans ce district.

TIT.

C'est un très petit district sans grande importance. Il est situé au pied de la berge sud du plateau inférieur du Tadmaït.

Rohlfs a mis neuf heures pour aller d'Aoulef à Tit[3], ayant constamment suivi une direction de 85°. A

---

[1] Le rivage.
Orthographes diverses : Sahel (D., De., G.), Sahela (Fo.).

[2] Probablement *ataram*, qui signifie à la fois ouest et en bas et peut se rendre en arabe par *r'arbi* et par *tahtani* (B.).

[3] En tamahak, œil, source comme *aïn*, en arabe (B.).
Orthographes diverses : Tit (de C., C., De., G.), Titt (R., Fo.), Tith (D.).

l'ouest et à proximité de cette oasis, vient mourir une crête de rochers de grès que le voyageur allemand avait dû d'abord franchir à 5 kil. d'Aoulef et qu'il eut ensuite constamment à sa gauche pendant toute sa route. A part ce mouvement de terrain le pays entre Aoulef et Tit est nu, désolé et complètement privé d'eau.

Au contraire à l'est de l'oasis, la région d'abord couverte de dunes, devient bientôt riche en pâturages pour les chameaux (alfa, domrhane, zeïta, etc.). Les indigènes lui donnent complaisamment le nom de rhaba (forêt) qui est plus ou moins justifié malgré l'abondance d'une végétation qui ne dépasse guère soixante centimètres[1].

La population de ce petit district n'est que de 360 habitants, ainsi répartis :

Cheurfa	30
Arabes sédentaires	80
Haratin	50
Nègres	200

Ce petit nombre d'habitants appartient surtout à la confrérie de Si Abdelkader Djilani, quelques-uns seulement sont Taïbia. Il y a dans cette oasis une zaouia.

Le sof Ihamed est le seul qui ait des partisans.

Les palmiers arrosés par des feggaguir produisent des dattes de bonne qualité. Les cultures des jardins, bien entretenues, donnent des fruits et légumes.

[1] Rohlfs, *Reise*, p. 172 et 173.

Les habitants pratiquent l'élevage du chameau dans la raba. Leur oasis est fréquentée par les Ahaggar et les Touareg de l'Ahenet (De.).

Le lieutenant-colonel de Colomb et le commandant Colonieu ont fait de Tit, un simple ksar du commandement des Oulad Zenan.

Le commandant Fossoyeux et le lieutenant Devaux l'ont rattaché au district d'In Salah.

Rohlfs, qui a passé quelques heures dans cette oasis (de 5 h. du soir à 2 h. du matin), nous apprend qu'il ne s'y trouve que deux ksour : Ksar el Maraboutin et Ksar ech Cheurfa à l'ouest du premier.

Ces données sont confirmées et complétées par les renseignements recueillis par les commandants Deporter et Godron qui nous ont fixés exactement sur la dénomination habituelle de chacun de ces ksour.

1° Tit ou Zaouiet Tit [1].

Dans ce ksar se trouve une zaouia occupée par des marabouts originaires des Ahl Azzi, de la zaouia Sidi Maabed, à proximité de R'adamès (G.).

Les habitants de ce ksar occupent, d'après Deporter, trois quartiers distincts : Oulad El Ouahab, Oulad el Beï, Oulad Sidi Ali. Quelques fractions des Ahaggar y déposent leurs provisions et leurs richesses.

Au nord du ksar se trouve la koubba de Si Abderrahman ou el Hadj (De.).

---

[1] Orthographes diverses : Titt (R.), Ksar Titt (Fo.), Ksar Tith (D.), Zaouiet Tit (De., G.), Tit (De., de C., C.).

2° El Keseïbet ech Cheurfa[1].

Ce petit ksar est habité par une trentaine de cheurfa qui sont tous Kadria.

Ruines.

Aucune n'a été signalée.

IN R'AR

Le petit district d'In R'ar[2] ou Inr'ar[3] est situé au pied de l'escarpement de l'étage inférieur du Tadmaït. Il se trouve à environ 35 kil. au nord-est de Tit[4].

A l'ouest de l'oasis on trouve un sol pierreux qui s'étend jusqu'à Aïn Sidi Cheikh Ali. Là cesse la raba que nous avons vue commencer à Tit. Trois sources jalonnent le chemin de cette dernière oasis à In R'ar, Aïn Sidi Cheikh Ali est la plus orientale ; elle donne

---

[1] Orthographe unique : (De., G.).

[2] Celui (le lieu) de la grotte, de la caverne. In est berbère, R'ar arabe (B.). In Gher ou In Ghar écrit Duveyrier (*Touareg du Nord*, p. 471), endroit de l'eau.

[3] Le ravin.
Orthographes diverses : Inghar (de C.), Inrhar (R.), Ingharou (Fo., D.), In Rar (De.), In R'ar (G.), In Gher (Du.), In Ghar (Du.).

[4] Rohlfs, *Reise*, p. 173. Le voyageur allemand, allant de Tit à In R'ar, a suivi constamment une direction nettement nord-est (45°). Parti de Tit à 2 heures du matin il était à 5 heures du soir à In R'ar, après s'être reposé quelques heures en route à Aïn Sidi Cheikh Ali. La distance entre les deux localités n'a pu être appréciée que sur la carte jointe au journal de route de l'explorateur.

la vie à une cinquantaine de palmiers et au passage de Rohlfs, un marabout s'était installé là sans craindre les pillages des Touareg et des Oulad ba Hammou, efficacement protégé d'ailleurs par sa misère contre leurs entreprises.

A l'est d'In R'ar la raba reparaît et s'étend jusqu'à In Salah.

Dans cette même direction, à 9 kil. environ d'In R'ar, se trouve la localité de Zaouia Abidin, ainsi appelée actuellement parce que Si Abidin, le chef guerrier des Bakkaïa, avait eu l'intention de s'y fixer autrefois. Il n'y aurait là que quelques palmiers arrosés par une foggara et un important gisement de sel, mais pas une seule habitation [1].

La population de ce district est d'environ 1.250 âmes, soit :

Arabes	600
Touareg	200
Haratin	300
Nègres	150

Ces arabes sont : 1° des Oulad Djelloul, marabouts originaires du Niger ; ils jouent dans l'oasis le rôle le plus important et sont tous sédentaires ; 2° des Oulad Khelifa, également marabouts originaires du Touat [2] ; ils sont également sédentaires (Le C.).

Les Touareg d'In R'ar sont les Oulad bou Tseggui,

---

[1] Renseignements fournis par la division d'Alger.

[2] Rohlfs (*Reise*, p. 194) prétend qu'ils viennent du Maroc. Il en fait des descendants des Oulad *Khalifi*.

imrad des Kel Amellel et depuis quelque temps des Oulad ba Hammou, et les Oulad bou Hannini, imrad des Taïtok [1] (Le C., De.). On les nomme aussi Touareg el Beïod (Touareg blancs). Comme tous les ksouriens ils seraient d'une bravoure relative en rase campagne [2].

Ce district subissait auparavant plus directement l'influence des Kel Amellel et de l'Aoulef. Mais pour échapper à la domination onéreuse des premiers, toute la population, même celle d'origine targuie, celle-ci étant devenue plus riche, s'est rapprochée d'In Salah, rompant même avec l'Aoulef. Actuellement les Oulad Badjouda ont la prépondérance (Le C.).

Tous les gens de cette oasis, quelle que soit leur origine, ont complètement adopté la langue et les usages des Touareg. La plupart habitent de simples huttes en branches de palmiers ou de petites tentes en peau [3].

Presque tous sont Taïbia, sauf les gens de Kasbet Oulad Hadega et une partie de ceux de Kasbet Oulad Didi qui sont Kadria.

Le sof Ihamed compte seul des partisans.

On trouve dans cette oasis deux petites zaouias.

---

[1] Duveyrier qui donne aux Touareg d'In R'ar la dénomination de Kel *Ingher* en fait des imrad des Kel Rela (Ahaggar). Ils servent de point d'appui aux nobles quand ils viennent au marché (*Touareg du nord*, p. 299 et 376).

Ce sont bien, au dire de Rohlfs des Kel Amellel (Tedjehen ou Sidi).

[2] Le Châtelier, *Medaganat*, p. 148.

[3] Rohlfs, *Reise*, p. 174.

Les palmiers de ce district, arrosés par des feggaguir, ne produisent qu'une petite quantité de dattes. Les Kel Amellel en possèdent quelques-uns. Les cultures des jardins donnent quelques fruits et légumes. Les habitants élèvent des chameaux qui trouvent dans la raba les pâturages qui leur sont nécessaires.

Le lieutenant-colonel de Colomb a fait d'In R'ar un ksar du commandement des Oulad Zenan. Plus tard le commandant Fossoyeux et le lieutenant Devaux ont placé cette localité dans le district d'In Salah. En même temps, ils ont donné cinq noms de ksour pouvant se rattacher au groupe[1] que nous étudions.

Rohlfs cependant, bien qu'il n'ait passé que quelques heures dans cette localité (de 5 heures du soir à 3 heures du matin), avait donné, avant ces deux derniers auteurs, des renseignements sur les ksour de cette localité. Suivant lui, « le ksar de Koheul est
» le principal d'In R'er ; ce district renferme encore,
» indépendamment de Koheul, le ksar de Meliana
» qui est au sud et ceux de Akebohl et Isal, qui sont
» situés au nord de Koheul. Tous ces ksour ne sont
» pas éloignés de plus de 10 minutes les uns des
» autres [2] ».

Les renseignements, recueillis par M. Le Châtelier et le commandant Deporter, et ceux du commandant

---

[1] Ce sont : Ingharou, El Akhol (El Kahel, D.), Akbour, Irsan (Erressan, D.), Meliana.

[2] Rohlfs, *Reise*, p. 173.

Godron ont permis de compléter de la manière suivante les données du voyageur allemand.

Il existe dans l'oasis d'In R'ar sept localités habitées. Ce sont :

1° Ksar El Akhal [1].

Ce sont, au dire de Deporter, deux ksour situés très près l'un de l'autre et ne formant qu'une seule agglomération. On les nommerait : Ksar (ou Kasbet) el Akhal el foukani [2] et Ksar el Akhal es Sefflani [3].

Cette agglomération recevrait aussi le nom particulier de Bled el Koheul [4].

2° Kasbet Oulad Ahmed Djelloul [5].

C'est une petite zaouia habitée par des marabouts avec leurs serviteurs.

3° Meliana [6].

---

[1] Orthographes diverses : Koheul (R.), El Akhol (Fo.), El Kahel (D.), Ksar Lekhal (De.), Ksar el Kahal (G.).

[2] Le ksar noir supérieur (B.).

[3] Le ksar noir de la plaine. On trouve une expression identique dans le langage des Kabyles de Djidjelli : les *Sefflia* sont les gens de la plaine, par opposition aux *Djebala*, les gens de la montagne (B.).

[4] Le pays noir.

[5] Orthographe unique : De., G.

[6] Orthographes diverses : Meliana (R., Fo., D.), Miliana (De., G.).
Doit-on écrire Meliana ou Miliana? En 1864, le savant Berbrugger faisait observer dans la *Revue africaine* (p. 428) combien était inexacte l'assertion de ceux qui voulaient que la ville algérienne de Miliana ait conservé sans altération le nom qu'elle portait sous la domination romaine.

« Les indigènes, disait-il, prononcent Meliana, ce qui n'est pas
» précisément Malliana, Maliana, Mauliana ou Maniana des docu-

Une partie des habitants de ce ksar sont des Oulad ba Hammou.

4° Akbour [1].

Ce ksar, d'après Deporter, serait occupé par des Oulad Zenan et leurs serviteurs.

5° Kasbet Oulad Hadega [2].

C'est une petite zaouia habitée par des Ahl Azzi qui, comme ceux de Tit, sont originaires de la zaouia Sidi Maabed, près de R'adamès (G.).

6° Irsan [3].

Presque tous les habitants de ce ksar sont d'origine targuie. C'est à eux principalement qu'on donne le nom de Touareg blancs [4] (De.).

7° Kasbet Oulad Didi [5].

» ments antiques. En outre, il est fort probable, d'après la forme
» même, que ce mot est berbère et antérieur à la conquête romaine ;
» car, ainsi que cela arrive le plus souvent dans les pays subjugués,
» le vainqueur avait adopté ici presque entièrement la terminologie
» géographique des vaincus ». L'existence au Tidikelt (à In R'ar et dans le groupe d'Iguesten) de deux ksour portant le même nom que la ville algérienne prouve l'exactitude de la conclusion de Berbrugger. La véritable forme de ce nom d'origine berbère semble donc devoir être Meliana.

[1] Pour le sens étymologique de ce mot voir à l'Aouguerout le ksar du même nom.

Orthographe diverses : Akebohl (R.), Akbour (Fo., D., De., G.).

[2] Orthographe unique : Dc., G.

[3] Orthographes diverses : Isal (R.), Erressan (D.), Irsan (Fo., De., G.).

[4] Une correspondance d'Alger cite comme un de leurs chefs le nommé Bouhoubada.

[5] Orthographe unique : De., G.

Cette kasba est occupée par quelques arabes et leurs serviteurs.

Ruines.

Aucune ruine n'a été signalée dans ce district.

IN SALAH.

Le district d'In Salah [1] est, avec l'Aoulef, le plus important du Tidikelt.

---

[1] Rohlfs écrit Aïn Salah, la source de Salah, c'est d'après M. Le Châtelier *(Description de l'oasis d'In Salah*, p. 35) une étymologie « assez répandue dans le pays et d'après laquelle une ancienne » source, dont on connaît encore l'emplacement dans l'oasis, serait » l'origine de ce nom. »
Cependant, dès 1846, Renou (*Description de l'empire du Maroc*, p. 140) avait fait observer avec juste raison, que ce nom « est un mot » berbère, souvent écrit et prononcé à tort Aïn Salah par les arabes » qui, ne connaissant pas la langue berbère, font souvent de pareilles » fautes quand ils parlent de lieux » dénommés par les peuples de cette origine.
Cette appréciation est exacte : le véritable nom de cette localité est, comme l'a écrit Duveyrier (*Touareg du Nord*, p. 290), In Salah, celui (l'endroit) de Salah, combinaison du technique In avec le nom propre Salah. Bien plus, les lettres écrites dans cette oasis à destination d'El Goléa, portent, comme indication de lieu d'origine, la forme féminine Tin Salah (communication verbale de l'interprète militaire Mirante, récemment détaché à El Goléa) ce qui, d'ailleurs, avait déjà été relevé antérieurement dans les dépositions de plusieurs des tirailleurs échappés au massacre de la mission Flatters (commandant Bernard, *2ᵉ mission Flatters*, p. 316, déposition de Messaoud ben Saïd, et Patorni, *Les Tirailleurs français dans le Sahara*, p. 11 et suiv. Déposition d'Ahmed ben Messaoud ben Djerima). Les Taïtok écrivent Salakh (Bissuel, *Le Sahara français*, p. 200). Le commandant Fossoyeux donne la version Salah.

Sa position, ou plutôt celle de Ksar el Arab, le principal centre de ce groupe, a été déterminée en 1825 par le major Laing, qui l'a placée par 27° 11′ de latitude nord et 2° 15′ de longitude est du méridien de Greenwich [1]. Toutefois ces coordonnées n'ont pas été adoptées sans discussion : « Les géographes allemands, écrivait
» en 1886 M. Pouyanne, ont rejeté l'indication de la
» latitude ci-dessus pour placer In Salah plus haut [2],
» en se fondant sur ce que les instruments du major
» Laing avaient été abîmés dans son voyage. Cette
» raison semble bonne pour la longitude, les chrono-
» mètres étant très faciles à déranger par le sable. Elle
» ne semble pas admissible pour les latitudes relevées

---

[1] Voici le passage de la correspondance de Laing où ces coordonnées sont indiquées : « On the 27 th. October, our traveller left
» Ghadamis and arrived at En Salah on the 3d december. This is
» the most eastern town of the province of Tuat and belongs to the
» Tuaric. It is situated in lat. 27° 11′ N., long. 2° 15′ E. and is
» considered to be distant from Timboctoo about thirty five days
» journey. » Quaterly Review, 1828, t. 38, p. 102.

[2] « Si la détermination de la position d'In Salah, faite par Laing,
» a écrit Rohlfs (*Reise*, p. 187 et 188), est exacte, on doit rapprocher
» le Djebel Tidikelt (le Baten) d'In Salah. Car le ksar le plus
» septentrional de cette oasis, Zaouia, est à peine à 2 lieues de l'Ang
» el Mehari, situé au nord-ouest et qui est le point le plus élevé du
» Djebel Tidikelt. De même, il faut transporter In R'ar, Tit et
» Aoulef plus au sud, car In Salah même se trouve à la même
» hauteur que les ksour les plus méridionaux de l'oasis de Fenourin.
» Je tire cette conclusion de ce que depuis Sali jusqu'à In Salah, je
» me suis maintenu dans une direction est ou nord est, mais jamais
» sud-est. Pour pouvoir déterminer exactement cette position, les
» instruments me manquent. »

» au sextant. Cet instrument est facile à régler s'il est
» dérangé ; en cas de détérioration trop forte d'un
» horizon artificiel, il est facile d'y suppléer en temps
» calme, au moins pour l'observation du soleil, de
» l'huile suffisant parfaitement en ce cas. L'horizon
» même du sud du Tidikelt suffit certainement pour
» une mesure de latitude à 2 ou 3 minutes au plus.
» Enfin il est établi que le major Laing avait encore
» au moins un sextant quand il a été assassiné, puisque
» cet instrument a été vu par Caillié entre les mains
» d'un de ses meurtriers, et le major Laing avait prouvé
» ailleurs que les mesures astronomiques lui étaient
» familières. Il paraît donc impossible de rejeter le
» seul chiffre précis qu'on possède pour In Salah, pour
» préférer une position fournie par un itinéraire dont
» les points de départ sûrs sont très lointains, et dont
» les éléments, distances et direction, sont susceptibles
» de variations notables, sans sortir des limites des
» erreurs d'observation.

» Si, de plus, on place à partir de Temassinin la
» portion de l'itinéraire de Rohlfs comprise entre ce
» point et In Salah (tel qu'il est représenté sur la
» carte des Mittheilungen), en prenant pour Temassi-
» nin la nouvelle position déterminée par la mission
» Flatters, In Salah descend beaucoup au sud, et il
» suffit de faire subir à l'itinéraire une rotation d'en-
» semble de 2 degrés, autour de Temassinin comme
» centre, pour qu'In Salah vienne sur le parallèle
» que lui assigne le major Laing. Les itinéraires

» entre le Tidikelt et l'Aouguerout conduisent à la
» même conclusion. Tous ces motifs m'ont amené à
» adopter pour In Salah la latitude du major Laing,
» c'est-à-dire, 27° 11′.

» Pour la longitude le moyen de détermination qui
» a paru le plus sûr a consisté à se servir de l'itinéraire
» de Rohlfs à partir de Temassinin comme il est dit
» ci-dessus. La longitude ainsi fixée est de 0° 16′ à
» l'ouest de Paris [1] ».

Tout récemment enfin la question s'est de nouveau posée, lorsque, dans les derniers mois de 1893, M. Foureau accomplit la reconnaissance de la route d'In Salah jusqu'à Hassi Mongar. Il put alors constater que son itinéraire tendait à changer la longitude jusqu'ici généralement admise pour In Salah.

« Bien qu'un cheminement à la boussole, nous dit
» M. Foureau, ne puisse jamais passer pour un docu-
» ment absolument précis, je serais cependant tenté de
» croire qu'il y a quelque chose de vrai dans cette
» affirmation, car jusqu'à Hassi El Mongar j'ai presque
» toujours fait du sud et parfois du sud-est. Il y a là
» une erreur évidente et rien que de ce fait il est
» certain qu'In Salah doit être reporté vers l'est.

» D'après le dessin de mon itinéraire, ajoute
» M. Foureau, je trouve comme coordonnées probables
» pour In Salah : latitude N. 27°11′ et *longitude est* 0′
» 23′ 40″ ».

---

[1] Pouyanne, *Documents relatifs à la mission dirigée au Sud de l'Algérie*, p. 81 et 82.

Telles sont les coordonnées que nous avons adoptées pour la position d'In Salah. Elles placent cette localité sensiblement sur le même méridien qu'El Goléa, à 46 kilomètres à l'est en chiffre rond de la position donnée primitivement par Laing, qui était, comme nous l'avons dit, de 2° 15′ de longitude est du méridien de Greenwich, soit du 0°5′14″ à l'ouest de celui de Paris.

Le voyageur allemand, Rohlfs, pour se rendre d'In R'ar à In Salah, a suivi une direction de 60°. Parti à 3 heures du matin, il abordait la sebkha d'In Salah à 6 heures du soir, ayant fait cependant un court arrêt à Aouinet Sissa; sa marche s'était constamment accomplie à travers la raba.

L'oasis d'In Salah s'étend du nord au sud; elle renferme plusieurs ksour qui sont tous bâtis sur la lisière est de la forêt de palmiers, auprès des dunes appelées Areg Sidi Moussa. « Une sebkha s'étend tout » entière à l'ouest des palmiers; elle se couvre au » printemps sur toute sa surface d'une couche d'eau » qui est salée. On a déjà commencé, nous dit Rohlfs » à qui nous empruntons ces renseignements, à la » mettre en culture et dans quelques années elle » aura complètement disparu et sera transformée en » palmeraie. »

« L'irrigation des palmiers se fait comme au Touat » à l'aide de feggaguir et il est à supposer qu'il existe » dans tout le Tidikelt un courant souterrain allant du » nord au sud, car la plupart des feggaguir ont cette » direction. Elles grossissent au printemps après les

» fortes pluies du nord : car, à In Salah, on reste
» souvent de longues années sans voir la pluie ou s'il
» vient à pleuvoir c'est tout à fait d'une façon insigni-
» fiante[1] ».

Les productions naturelles sont ici les mêmes qu'au Touat : ce sont surtout des dattes. Elles sont de qualité supérieure. « Le séné croît également à l'état sauvage
» dans les jardins, mais le tabac et le pavot à opium
» ne sont pas cultivés. Les céréales et les légumes sont
» les mêmes qu'au Touat ; on y cultive en outre une
» autre variété de mil des nègres, appelée *tasfaout*[2]. »

Le district produit en outre de l'alun et du salpêtre (De.). La mine d'alun se trouve dans la raba, auprès d'une demi-douzaine de puits dont le principal s'appelle Hassi El Aggaïa. Près de la mine sont trois mares petites et profondes, dont l'eau jaune foncé est extrêmement acide [3].

Au point de vue commercial, In Salah est, comme nous l'avons vu, une simple localité de transit. Toutefois le trafic qui s'y fait y attire d'assez nombreux étrangers. « On y rencontre constamment, nous apprend Rohlfs,
» des gens de Tin Bouktou, de R'adamès et du Touat
» proprement dit, des Chaanba et des Mozabites qui
» viennent y échanger les productions de leur pays[4] ».

L'importance de la population d'In Salah a été

---

[1] Rohlfs, *Reise*, p. 189-190.
[2] Rohlfs, *Reise*, p. 189.
[3] Patorni, *Les tirailleurs algériens dans le Sahara*, p. 40.
[4] Rohlfs, *Reise*, p. 188.

évaluée de différentes manières. Les chiffres, fournis en dernier lieu par le commandant Godron, paraissent inférieurs à la réalité ; toutefois, il semble bon de les noter parce qu'ils permettent d'apprécier d'une manière approximative la proportion qui existe très probablement entre les divers éléments de la population. Les voici :

    Arabes nomades 600
    Arabes sédentaires................. 200
    Haratin 400
    Nègres 300

M. Le Châtelier ajoute à cette énumération, un élément berbère autochtone, les Oulad Sokna qui habitent principalement Ksar el Arab. Il donne également une origine berbère aux diverses fractions maraboutiques issues des Ahl Azzi, dont le centre principal est la zaouia de Sidi Maabed, à proximité de R'adamès. Ce sont : 1° les Oulad Belkassem, les Oulad El hadj Belkassem, les Oulad El Hadj et les Der'amcha.

Les arabes qui habitent In Salah appartiennent aux fractions ci-après [1].

| Oulad ba Hammou [2]. | Oulad Badjouda, Oulad Hammou, Oulad Hammeid Allah, Oulad Zoummit, Oulad Iaïch, Oulad Dahan. |

[1] La plupart des renseignements sur les populations qui vont suivre sont empruntés à la *Description de l'oasis d'In Salah* de M. Le Châtelier.

[2] Les Touareg Ahaggar leur donnent les noms de Aït ba Khamou

C'est aux Oulad Badjouda qu'appartient le commandement des Oulad ba Hammou. Ils comptaient primitivement dans la fraction des Oulad Hammou. Leur chef actuel, El Hadj el Mahdi, a succédé à son père El Hadj Abdelkader Ould Sid El Hadj Mohammed Badjouda, décédé le 27 mai 1889.

Les Oulad Dahan constituent un groupe tout à fait indépendant qui cherche constamment à se mettre en opposition avec les Oulad Badjouda et ne craint pas même de nous faire des avances.

D'après Rohlfs, les Oulad ba Hammou tirent leur origine des Oulad M'hammoud de Tripoli [1].

Oulad Mokhtar[2].
{ Oulad Mokhtar proprement dits,
Oulad Dahadj,
Oulad Haïda,
Oulad Boudjouda.

Les Oulad Mokhtar sont moins nombreux que les Oulad ba Hammou, mais leurs richesses, leurs tendances pacifiques leur donnent une situation souvent prépondérante. Ils se rapprochent généralement des Zoua de Foggara, avec lesquels ils sont d'ailleurs en

ou de Dag Badjouda. Ils étendent du reste ces dénominations à tous les habitants du Tidikelt sans distinction.

Les Oulad Mokhtar, de leur côté, appellent les Oulad ba Hammou, les Ahl el Kouari.

[1] Rohlfs, *Reise*, p. 193.
Une correspondance d'Aïn Sefra (mai 1886) fait des Oulad ba Hammou et des Oulad Mokhtar, un groupe ethnique de même origine, les Oulad Ameur Mellouk.

[2] Les Oulad ba Hammou leur donnent le nom de Ahl el Hofra.

communauté d'intérêt. Tous les Oulad Mokhtar sont sédentaires et s'occupent de culture ou de négoce. Ce sont eux qui ont à peu près le monopole de toutes les affaires qui se traitent sur place. Ce sont eux également qui dans le district se montrent les moins hostiles à l'influence française.

A ces deux grandes fractions il faut ajouter encore des petits groupes arabes peu importants. Ce sont :

1° Les Oulad Baba Aïssa, originaires de l'Azaouad.

2° Des Chaanba, dont sept tentes campent à proximité d'In Salah depuis nombre d'années.

Les Touareg qui fréquentent In Salah y viennent, d'après Rohlfs, à l'automne au moment de la récolte des dattes [1]. Ce sont des Ahaggar, Isakkamaren, Tedjehe-n-Eggali, Tedjehe-n-Essakal et Kel Amellel. Suivant le voyageur allemand qui se trouvait à In Salah à l'époque habituelle de leur séjour, les Isakkamaren, qu'ils appellent Sogmaren, sont les plus nombreux.

On trouve également à In Salah des juifs convertis [2].

Plusieurs confréries religieuses y sont en honneur : les Taïbia, les Kadria comptent des affiliés. Les Oulad Sidi Cheikh jusqu'en 1860 ont eu une situation prépondérante dans le district. Ils l'ont perdue à cette époque à la suite des circonstances suivantes.

Cette même année, à la nouvelle de la prochaine arrivée de l'Empereur en Algérie, le khalifa Si Hamza

---

[1] Rohlfs, *Reise*, p. 200.
[2] Patorni, *Les tirailleurs algériens dans le Sahara*, p. 42.

put, grâce aux Zoua de Foggara, convoquer un miad de Touareg à El Goléa. Il put même amener trois d'entre eux en Algérie, avec l'approbation de toutes les tribus de cette partie du Sahara, sauf cependant celle des Oulad ba Hammou et des Oulad Zenan.

Si Hamza mécontenta les trois envoyés en ne leur attribuant pas auprès de l'autorité française l'importance qui leur était dévolue dans leur pays.

Cette impression fâcheuse fut augmentée par la mort de l'un d'eux avant d'avoir atteint son pays. Bientôt un nouveau grief contre Si Hamza vint se joindre à celui-ci: la même année, il écrivit à Timimoun que le commandant supérieur de Géryville devait accompagner au Touat la caravane habituelle des Trafi. Le chef de Timimoun répondit qu'il l'accueillerait avec empressement, mais les gens d'In Salah, que le khalifa avait négligé de prévenir, lui écrivirent qu'il devait bien savoir que le Touat n'était pas de son commandement, mais bien soumis au leur et qu'ils le lui prouveraient. En même temps ils envoyèrent au Timmi et à Timimoun l'injonction formelle de fermer leurs portes à tout français et de refuser d'entrer en pourparlers avec eux.

Les tribus du Ahaggar, celles qui habitent entre le Touat et Tin Bouktou, approuvèrent cette mesure et convinrent de s'allier, pour résister à toute agression de la part de Si Hamza.

C'est alors que sous l'influence de Mohammed ben Abdallah, qui vivait à ce moment près d'In Salah, où il se préparait à tenter la fortune contre les Français, que El Hadj Abdelkader Badjouda et la plupart des Oulad ba Hammou s'affilièrent à la confrérie des Snoussia. Toutefois, s'ils n'ont pas conservé de relations directes avec les Oulad Sidi Cheikh, si El Hadj Abdelkader Badjouda ou ses successeurs ne se rendent plus, comme avant 1860, à El Abiod Sidi Cheikh pour y porter des redevances religieuses, ils n'hésitent pas cependant à remettre leurs offrandes aux membres de la famille des Oulad Sidi Cheikh qui se rendent chez eux, et paient la refara (un régime de dattes par palmier et par an) aux abid de la zaouia de Si El Hadj bou Hafs qui viennent les visiter (Gr.).

Il existe à In Salah une zaouia snoussia et c'est le chef des Oulad Badjouda, El Hadj El Mahdi, qui en est le mokaddem.

On trouve encore dans ce district des Ziania, sans doute parmi ceux qui sont en relations d'affaires avec la région de l'oued Guir ou celle de Figuig. Pour le même motif les Bakkaïa comptent d'assez nombreux adeptes. Cette confrérie possède trois petites zaouias dans le district, entretenues par la piété des fidèles reconnaissants des services rendus à leurs intérêts particuliers.

Tous les habitants du district appartiennent au sof Ihamed. Il se partagent également en deux partis, d'intérêts opposés, à la tête desquels sont d'une part les Oulad ba Hammou, de l'autre les Oulad Mokhtar. Au sof des Oulad ba Hammou, appartiennent les ksouriens berbères Oulad Sokna, puis des marabouts, les Oulad Belkassem, les Oulad el Hadj bel Kassem. Le sof des Oulad Mokhtar comprend une partie des Oulad Sokna et parmi les marabouts, les Oulad El Hadj, les Oulad Haddi des Oulad Belkassem et les Der'amcha (Le C.).

Les gens d'In Salah possèdent une trentaine de chevaux et environ 250 mehara (G.).

Le lieutenant-colonel de Colomb a donné pour le district d'In Salah une liste de quatorze ksour confondant dans un même ensemble les ksour d'In Salah et ceux du groupe d'Iguesten et de Foggaret Zoua. Les ksour qu'il désignait étaient : Insalah, Ksar el Arb, Ksar el Djedid, Hassi El Hadjer, Oulad el Hadj, Oulad el Ben Kassem, Deghamcha, Zaouia, Iguesten, Zaouia Oulad Sidi El Hadj Mohammed, Sahala foukania, Sahala tahtania, Meliana, Fegguiguira. Les dix premiers étaient d'après lui groupés sur un espace assez restreint, tandis que les quatre autres étaient isolés au nord.

Le commandant Fossoyeux et le lieutenant Devaux ont fourni tous deux une liste identique de dix-sept ksour dans laquelle ils font entrer six ksour appartenant aux circonscriptions de Tit ou d'In R'ar et la plupart de ceux du groupe d'Iguesten [1]. Pour les

---

[1] Voici cette liste : Kasbet Oulad Mouley Ali (c'est sans doute la Kasbet Moulai Ali ech Chérif de l'Aoulef ech Cheurfa), Ksar Titt (Tith, D.), Ingharou, El Akhol (El Kahel, D.), Akbour, Irsan (Erressan, D.), Meliana, Ksar el Arb (Ksar el Arab, D.), Oulad bel

commandants Deporter et Godron, ce district contient douze ksour. Ce nombre semble cependant devoir être réduit à huit, car quatre, d'entre les villages désignés par ces auteurs, ne sont à proprement parler que des oasis cultivées par quelques haratin ou nègres qui y vivent sous des huttes de branches de palmiers.

D'ailleurs, d'après M. Le Châtelier, les maisons de presque tous les ksour sont généralement disséminées dans l'oasis, chacun construisant sa demeure en mottes de terre rouge, recouvertes de branchages, là où il campe d'ordinaire.

La plupart même de ces ksour n'ont pas d'enceinte.

Aussi comprend-on qu'un étranger au pays puisse facilement commettre des erreurs lorsqu'il s'agit de grouper suivant nos idées ces habitations éparses en village. C'est ce qui semble s'être produit pour Rohlfs.

L'énumération des ksour qu'il fournit ne concorde pas exactement avec les données les plus récentes, et les plus dignes de foi. D'après ce voyageur allemand, les ksour ou districts sont, en allant du nord au sud: Zaouia, Ksar Djedid, Kasbah (?), Ksar el Arb, Kasbah Oulad Ba Djouda, Oulad bel Kassem et Oulad el Hadj. Deux ksour lui ont échappé: Akbour et Ksar Der'amcha, cités par les commandants Deporter et Godron [1].

Kassem, Oulad el Hadj, Deghamcha, Zaouiet Sidi el Hadj bel Kassem, Sahela (Sahel, D.), El Foggara (El Fegara, D.), Souhel, Hassi el Hadjar (Hassi Lahdjar, D.).

[1] La description, donnée par Soleillet du district d'In Salah qu'il a soi-disant vu du haut d'une dune située au sud de Meliana, est en

En résumé voici, d'après les renseignements qui paraissent les plus certains, quelles sont les localités habitées du groupe d'In Salah en allant du nord au sud :

1° Zaouiet Sidi El Hadj Belkassem [1].

Ce petit ksar, le plus septentrional du district, est occupé par les Oulad el Hadj Belkassem, marabouts les plus vénérés du pays. Il est entouré d'un mur d'enceinte (Le C.). Les habitants seraient tous Taïbia (G.).

2° Ksar Djedid [2].

Ce petit ksar, assez ancien malgré son nom, est habité par des Oulad ba Hammou (Oulad Iaïch), quelques Oulad Sokna et des haratin (Le C.). Ce sont également des Taïbia (G.).

3° Ksar El Arab [3] ou Ksar el Kebir [4].

« C'est, a écrit Rohlfs, le plus grand et le plus

contradiction sur bien des points avec les données les plus certaines de Rohlfs ou celles recueillies par tous ceux qui ont écrit sur ces régions d'après des renseignements indigènes. C'est ainsi que Solcillet identifie Meliana avec le ksar Zaouia de Rohlfs, la zaouia Sidi El hadj Belkassem des autres auteurs, quoique le voyageur allemand ait constaté par lui-même en cet endroit l'existence de deux ksour bien distincts, etc.

[1] Orthographes diverses : Zaouiet Sidi el Hadj Belkassem (Fo., D., De., G., Le C.) Zaouia (R.).

[2] Orthographe unique : de C., R., De., G., Le C.

[3] Orthographes diverses : Ksar el Arb (de C., R., Fo.), Ksar el Arab (De., G., Le C., D.).

[4] Orthographe unique : Le C., De.

» important des ksour d'In Salah. Il peut bien avoir
» 1.550 habitants sans compter les nombreux étran-
» gers qui s'y arrêtent pour commercer[1]. »

« Ce ksar, nous dit à son tour M. Le Châtelier, est
» le centre commercial et politique d'In Salah et
» de tout le pays. Les chefs des deux partis et toutes
» les familles influentes y habitent, et autour d'eux
» s'est groupée une population nombreuse. Il est formé
» d'une longue rue qui a près d'un kilomètre et
» demi, à droite et à gauche de laquelle s'échelonnent
» irrégulièrement les maisons.

» La partie nord, qu'occupent les Oulad Mokhtar,
» est séparée de la partie sud, spéciale aux Oulad ba
» Hammou, par un petit espace libre, et dans chacun
» de ces quartiers le côté des Oulad Sokna est distinct
» de celui des arabes. Quant aux haratin, leurs masures
» sont situées à l'extérieur, dans la direction des
» jardins. Un certain nombre de maisons, appartenant
» principalement aux Oulad Mokhtar, servent de
» magasins de vente, ou plutôt de dépôt pour des
» marchandises, car il n'existe que fort peu de
» boutiques au sens propre du mot. Ces magasins
» sont loués aux étrangers ou occupés par les proprié-
» taires ».

Ksar el Arab « n'a point d'enceinte proprement dite ;
» d'un côté il confine à l'oasis, de l'autres les dunes
» l'enveloppent d'une large ceinture de sable[2] ».

[1] Rohlfs, *Reise*, p. 188.
[2] Patorni, *Les tirailleurs algériens dans le Sahara*, p. 41.

Dans la partie septentrionale du ksar se trouve le quartier ou faubourg de Terraga. C'est à proximité que se place la kasba des Oulad Mokhtar (Le C.), celle sans doute dont Rohlfs a fait un centre spécial sous le nom de *Kasbah*.

Notables.

El Hadj El Mahdi Ould El hadj Abdelkader Ould Sid el hadj Mohammed Badjouda.

C'est le chef de la famille des Oulad Badjouda qui commande aux Oulad ba Hammou. Il a été investi par le Sultan de l'emploi de caïd d'In Salah. Son commandement comprend outre les Oulad ba Hammou d'In Salah, ceux d'Iguesten et de Sahela. C'est un homme jeune encore, marié (une femme), ayant deux enfants, très riche, en relations suivies avec les Touareg Ahaggar et en général avec toutes les populations environnantes aussi bien du sud que de l'est et de l'ouest, ce qui lui donne une grande influence politique. Il fut un de ceux qui protestèrent contre notre installation à In Ifel. El Hadj el Mahdi appartient à la confrérie de Moulaï Taïeb, il est en même temps, comme le fut son père, El Hadj Abdelkader, mokaddem des Snoussia. Ce dernier passe pour avoir été l'instigateur, avec quelques chefs touareg, du massacre de la mission Flatters et du meurtre du lieutenant Palat (Gr., Gh.) [1].

---

[1] El Hadj El Mahdi est le cadet des fils d'El Hadj Abdelkader. Déjà ce dernier avait été pris pour chef par les Oulad ba Hammou, à

Bou Amama Ould el Hadj Abdelkader, frère du précédent. Il possède une certaine aisance, est marié (une femme) et a trois enfants. Il fut un des rédacteurs de la lettre de protestation contre notre installation à In Ifel. C'est un de nos adversaires les plus déclarés, qui a une grande influence politique et dont les avis sont très écoutés. Il est affilié aux Taïbia et aux Snoussia (Gh.).

El Hadj Mohammed Akaki. C'est un homme assez riche, sans grandes relations extérieures, mais qui appartient à une assez grande famille (Gh.).

Abderrahman ben Azzi.

C'est un homme d'une fortune modeste qui remplit depuis nombre d'années les fonctions de cadi et qui dispose, en raison de son origine maraboutique, d'une certaine influence. Il nous est hostile (Gh.).

Abbou ben el Hadj Ahmed, frère de Mohammed ben el Hadj Ahmed, dit Gaga, le chef des Oulad Mokhtar, récemment décédé. Abbou est un homme doux et honnête, qui au moment de la mort de son frère se trouvait en Tunisie où, depuis près de deux ans, il était employé au service des Mahsoulat du contrôle de Kairouan.

Si El hadj bou Hass, des Oulad Mokhtar, cousin du précédent.

Mohammed ben El Hadj Abderrahman, des Oulad Mokhtar, neveu d'Abbou.

cause de sa supériorité intellectuelle, au détriment de son frère El Hadj Mohammed, plus âgé que lui de cinq ans. (Rohlfs, *Reise*, p. 185).

Mohammed ben Dahadj ben el hadj Mokhtar, des Oulad Mokhtar, neveu de Si El Hadj bou Hass.

Si Abdennebi ben Seddik ben Mabrouk, des Oulad Mokhtar, ancien khodja de Gaga, mokaddem des Taïbia.

Si Belkassem ben Abdelkader el Azouzi, chahed (imam) de la mosquée des Oulad Mokhtar.

Abdelkader ben Ahmed ben Kouider, des Oulad Mokhtar.

El hadj Abdesselam ben Dahadj, caïd des Oulad Mokhtar, nommé par le sultan.

4° Kasbet Oulad Badjouda [1].

Cette kasba, que les Oulad ba Hammou étaient en train de construire lors du séjour de Rohlfs, est située au sud de Ksar el Arab [2], non loin de la demeure qu'occupe, dans ce dernier ksar, le chef de la famille des Oulad Badjouda. Elle est « composée d'un mur à
» peu près circulaire, de la hauteur d'un double étage,
» et percé de meurtrières et d'une seule porte. La
» superficie intérieure est considérable. Il y a beaucoup
» de petits gourbis constamment approvisionnés ; on
» s'y réfugie en cas de danger et chacun a sa place
» marquée d'avance. Deux puits sont creusés dans
» l'enceinte de cette citadelle. Elle est complètement
» dégagée, sans maisons ni jardins attenants, et

---

[1] Orthographes diverses: Kasbah Oulad Badjouda (R.), Kasbet Oulad Badjouda (De., G.), Kasbat Badjouda (Le C.).

[2] Rohlfs. *Reise*, p. 187.

» aussi sans fossé, ni ouvrage avancé d'aucune
» sorte [1] ».

5° Akbour [2].

Ce ksar n'est mentionné que par les commandants Deporter et Godron. Le premier le dit habité par des Oulad Mokhtar, des Oulad Iaïch, des haratin et des nègres.

6° Ksar Oulad Belkassem [3].

Comme son nom l'indique, ce ksar est habité par les Oulad Belkassem, marabouts auxquels il faut joindre quelques Oulad Baba Aïssa (Le C.).

Notable :

El Hadj El Arbi bel Hadj.

Ce marabout est un des personnages les plus écoutés du Tidikelt. C'est chez lui que les caïds, les chefs les plus influents viennent prendre le mot d'ordre. Il est, dit-on, très riche et entretient des relations suivies avec les Touareg et tout l'ouest. C'est un de nos adversaires les plus acharnés. Il est Taïbia (Gh.).

7° Ksar Oulad el Hadj [4].

[1] Patorni, *Loco citato*.
[2] Pour le sens étymologique voir le ksar du même nom dans l'Aouguerout.
Orthographe unique : De., G.
[3] Orthographes diverses : Oulad El Ben Kassem (de C.), Oulad bel Kassem (Fo., D., R.), Ksar Oulad Belkassem (De., G., Le C.).
[4] Orthographes diverses : Oulad El Hadj (de C., R., Fo., D.), Ksar Oulad El Hadj (Le C., De., G.).

Les habitants de ce ksar sont des Oulad el Hadj, marabouts, et des Oulad Baba Aïssa (Le C.).

8° Ksar Der'amcha [1].

Ce ksar est habité par les Der'amcha, marabouts, et quelques Oulad Baba Aïssa.

9° Foggaret el Arab [2].

C'est, d'après Rohlfs, qui y a séjourné, un petit et misérable village ne comprenant que quelques habitants répartis dans un petit nombre de maisons. Au moment du passage de ce voyageur, les palmiers de cette oasis étaient presque tous encore jeunes, ce qui lui fit supposer que le village devait être de création récente [3].

Suivant M. Le Châtelier, Foggaret el Arab serait la réunion de sept feggaguir échelonnées sur une étendue de 4 ou 5 kil., au sud et à égale distance de Foggaret ez Zoua et d'Iguesten.

Foggaret el Arab est la propriété presque exclusive des Oulad Boudjouda des Oulad Mokhtar. D'où la

---

[1] Orthographes diverses : Deghamcha (de C., Fo., D.), Ksar Deghamcha (Le C.), Ksar ed Deramcha (De., G.).

[2] Orthographes diverses : Fogara el Arb (R.), Foggaret el Arab (Le C., De., G.).

[3] Rohlfs, *Reise*, p. 208. A 8 kil. environ, à l'est d'In Salah, Rohlfs avait trouvé (p. 207) auprès de Hassi bou Hass une autre plantation de jeunes palmiers qui semblait promettre d'heureux résultats en raison de la vigueur avec laquelle les jeunes plants paraissaient croître.

Distance (en temps) d'Hassi bou Hass à Foggaret el Arab : 4 heures (R.).

dénomination qu'on lui donne quelquefois de Foggaret Boudjouda (Le C.).

10° Zaouiet el Ma.

11° El Barka.

12° Aouinet Sissa.

Ces trois localités, signalées particulièrement par les commandants Deporter et Godron, ne sont que des oasis distinctes de palmiers, arrosées chacune par des feggaguir différentes. Elles ne sont habitées le plus souvent que par des haratin et des nègres, chargés de leur entretien.

Rohlfs nous a donné de la source d'Aouinet Sissa, qu'il appelle Aïn Sissa, et qu'il a rencontrée trois heures avant d'atteindre In Salah, la description suivante : « Cette source donne une eau imbuvable pour tout » autre que celui qui est très pressé par les ardeurs » de la soif. Cela provient de ce qu'on laisse les » chameaux s'ébattre, se rouler dans son eau et la » souiller. Auprès de cette source inhospitalière, un » unique palmier offre l'abri de son ombre à ceux qui » veulent se reposer [1] ».

El Barka serait à l'ouest de la sebkha d'In Salah.

Zaouiet El Ma, El Barka et Aouinet Sissa appartiennent aux Oulad Badjouda (Le C.).

M. Le Châtelier cite encore Foggaret el Kharbach aux Oulad Badjouda, au nord-ouest de Foggaret el Arab, et les feggaguir à peu près abandonnées de

---

[1] Rohlfs, *Reise*, p. 175.

Khalfa et de Sahel, aux Oulad Mokhtar, à l'ouest de la sebkha et au nord-ouest de Ksar el Arab.

FOGGARET EZ ZOUA ET GROUPE D'IGUESTEN.

La situation de ce district a été reconnue par Rohlfs pendant son séjour à In Salah.

« Au nord d'In Salah, écrit-il, à environ 10 kilo-
» mètres, se trouve le ksar de Meliana, avec à l'est
» les quatre ksour des Oulad ba Hammou : Seuhla,
» Seulha II, Hassi el Hadjar et Gousten, de manière
» que Gousten est situé exactement au nord-est d'In
» Salah, à une distance d'environ 30 kilomètres. Dans
» la même direction, au delà de Gousten, les quatre
» ksour de Foggaret ez Zoua [1] ».

Presque tous les ksour de ce district, échelonnés au pied du Baten, ne sont en réalité que des agglomérations de maisons sans mur d'enceinte.

Les deux groupes d'oasis de Foggaret ez Zoua et Iguesten comprennent une population de 1.200 habitants, dont :

Arabes nomades	600
Haratin	350
Nègres	250 (G.).

Dans le premier groupe la population comprend surtout les Oulad Sidi El Hadj Mohammed (ou M'hammed), appelés communément Zoua.

---

[1] Rohlfs, *Reise*, p. 193. Les distances, données par le voyageur allemand, ne sont qu'approximatives. Elles nous paraissent exagérées les unes dans un sens, les autres dans l'autre.

Ce sont les descendants des anciens clients des Oulad Sidi Cheikh ; ils formaient jadis une tribu importante, dont nous avons rencontré déjà d'autres débris, particulièrement dans l'Aouguerout. Dans l'origine chacune de leur famille était plus spécialement attachée aux différentes familles issues du grand Sidi Cheikh ; par la suite elles se sont mélangées avec leur descendance. Quelques-uns d'entre eux appartiennent même à cette branche [1] mais le plus grand nombre fait remonter son origine à Si Mohammed ben Cheikh. Depuis, des mélanges nombreux ont effacé toute distinction et ils ne sont plus connus que sous l'appellation commune que nous avons donnée plus haut.

Les Zoua se partagent en quatre fractions :

Les Oulad Sidi Dahman ou Dehamna,

Les Oulad Sidi bou Hafs,

Les Oulad Sidi Djilali ou Djeladjla,

Les Oulad Sidi el Hadj Cheikh qui se rattachent aux précédents.

En général, les Zoua, cherchent à se tenir à l'écart des divisions locales. Néanmoins, quand ils sont obligés de prendre parti, ils ont une tendance à se rapprocher des Oulad Mokhtar. Ils sont d'ailleurs en communauté d'intérêt avec ceux-ci, car c'est également par l'inter-

---

[1] D'après de Colomb, deux fractions des Oulad Sidi Cheikh, les Oulad Sidi bou Nouar et les Oulad Sidi Lesr' am vivent avec les Zoua. Il faut y ajouter une partie des descendants de Si Mohammed ben Cheikh, l'un des fils de Sidi Cheikh.

médiaire des uns et des autres que se fait une grande partie du commerce du Mzab avec ces régions. Les Zoua ne se rapprochent généralement des Oulad ba Hammou que dans les questions de politique extérieure. Toutefois ce sont eux avec les Oulad Dahan, qui nous font le plus d'avances. Il y a déjà plusieurs années qu'ils ont demandé l'envoi à Foggaret ez Zoua d'un atelier de puisatiers pour y exécuter des sondages.

A côté des Zoua et de leurs serviteurs, haratin ou nègres, on trouve dans le groupe de Foggaret ez Zoua, des Oulad Taleb Ali, descendants d'un marabout des Ahl Azzi et d'une femme des Zoua (Le C.).

La population du groupe d'Iguesten est surtout composée d'Oulad ba Hammou, appartenant aux fractions suivantes :

Oulad Hammou,
Oulad Iaïch,
Oulad Zoummit,
Oulad Hameid Allah,
Oulad Dahan.

On y trouve également des Oulad Sahia, originaires de l'Aoulef,

Des Oulad Taleb Ali, frères de ceux de Foggaret ez Zoua,

Des Oulad Didoua, anciens imrad des Kel Amellel, devenus, par leur émigration, imrad des Oulad Badjouda,

Des Ag Iali (trois tentes), qui viennent des Kel Amellel d'In R'ar,

Des Oulad el Hadj, frères de ceux du ksar Oulad el Hadj (In Salah),

Des Zoua appartenant aux fractions connues sous le nom de Dehamna, Oulad Sidi Djilali et Oulad Sidi el Hadj Cheikh,

Et quelques Chaanba.

Les Zoua sont naturellement serviteurs des Oulad Sidi Cheikh, mais les Djeladjla, les Dehamna et les Oulad Sidi El Hadj Cheikh sont restés plus particulièrement dévoués aux branches seigneuriales de la famille. Les Oulad Sidi bou Hafs passent pour s'en être détachés un peu depuis la fondation de la zaouia de Moulai Heïba (Le C.).

On trouve également parmi les Zoua, des Kadria, des Taïbia et des Kerzazia (G.).

Dans le groupe d'Iguesten les Oulad Sidi Cheikh comptent de même des adhérents; on rencontre aussi des Taïbia, des Kerzazia et surtout des Snoussia.

Le sof Ihamed a le plus de partisans dans les deux groupes. En ce qui concerne les divisions locales, les Oulad Mokhtar ne comptent comme partisans dans le groupe d'Iguesten que les Oulad el Hadj de Sahela tahtania.

Quant aux Zoua, ils restent généralement indépendants.

Les productions de ces deux groupes d'oasis sont les mêmes que celles d'In Salah. Toutefois les cultures, en raison des habitudes nomades de la plus grande partie de la population, sont moins soignées.

Toutes ces plantations sont irriguées à l'aide de feggaguir. On en compte neuf pour Foggaret ez Zoua, dont sept pour Foggaret el Kebira et Zaouiet Moulai Heïba, une pour Sillafen et une pour Zaouiet Heïnoun.

Dans la région d'Iguesten il ne reste plus que les feggaguir suivantes : Foggaret el Hadj Abdelkader appartenant aux Oulad Badjouda.

Foggaret Tranimet, aux Oulad Zoummit.

Foggaret bou Hafs, aux Oulad Mokhtar; c'est la seule qui soit bien entretenue.

Foggaret Sid el Hadj Ahmed, aux Zoua, à moitié comblée.

Foggaret Sidi Djilali, également aux Zoua, abandonnée comme la précédente. La réunion de ces deux dernières est appelée communément Fegguiguira (Le C.).

L'industrie locale est très rudimentaire, elle se réduit à peu de chose, le tissage de quelques vêtements de laine, la fabrication de tan de bonne qualité avec l'écorce de gommiers. Les habitants de ce district pratiquent en revanche l'industrie pastorale : élevage du chameau, du mouton (demman) et de l'âne. Ils vendent beaucoup d'animaux de cette dernière espèce au Mzab où ils sont très estimés.

Rohlfs fut le premier qui fournit des indications suffisamment précises sur ces groupes d'oasis. Auparavant ils étaient mal définis et les quelques localités connues étaient rattachées au district d'In Salah.

Le commandant Fossoyeux et le lieutenant Devaux s'étaient encore tenus aux mêmes données.

M. Le Châtelier, tenant compte des affinités de race et d'intérêt, a maintenu ce groupement dans sa *Description de l'oasis d'In Salah*. Mais les commandants Deporter et Godron sont revenus à la division de Rohlfs, conforme à la répartition territoriale.

Il y a, dans le groupe de Foggaret ez Zoua, quatre ksour, et huit dans celui d'Iguesten, appelé Kouari par les gens d'In Salah.

Ce sont :

I. — Pour le groupe de Foggaret ez Zoua.

1° Foggaret ez Zoua [1].

Ce ksar est habité par des Oulad Sidi bou Hafs et des Oulad Sidi Djilali.

C'est un des rares ksour de la région qui soit entouré d'un mur d'enceinte (Le C.).

La majorité des habitants est Cheikhia (G.).

Notables.

Si El Hadj Moussa ben Si bou Hafs. C'est un vieillard qui passe pour riche. Il jouit dans tout le Tidikelt et même chez les Touareg d'un grand renom de sagesse et de sagacité. Il possède une assez grande influence

---

[1] Orthographes diverses : El Foggara (Fo.), El Fegara (D.), Foggaret ez Zoua (Le C., De., G.).

Autres dénominations : Zaouia Oulad Sidi El Hadj Mohammed (de C.), Foggaret el Kebira (De.), Foggaret el Kahla (De.), Zaouiet el Kahla (De.), Zaouia el Kadera (Soleillet).

politique et religieuse. Il s'est offert, il y a quelques années, à servir d'intermédiaire pour amener une réconciliation entre les Chaanba Mouadhi et les Touareg. C'est lui enfin qui avec ses enfants a pris l'initiative de demander à l'autorité française le forage d'un puits artésien dans son pays (Gh.).

Abdelkader ben Cheikh.

C'est un homme d'environ 50 ans, riche. Il est allé en 1891 à Fez faire acte de soumission au Sultan. Il y est retourné en 1893 pour solliciter l'emploi de caïd de Foggaret ez Zoua et tenter d'obtenir, par l'intermédiaire du Sultan, la restitution de deux nègres saisis et mis en liberté au Mzab, quelques années auparavant. Il n'a reçu, dit-on, du souverain marocain qu'un accueil indifférent. Son influence ne s'étend pas au delà du groupe des Zoua qui nous sont hostiles et dont il est le chef de parti. Il est par suite l'adversaire acharné du précédent, bien qu'ils soient unis par des liens de parenté assez rapprochés. Il entretient des relations avec les Touareg et l'ouest (Gh.).

2° Zaouiet Moulai Heïba [1].

C'est un groupe de quelques maisons réunies dans une petite enceinte qu'habitent des Oulad Sidi bou Hafs (Le C.). Tous sont Cheikhia (G.).

3° Sillafen [2].

---

[1] Orthographes diverses : Zaouiya Mouley Haïba (Le C.), Zaouiet Moulai Heïba (De.,G.).

[2] Orthographes diverses : Sillafen (Le C.), Cillafen (De., G.).

Ce ksar est habité par des Oulad Taleb Ali (Le C.). Une partie des habitants est Kadria (G.).

4° Zaouiet Heïnoun.

Ce n'est pas à proprement parler un ksar, mais une oasis, arrosée par une foggara. Deux familles d'haratin y demeurent (Le C.).

II. — Pour le groupe d'Iguesten :

1° Kasbet foukania [1].

Ce sont quelques masures assez bien entretenues auprès d'une kasba. Les habitants sont des Oulad Ba Hammou appartenant aux fractions suivantes : Oulad Zoummit, Oulad Hammou, Oulad Iaïch.

Il faut y joindre quelques Chaanba (Le C.). On y trouve des Taïbia (G.).

2° Asoul [2].

Cette localité est habitée par des Oulad ba Hammou (Oulad Zoummit, Oulad Hameid Allah), des Oulad Taleb Ali et quelques Chaanba (Le C.). On rencontre dans ce ksar des Taïbia .

3° Taremt [3].

Cette localité est habitée par des Oulad Zoummit, des Oulad Didoua et des Ag Iali. On y trouve deux

---

[1] Orthographe unique : Kasbet foukania (De., G.).
Autre dénomination : Kasbet Oulad Zoummit (De.).

[2] Orthographe unique : Le C., De., G.
Autre dénomination : Ksar Oulad Taleb Ali (De.).

[3] Probablement *Tarremt*, village, hameau; diminutif de *arrem*, ville, bourgade (B.).
Orthographes diverses : Taghemt (Le C.), Taremt (De., G.).

familles des Oulad Sokna, devenues nomades, et une tente de Chaanba. Les haratin seuls restent à demeure toute l'année (Le C.). Une partie des habitants est Kerzazia (G.).

Les trois localités qui précèdent reçoivent plus particulièrement le nom d'Iguesten.

4° Kasbet Baba [1].

Le commandant Deporter est le premier qui nous ait parlé de cette localité. Elle serait, d'après lui, habitée par des Oulad ba Hammou et leurs serviteurs.

5° Hassi El Hadjar [2].

Cette localité est habitée par des Oulad ba Hammou (Oulad Hameid Allah et Oulad Dahan).

Les jardins, comme ceux d'Iguesten, commencent à être envahis par les sables (Le C.). Une partie des habitants est Taïbia (G.).

Notable :

Baba ould Cheikh ben Kouider, des Oulad Dahan.

6° Sahela [3] foukania.

Cette localité, occupée par les Oulad Dahan, les Oulad Iahia, frères de ceux de l'Aoulef, les Dehamna, et les Oulad Sidi El Hadj Cheikh, comprend deux

---

[1] Orthographe unique : De., G.

[2] Orthographes diverses : Hassi el Hadjer (de C.), Hassi el Hadjar (R., De., G., Le C.). Une faute d'impression a fait écrire à Rohlfs (p. 193) Hars pour Hassi.

[3] Orthographes diverses : Sahala (de C.), Sahel (D.), Souhel (Fo., D.), Sahela (Fo., De., G.).

groupes de maisons ; les Zoua occupent l'un d'eux. Cette oasis s'ensablerait de plus en plus chaque jour (Le C.). On trouve dans ce ksar des Taïbia (G.).

7° Sahela tahtania.

Cette localité renferme encore deux petits ksour distants de 300 mètres, dont les oasis sont séparées. Celui de l'est se nomme Metarfa, l'autre est plus spécialement appelé Sahela.

Les habitants sont des Zoua (Dehamna et Oulad Sidi El Hadj Cheikh).

On appelle Souhal les deux ksour de Sahela tahtania et de Sahela foukania.

8° Meliana [1].

Cette localité a été visitée en 1874 par P. Soleillet. Il nous apprend qu'au sud et à 500 mètres se trouve une dune assez élevée ; à l'est s'aperçoit le groupe principal des maisons de la localité, à l'ouest sont les jardins entourés de clôtures en toubes et arrosés par des séguias [2].

Les habitants sont des Zoua (Oulad Sidi Djilali).

Notable.

Mohammed ben Djilani.

C'est un homme d'une cinquantaine d'années, qui

---

[1] Orthographes diverses : Meliana (de C., Fo., D.), Miliana (Le C., De., G.).

[2] P. Soleillet, *Algérie, Mzab, Tidikelt*, p. 264.

est dans l'aisance et jouit d'une grande influence religieuse. Il est en rapport avec les Touareg et en 1891 il a cherché à nouer des relations entre les Chaanba Mouadhi et les Touareg en s'adressant directement aux caïds et aux notables des Mouadhi. On prétend que c'est son fils qui a aidé les Touareg retenus prisonniers, à s'enfuir de Ghardaïa. Les antécédents de ce personnage prouvent son hostilité à la cause française (Gh.).

PRINCIPAUX OUVRAGES CONSULTÉS.

Abd Er Rezzaq el Djezaïri. — Kachef er Roumouz. Traité de matière médicale arabe, traduit par le Dr Lucien Leclerc. — Alger, 1874.

Aboulqasem ben Ahmed Ezziani. — Le Maroc de 1631 à 1812, extrait de l'ouvrage intitulé Ettordjeman Elmo'arib'an Douel Elmachriq ou'lmaghrib, publié et traduit par O. Houdas (publication de l'Ecole des Langues Orientales Vivantes).— Paris, 1886.

Angoulême (Charles de Valois, duc d'). — Voir Diego de *Torrès*.

Anville (d'). — Sur les rivières de l'intérieur de l'Afrique, in Mémoires de l'Académie des Inscriptions (ancienne série), t. XXVI, 1745.

Arnaud (A.), interprète militaire. — Voyages extraordinaires et nouvelles agréables. Voir Mohammed Abou Ras.

Avezac (d'). — Etudes de géographie critique sur une partie de l'Afrique septentrionale. Itinéraire de Haggy-ebn-el-Dyn-el-Aghouathy, etc. — Paris, 1836.

Bargès (Abbé). — Le Sahara et le Soudan. Documents historiques et géographiques recueillis par le Cid-el-hadj-Abd-el-Kader-ben-Abou-Bekr-et-Touaty, avec un alphabet touareg inédit, traduit de l'arabe par l' —— (Extrait de la Revue de l'Orient, cahier de février 1853). — Paris, 1853.

Bargès (Abbé). — Mémoire sur les relations commerciales de Tlemçen avec le Soudan sous le règne des Beni Zeiyan (Extrait de la Revue de l'Orient, cahier de juin 1853). — Paris, 1853.

Bargès (Abbé). — Tlemçen, ancienne capitale du royaume de ce nom. — Paris, 1859.

Barth (Dr Heinrich). — Reisen und Entdeckungen in Nord und Central Afrika in den Iahren 1849 bis 1855. — Gotha, 1857-1858. — 5 volumes.

Barth (Henry). — Travels and Discoveries in North and Central Africa. — London, 1857-1858. — 5 volumes.

Barth (le Docteur). — Voyages et découvertes dans l'Afrique septentrionale et centrale pendant les années 1849 à 1855, traduit (résumé) de l'allemand par Paul Ithier. — Paris et Bruxelles, 1860.

Basset (René). — Notes de lexicographie berbère, in Journal asiatique, 1887, n° 21. — Tirage à part (4ᵉ série), 1888. Paris.

Berbrugger (A.). — Voyage dans le sud de l'Algérie et des États barbaresques de l'ouest et de l'est par El Aïachi, traduit par ———, in Exploration scientifique de l'Algérie (sciences historiques et géographiques, IX). — Paris, imprimerie royale, 1846.

Bergeron (J.) — Résultats des voyages de M. Foureau au point de vue de la géologie et de l'hydrologie de la région méridionale du Sahara algérien, in Mémoires de la Société des Ingénieurs civils de France, Janvier 1897.

Béringer. — Rapport de mission (coordonnées géographiques, topographie, météorologie) et correspondance, in Documents relatifs à la mission dirigée au sud de l'Algérie par le lieutenant-colonel Flatters. — Voir ce nom.

Bernard (capitaine F.). — Journal de route de la 2ᵉ mission Flatters, historique et rapports rédigés au service central des affaires indigènes. — Alger, 1882 (publication du Gouvernement général de l'Algérie).

Bernard (commandant F.). — Deux missions françaises chez les Touareg. — Alger, 1896.

Beyrich. — Bericht über die von Owerweg auf der Reise von Tripoli nach Murzuk und von Murzuk nach Ghat gefundene Versteinerungen, in Zeitschrift der deutschen geologischen Gesellschaft. — 1852.

Bissuel (commandant H.). — Les Touareg de l'Ouest. — Alger, 1888.

Bissuel (commandant H.). — Le Sahara français. — Alger, 1891.

Bouderba (Ismaël), interprète au bureau arabe de Laghouat. — Voyage à R'at (du 1ᵉʳ août au 1ᵉʳ décembre 1858), in Revue algérienne et coloniale, Décembre 1859.

Bourguignat (J.-R.). — Malacologie de l'Algérie ou histoire naturelle des animaux mollusques, terrestres et fluviatiles, recueillis jusqu'à ce jour dans nos possessions du nord de l'Afrique. — Paris, 1864. — 2 volumes.

Caillié (René). — Journal d'un voyage à Temboctou et à Jenné, dans l'Afrique Centrale, précédé d'observations faites chez les Maures Braknas, les Nalous et d'autres peuples, pendant les années 1824, 1825, 1826, 1827, 1828 ; avec une carte itinéraire et des remarques géographiques par M. Jomard, membre de l'Institut. — Paris, 1830. — 3 volumes.

Carette (E.). — Recherches sur l'origine et les migrations des principales tribus de l'Afrique septentrionale et particulièrement de l'Algérie, in Exploration scientifique de l'Algérie (sciences historiques et géographiques, III). — Paris, imprimerie royale, 1843.

Carette (E.). — Recherches sur la géographie et le commerce de l'Algérie méridionale, in Exploration scientifique de l'Algérie (sciences historiques et géographiques, II). — Paris, imprimerie royale, 1844.

Catat. — Notes sur l'infection paludéenne. C. R. Association française pour l'avancement des sciences. Congrès de Carthage, 1896, p. 610.

Cherbonneau (A.). — Indication de la route de Tuggurt à Tombouctou et aux monts de la Lune (Document traduit de l'arabe). — Extrait de la Revue algérienne et coloniale. — Septembre 1860.

Colomb (de). — Exploration des ksour et du Sahara de la province d'Oran, ouvrage accompagné d'une carte de l'itinéraire levée et dessinée par M. de la Ferronnay. — Alger, 1858.

Colomb (de). — Notice sur les oasis du Sahara et les routes qui y conduisent, in Revue algérienne et coloniale, juillet, septembre et octobre 1860, tirage à part. — Paris, 1860.

Colonieu (commandant). — Voyage au Gourara et à l'Aouguerout (1860), in Bulletin de la Société de géographie de Paris. 1ᵉʳ trimestre 1892, 1ᵉʳ trimestre 1893, 3ᵉ trimestre 1894.

Compte rendu de la réunion extraordinaire de la Société géologique de France, séance du 14 octobre 1896. — Blida.

Coquand (H.). — Sur la constitution géologique de quelques parties de l'empire du Maroc (Extrait d'une lettre à M. Elie de Beaumont). C. R. Académie des Sciences, t. XXIV, p. 857-860, 10 mai 1847.

Coquand (H.). — Description géologique de la partie septentrionale de l'empire du Maroc, in Bulletin de la Société géologique de France 2e série, t. IV, 5 juillet 1847, p. 1189-1249, avec une planche.

Coquand (H.). — Description géologique de la partie septentrionale de l'empire du Maroc. C. R. Académie des Sciences, t. XXV, p. 312, 23 août 1847.

Coÿne (capitaine). — Une ghazzia dans le grand Sahara. Itinéraire de la ghazzia faite, en 1875, sur les Braber par les Chambaa de Metlili et de Goléa. — Alger, 1881.

Daumas (E.). — Le Sahara algérien. Etudes géographiques, statistiques et historiques sur la région au sud des établissements français en Algérie. — Paris, 1845.

Daumas (E.) et de Chancel. — Le Grand Désert ou itinéraire d'une caravane du Sahara au pays des nègres (royaume de Haoussa). — Paris, 1848.

Defrémery (C.) et Dr B.-R. Sanguinetti. — Voir Ibn Batoutah.

Deporter (commandant V.). — Extrême-sud de l'Algérie. — Alger, 1890.

Deporter (commandant V.). — La question du Touat. Sahara algérien. — Alger, 1891.

Desor. — Aus Sahara und Atlas. Vier Briefe an J. Liebig. — Wiesbaden, 1865.

Desor. — Die Sahara. — Bâle, 1871.

Desor. — La mer saharienne, réponse à M. Pomel. — Neufchâtel, 1879.

Diego de Torrès. — Voir : Torrès.

Dubocq. — Mémoire sur la constitution géologique des Ziban et de l'oued R'ir, au point de vue des eaux artésiennes de cette portion du Sahara, in Annales des mines, t. II, 1852.

Dubois (Félix). — Tombouctou la Mystérieuse. — Paris, 1897.

Duveyrier (H.). — Coup d'œil sur le pays des Beni Mezab et sur celui des Chaanba occidentaux (avec une carte), in Bulletin de la Société de géographie de Paris, Octobre 1859, et, Revue algérienne et coloniale, t. II, 1860.

Duveyrier (H.). — Les Touareg du Nord. — Paris, 1864.

Duveyrier (H.). — Rapport sur les sables et les vents du Sahara, in Commission supérieure pour l'examen du projet de mer intérieure (voir ces mots).

El Aïachi. — Voyage dans le sud de l'Algérie. — Voir A. Berbrugger.

Faidherbe (général). — Voyage des 5 Nasamons d'Hérodote dans l'intérieur de la Lybie, in Revue africaine, 1867.

Faidherbe (général). — Recherches anthopologiques sur les tombeaux mégalithiques de Roknia, in Bulletin de l'Académie d'Hippone, 1868 ; et tirage à part. — Bône, Mars 1868.

Faucon (N.). — Le lieutenant Palat et sa mort tragique. — Mascara, 1886.

Flamand (G.-B.-M). — Note sur les stations nouvelles ou peu connues des *Pierres écrites* (Hadjra mektouba) du Sud oranais. C. R. Académie des Inscriptions et Belles-Lettres, 19 février 1892. — Reproduit in Anthropologie, mars-avril 1892.

Flamand (G.-B.-M.). — L'Atlas oranais et les régions limitrophes, in Nouvelles géographiques, mai 1892.

Flamand (G.-B.-M.). — Recherches préhistoriques dans le Sud oranais. C. R. Association française pour l'avancement des sciences. Congrès de Bordeaux, 1895, p. 319.

Flamand (G.-B.-M.). — Note sur la géologie du Sahara nord occidental, in Bulletin de la Société géologique de France, 1896, t. XXIV, p. 891.

Flamand (G.-B.-M.). — De l'Oranie au Gourara, in Algérie nouvelle. — Alger, 1896, N°s 12, 13, 14, et 1897, N°s 5, 6, 7, 8, 13 et 14 (avec une carte).

Flamand (G.-B.-M.). — Les gommiers dans le Sahara oranais, in Bulletin de la Société de géographie commerciale de Paris, 1896 et Algérie nouvelle. — Alger, 1897, N° 9.

Flatters (lieutenant-colonel). — Documents relatifs à la mission dirigée au sud de l'Algérie par le ———. Journal de route des deux missions. Rapports divers des membres de la mission. Correspondance. — Paris, Imprimerie nationale, 1884 (publication du Ministère des Travaux publics).

Flatters (Les deux missions du colonel ———), racontées par un membre de la première mission, avec une carte. — Paris, sans date, publié dans la Bibliothèque d'Aventures et de Voyages.

Fossoyeux (commandant). — Oasis du Gourara, du Tidikelt et du Touat. Dénombrement des palmiers par ksar, in Documents relatifs à la mission dirigée au sud de l'Algérie par M. Pouyanne. Voir ce nom.

Foucauld (vicomte Ch. de). — Reconnaissance au Maroc (1883-84). — Paris, 1888.

Foureau (F.). — Une mission au Tademayt (territoire d'In Salah) en 1890. — Paris, 1890.

Foureau (F.). — Au Sahara. Mes deux missions de 1892 et 1893, — Paris, 1893, réédité en 1897.

Foureau (F.). — Ma mission de 1893-1894 chez les Touareg Azdjer. Conférence faite à la Société de Géographie de Paris, le 27 avril 1894. — Paris, 1894; tirage à part.

Foureau (F.). — Rapport sur ma mission au Sahara et chez les Touareg Azdjer, octobre 1893-mars 1894. — Paris, septembre 1894.

Foureau (F.). — Mission chez les Touareg. Mes deux itinéraires sahariens d'octobre 1894 à mai 1895. — Paris, novembre 1895.

Foureau (F.). — Dans le grand Erg. Mes itinéraires sahariens de décembre 1895 à mars 1896. — Paris, 1896.

Foureau (F.). — Essai de catalogue des noms arabes et berbères de quelques plantes, arbustes et arbres algériens et sahariens ou introduits et cultivés en Algérie. — Paris, 1896.

Hanoteau (général A.). — Essai de grammaire de la langue tamachek. Paris, Imprimerie impériale, 1860. — 2e édition, Alger, 1896.

Hoffmann (D^r). — In Mission de Ghadamès. Voir Mircher.

Houdas (O.). — Nozhet Elhadi. Voir Mohammed Esseghir ben Elhadj ben Abdallah Eloufrani.

Houdas (O.). — Le Maroc de 1631 à 1812. Voir Aboulqasem ben Ahmed Ezziani.

Ibn Batoutah. (Voyages d'). — Texte arabe, accompagné d'une traduction par C. Defrémery et le Dr B.-R. Sanguinetti. — Paris, 4 vol., 1853-1858.

Ibn Khaldoun. — Histoire des Berbères et des dynasties musulmanes de l'Afrique septentrionale, traduite de l'arabe par M. le baron de Slane, interprète principal de l'armée d'Afrique. — Alger, imprimerie du Gouvernement, 1852, 4 volumes.

Kachef er Roumouz. — Voir Abd Er Rezzaq.

Lapparent (A. de). — Traité de géologie, 3e édition. — Paris, 1893.

Largeau (V.). — Voyage à Ghadamès, in Bulletin de la Société de géographie de Paris, novembre 1875.

Largeau (V.). — Le Sahara, premier voyage d'exploration. — Paris, 1877.

Largeau (V.). — Le Sahara algérien. Les déserts de l'Erg. — Paris, 2e édition, 1881.

Le Châtelier (A.). — Description de l'oasis d'In Salah, in Bulletin de Correspondance africaine, 1885, p. 266 et suivantes et tirage à part.

Le Châtelier (A.). — Note sur le régime des eaux dans le Tidikelt, in Bulletin de la Société de géographie de Paris, 1886 et tirage à part.

Le Châtelier (A.). — Notes sur les ksour de Bouda, in Bulletin de la Société de géographie de Paris, 1886.

Le Châtelier (A.). — Les Medaganat, in Revue africaine, 1886, et tirage à part, Alger, 1888.

Leclerc (Dr L.). — Les oasis de la province d'Oran ou les Oulad Sidi Cheikh, extrait de la Gazette médicale de l'Algérie. — Alger, 1858. — Tirage à part.

Leclerc (Dr Lucien). — Voir Abd Er Rezzaq.

Lenz (Oskar). — Bericht über die Reise von Tanger nach Timbuktu und Senegambien, in Zeitschrift der Gesellschaft für Erdkunde zu Berlin, 1881.

Lenz (Dr Oskar). — Timbouctou, voyage au Maroc, au Sahara et au Soudan, traduit de l'allemand par Pierre Lehautcourt. — Paris, 1886, 2 volumes.

Leoni Africano (Giovan). — Della descrittione dell'Africa et delle cose notabili che quivi sono per, édité par Ramusio, in Primo volume delle navigationi et viaggi. Venise, 1550. — 2ᵉ édition, Venise, 1554.

Leo Africanus (J.). — De totius Africæ descriptione, lib. IX, traduction de J. Florianus, Anvers, 1556, réimprimé à Zurich, 1559 et à Leyde (Elzévir, 2 volumes), 1632.

Léon Africain (Jean). — Historiale description de l'Afrique par ——, traduite en français. — Anvers, 1556.

Léon l'Africain (Jean). — Description de l'Afrique, tierce partie du monde ; traduction de Jean Temporal, 2 volumes, Lyon, 1556.

Leo Africanus (John). — A geographical historie of Africa, written in Arabicke and Italian, translated et collected by John Pory. — London, 1600.

Léon l'Africain. — De l'Afrique, contenant la description de ce pays. — Paris, imprimé aux frais du gouvernement, 4 volumes, août 1830.

Leo Africanus. — The History and Description of Africa, réédition de la traduction de J. Pory, publiée par R. Brown. — London, 1896.

Léon l'Africain. — Description de l'Afrique, tierce partie du monde, escrite par ——, publiée par Ch. Schefer, in Recueil de voyages et de documents. 3 volumes en préparation. Tome I. Paris, 1896.

Maltc-Brun (V.-A.). — Résumé historique et géographique de l'exploration de Gerhard Rohlfs au Touat et à In-Çalah, d'après le journal de ce voyageur publié par les soins d'Aug. Petermann. — Paris, 1866 (tiré à cent exemplaires).

Marcel Frescaly (lieutenant Palat). — Journal de route et correspondance. — Paris, 1886.

Marès (Dʳ P.). — Sur la constitution géologique du sud de la province d'Alger. C. R. Académie des Sciences, t. IX, N° 20, p. 1039.

Marès (Dʳ P.). — Note sur le constitution générale du Sahara dans le sud de la province d'Oran, in Bulletin de la Société géologique de France, t. XIV, 2⁰ série, 1857, p. 524.

Marès (Dʳ P.). — Observations de météorologie et d'histoire naturelle faites dans le sud de la province d'Oran. C. R. Académie des Sciences, t. XLV, p. 26, 6 juillet 1857.

Marès (Dʳ P.). — Observations météorologiques recueillies pendant les mois d'octobre, de novembre, décembre 1856 et janvier 1857 dans le Sahara au sud de la province d'Oran et dans le sud-est du Maroc, extrait de l'Annuaire de la Société météorologique de France. Tome V, p. 172, séance du 14 juillet 1857.

Marès (Dʳ P). — Détail des observations indiquées dans une note lue à la Société météorologique de France le 14 juillet 1857 et faites dans le sud de la province d'Oran, extrait de l'Annuaire de la Société météorologique de France. T. VII, p. 222, 27 décembre 1859.

Marès (Dʳ P.). — Nivellement barométrique dans les provinces d'Alger et de Constantine, extrait de l'Annuaire de la Société météorologique de France. Tome XII, p. 174, 10 mai 1864.

Marès (Dʳ P.). — Observations sur l'étendue d'eau qui couvrait le Sahara à l'époque quaternaire, in Bulletin de la Société géologique de France. Tome XXIII, p. 686.

Marmol Caravajal (Luys del). — De la descripcion general de Affrica con todos los successos de guerras que a avido entre los infieles pel el Veedor ———. — En Granada, en casa de Rene Rabut, 2 vol., 1573.

Marmol (l'Afrique de), de la traduction de Nicolas Perrot d'Ablancourt, 3 volumes. — Paris, 1667.

Martins (Ch.). — Tableau physique du Sahara oriental, in Revue des Deux Mondes, 1864.

Martins (Ch.). — Du Spitzberg au Sahara, Paris, 1866.

Mas-Latrie (le comte de ———). Relations et commerce de l'Afrique septentrionale ou Maghreb avec les nations chrétiennes au Moyen-âge. — Paris, 1886.

Maurin (Dʳ A.). — Les caravanes françaises au Soudan. Relation du voyage d'Ali ben Merin, conducteur de la caravane de M. J. Solari. — Paris, Alger et Constantine, 1863.

Mercier (Ernest). — Histoire de l'Afrique septentrionale (Berbérie) depuis les temps les plus reculés jusqu'à la conquête française (1830). — Paris, Tomes I et II, 1888, Tome III, 1891.

Mircher (commandant), capitaine de Polignac, ingénieur Vatonne et Dʳ Hoffmann. — Mission de Ghadamès (septembre, octobre, novembre et décembre 1862). Rapports officiels et documents à l'appui. — Alger, 1863.

Mohammed Abou Ras ben Ahmed ben Abdelkader en Nasri. — Voyages extraordinaires et nouvelles agréables. Récits historiques sur l'Afrique septentrionale, traduit par A. Arnaud, interprète militaire. — Alger, 1885.

Mohammed Esseghir ben El hadj ben Abdallah El oufrani. — Nozhet Elhadi. — Histoire de la dynastie saadienne au Maroc (1511-1670), traduction française par O. Houdas. (Publication de l'École des Langues orientales vivantes). — Paris, 1889.

Mouette (Sr.). — Histoire des conquestes de Mouley Archy (Moulai Rechid), connu sous le nom de roi de Tafilet, et de Mouley Semein (Moula Ismaël), son frère et son successeur, à présent régnant, contenant une description de ces royaumes, des lois, des coustumes et des mœurs des habitants, avec une carte du pays. — Paris, 1683.

Nieburh. — Description de l'Arabie d'après les observations et recherches faites dans le pays même. — Paris, 1779 (nouvelle édition).

Notice minéralogique par le service des mines de l'Algérie. — Alger, 1889. L'introduction est de M. J. Pouyanne, ingénieur en chef.

Owerweg. — Voir Beyrich.

Palat (lieutenant). — Voir Marcel Frescaly.

Parisot (capitaine A.-V.). — La région entre Ouargla et El Goléa, in Bulletin de la Société de géographie de Paris, 1876 et 1880.

Patorni (F.), interprète militaire. — Les tirailleurs algériens dans le Sahara. Récits faits par trois survivants de la mission Flatters et recueillis par ——. — Constantine, Paris, 1884.

Péron, Cotteau, Gauthier et (A.). — Description des échinides fossiles recueillis jusqu'ici en Algérie et considérations sur leur position stratigraphique. — Paris, 1874-1895.

Péron (A.). — Essai d'une description géologique de l'Algérie pour servir de guide aux géologues dans l'Afrique française, in Annales des sciences géologiques, 1883.

Philebert (général). — La conquête pacifique de l'intérieur africain. — Paris, 1889.

Polignac (capitaine de). — Résultats obtenus jusqu'à ce jour par les explorations entreprises sous les auspices du Gouvernement général de l'Algérie pour pénétrer dans le Soudan, in Bulletin de la Société de géographie de Paris, 1er semestre 1862 et réimpression, Alger, avril 1862.

Polignac (capitaine de). — In Mission de Ghadamès. Voir : Mircher.

Pomel (A.). — Le Sahara. Observations de géologie et de géographie physique et biologique, avec des aperçus sur l'Atlas et le Soudan et discussion de l'hypothèse de la mer saharienne à l'époque préhistorique, publié par la Société de Climatologie d'Alger. — Alger, 1872.

Pomel (A.). — La mer intérieure d'Algérie et le seuil de Gabès. — Alger, 1873.

Pomel (A.). — Etat actuel de nos connaissances sur la géologie du Soudan, de la Guinée, de la Sénégambie et du Sahara. C. R. Association française pour l'avancement des sciences. Congrès de Clermont-Ferrand, 1876 ; tirage à part.

Pomel (A.). — Les grès dits nubiens sont de plusieurs âges, in Bulletin de la Société géologique de France, série 3, tome IV, 1876, p. 526.

Pomel (A.). — Géologie de la province de Gabès. C. R. Association française pour l'avancement des sciences. Congrès du Hâvre, 1877.

Pomel (A.). — De la mer intérieure du Sahara algérien, in Revue scientifique, 10 novembre 1877.

Pomel (A.).—L'Algérie et le nord de l'Afrique aux temps géologiques C. R. Association française pour l'avancement des sciences. Congrès d'Alger, 1881, p. 42.

Pomel (A.). — Géologie de la côte orientale de la Tunisie et de la petite Syrte (le lac Triton, la mer intérieure et les anciens rivages) in Bulletin de l'Ecole supérieure des sciences d'Alger, 1884.

Pomel (A.). — Stratigraphie générale de l'Algérie. — Alger, 1890.

Pomel (A.) et J. Pouyanne. — Texte explicatif de la carte géologique provisoire au 1 : 800.000° des provinces d'Alger et d'Oran. — Alger, 1881.

Pomel (A.) et J. Pouyanne. — Texte explicatif de la carte géologique provisoire de l'Algérie au 1 : 800.000°. — Alger, 1889.

Pomel (A.) et J. Pouyanne. — Texte explicatif de la carte géologique provisoire de l'Algérie au 1 : 800.000°. — Alger, 1890.

Pouyanne. — Documents ralatifs à la mission dirigée au sud de l'Algérie par M. Pouyanne, ingénieur en chef des mines. Paris, imprimerie nationale, 1886 (publication du Ministère des Travaux publics).

Pouyanne (J.). — Voir A. Pomel et J. Pouyanne.

Primaudaie (F. Elie de la). — Le commerce et la navigation de l'Algérie avant la conquête française. Publié sous les auspices du Ministère de l'Algérie et des Colonies, in Revue algérienne et coloniale, tomes II et III, 1860, et réimprimé en volume, Paris, 1861.

Projet de mer intérieure. — Commission supérieure pour l'examen du ———, dans le sud de l'Algérie et de la Tunisie présenté par le Commandant Roudaire. Travaux préliminaires. Travaux des sous-commissions. Travail final de la commission supérieure et rapport au Président de la République. — Paris, imprimerie nationale, 1882 (publication du Ministères des Affaires Étrangères).

Rabourdin (Lucien). — Mémoire sur les âges de pierre du Sahara central (préhistoire et ethnographie). — Paris, 1882. Reproduit in Documents relatifs à la mission dirigée au sud de l'Algérie par le lieutenant colonel Flatters (voir ce nom), p. 237 et suivantes.

Rebillet (commandant). — Les relations commerciales de la Tunisie avec le Sahara et le Soudan (brochure confidentielle). — Nancy, 1896.

Renou (E.). — Notice géographique sur une partie de l'Afrique septentrionale, in Exploration scientifique de l'Algérie (Sciences historiques et géographiques, II). — Paris, imprimerie royale, 1844.

Renou (E.). — Description géographique de l'empire du Maroc, in Exploration scientifique de l'Algérie (Sciences historiques et géographiques, VIII). — Paris, imprimerie royale, 1846.

Rinn (L.). — Marabouts et Khouan. Etude sur l'Islam en Algérie. — Alger, 1884.

Rinn (L.). — Nos frontières sahariennes. — Alger, 1886.

Roche. — Sur la géologie du Sahara septentrional. C. R. Académie des sciences, 29 novembre 1880, p. 890.

Roche. — Rapport de mission. Etudes géologiques et hydrologiques. Correspondance, in Documents relatifs à la mission dirigée au sud de l'Algérie par le lieutenant-colonel Flatters (voir ce nom), p. 175 et suivantes, etc.

Rohlfs (G.). — Reise durch Marokko, Uebersteigung des grossen Atlas, Exploration der Oasen von Tafilet, Tuat und Tidikelt und Reise durch die grosse Wüste über Rhadames nach Tripoli. — Bremen, 1882 ; dritte Ausgabe.

Rohlfs (G.). — Résumé historique et géographique par V.-A. Malte-Brun. — Voir ce nom.

Rohlfs (G.). — Tuat, in Globus, N° 17, p. 274 et suivantes, 1893.

Rolland (G.). — C. R. Académie des sciences, 8 juin 1880.

Rolland (G.). — Sur les grandes dunes de sable du Sahara. C. R. Académie des sciences, 18 avril 1881.

Rolland (G.). — Sur les grandes dunes de sable du Sahara, in Bulletin de la Société géologique de France, t. X, p. 30.

Rolland (G.). — Sur les grandes dunes de sable du Sahara, in Revue scientifique, 14 mars 1881, N° 20.

Rolland (Georges). — Géologie du Sahara algérien et aperçu géologique sur le Sahara de l'Océan Atlantique à la mer Rouge ; extrait des Documents relatifs à la mission dirigée au sud de l'Algérie par M. Choisy, publication du Ministère des Travaux publics. — 1er volume, rapport géologique. Paris, imprimerie nationale, 1890. — 2e volume, rapport hydrologique. Paris, imprimerie nationale, 1894. — 3e volume, planches (géologie et hydrologie), Paris, imprimerie nationale, 1890.

Roudaire (commandant). — Voir : Projet de mer intérieure.

Sabatier (C.). — Itinéraire de Figuig au Touat et description de la vallée de l'oued Messaoura, in Mobacher, Journal officiel de l'Algérie, janvier et février 1876. — Mémoire reproduit par Pouyanne (voir ce nom) in Documents relatifs à la mission dirigée au sud de l'Algérie.

Sabatier (C.). — Mémoire sur la géographie physique du Sahara central in Bulletin de la Société de géographie de la province d'Oran, 1880.

Sabatier (C.). — Géographie physique du Sahara central. C.R. Association française pour l'avancement des sciences. Congrès d'Alger 1881, p. 989-995.

Sabatier (C). — La question du sud-ouest. — Alger 1881.

Sabatier (C.). — Touat, Sahara et Soudan. Etude géographique, politique, économique et militaire. — Paris, 1891.

Saint-Martin (Vivien de). — Le nord de l'Afrique dans l'antiquité grecque et romaine. Etude historique et géographique (avec 4 cartes). — Paris, 1863.

Sanvitale (le comte H. de). — Tribus du Sahara algérien. Les Ouled Nayls de l'ouest, in Revue de l'Orient, mars 1854.

Schirmer. — Le Touat. Etude de géographie physique et économique, in Annales de géographie, 1891-92, p. 404.

Schirmer (H.). — Le Sahara. — Paris, 1893.

Schaw (Thomas). — Travels and Observations relating to several parts of Barbary and the Levant. — Oxford, 1738.

Slane (Mac Gucklin de). — Conquête du Soudan par les marocains. Récit extrait de l'ouvrage d'un historien arabe, in Revue africaine, 1856, p. 287.

Slane (de). — Histoire des Berbères. Voir : Ibn Khaldoun.

Soleillet (P.). — Voyage de ———. d'Alger à l'oasis d'In Çalah. Rapport présenté à la Chambre de commerce d'Alger. — Alger, 1874 (autographie).

Soleillet (P.). — L'Afrique occidentale. Algérie, Mzab, Tidikelt. — Paris, 1877.

Stache (G.). — Fragmente einer afrikanischen Kohlenkalk. Fauna aus den Gebiete der West-Sahara, in Verhandlungen der K. K. Akademie der Wissenschaften. — Wien, juin 1882.

Thévenet (Dr A.). — Essai de climatologie algérienne. — Alger-Mustapha, août 1896.

Thomas. — Roches ophithiques de la Tunisie, in Bulletin de la Société géologique de France, 1891.

Tissot. — Texte explicatif de la carte géologique provisoire de la province de Constantine au 1 : 800.000°. — Alger, 1881.

Torrès (Diego de). — Relation de l'Origine et Succèz des Chérifs et de l'Estat des Royaumes de Maroc, Fez et Tarudant et autres provinces qu'ils usurpent, traduit par C. D. V. D. D. A. (initiales de Charles de Valois, duc d'Angoulême). — Paris, 1667.

Tournouër. — Sur quelques coquilles marines recueillies par divers explorateurs dans la région des chotts sahariens. C. R. Association française pour l'avancement des sciences. Congrès de Paris, 1878.

Turlin (A.), F. Accardo et G.-B.-M. Flamand. — Le Pays du mouton. Des conditions d'existence des troupeaux sur les hauts plateaux et dans le sud de l'Algérie. — Alger, 1893 (publication du Gouvernement général de l'Algérie).

Vatonne (ingénieur). — In Mission de Ghadamès. Voir : Mircher.

Ville. — Voyage d'exploration dans les bassins du Hodna et du Sahara. — Paris, 1868.

Ville. — Exploration géologique du Mzab, du Sahara et de la région des steppes de la province d'Alger. — Paris, 1872.

Zittel (Dr K. A.). — Beitraege zur Geologie und Palœontologie der lybischen Wüste und der angrenzenden Gebiete von Ægyptien unter Mitwirkung mehrerer fachgenossen herausgegeben. — Cassel, 1883.

DOCUMENTS MANUSCRITS ET INÉDITS MIS A CONTRIBUTION.

Général de Wimpffen, commandant la division d'Oran. — Journal de marche de la colonne expéditionnaire du Sud-Ouest (colonne de l'oued Guir). Mars-avril 1870.

Lieutenant Devaux, adjoint au bureau arabe de Géryville. — Gourara, Touat, Tidikelt, Insalah. 1886.

Lieutenant Cauvet, adjoint au bureau arabe de Ghardaïa. — De la nécessité de tenter des sondages artésiens à El Goléa pour revivifier l'oasis. 31 octobre 1890.

Capitaine Redier, chef du bureau arabe de Géryville. — Itinéraire d'El Goléa à Géryville par la vallée de l'oued Seggueur. Avril 1892.

Ingénieur Jacob. — Reconnaissance des points d'eau dans le Sud. Rapport de mission (1892-93). — Alger, 1893.

Lieutenant Fariau, adjoint au bureau arabe de Géryville. — Journal de route de Géryville à Hassi bou Zid en passant par Aïn Sefra, l'oued Namous, l'oued R'arbi et les Areg, 1892-93. (M. Fariau accompagnait la mission Jacob).

Capitaine Crochard, chef du bureau arabe de Djelfa, et capitaine Ropert, adjoint au bureau arabe d'El Oued. — Détermination, dans le Sud, de la limite administrative entre les divisions d'Alger et de Constantine. Journal de route. — Alger, 1893 (autographie).

F. Foureau. — Notes sur la route d'El Goléa à Hassi Mongar. Rapport à M. le Gouverneur général de l'Algérie. 4 décembre 1893.

Capitaine Almand, commandant le poste de Fort-Mac-Mahon. — Itinéraire d'El Goléa à Hassi El Homeur (Fort-Mac-Mahon). 26 décembre 1893. (Le capitaine du génie Almand était chargé de la construction du fort).

Lieutenant de la Grange, du 1er Tirailleurs. — Itinéraire d'El Goléa à Fort-Mac-Mahon par Ouallen. 19 janvier 1894.

Capitaine Digne, commandant le poste de Fort Miribel. — Itinéraire d'El Goléa à Hassi Chebbaba (Fort Miribel). Janvier 1894. (Le capitaine du génie Digne était chargé de la construction du fort).

Capitaine Digne. — Reconnaissance du chemin d'El Goléa à Ksar el Arab (In Salah), entre Fort-Miribel et l'oued Tilemsin. 1er mai 1894.

Capitaine Digne. — Itinéraire de Fort-Miribel à Hassi Mezzer. 1er mai 1894.

Capitaine Digne. — Itinéraire d'Hassi Chebbaba (Fort-Miribel) à Fort-Mac-Mahon. 1er mai 1894.

Capitaine Digne. — Itinéraire de l'oued Mia, du confluent de l'oued Miat au confluent de l'oued Chebbaba. 1er mai 1894.

Capitaine Digne. — Itinéraire de l'oued Seddeur depuis sa rencontre avec le chemin d'Hassi Chebbaba à In Salah jusqu'à son confluent avec l'oued Chebbaba. 1er mai 1894.

Capitaine Digne. — Itinéraire de Fort-Miribel au confluent de l'oued Chebbaba avec l'oued Mia. 1er mai 1894.

Capitaine Digne. — Itinéraire du confluent de l'oued Mia et de l'oued Chebbaba à Hassi In Ifel. 1er mai 1894.

Capitaine Digne. — Corrections à la carte au 1 : 800.000°. 1ᵉʳ mai 1894.

Capitaine Godron, chef de l'annexe d'El Goléa. — Renseignements sur les populations du Gourara, du Touat et du Tidikelt. Zaouias, ordres religieux, sofs. 16 mai 1894.

Lieutenant P. Pouget, chargé du service des renseignements à Fort-Mac-Mahon. — Itinéraire d'Hassi El Homeur (Fort-Mac-Mahon) à Hassi El Heuzema. 20 février 1894.

Lieutenant P. Pouget. — Itinéraire d'Hassi El Homeur (Fort-Mac-Mahon) à Hassi Isfaouen. 7 mars 1894.

Lieutenant P. Pouget. — Itinéraire d'Hassi El Homeur (Fort-Mac-Mahon) à Ras er Reg (région de Tabelkoza), retour par Hassi Souiniat et Hassi Zouaoui. 1ᵉʳ mai 1894.

Capitaine Rigal, chef du bureau arabe d'Aïn Sefra. — Reconnaissance exécutée sur l'oued Namous en vue d'un projet de recherches d'eau à effectuer. 23 mars 1894.

Lieutenant de Lamothe et interprète militaire Palaska. — Rapport d'itinéraire établi par MM. ——— à la suite de la reconnaissance des routes du Gourara, exécutée par M. le commandant Godron, commandant supérieur du cercle de Géryville, accompagné de MM. le lieutenant Sarton du Jonchay, chef du poste d'El Abiod Sidi Cheikh, le lieutenant de Lamothe, adjoint stagiaire au bureau arabe de Géryville, et Palaska, interprète militaire. 22 juillet 1895.

Lieutenant Falconetti, chargé du service des renseignements à Fort-Mac-Mahon. — Itinéraire d'Hassi el Heuzema à Tabelkoza par Hassi Moulai Guendouz et Hassi Guedmaïa. 25 novembre 1895.

Lieutenant Falconetti. — Itinéraire d'Hassi Moulai Guendouz à Tabelkoza par Hassi el Hamar et Hassi Souiniat et reconnaissance des ksour orientaux du Tin Erkouk. 18 décembre 1895.

Lieutenant Falconetti. — Renseignements généraux sur la région de Fort-Mac-Mahon. 20 mars 1896.

G.-B.-M. Flamand. — Rapports de missions adressés à MM. les Directeurs du service géologique de l'Algérie de 1892 à 1897.

G.-B.-M. Flamand. — Rapport officiel de mission adressé à M. le Gouverneur général de l'Algérie. Juin 1896.

Archives de la section des affaires indigènes de l'Etat-Major de la division d'Oran.

Archives de la section des affaires indigènes de l'Etat-Major de la division d'Alger.

Archives du service des affaires indigènes du Gouvernement général de l'Algérie.

Etc.

CARTOGRAPHIE.

I. — DOCUMENTS PUBLIÉS.

Colomb (commandant de). — Carte générale du groupe d'oasis du Gourara, du Touat et du Tidikelt et des voies suivies par les caravanes pour y aboutir, dressée sur renseignements par M. le ———, commandant supérieur du cercle de Géryville, dessinée par A. Moreau, lieutenant d'Etat-Major, autographiée d'après les ordres de M. le général de division de Martimprey, commandant supérieur des forces de terre et de mer. Echelle de 1 : 1.600.000^e sans date (cette carte fut dressée à Géryville ; elle venait d'être terminée lorsque le commandant de Colomb fut nommé (19 mai 1860) commandant supérieur du cercle de Laghouat).

Colomb (lieutenant-colonel de). — Carte générale du groupe d'oasis du Gourara, du Touat et du Tidikelt, dressée sur renseignements par le ——— et publiée sous la direction de M. V.-A. Malte-Brun. Echelle de 1 : 1.600.000^e, 1860. En papillon : Esquisse générale de l'Algérie d'après Mac-Carthy, indiquant les routes vers les oasis de l'intérieur. Gravée chez Erhard, 42 rue Bonaparte.

Colomb (lieutenant-colonel). — Carte des oasis du Gourara, de l'Ouoguerout, etc., dressée par renseignements, d'après les instructions de S. E. le maréchal Randon, par le ———, commandant à Laghouat, 1859-1860, gravée par les soins du dépôt de la Guerre. — Echelle de 1 : 400.000^e.

Colomb (lieutenant-colonel). — Carte des oasis du Timmi, du Touat, du Tidikelt, etc., dressée par renseignements, d'après les instructions de S. E. le maréchal Randon, par le ———, commandant à Laghouat, 1859-1860, gravée par les soins du dépôt de la Guerre. Echelle de 1 : 400.000°.

Dastugue (lieutenant-colonel H.). — Carte générale du commandement du Tafilala. Echelle approximative de 1 : 1.600.000^e, 1859-1861, in Bulletin de la Société de géographie de Paris, avril 1867. Cette carte s'étend au sud-est jusqu'au Gourara et au Touat qu'elle donne en partie. Elle s'arrête à l'est à Timimoun, au sud à Adr'ar (Timmi).

Rohlfs (Gerhard). — Originalkarte von — Reise durch die Oasen von Tuat und Tidikelt und den nördlichen Theil des Tuaregs Gebietes (Nord-Afrika). Nach dem Tagebuch des Reisenden entworfen und mit Benutzung der Karten und Erkundigungen von Duveyrier, Colonieu und Burin, de Colomb, etc., gezeichnet von B. Hassenstein. Maasfstab 1 : 2.000.000^e. En papillons : 1° Die Südhälfte der Oasengruppen von Tuat, von Tsabit bis zum eigentlichen Tuat, nach den Angaben des Reisenden Gerhard Rohlfs und mit Berücksichtigung der Karten von de Colomb, gezeichnet von B. Hassenstein. Maasfstab 1 : 1.000.000^e; 2° Die Oasengruppe von Tidikelt. Nach dem Tagebuch und mündlichen Angaben G. Rohlfs gezeichnet von B. Hassenstein. Maasfstab, 1 : 1.000.000^e. — In Dr A. Petermann's Mittheilungen aus Justus Perthes' geographischen Anstalt. — Gotha, Iahrgang 1865, tafel 14.

Duveyrier. — Région comprise entre le Tell algérien et In Çalah, d'après les itinéraires du capitaine de Colomb, de M. H. Duveyrier et du commandant Colonieu et les renseignements de M. Duveyrier (1856-1861), dressé par M. Duveyrier, 1864, et publié dans le Bulletin de la Société de Géographie de Paris du 1er trimestre 1892, en même temps que le voyage au Gourara et à l'Aouguerout du commandant Colonieu.

Flatters (Mission du Colonel —— au Sahara central, 1880-81). — Carte provisoire d'après les observations et les calculs de MM. Béringer et Roche et d'après les itinéraires dressés par M. Béringer. Echelle de 1 : 1.250.000^e, in Documents relatifs à la mission dirigée au sud de l'Algérie par le lieutenant-colonel Flatters (voir ce nom à la Bibliographie).

Lenz (O.). — Geologische karte von West-Afrika, in Dr A. Petermann's Mittheilungen aus Justus Perthes' geographischen Anstalt. Gotha, Iahrgang 1882, tafel 1.

Lenz (Dr Oskar). — Geologische karte von West-Afrika nach seinen in den Iahren 1874-1877 und 1879-1881 — unternommen

Reisen entworfen. Maasfstab 1 : 12. 500.000°, in D' A. Petermann's Mittheilungen aus Justus Perthes'geographischen Anstalt.— Gotha, 1882. Band 28.

Pomel (A.) et J. Pouyanne. — Carte géologique provisoire de l'Algérie. 4 feuilles, 1881. Echelle de 1 : 800.000°.

Pomel (A.) et J. Pouyanne. — Carte géologique provisoire de l'Algérie. 4 feuilles, 1890. Echelle de 1 : 800.000°.

Le Châtelier (A.). — Insalah, Tademait, Mouydir, par ———, lieutenant chef du poste d'Ouargla. Echelle de 1 : 1.250.000°, 1885. Carte annexée à l'ouvrage du même auteur intitulé : Description de l'oasis d'In Salah (voir à la Bibliographie).

Deporter (commandant). — Carte par renseignements du pays au sud et au sud-ouest d'El Goléa, du Tidikelt et du pays occupé par les Touareg Ahaggar de l'ouest, dressée par le ———. 1888-1889. Echelle de 1 : 800.000°. 13 feuilles. Carte annexée à l'ouvrage du même auteur intitulé : Extrême sud de l'Algérie (voir à la Bibliographie).

Tissot (G.). — Carte géologique provisoire du département de Constantine, 1890. Echelle de 1 : 800.000°.

Rolland (G.). — Carte géologique du Sahara, du Maroc à la Tripolitaine et de l'Atlas au Ahaggar. Echelle de 1 : 5.000.000°, 1890. Carte publiée dans le volume de planches faisant partie de l'ouvrage du même auteur intitulé : Géologie et hydrologie du Sahara algérien (voir à la Bibliographie).

Foureau (F.). — Mission au Tademayt, janvier, février, mars 1890 Itinéraire au 1 : 1.000.000°, annexé à l'ouvrage du même auteur intitulé : Une mission au Tademayt en 1890 (voir à la Bibliographie).

Foureau (F.). — Mission dans le Sahara. Itinéraire de 1893-1894, dressé en août 1894. Echelle de 1 : 400.000°. Levé annexé à l'ouvrage du même auteur intitulé : Rapport sur ma mission au Sahara et chez les Touareg Azdjeur, octobre 1893-mars 1894. (Voir à la Bibliographie).

Flamand (G.-B.-M.). — Croquis de l'itinéraire suivi par la mission, dressé par lui-même, in Algérie nouvelle, 30 août 1896, n° 13. Echelle approximative de 1 : 1.600.000.

II. — DOCUMENTS INÉDITS.

Colonieu (commandant). — Itinéraire suivi par le ———— et le lieutenant Burin de Géryville au Gourara et à l'Aouguerout. Échelle de 1 : 1.600.000ᵉ, 1860. (Autographie).

Redier (capitaine). — Itinéraire d'El Goléa à Géryville par la vallée de l'oued Seggueur, avril 1892. Echelle de 1 : 400.000ᵉ.

Jacob (ingénieur). — Itinéraire suivi par la mission chargée de la reconnaissance des points d'eau dans le sud, 1892-1893. Echelle de 1 : 800.000ᵉ.

Fariau (lieutenant). — Levé en 15 feuilles de l'itinéraire suivi par la mission Jacob de Mengoub à Hassi Ouchen et d'Hassi Ouchen à Hassi bou Zid Échelle de 1 : 400.000ᵉ pour les feuilles 1 et 2 et de 1 : 200.000ᵉ pour les feuilles 3 à 15. 1892-1893.

Foureau (F.). — Itinéraire d'Hassi el Hadj Moussa à Hassir ElMongar, 4 décembre 1893. Echelle de 1 : 100.000ᵉ. Levé annexé au rapport adressé au Gouverneur général de l'Algérie (voir Documents manuscrits).

Pouget (lieutenant P.). — Itinéraire d'El Goléa à Hassi El Homeur (Fort-Mac-Mahon). Echelle de 1 : 100.000ᵉ. Décembre 1893.

Pouget (lieutenant P.). — Itinéraire d'Hassi El Homeur (Fort-Mac-Mahon) à Hassi Isfaouen. Levé fait à la boussole par le ————, chargé du service des renseignements à Fort-Mac-Mahon. Mars 1894. Echelle de 1 : 100.000ᵉ.

Pouget (lieutenant P.). — Itinéraire d'Hassi El Homeur (Fort-Mac-Mahon) à Ras er Reg (10 kil. environ de Tabelkoza). Levé fait à la boussole par le ————, chargé du service des renseignements à Fort-Mac-Mahon. Avril 1894. Echelle de 1 : 100.000ᵉ.

Pouget (lieutenant P.). — Itinéraire d'Hassi El Homeur (Fort-Mac-Mahon) à Hassi Heuzema. 1894. Echelle de 1 : 100.000ᵉ.

Digne (capitaine). — Itinéraire d'El Goléa à Hassi Chebbaba (Fort-Miribel). Février 1894.

Besson (lieutenant), du 1ᵉʳ Tirailleurs algériens. — Itinéraire d'El Goléa à Hassi El Homeur, dressé à El Goléa le 25 février 1894 par le ————. Echelle de 1 : 100.000ᵉ.

Besson (lieutenant), du 1ᵉʳ Tirailleurs algériens. — Environs d'El Goléa, levé au 1 : 5.000ᵉ exécuté en février 1894 par le ———.

Rigal (capitaine). — Itinéraire de Moghrar tahtani à Hassi El Mamoura, annexé au rapport de reconnaissance exécutée sur l'oued Namous (voir Documents manuscrits), 23 mars 1894. Echelle de 1 : 100.000ᵉ.

Almand (capitaine). — Itinéraires du Meguiden (carte d'ensemble). Echelle de 1 : 800.000ᵉ. 1894.

Godron (capitaine). Carte de l'Annexe d'El Goléa, Gourara, Touat, Tidikelt, dressée à El Goléa, en septembre 1894, sous la direction du ———. — Échelle de 1 : 400.000ᵉ.

Falconetti (lieutenant), chargé du service des renseignements à Fort-Mac-Mahon. — Itinéraire de Fort-Mac-Mahon à Hassi Moulai Guendouz, dressé à Fort-Mac-Mahon, le 23 mai 1895, par le ———. Echelle de 1 : 100.000ᵉ.

Falconetti (lieutenant). — Itinéraire d'Hassi Moulai Guendouz à Tabelkoza, dressé à Fort-Mac-Mahon, le 25 décembre 1895, par le ———. Echelle de 1 : 200.000ᵉ.

Falconetti (lieutenant). — Croquis du medjebed El Heuzema-Tabelkoza, dressé à Fort-Mac-Mahon, le 18 novembre 1895, par le ———. Echelle de 1 : 200.000ᵉ.

Falconetti (lieutenant). — Croquis des ksour nord de la sebkha du Gourara (Tabelkoza, Oudgjak, In Hammou, Tahantas et Zaouia), dressé à Fort-Mac-Mahon, le 17 décembre 1895, par le ———. Echelle de 1 : 400.000ᵉ

Falconetti (lieutenant). — Région de Fort-Mac-Mahon, carte d'assemblage de divers levés d'itinéraires. Avril 1895-mars 1896. Echelle de 1 : 200.000ᵉ

Lamothe (lieutenant de). — Itinéraire de Brezina à Tabelkoza et Aïn Sefra (mission du commandant Godron). Echelle de 1 : 400.000ᵉ. 22 juillet 1895.

Pein (lieutenant), chargé du service des renseignements à Fort-Miribel. — Itinéraire de Fort-Miribel à Hassi Mezzer, en suivant le cours de l'oued Sekhouna, dressé à Fort-Miribel, le 20 septembre 1895, par le ———. Echelle de 1 : 100.000ᵉ.

Pein (lieutenant). — Itinéraire de Fort-Miribel à Hassi In Ifel, dressé à Fort-Miribel, le 20 octobre 1895, par le ——— . Echelle de 1 : 100.000^e.

Pein (lieutenant).—Itinéraire de Fort-Miribel et de l'oued Loucham à Ras El Erg et Bent Chaouli, dressé à Fort-Miribel, le 27 octobre 1895, par le ——— . Echelle de 1 : 100.000^e.

Pein (lieutenant). — Cours de l'oued Loucham (route de Fort-Mac-Mahon), dressé à Fort-Miribel, le 3 novembre 1895, par le ——— . Echelle de 1 : 100.000^e.

Pein (lieutenant). — Itinéraire de l'oued Tibourkar et de l'oued Mia (de la route d'In Salah à la route d'In Ifel), dressé à Fort-Miribel, le 9 novembre 1895, par le ——— . Echelle de 1 : 100.000^e.

Pein (lieutenant). — Itinéraire de Fort-Miribel à l'oued Tibourkar, dressé à Fort-Miribel, le 10 novembre 1895, par le ——— . Echelle de 1 : 100.000^e.

Pein (lieutenant). — L'oued Abjaz, levé dressé à Fort-Miribel le 23 novembre 1895, par le ——— . Echelle de 1 : 100.000^e.

Pein (lieutenant). — Ras El Erg, levé dressé à Fort-Miribel, le 28 novembre 1895, par le ——— . Echelle de 1 : 100.000^e.

Pein (lieutenant). — Itinéraire de Fort-Miribel à Fort-Mac-Mahon, dressé à Fort-Miribel, le 15 décembre 1895, par le ——— . Echelle de 1 : 100.000^e.

Pein (lieutenant). — L'Erg Bent Chaouli et ses pâturages, levé dressé à Fort-Miribel, le 12 janvier 1896, par le ——— . Echelle de 1 : 100.000^e.

Pein (lieutenant). — L'oued Djedari, levé dressé à Fort-Miribel, le 1er février 1896, par le ——— . Echelle de 1 : 200.000^e.

Pein (lieutenant). — Carte d'ensemble des itinéraires levés par le ——— à travers le Tadmaït. Echelle de 1 : 200.000^e.

Collot (lieutenant), des Tirailleurs sahariens. — Itinéraire d'El Goléa à Hassi In Ifel, 16 mai 1896. Echelle de 1 : 100.000^e.

Trépied, directeur de l'Observatoire d'Alger. — Mission Flamand dans le Sahara. Résultats des observations astronomiques faites du 30 mars au 22 mai 1896.

Godron (commandant). — Itinéraires divers dans la région de l'Erg, sur l'oued Namous et l'oued Zousfana-Saoura, 1896-1897.

TABLE DES GRAVURES

(Ces gravures ont été exécutées d'après les dessins originaux et croquis de M. G. B. M. Flamand).

―∞―

	PAGES.
Coupe schématique de la vallée de l'Oued R'arbi (dirigée NE-SW, et prise un peu au Nord de Hassi el Khanfoussi). (Hors texte).	4
Vallée de l'Oued R'arbi aux Djeldiouat (Sahara Oranais). (Hors texte)	6
Différentes formes de Gour (au Nord du Ksar de Benoud), Vallée de l'Oued R'arbi (Sahara Oranais)	9
Gara en forme d'amphore (au nord du Ksar de Benoud), Vallée de l'Oued R'arbi (Vue prise de l'ouest) (Sahara Oranais)	9
Bouib er Raïb Chergui et la vallée de l'Oued R'arbi (Vue prise au nord de Benoud) (Sahara Oranais). (Hors texte)	34
Dune de Guern Ali (Vue prise à l'ouest), Zone d'épandage (Sahara Oranais)	71
Redir de Metilfa (Oued R'arbi) à l'Est de Raknet el Halib (Sahara Oranais). (Hors texte)	84
Zone d'épandage de l'Oued R'arbi Sud (Vue prise de la Gara Oum ed Dhar) (Sahara Oranais). (Hors texte)	98
Zone d'épandage de l'Oued R'arbi (Vue prise à l'est de la Gara Oum ed Dhar) (Sahara Oranais). (Hors texte)	100
Zone d'épandage de l'Oued R'arbi à Arich et Thir (Sahara Oranais) (Hors texte)	102

	PAGES.
Dune de Guern ech Chouf (Au nord de Tabelkoza) (Tin Erkouk).	122
Le Meguiden à l'ouest du Baten Kerboub.	148
Koubba de Moulai Guendouz. Meguiden (limite de l'Erg) (Sahara).	175
Hassi Targui.	185
Tadmaït vu du Sud-Ouest de Hassi Targui. (Hors texte). . .	198

TABLE DES MATIÈRES.

PAGES

CHAPITRE PREMIER.

Les routes d'accès d'Algérie au Touat par le nord de cette région. — Les routes de l'Erg. 1

CHAPITRE DEUXIÈME.

Les routes d'accès d'Algérie au Touat par l'est de cette région. — Le Meguiden, le Tadmaït, l'oued Massin et le reg d'Adjemor. 129

CHAPITRE TROISIÈME.

Les districts du Touat. — Le Gourara. 279

CHAPITRE QUATRIÈME.

Les districts du Touat. — Le Touat proprement dit. . . . 419

CHAPITRE CINQUIÈME.

Les districts du Touat. — Le Tidikelt. 506

Liste des principaux ouvrages consultés dans les Tomes III et IV. 565

Cartographie. 583

Achevé d'imprimer le 10 octobre 1897,

par la Maison L. DANEL, de Lille.

www.ingramcontent.com/pod-product-compliance
Lightning Source LLC
Chambersburg PA
CBHW060258230426
43663CB00009B/1514